ARCHIVES DE LA FRANCE MONASTIQUE

VOL. IV

RECUEIL HISTORIQUE

des Archevêchés, Évêchés, Abbayes et Prieurés

DE FRANCE

PAR

DOM BEAUNIER

NOUVELLE ÉDITION, REVUE ET COMPLÉTÉE

PAR

les Bénédictins de Ligugé

INTRODUCTION

LIGUGÉ

ABBAYE DE SAINT-MARTIN

CHEVETOGNE (PAR LEIGNON, BELGIQUE)

PARIS

LIBRAIRIE VEUVE POUSSIELGUE

15, RUE CASSETTE

RECUEIL HISTORIQUE

DES ARCHEVÊCHÉS, ÉVÊCHÉS, ABBAYES ET PRIEURÉS

DE FRANCE

INTRODUCTION

ARCHIVES DE LA FRANCE MONASTIQUE

VOL. IV

RECUEIL HISTORIQUE

des Archevêchés, Évêchés, Abbayes et Prieurés

DE FRANCE

PAR

DOM BEAUNIER

NOUVELLE ÉDITION, REVUE ET COMPLÉTÉE

PAR

les Bénédictins de Ligugé

INTRODUCTION

LIGUGÉ

ABBAYE DE SAINT-MARTIN

CHEVETOGNE (PAR LEIGNON, BELGIQUE)

PARIS

LIBRAIRIE VEUVE POUSSIELGUE

15, RUE CASSETTE

1906

PRÉFACE

Les monastères, qui entrent dans le cadre de notre réédition du *Recueil* de Dom Beaunier, appartenaient à un certain nombre de congrégations, lesquelles se rattachaient soit à la règle de saint Benoît, soit à celle de saint Augustin. En voici la liste : congrégation de Cluny de la commune et de l'étroite observance, congrégation des Bénédictins Exempts, congrégation de Saint-Vanne et de Saint-Hydulphe, congrégation de Saint-Maur, congrégation des Bénédictins anglais, congrégation des Bénédictines du Saint-Sacrement, congrégation de Notre-Dame de la Paix, ordre de Citeaux, partagé en étroite et en commune observance, congrégation des Feuillants, ordre de Fontevrault, congrégation de Notre-Dame du Calvaire, ordre de Grandmont, ordre des Célestins, ordre des Camaldules. Ces diverses familles religieuses suivaient, avec des modifications plus ou moins importantes, la règle bénédictine [1]. L'ordre de Prémontré, l'ordre de Saint-Ruf, la congrégation de France et celle du Saint-Sauveur se conformaient à la règle de saint Augustin, telle que les chanoines réguliers l'interprétaient.

Quelques monastères d'hommes n'appartenaient à aucune congrégation, ceux des anciens bénédictins, par exemple,

[1] L'ordre de Grandmont est, de toutes ces familles religieuses, celle qui se rapprochait le moins du type bénédictin proprement dit.

et de certains chanoines réguliers. La plupart des abbayes de bénédictines étaient dans le même cas, ainsi qu'un certain nombre de communautés de chanoinesses régulières. Nous avons maintenu sur nos listes plusieurs maisons tant d'hommes que de femmes, sécularisées depuis un temps plus ou moins long, en souvenir de leur premier état.

Ces congrégations ou ordres se distinguaient par l'interprétation qu'elles donnaient dans la pratique de leurs constitutions ou déclarations soit à la règle bénédictine soit à celle de saint Augustin. Leur distinction avait, en outre, une cause historique dans le fait même de leur origine. Les unes s'étaient formées à une époque déterminée, par la réforme et le groupement de monastères qui existaient déjà, tandis que les autres avaient commencé avec des monastères, établis par leurs fondateurs conformément à un type nouveau. Mais il n'y en avait aucune qui remontât à saint Benoit ou à saint Augustin; car l'abbé du Mont-Cassin et l'évêque d'Hippone ne songèrent jamais à créer un ordre ou une congrégation quelconque.

Le premier rédigea une règle pour le gouvernement des moines qu'il avait réunis et formés. Cette règle s'est peu à peu répandue dans presque tous les monastères occidentaux. Le fait de son admission ne suffisait pas pour les incorporer à un groupe hiérarchisé de communautés religieuses. Il faut en dire autant de la lettre 211 de saint Augustin aux moniales, transformée plus tard en règle, et de ses deux sermons sur la vie que menaient les clercs de sa maison épiscopale, qui servirent de code primitif aux communautés cléricales du XIe siècle [1].

[1] *Le monachisme africain*, par le R. P. Dom BESSE, Paris, s. d., in-8.

L'unité d'observances [1], qui est la conséquence nécessaire
de l'unité de règle dans les monastères, est une condition
essentielle à tout ordre ou congrégation. Mais elle ne suffit
pas pour le constituer. On donne, en effet, le nom d'ordre
ou de congrégation à un groupement de monastères, suivant une règle ou des constitutions [2] identiques, gouverné
par un même supérieur, assisté d'un chapitre général,
et soumis au contrôle soit de ce supérieur en personne, soit de visiteurs désignés par lui ou par le chapitre. Ces associations hiérarchisées de monastères n'existaient pas en France durant la période gallo-romaine et
franque. Louis le Pieux essaya le premier de coordonner
ainsi les moines de ses États, en leur prescrivant une
manière uniforme d'interpréter la règle bénédictine et en

[1] On désigne par ce mot *observances* les pratiques de la vie religieuse.

[2] On ne donne pas indifféremment le nom de règle aux corps de lois qui
régissent les familles religieuses. Nous ne parlons pas des règles anciennes tom-
bées en désuétude, qui sont d'un intérêt purement historique. Dans le langage
ecclésiastique, les règles de saint Basile, de saint Augustin, de saint Benoît et de
saint François sont les seules à porter ce nom. Il leur est appliqué toujours au
singulier. On dit la règle de saint Benoît, la règle de saint Basile, etc. Au pluriel,
le mot règle a un tout autre sens; il devient synonyme de règlements. On peut
s'en servir pour désigner les règlements de n'importe quelle communauté religieuse ou ecclésiastique. Les articles ajoutés par les congrégations bénédictines
ou autres aux chapitres de l'une des grandes règles pour en déterminer la pratique
reçoivent le nom de *déclarations*. On nomme *constitutions* l'ensemble des lois
adoptées par un ordre ou une maison, lorsqu'il est rédigé de manière à former un
code distinct et se suffisant à lui-même. Les règlements de la congrégation de saint
Maur ont été publiés sous la forme tantôt de déclarations, tantôt de constitutions.

Il serait intéressant d'avoir un recueil des règles, déclarations ou constitutions,
qui ont été en usage dans les divers ordres religieux. Mais il n'existe pas, au
moins d'une manière complète. Saint Benoît d'Aniane forma, au commencement du
IXe siècle, le recueil des règles suivies jusque-là. C'est son *Codex regularum*, qui fut
édité en trois volumes in-4° à Rome en 1661 et à Paris en 1663 par Luc Holstenius
sous ce titre : *Codex regularum quas sancti Patres monachis et virginibus servandas
prescripsere, collectus olim a sancto Benedicto Anianensi abbate*. Brockie en a
donné une nouvelle édition, considérablement augmentée, en six volumes in-folio
(Augsbourg, 1759). Aubert Mireus avait publié un *Codex regularum et constitutionum clericalium* (Anvers, 1638, in-fol.).

les soumettant tous à l'autorité de saint Benoît d'Aniane. Le concile d'Aix-la-Chapelle (817) fit de la volonté impériale une institution monastique [1]. Mais cette tentative fut éphémère. Il fallut attendre le XIe et surtout le XIIe siècle pour assister à la formation et au développement des ordres ou congrégations.

Les monastères de cette époque reculée présentaient de grandes divergences dans la manière de comprendre et d'appliquer les prescriptions de la vie religieuse. Toutefois cette diversité des règles n'avait pas, aux yeux des contemporains, l'importance que l'on pourrait supposer. L'unité de la vie monastique n'en subissait aucune atteinte. Ces monastères avec leurs coutumes si différentes ne formaient en réalité qu'un seul ordre monastique [2]. Le mot ordre n'avait pas alors le sens qu'on lui donne de nos jours. Il embrassait la totalité des moines.

Sa signification se précisa après les réformes du Xe et du XIe siècle. Il servit à désigner les monastères qui avaient le même genre, le même ordre de vie. On les distinguait, en leur donnant le nom de l'abbaye qui leur avait servi de type. Il y eut l'ordre de Cluny. Les auteurs de ces fédérations monastiques établirent bientôt une hiérarchie entre les monastères, nous le verrons en son lieu. On eut alors de véritables congrégations. Les grandes abbayes, qui possédaient des prieurés plus ou moins nombreux, devinrent par là même le centre de congrégations locales ; quelques-unes jouirent d'une certaine importance, Marmoutier, Saint-

1 Voir une dissertation de Mabillon sur ce sujet : *Specimen monastici ordinis, qualis fuerit ævo s. Benedicti ac post eum*, dans *Acta Sanctorum ord. s. Benedicti*, sec. IV, pars I, XVII-XXV.

2 MABILLON, *Annales ordinis sancti Benedicti*, II, 428-430.

Victor de Marseille, Lérins, Montmajour, l'Ile-Barbe, la Chaise-Dieu, la Grande Sauve, Fleury, Saint-Michel en l'Herm, Saint-Bénigne de Dijon, Saint-Remi, Tiron, etc., sont les plus connus. On trouve quelque chose de semblable chez les chanoines réguliers : Saint-Victor de Paris en est un exemple frappant.

Cependant, après un sérieux examen du passé des moines noirs, on arrive à constater qu'ils sont un peu rebelles à la hiérarchie précise des congrégations. Ils paraissent jaloux de l'autonomie de leurs maisons. Aussi restent-ils confinés dans leur indépendance, malgré les graves inconvénients qui en résultent pour eux. La fédération leur a été d'ordinaire imposée soit par le Saint-Siège, soit par des circonstances auxquelles ils ne pouvaient légitimement se soustraire. Quand on a voulu la leur prescrire efficace et forte, il a fallu modifier en quelques points certaines de leurs traditions économiques. Les circonstances, qui imposaient ces groupements, se chargèrent de rendre ces modifications possibles. Les congrégations, issues de ces nécessités, ont pour la plupart donné des résultats heureux. Malgré cela, les monastères bénédictins conservent toujours leur tendance à une autonomie complète, qui s'accommode mal des contraintes sans lesquelles un ordre ou une congrégation ne sauraient exister. Et pourtant le besoin de se grouper subsiste impérieux, sans qu'on ait encore trouvé moyen de lui donner pleine satisfaction. Cette lacune, il est permis d'employer ce mot, explique certaines difficultés que les moines ont rencontrées au cours de leur histoire.

Citeaux et Prémontré sont les deux premiers types de congrégation franchement caractérisés que l'on trouve chez les moines et les chanoines réguliers. Le succès rapide et extraordinaire de ces deux ordres fit comprendre à tous les avantages incomparables des groupements monastiques. Les abbayes isolées, même puissantes, se virent reléguées au second plan. Rome leur demanda bien de suivre cet exemple; mais il leur fallut pour cela ajouter un élément nouveau à leur esprit et à leurs constitutions, tandis que, à Cîteaux et à Prémontré, l'aptitude à l'organisation commença et grandit avec la famille religieuse elle-même. Les fondations nouvelles, qui se multipliaient partout, la reçurent en même temps que la règle et les coutumes particulières à ces ordres. Elle était inhérente au genre de vie qu'ils préconisaient. Ce fut pour beaucoup dans leur développement. A Fontevrault et à Grandmont, on observe des phénomènes analogues dans un cadre plus restreint. Chez les moines noirs [1], la fédération des monastères fut un simple élément de conservation.

Les ordres et congrégations qui nous occupent, à l'exception des Célestins et des Camaldules, venus d'Italie à une époque tardive et dont l'influence sur la vie religieuse en France fut à peine appréciable, sont d'origine française; ils appartiennent donc à notre histoire nationale. Leur propagation dans l'Église catholique et le rôle joué par leurs membres ont servi à étendre et à fortifier l'action de notre race. Chose digne de remarque, les grandes associations monastiques du moyen âge ont donné aux étrangers beaucoup plus qu'elles n'ont eu à en recevoir. Grâce à cela,

[1] Les Bénédictins proprement dits sont fréquemment désignés par ce nom de *moines noirs, nigri, ordo niger,* à cause de la couleur de leur habit, tandis qu'on nomme les Cisterciens *moines gris, griseus ordo* et les chanoines réguliers *religieux blancs, ordo albus, candidus* pour une raison semblable.

la France fut, pendant deux ou trois siècles, un centre intense de vie chrétienne.

Les groupes de moines noirs, formés sous l'ancien régime, reçurent tout d'abord de larges emprunts à l'Italie, en recevant de la congrégation de Sainte-Justine de Padoue une influence heureuse. Ce fut le cas des congrégations de Chezal-Benoît et de Saint-Vanne. Mais, pour avoir une congrégation susceptible de prendre chez nous un grand essor et de rendre à la vie bénédictine le lustre des anciens jours, on dut se débarrasser de ce que l'organisation intérieure des monastères réformés présentait de trop italien et se faire un gouvernement et des habitudes répondant mieux au génie de notre race. Les Bénédictins de Saint-Maur accomplirent ce travail d'adaptation.

Parmi les congrégations nommées plus haut, celles qui suivaient la règle de saint Augustin appartenaient à l'ordre des chanoines réguliers ou ordre canonial [1]. A une vie religieuse généralement calquée sur le type monastique, les chanoines réguliers unissaient les œuvres du ministère clérical, telles que l'administration des paroisses et la prédication. Cet apostolat ecclésiastique ne leur appartenait pas exclusivement ; les moines, en effet, l'exercèrent en beaucoup d'endroits et avec un grand zèle.

Les congrégations, qui suivaient la règle bénédictine, appartenaient à *l'ordre monastique* [2]. Les hommes rece-

[1] Les Frères Prêcheurs ou Dominicains, les Rédempteurs de la Trinité et de la Merci et quelques communautés hospitalières en faisaient également partie. Il y avait, en outre, un grand nombre de congrégations tant d'hommes que de femmes suivant la règle de saint Augustin, qui n'avaient rien de commun avec l'ordre canonial.

[2] Les Chartreux en faisaient également partie. Les Dominicaines et les Franciscaines du second ordre, ainsi que les Carmélites, étaient des moniales et appar-

vaient le nom de *moines* et les femmes, celui de *moniales*. On ne désignait jamais ainsi les membres des ordres mendiants, des congrégations ou sociétés de clercs réguliers ou de celles qui se sont fondées plus récemment [1]. Les maisons dans lesquelles habitaient les moines et les chanoines, étaient communément appelées *monastères*. Ce nom ne convient pas aux maisons des autres familles religieuses, qui étaient des *couvents*, des *résidences* ou des *collèges* [2].

Les monastères se divisaient en *abbayes* et en *prieurés* [3]. Cette distinction ne remonte pas aux origines de la vie monastique; on ne peut même dire la date exacte à laquelle elle a commencé [4]. L'abbaye était un monastère autonome, s'administrant lui-même par conséquent, dont le supérieur avait le titre d'abbé et jouissait des privilèges attachés à cette fonction. Ceux qui gouvernaient les monastères por-

tenaient par conséquent à l'ordre monastique, sans suivre cependant la règle bénédictine.

[1] Les Franciscains reçurent le nom de *mendiants*, parce que, pauvres personnellement et vivant en des communautés pauvres et incapables de posséder quoi que ce soit, ils étaient dans la nécessité de vivre d'aumônes. Le Saint-Siège leur accorda, en compensation, des privilèges nombreux, qui furent, dans la suite, étendus aux Dominicains, aux Carmes, aux Ermites de Saint-Augustin, aux Servites et aux Jésuites, moyennant certaines conditions qui leur furent imposées. Ces derniers appartiendraient plutôt cependant à la catégorie des *clercs réguliers*, ou membres du clergé astreints à la vie religieuse, qui embrassent la plupart des congrégations fondées depuis le XVIe siècle. Il y eut, en outre, des sociétés de prêtres s'engageant par simple promesse à vivre en commun et à travailler aux mêmes œuvres sous l'autorité des supérieurs et des règlements; leurs membres ne faisaient pas de vœu. Tels sont les Sulpiciens.

[2] Les termes *couvents* et *convents* ne doivent pas être confondus, bien qu'ils aient la même étymologie (*conventus*, réunion, assemblée). Le *couvent* est la demeure d'une communauté n'appartenant ni à l'ordre canonial ni à l'ordre monastique. Le *convent* désigne la réunion des membres d'une communauté monastique, ou simplement religieuse, assemblés pour un exercice commun ou pour poser un acte collectif.

[3] Les chanoines réguliers remplaçaient quelquefois le prieuré par la prévôté. Les prieurs chez eux se nommaient encore prévôts.

[4] On donnait primitivement aux communautés monastiques le simple nom de *monasterium*. Des communautés moins importantes recevaient celui de *cella*.

taient indistinctement le titre d'*abbés* ou de *prieurs*, durant les premiers siècles [1]. Les seules différences admises entre eux avaient pour fondement leurs mérites personnels, le nombre de leurs moines, l'antiquité, la richesse et les privilèges de leur maison.

Le terme de *prieuré* n'apparaît guère que au XIe siècle avec un sens bien précis. Il servit à désigner un monastère placé sous la dépendance d'une abbaye, dont il était véritablement la propriété; elle lui avait fourni ses moines, qui restaient ses membres, et son supérieur immédiat ou prieur n'était que le délégué de l'abbé. Ces prieurés avaient été fondés la plupart du temps sur l'un des domaines monastiques, éloigné du siège de la communauté, dans le but d'en faciliter l'administration. Les monastères trop nombreux se déchargeaient ainsi d'une partie de leurs habitants. Les prieurés, placés sous la protection d'une puissante abbaye, se trouvaient dans une situation en réalité fort avantageuse; pour se l'assurer, des abbayes d'une importance moindre ne craignirent pas de renoncer à leur autonomie. L'histoire de Cluny en fournit plusieurs exemples. Il y eut même des prieurés qui se développèrent assez pour avoir à leur tour des maisons sous leur propre dépendance. Ces petits monastères, qu'on pourrait appeler satellites, ne se rencontraient que chez les moines noirs et les chanoines réguliers [2]. Les Cisterciens préférèrent les *granges*, ou fermes exploitées par un groupe de frères convers. Quelques monastères dépendants reçurent le nom d'*hospice*, qui de fait leur convenait mieux que celui de prieuré; c'étaient ordinairement

1 Saint Benoit les emploie indifféremment.
2 On les trouve autour des monastères de femmes.

des refuges [1], situés soit dans une ville fortifiée, soit dans un pays très salubre; on s'y retirait en cas de guerre, ou encore l'abbé y envoyait les religieux ayant besoin de repos. Plusieurs grandes abbayes avaient auprès des universités des *collèges* monastiques, habités par les frères qui suivaient les cours; ce fut le cas à Paris, à Douai, à Toulouse, à Avignon, à Montpellier. Le supérieur prenait le titre de recteur [2].

Dans l'ordre de Fontevrault, la maison-mère avait seule le titre d'abbaye; ses dépendances n'étaient que des prieurés. Il en fut de même dans l'ordre de Grandmont. Les Célestins et les Camaldules n'eurent que des prieurés, en France du moins. Quelques fondatrices et réformatrices du XVIIe siècle, pour écarter la pompe extérieure attachée à la dignité abbatiale et d'autres inconvénients, ne voulurent pas du titre d'abbaye pour leurs nouvelles fondations; il leur suffit d'avoir des prieurés. Ce fut le cas de la mère Mechtilde, institutrice des Bénédictines du Saint-Sacrement. Elle ne fut point la seule à agir de la sorte. Les hommes eurent moins occasion de suivre cet exemple. Ils avaient déjà trop à faire pour conserver les maisons existantes et les arracher à la sécularisation, sans songer à des établissements nouveaux [3].

1 On se contentait parfois de leur donner le nom de *refuge*.

2 Toutes les abbayes n'avaient pas les ressources suffisantes pour établir un collège. Elles étaient cependant obligées d'envoyer de temps à autre quelques religieux suivre l'enseignement théologique et juridique d'une université. Ces moines vivaient, comme ils pouvaient, sous la responsabilité de leur supérieur. On établit dans quelques universités un contrôle de la vie des moines étudiants, exercé d'ordinaire par un membre de quelque abbaye de la ville; c'était le *prior studentium*. Cette institution, qui donna fort peu de résultats, perdit sa raison d'être au XVIIe siècle, lorsque les monastères furent groupés en congrégations bien organisées.

3 Les Bénédictins de Saint-Maur fondèrent deux prieurés, Bonne-Nouvelle, à Orléans, et La Daurade, à Toulouse. Ce furent, au reste, leurs seules fondations.

Dans les abbayes bénédictines, on donnait depuis fort longtemps le nom de prieur au religieux chargé d'assister l'abbé pour le gouvernement intérieur de la communauté et, au besoin, de le remplacer ; il occupait partout le second rang. On lui donnait plus spécialement le nom de prieur claustral, parce qu'il exerçait son autorité dans l'intérieur du cloître, pour le distinguer du prieur conventuel, qui présidait à la direction générale d'un prieuré. Les supérieurs des abbayes en commende étaient généralement des prieurs conventuels ; le prélat ou l'ecclésiastique, qui recevait la dignité abbatiale et jouissait des revenus attachés à ce titre, n'avait aucun pouvoir sur la communauté, sauf dans quelques abbayes qui avaient exceptionnellement un moine pour titulaire.

Au début, tout prieuré fondé par une abbaye devait avoir, pour l'habiter, des moines plus ou moins nombreux. Mais ce nom fut, dans la suite étendu, à un grand nombre de possessions monastiques, où on ne vit jamais un groupe de religieux. Il suffisait, pour constituer un prieuré, d'avoir une église avec des terres, des dîmes et autres redevances, appartenant à une abbaye de bénédictins ou de chanoines réguliers. Quand cette église se trouvait au centre d'une paroisse, on avait un *prieuré-cure;* on en faisait un *prieuré rural,* lorsqu'elle était située à l'écart. Il fallait à une église un prêtre chargé de la desservir et d'administrer ses biens et revenus. Celui-ci vivait de cette fonction ; il avait auprès du sanctuaire, devenu son titre, une demeure. Le titulaire de ces églises fut tout d'abord un religieux de l'abbaye qui les possédait, désigné par l'abbé lui-même; on lui donnait le nom de prieur ou de prévot; et la maison, qu'il occupait auprès de son titre, devenait le prieuré. On ne peut donc pas conclure de la présence d'un prieuré en une localité quelconque à l'existence d'un monastère véritable[1]. Les abbés ne donnèrent pas toujours à des moines les églises priorales de leurs dépendances; elles eurent fréquemment pour titulaires des prêtres séculiers, surtout à partir du XIVe siècle. Ces prieurés ne restèrent pas forcément propriétés monastiques; les abbayes pouvaient les échanger et les vendre, comme des domaines ordinaires. Le Saint-Siège put souvent en disposer lui-même, moyennant certaines conditions. C'est ainsi qu'on les voit passer d'un monastère à un autre, ou encore d'une abbaye à une collégiale ou à une cathédrale, sans parler de ceux qui furent acquis par des seigneurs laïques. Le domaine, malgré ces mutations, conservait son titre prioral. Il n'était pas rare non plus de donner ce nom de prieuré à des églises, qui ne furent, à aucune époque, propriété monastique; on assimilait ainsi aux dépendances monastiques des églises et des terres, qui appartenaient à des évêchés, à des cathédrales ou à des collégiales. Ces prieurés subsistèrent en très grand nombre jusqu'au moment de la Révolution. Ils entraient dans la catégorie des bénéfices simples, dont les titulaires n'avaient point charge d'âmes[2].

[1] Dans les listes d'églises possédées par les abbayes, on a soin de remplacer le mot *ecclesia* par celui de *cella* ou de *monasterium* toutes les fois qu'il existe autour de l'église un monastère.

[2] Le nom de prieur était fréquemment employé au moyen âge et sous l'ancien régime; il servait à désigner les présidents d'un grand nombre de confréries et d'associations. On nommait prieur décimateur l'ecclésiastique jouissant, en vertu de son bénéfice, du droit de prélever les dîmes sur une paroisse. On rencontre encore le titre de grand prieur ou de prieur mage; il est employé dans certains monastères nombreux pour désigner le premier des prieurs en dignité, c'est-à-dire le véritable prieur; il y avait dans ces maisons le deuxième, le troisième, le quatrième prieur. On trouve chez les chevaliers de Saint-Jean de Jérusalem les grands prieurés et les grands prieurs; le grand prieuré correspondait à un chef-lieu de province religieuse; celui qui en était supérieur prenait le titre de grand prieur.

Les abbés étaient élus par les membres de leur communauté, sauf en cas de fondation ; le choix du premier abbé appartenait alors au fondateur. Telle était la règle générale. Mais les possessions monastiques, les prérogatives seigneuriales attachées à ces biens et la situation des monastères dans la société engendrèrent peu à peu des confusions, qui compromirent gravement la liberté des élections. Les abbayes partageaient en cela le sort des évêchés. Les princes, les rois et les empereurs s'attribuaient le droit de les conférer comme des seigneuries laïques. Les libertés de l'Église se trouvaient ainsi sacrifiées ; le temporel s'imposait au spirituel. Ce n'est pas le lieu de faire l'histoire des élections épiscopales et abbatiales et encore moins de raconter les luttes des pouvoirs ecclésiastiques et laïques, au sujet de ces élections. Il suffit de signaler brièvement cette cause de la perte du droit d'élection dans un grand nombre d'abbayes. Elle ne fut point la seule.

Cédant au besoin urgent de se créer des ressources indispensables, les Souverains Pontifes usèrent du droit de réserve, qui leur permettait de conférer directement une supériorité, sans se préoccuper du choix des moines.

Cet usage se développa surtout pendant le séjour des papes à Avignon. Il est juste de signaler une troisième cause, qui provenait des moines eux-mêmes. Les élections furent parfois pénibles ; il arriva même qu'on ne put les terminer, par suite des divisions et des cabales des électeurs ou des candidats. Les communautés subirent encore des influences extérieures et injustifiables, ou se laissèrent guider par des considérations peu délicates. On les vit porter leur choix sur des incapables ou des indignes. L'affaiblissement de l'esprit religieux obscurcit trop souvent chez les moines la conscience de leur situation; ils perdaient, avec le sens ecclésiastique, la notion de ce qu'est un monastère au sein de la société religieuse et civile. Les préoccupations surnaturelles et élevées s'effaçaient devant les soucis administratifs et le désir de se concilier la bienveillance des grands. Cet état d'esprit influait nécessairement sur le choix de leurs abbés. Ceux-ci devenaient de plus en plus des seigneurs monastiques, beaucoup moins monastiques que seigneurs. Les moines n'étaient pas les seuls atteints de cette contagion morale, à l'époque qui précéda immédiatement la réforme protestante.

On avait depuis longtemps divisé les domaines de chaque monastère en deux parts ou menses [1] : celle de l'abbé ou du prieur, *mense abbatiale ou priorale*, et celle des religieux, *mense conventuelle*. Cette distinction eut de graves inconvénients; elle ne fut pas non plus sans de précieux avantages. On put, grâce à ce moyen, éviter l'absorption de toute la fortune monastique par les seuls abbés, comme cela eut lieu plus particulièrement en Italie. L'abbé, avec le train de maison que lui imposait alors sa dignité, eut une existence personnelle, qui pouvait ne causer aucun trouble aux religieux de son abbaye. Les revenus de sa mense lui fournissait de quoi en couvrir les frais. Les choses se passèrent ainsi, dès le XIIIe siècle, dans un grand nombre de monastères bénédictins et de collégiales régulières, pendant que la supériorité était encore exercée par des religieux.

Lorsque l'usage des réserves apostoliques se fut répandu

[1] Ces parts étaient appelés *menses*, parce que leurs revenus étaient surtout destinés à l'entretien des habitants du monastère et en particulier aux frais de nourriture ou de table (*mensa*).

et que le Souverain Pontife nomma directement aux abbayes ou aux prieurés, il choisit parfois des religieux d'autres ordres ou même des membres du clergé séculier; les premiers, avant de prendre possession de leur charge, obtenaient la permission de passer dans l'ordre auquel appartenait leur monastère; les séculiers faisaient profession religieuse avant de recevoir la bénédiction abbatiale. Ces abbés prenaient en main le gouvernement de leur communauté. On ne peut les confondre avec les commendataires. Les abbés commendataires recevaient le titre d'une abbaye et jouissaient, moyennant certaines charges, des revenus qui y étaient attachés; mais, sauf dans des circonstances exceptionnelles, ils ne s'occupaient point du gouvernement des religieux. Ils firent leur apparition, à la faveur des nominations faites par le Saint-Siège ou encore des élections plus ou moins spontanées de certaines abbayes. C'étaient ordinairement de hauts personnages ecclésiastiques. Ces dignités leur apparaissaient comme un moyen naturel d'augmenter leurs revenus. Les évêques et les cardinaux, qui jouèrent au XVe et au XVIe siècle un rôle politique considérable et généralement très heureux, furent accessibles à ces considérations. Le faste royal, dont ils aimaient à s'entourer, ne leur permettait pas de s'en affranchir. La facilité avec laquelle on réunissait sur une même tête, avant le concile de Trente, les titres épiscopaux multiples, calmait les scrupules des hommes que ces abus auraient pu de prime abord surprendre.

Les évêques recherchèrent le titre abbatial de certains monastères influents, dans l'espoir d'atténuer par là ce que les exemptions monastiques avaient de gênant pour eux. Ne pouvant les supprimer directement, ils cherchèrent à en reconquérir l'usage par la commende. Le Pape, le Roi et souvent les moines eux-mêmes se prêtèrent à leurs désirs. En réunissant le titre de plusieurs abbayes sur une même tête, après le concile de Trente, on ne croyait pas déroger à ses prudentes prescriptions sur la pluralité des bénéfices. Cet état de choses engendra forcément des abus et des conflits. Nous n'avons pas à les raconter ici.

Le concordat de Léon X et François Ier régularisa la nomination aux abbayes et monastères du royaume (1516). La Pragmatique Sanction de Bourges (1438) avait remis en vigueur l'élection des abbés et des prieurs conventuels. Ce régime fut complètement aboli par l'acte de 1516. « Les monastères et prieurés conventuels et vrais électifs, y est-il stipulé, c'est à savoir en l'élection desquels la forme du chapitre *quia propter* a accoustumé d'estre observée, et la confirmation d'icelles élections sollennellement demandée, ne pourront doresnavant procéder à l'élection ou postulation des abbés ou prieurs. Mais le Roy, icelle vacation occurrent, devra nommer un religieux de l'ordre du monastère ou prieuré vacant, de l'âge de vingt-trois ans pour le moins, et dedans semblable temps de six mois. Et si le dict Roy à nous, à noz successeurs ou siège sus dict dedans les dicts mois, nommoit un prestre séculier, ou religieux d'autre ordre, ou mineur de vingt trois ans ou autrement inhabile, le dict ainsi nommé sera par nous récusé et ne lui sera pas pourveu. Mais dedans trois mois à compter depuis le jour de la dicte récusation, le dict Roy sera tenu nommer un autre qualifié. Et si dedans les dicts neuf mois, le dict roy ne nomme personne ou qu'il la nomme moins qualifiée et idoine que dessus, sera par nous, noz successeurs, pourveu aux dicts monastères. »

Le Pape ne sacrifiait pas cependant le droit d'élection de toutes les abbayes et de tous les prieurés. Un certain nombre de maisons avaient eu soin de se le faire confirmer par des privilèges spéciaux. Il y avait là des situations acquises auxquelles le concordat n'eut point à déroger. « Toutefois par ce que dict est, nous n'entendonz aucunement préjudicier aux chapitres, églises, couvents, monastères et prieurés, ayant sur ce spéciaux privilèges du Siège apostolique, d'eslire leur prélat. »

Les moines conservaient encore quelques parcelles de leurs droits : certains monastères gardaient le privilège de choisir eux-mêmes leurs supérieurs; aux autres, le Roi ne pouvait présenter que des religieux du même ordre. Ils ne profitèrent pas longtemps de ces réserves. François Ier finit, à force d'instances, par obtenir du Souverain Pontife l'extension de son droit à tous les monastères, les chefs d'ordre exceptés, et la liberté complète dans ses choix (1531). Le Roi put ainsi nommer à la plupart des abbayes et prieurés conventuels d'hommes ou de femmes. Il lui arriva, en quelques circonstances assez nombreuses, de choisir des religieux. Mais, d'une manière générale, les membres du clergé séculier, surtout les hauts personnages et les clercs issus de familles nobles, leur furent préférés. On signale les nominations un peu scandaleuses de laïques ne méritant guère pareil honneur; ce sont là des faits exceptionnels, sur lesquels il n'est pas possible de s'appuyer pour apprécier les usages introduits par l'application du concordat. C'est ce régime qui fit presque avorter la réforme, qui eut pour berceau le monastère de Chezal-Benoît.

Les abbayes, qui étaient chefs-lieux d'ordre ou de congrégation, tels que Cluny, Cîteaux, Prémontré, Sainte-

Geneviève de Paris, Saint-Antoine-de-Viennois, ne perdirent point leur droit d'élection, nous venons de le dire. Mais les religieux se virent, en plus d'un cas, obligés d'élire un séculier. Les quelques monastères, appartenant à la congrégation de Chezal-Benoît, Saint-Sulpice de Bourges, Saint-Allyre de Clermont, Brantôme, Saint-Martin de Séez et Saint-Vincent du Mans, échappèrent d'abord à la commende. Ceux qui se trouvaient dans les provinces annexées à la couronne après la signature du concordat n'eurent à subir aucun changement. D'autres maisons bénédictines, cisterciennes ou canoniales purent encore choisir elles-mêmes leurs supérieurs. On les désignait sous le nom d'*abbayes en règle* [1]. Les monastères de femmes de nomination royale avaient toujours une religieuse pour les gouverner. Si l'élue était séculière, elle commençait par faire profession; et elle embrassait la règle de sa nouvelle maison, au cas où elle aurait d'abord appartenu à une autre famille religieuse; ce qui se présentait assez

1. On en trouve la liste dans *la France ecclésiastique de 1790*. Paris, 1790, in-12, p. 352-355, Abbecourt, Saint-Ayri de Verdun, Altorf, Anchin, Saint-André d'Amiens, Saint-Antoine, Arrouaise, Saint-Aubert de Cambrai, Auchy, Barbery, Beaubec, Beaulieu (diocèse de Troyes), Saint-Benoît de Metz, Bergues, Saint-Bertin, Blangy, Bonnaigue, Bouillas, Bucilly, Cambron, Canigou, Chaloché, Cantimpré, Chancelade, La Charité, La Charmoise, Château-l'abbaye, Chatillon (Verdun), Chocques, Cisoing, Citeaux, Clairlieu, Clairmarais, Clairvaux, Cluny, La Colombe, Corneux, Crespin, Cuissy, Cuxa, Domèvre, Dommartin, Eaucourt, Ebersheimmunster, Escurrey, La Fermeté, Foucarmont, Freistroff, Sainte-Geneviève, La Grâce-Dieu, Grosbois, Ham, Hasnon, Hautmont, Hénin-Liétard, Hornbach, La Castelle, Saint-Jean de Valenciennes, Saint-Léger de Soissons, Saint-Léopold de Nancy, L'Étanche, La Luzerne, Marbach, Marcilly, Mareuil, Maurmunster, Marolles, Saint-Martin de Limoges, Montcets, Mont-Saint-Éloi, Moyen-Moutier, Morimont, Munster, Neubourg, Pairis, Les Pierres, La Piété, Le Pin, Pont-à-Mousson, Pontigny, Prémontré, Prières, Riéval, Le Rivet, Ruisseauville, Salival, Saint-Sauve, Senones, Sept-Fonts, Saint-Sépulcre de Cambrai, Saint-Sulpice (dioc. Belley), La Trappe, Saint-Waast d'Arras, Val-des-Écoliers, Val-Dieu, Vaucelle, Vaux-la-Douce, Vauclair, Vicogne Villers-Cotterets. Les abbayes de l'ancienne congrégation de Chezal-Benoît ne figurent point sur cette liste; elles avaient alors perdu leur privilège.

fréquemment. Les moniales échappèrent ainsi aux plus graves inconvénients de la commende. Elles n'eurent pas à scinder leurs propriétés en deux menses distinctes.

Avec la commende, cette distinction des menses devint pour les monastères d'hommes une sauvegarde. L'abbatiat, qui représentait la partie sécularisée du monastère, put être organisé à part, si bien qu'il fut possible en certaines circonstances de le supprimer complètement, sans porter la moindre atteinte à l'existence religieuse des moines. On s'en aperçut, lorsque la mense abbatiale de Saint-Corneille-de-Compiègne fut attribuée à l'abbaye du Val-de-Grâce, et celle de Saint-Denys, à la maison de Saint-Cyr. Saint-Corneille-de-Compiègne et Saint-Denis n'eurent plus d'abbé commendataire; et ce fut tout [1]. Des commendataires habitaient quelquefois

[1] Liste des abbayes, dont la mense abbatiale avait été supprimée au profit d'une institution ecclésiastique ou charitable : Saint-Martin d'Ainay, unie à l'archevêché de Lyon; Ambournay, à l'évêché de Belley; Saint-André-le-Bas de Vienne, au chapitre noble de cette ville; Asnières, au collège de la Flèche; Saint-Aubin d'Angers, à l'évêché de Séez; Saint-Géraud d'Aurillac, à l'évêché de Saint-Flour; N.-D. d'Autrey, à celui de Saint-Dié; Bellebranche, au collège de la Flèche; Saint-Bénigne de Dijon, à l'évêché de cette ville; Saint-Benoit-sur-Loire, à l'archevêché de Bourges; Bèze, à l'évêché de Dijon; Bourgmoyen, à l'évêché de Blois; Sainte-Catherine-du-Mont, à Rouen, aux chartreux de Gaillon; Selle-sur-Cher, aux Feuillants qui possédaient cette abbaye; Saint-Chaffre, à l'archevêché de Vienne; Charroux, au chapitre de Brioude; les Chateliers, aux Oratoriens de la rue Saint-Honoré; Clairac, au chapitre de Saint-Jean de Latran; Saint-Corneille de Compiègnes, au Val-de-Grâce; Cormery, au séminaire de Saint-Charles à Tours; Croais, à l'évêché de Sisteron; Saint-Cyran, à l'évêché de Nevers; Daoulas, au séminaire de la marine; Saint-Denis, à la maison de Saint-Cyr; Saint-Èvre de Toul, au chapitre de Bouxières; Saint-Étienne de Dijon, à l'évêché; Étival, à l'évêché de Saint-Dié; Saint-Florent de Saumur, à la mense conventuelle; Fontfroide, à l'évêché de Perpignan; Saint-Gildas, au chapitre de Chateauroux; Saint-Gildas de Rhuys, à l'évêché de Vannes; Saint-Gilles, à l'archevêché d'Aix; Saint-Guilhelm-du-Désert, à l'évêché de Lodève; Saint-Jean de Laon, à l'école militaire; Saint-Jean de Sens, unie à l'archevêché; Joug-Dieu, à la collégiale de Villefranche; Saint-Jouin de Marnes, au chapitre d'Amboise; Joyenval, à l'évêché de Chartres; l'Ile-Barbe, au chapitre cathédral de Lyon; l'Ile-en-Barrois, à l'évêché de Nancy; Saint-Julien de Tours, au collège des jésuites de la ville; Landevenec, à l'évêché de Quimper; Lérins, à l'évêché de Grasse; Saint-Lomer, à l'évêché de Blois; Lure, à l'abbaye

l'enceinte de leur abbaye; celui de Saint-Germain-des-Prés occupait un somptueux palais. Mais, comme ces bénéfices n'entraînaient pas la résidence, ils en profitaient.

Néanmoins ils avaient toujours pour eux un logement séparé du cloître. Des fermiers se chargeaient, moyennant une somme convenue, de faire valoir les terres et de percevoir les droits de leur mense. Bien qu'ils n'eussent pas à s'immiscer dans le gouvernement intérieur des communautés, plusieurs prirent grand intérêt à leur prospérité spirituelle et temporelle. La réforme monastique trouva dans leurs rangs, surtout pendant la première moitié du XVIIe siècle, des promoteurs zélés et parfois généreux.

L'abbé, présenté par le Roi, recevait du Pape sa nomination. Les bulles, qui la notifiaient, n'étaient expédiées que si le titulaire versait au préalable une taxe convenue. On l'avait établie une fois pour toutes à l'aide d'indications assez peu exactes; elles révélaient toujours des revenus

de Murbach; Saint-Magloire, à l'archevêché de Paris; Saint-Mansuy, à l'évêché de Toul; Marmoutier, à l'archevêché de Tours; Saint-Martin-au-Bois, au collège Louis-le-Grand; Saint-Martin de Séez, à l'évêché; Saint-Martin de Laon, à l'évêché; Saint-Martin-aux-Jumeaux, à l'évêché d'Amiens; Saint-Maur-des-Fossés, à l'archevêché de Paris; Saint-Médard, à l'évêché de Soissons; Saint-Melaine, à l'évêché de Rennes; Mélinais, au collège de la Flèche; Saint-Michel-en-l'Herm, au collège des Quatre-Nations; Montmajour, à l'archevêché d'Arles; Mont-Saint-Martin, à l'archevêché de Sens; Moutier-la-Celle, à l'évêché de Troyes; Moutier-saint-Jean, à l'évêché de Langres; Nanteuil, au séminaire de Poitiers; Saint-Nicaise de Reims, à la Sainte-Chapelle de Paris; Notre-Dame du Val, au monastère des Feuillants de la rue Saint-Honoré; Saint-Père, à l'évêché de Chartres; Saint-Pierre le Vif, à la cure de Versailles; Pontlevoy, à l'évêché de Blois; Psalmody, à l'évêché d'Alais; La Réal, à l'évêché de Perpignan; Saint-Remy, à l'archevêché de Reims; Saint-Remy de Sens, à la première cure de Versailles; Rocamadour, à l'évêché de Tulle; Saint-Satur, à l'archevêché de Bourges; Silvacane, au chapitre d'Aix; Thenailles, au collège de Saintes; Saint-Thierry, à l'archevêché de Reims; Saint-Thiers de Saon, à l'évêché de Grenoble; Tholey, au chapitre de Bouxières; le Thoronet, à l'évêché de Digne; Tiron, à la cure de Saint-Louis de Versailles; Tournus, aux évêchés de Chalon et de Maçon; Saint-Vanne, à l'évêché de Verdun; Vendôme, au chapitre et au séminaire de Blois; Villeneuve-lès-Avignon, à l'évêché de Grenoble.

inférieurs à la réalité. La taxe figure sur la liste officielle des bénéfices.

On peut alléguer de nombreuses considérations inspirées par la connaissance de l'état religieux, politique et social de la France sous l'ancien régime dans le but d'expliquer la commende. Un fait aussi général a évidemment sa raison d'être. Il serait, en tout cas, bien difficile de répartir avec justice et vérité les responsabilités sur tous ceux qui ont contribué à l'établir et qui en ont tiré profit. Quoi qu'il en soit, la commende fut un abus ; elle détournait de sa destination première une partie considérable de la propriété monastique. Elle correspond à une déviation profonde du sentiment religieux. Cette décadence eut d'autres effets qu'il nous reste à signaler.

Les prieurés, dépendant des grandes abbayes bénédictines, excitèrent, avant les abbayes elles-mêmes, l'appétit des coureurs de bénéfices. Ils se les faisaient attribuer par le Souverain Pontife, au moyen d'une provision apostolique. Les abbés de Cluny firent renouveler fréquemment les privilèges de leur ordre, pour échapper à cette invasion de clercs séculiers ou de religieux fatigués de la vie obscure des couvents. Les besoins financiers de la Cour d'Avignon poussèrent les Papes à étendre le plus possible ces réserves de bénéfices. L'état dans lequel tombèrent la plupart des prieurés pendant la guerre de Cent ans et après la peste noire leur aplanit des difficultés : les monastères décimés abandonnèrent un grand nombre de leurs dépendances rurales, et ils n'eurent pas toujours les moyens de les protéger contre l'extension des réserves. Les Papes ne furent pas seuls à profiter de cette désolation ; les évêques et les princes saisirent volontiers cette occasion de se faire attribuer indirectement une partie de la fortune monastique.

Cluny réussit néanmoins à conserver des religieux dans un grand nombre de prieurés; Saint-Victor de Marseille, Montmajour, Marmoutier et de rares abbayes en gardèrent quelques-uns. Mais ce ne furent guère que des exceptions. Les autres dégénérèrent en bénéfices. Les abbés purent, en certains cas, maintenir leur droit de les donner à des religieux de leur communauté. Ces prieurs furent désormais, non des chefs de moines, mais de simples administrateurs, qui finirent bientôt par administrer pour leur propre compte, comme des bénéficiers ordinaires.

Les bienfaiteurs des anciens monastères avaient eu des intentions biens différentes, en leur donnant églises et domaines. Après toutes ces déviations, les moines perdaient un prestige nécessaire à la conservation de leurs droits; ils ne surent que mal les défendre. Les prieurés se sécularisèrent ainsi de plus en plus. En vertu du concordat de 1516 et de ses conséquences, le Roi en eut un certain nombre à sa disposition. Lorsqu'il étendit par des conquêtes nouvelles les frontières de son royaume, le Saint-Siège lui accorda, par des indults spéciaux, de nommer aux prieurés des provinces récemment acquises. Lors de l'union de certaines menses abbatiales [1] soit à un évêché soit à une autre institution, il se réserva presque toujours la nomination aux bénéfices qui en dépendaient. Les sécularisations de monastères devenaient un excellent moyen d'allonger la

[1] Ce fut le cas de Saint-Denis en France, de Saint-Victor de Marseille, de Saint-Michel en l'Herm, de l'Ile-Barbe, de Marmoutier, de Saint-Pierre-le Vif, de Saint-Claude, de Saint-Julien de Tours, de Moutier-la-Celle, de Moutier-Saint-Jean, de Saint-Guilhelm, de Landevenec, Clairac, Gaillac, etc.

liste des prieurés de nomination royale ; elle s'enrichit, une dernière fois, de toutes les maisons de l'ordre de Grandmont, après sa suppression par la commission des Réguliers [1]. Les abbés commendataires disposaient à leur gré de ceux qui dépendaient des menses abbatiales.

Les moines préposés aux offices claustraux ne tardèrent pas à suivre l'exemple donné par les abbés et les titulaires des prieurés, en transformant leurs fonctions en bénéfices. Les célériers, chambriers, réfectoriers, infirmiers, etc., s'attribuèrent personnellement les revenus de leurs offices, sans se préoccuper d'en remplir les charges. Les religieux de leur côté rompirent avec la vie commune et partagèrent les ressources monastiques en prébendes, au profit de chacun d'eux. Il se forma de la sorte dans les abbayes un certain nombre de portions monacales, correspondant à un chiffre limité de places. Les moines adoptaient ainsi les coutumes reçues dans les chapitres cathédraux et dans les collégiales. Ils s'acheminaient rapidement vers la sécularisation. C'est dans cet état que les réformateurs du XVIe et surtout du XVIIe siècle trouvèrent la plupart des monastères bénédictins.

Les places monacales, assimilées aux canonicats, pouvaient en certaines circonstances être mises à la disposition du Roi ou de personnages ecclésiastiques, qui les attribuaient comme bon leur semblait. Lorsqu'il s'agissait de moniales, on ne les offrait qu'à des jeunes filles ayant le goût de la vie religieuse. On prenait plus de liberté avec les monastères d'hommes ; il fut facile d'attribuer quelques pensions

1 On trouve une liste des prieurés à nomination royale, telle qu'elle était à la chute de l'ancien régime, dans *la France ecclésiastique pour l'année 1790*, 364-419.

à des laïques, par exemple aux anciens soldats réduits à l'impossibilité de gagner leur vie. Ces invalides oblats rendaient, en échange de leur nourriture, quelques services aux religieux. Louis XIV débarrassa les monastères de leur présence, en fondant pour eux un hospice à Paris.

Il arriva même que certains monastères d'hommes ou de femmes devinrent, petit à petit, comme la propriété des familles nobles ou bourgeoises d'une contrée, qui avaient là un placement choisi pour leurs fils et leurs filles. Moines et moniales se prêtèrent à ces exigences, en n'admettant parmi eux que des personnes pouvant justifier d'un certain nombre de quartiers de noblesse. C'est ainsi que se formèrent les abbayes nobles. Les réformateurs du XVIIe siècle supprimèrent ces abus, au moins dans les congrégations d'hommes.

Du jour où les prieurés des abbayes bénédictines et canoniales eurent dégénéré en bénéfices, on pouvait sans trop de difficultés s'en servir pour doter de nouvelles institutions pieuses ou charitables et pour créer des ressources au profit de dignitaires ecclésiastiques. La destination que l'on donnait ainsi à ces débris de la propriété religieuse était beaucoup plus conforme aux intentions des donateurs que leur distribution aux clercs vivant des bénéfices. Cela se faisait par la suppression du titre prioral et l'union des terres et des droits, qui le constituaient, soit à l'église, soit à l'établissement, soit à la dignité, qui devaient en jouir désormais. C'est par ce moyen que furent créées les prébendes de certains chanoines dans quelques églises cathédrales et que fut doté le personnel de plusieurs collégiales séculières. On augmenta ainsi les revenus de certains évêchés et de charges ecclésiastiques; les collèges établis autour des universités et ceux que les Pères Jésuites ouvrirent dans un grand nombre de villes se constituèrent de la sorte des rentes, dont l'emploi était noblement justifié. Il en fut de même des hôpitaux, des séminaires, de quelques couvents et de certaines congrégations fondées au XVIIe et au XVIIIe siècle dans un but manifestement utile. Ces unions diminuèrent de beaucoup la liste des prieurés distribués à titre de bénéfices simples.

Les monastères réformés du XVIIe siècle voulurent à leur tour profiter de ces suppressions. L'attribution aux religieux des prieurés dépendant de la mense conventuelle ou des offices claustraux s'accordait mal avec la pauvreté monastique. On entourait de précautions minutieuses les titulaires, pour les maintenir dans un rôle de personnes interposées. Mais cela ne pouvait durer indéfiniment ; l'esprit de propriété personnelle et, après lui, tous les relâchements dont il est l'avant-coureur envahiraient, un jour ou l'autre, les cloîtres par cette porte entre-ouverte. On prévenait ce péril, en sollicitant l'union pure et simple des prieurés à la mense conventuelle ou aux offices claustraux. Le Souverain Pontife et le Roi comprirent l'importance de cette mesure, qu'ils encouragèrent. Mais des difficultés administratives ne permirent pas de la généraliser. Il resta donc un certain nombre de prieurés appartenant aux abbayes et donnés toujours à des religieux : c'étaient les prieurés réguliers.

Les monastères, outre leurs prieurés, possédaient des églises paroissiales ou autres plus ou moins nombreuses. Les supérieurs n'en confiaient pas le service aux membres de la communauté. Tout en conservant pour leur abbaye le titre de curé primitif ou de prieur décimateur avec les droits honorifiques et pécuniaires qu'il comportait, ils présentaient à la nomination de l'évêque diocésain un prêtre séculier, qui prenait le titre de vicaire perpétuel et recevait, sous le nom de portion congrue, une part des revenus.

Les églises, les prieurés, les droits perçus en nature ou en argent formaient, avec les domaines, la partie principale de la fortune des monastères. Les rentes que cette fortune produisait étaient assez aléatoires ; elles variaient beaucoup avec les capacités administratives des supérieurs. Ainsi presque partout, durant la période qui précéda la réforme monastique du XVIIe siècle, les moines criaient misère ; et ce n'était pas sans raison. Les édifices claustraux tombaient en ruines et les religieux avaient à peine de quoi pourvoir à leurs propres besoins, malgré leur petit nombre. On peut voir dans cette pauvreté une conséquence du laisser-aller général. L'administration n'était pas mieux partagée que l'observance régulière. Les Bénédictins de Saint-Maur mirent tout en ordre et presque aussitôt les propriétés monastiques, sans augmenter en étendue, produisirent beaucoup plus. Elles étaient mieux cultivées et administrées plus sagement.

Un autre fait se constate à la même époque : les terres, appartenant à la mense conventuelle, étaient en meilleur état que celles de la mense abbatiale ou priorale. Les moines, fidèles à l'esprit et aux pratiques de leur ordre, se faisaient remarquer par le soin avec lequel ils s'acquittaient de toutes choses. Ils restèrent jusqu'à la fin dignes de leur réputation de sages administrateurs.

Les monastères groupés en ordre ou en congrégation relevaient au spirituel directement du Souverain Pontife, parce que exempts de la juridiction épiscopale. Ceux qui préférèrent s'isoler de tout groupement monastique perdirent, de ce fait, ce privilège, après le Concile de Trente. Les congrégations entretenaient auprès du Saint-Siège un procureur, chargé de les représenter et de traiter leurs affaires en Cour de Rome. Cette institution, qui maintenait des relations étroites et continuelles entre les moines français et le centre de la catholicité, disparut dans le cours du XVIIIe siècle.

Quelques abbayes, qui étaient parmi les plus florissantes du Royaume, jouissaient d'une exemption plus complète que les autres ; elles formaient, avec leur enclos et les terres environnantes, une sorte de petit diocèse monastique enclavé dans un autre : c'est ce qu'on nommait un territoire *nullius* (sous-entendu *diœcesis*). L'abbaye prenait le nom d'abbaye *nullius*, et son territoire s'appelait quelquefois l'Exemption. L'abbé exerçait sur ce territoire et ses habitants la juridiction ordinaire, sans avoir pour cela le caractère épiscopal. Cette juridiction était liée au titre abbatial ; aussi fut-elle attribuée aux abbés commendataires, qui la faisaient exercer par le prieur en qualité de vicaire général.

De tous les privilèges reconnus aux moines, il n'en est pas qui aient provoqué davantage les susceptibilités des évêques. Les territoires *nullius* les troublaient, surtout quand l'abbaye était située dans l'intérieur de la ville épiscopale, comme Saint-Germain-des-Prés, ou à proximité, comme Saint-Denis. On trouva une solution qui put satisfaire l'archevêque de Paris, sans compromettre les traditions de ces vénérables monastères. L'exemption de Saint-Germain et de Saint-Denis fut abrogée en principe et leur territoire, soumis à la juridiction ordinaire; mais l'archevêque eut pour vicaire général sur ce même territoire le prieur. Les choses allèrent comme par le passé, avec cette différence que le prieur tenait ses pouvoirs de l'archevêque de Paris, non de l'abbé commendataire. Les abbayes de Fécamp, de Saint-Médard de Soissons et de Corbie conservèrent leur territoire exempt.

Ces indications préliminaires permettront au lecteur de saisir le sens de quelques termes fréquemment employés dans le cours de ce travail et de comprendre des allusions faites à des institutions disparues depuis fort longtemps et dont rien de ce que nous avons sous les yeux ne peut nous donner une idée.

Dans le présent volume, nous consacrons une notice historique aux congrégations monastiques et canoniales entre lesquelles se partageaient les monastères de l'ancienne France. Ces notices n'ont pas la prétention d'être une histoire définitive. Elles offrent à ceux qui s'intéressent au passé des moines un résumé de ce que l'on sait sur chacun de ces groupements religieux. La bibliographie qui les accompagne indique le champ qu'auront à explorer les travailleurs chargés de préparer leur histoire définitive. Il nous suffit, pour le moment, de mettre à la disposition du public studieux un travail utile.

ORDRE DE CLUNY.

L'histoire de l'Ordre de Cluny peut être divisée en trois périodes. La première va de la fondation de l'abbaye par l'abbé Bernon (910) à la réforme de l'Ordre, qui suivit la bulle du pape Grégoire IX (1231). La deuxième s'étend jusqu'en juillet 1622, date de l'élection de Dom Jacques d'Arbouze. La troisième, qui commence avec le gouvernement de cet abbé, finit avec l'Ordre lui-même, au moment de la Révolution française.

Première période (910-1231).

Le deuxième abbé de Cluny, saint Odon (928-942), sut mettre de bonne heure cette abbaye dans la voie qui devait être la sienne. Les moines menèrent une vie religieuse pleinement conforme aux traditions bénédictines. Leurs observances régulières se rattachaient, par Saint-Martin d'Autun et Saint-Savin-sur-Gartempe, à l'œuvre réformatrice de saint Benoît d'Aniane. Le successeur de l'abbé Bernon développa chez eux la pratique fidèle de toutes les vertus monacales, le zèle de la prière liturgique et l'application au travail et à l'étude. La décadence générale des monastères et des Églises, en répandant une ombre épaisse autour de ce tableau de vie religieuse, en faisait ressortir la beauté avec un éclat extraordinaire. De toutes parts, les hommes, que peinait l'état moral de la société, tournèrent les yeux vers Cluny. Ce fut le signal de la restauration des monastères, des Églises et de la société.

Les évêques et les princes s'adressèrent à saint Odon, le suppliant d'introduire les observances de sa maison dans les abbayes de leurs diocèses, que le relâchement déshonorait. Il répondit à leur appel. C'est ainsi que furent réformés Romainmoutier en Bourgogne, Aurillac, Tulle, Sarlat, Lezat, Saint-Martial de Limoges, Saint-Jean d'Angely, Saint-Allyre de Clermont, Saint-Chaffre du Monastier, Sainte-Énimie, Saint-Julien de Tours, dans la région que limitent les Cévennes, les Pyrénées, l'Océan et la Loire; Saint-Pierre-le-Vif à Sens et Fleury, au nord de ce fleuve; Saint-Paul de Rome, Subiaco et Farfa, en Italie.

Fleury, relevé par l'action directe de saint Odon, et les abbayes de Brogne, au nord, et de Gorze, à l'orient, qui ressentirent son influence, devinrent à leur tour des foyers d'où la réforme rayonna sur de nombreux monastères. C'était toujours l'extension de l'œuvre clunisienne. Les maisons nouvellement fondées acceptèrent cette impulsion réformatrice.

Cette restauration monastique continua sous les successeurs de saint Odon. Saint Mayol (948-994), que le bienheureux abbé Aymard se donna comme coadjuteur, en attendant qu'il reçût sa succession, fortifia la réforme en Italie, en Bourgogne et en France et l'étendit à de nouveaux monastères, entr'autres à Saint-Sauveur de Pavie, à Saint-Apollinaire de Classe, Flavigny, Marmoutier, Saint-Denys, Cormery et Saint-Maur-des-Fossés. Après lui, saint Odilon (994-1049) porta plus loin encore l'action de Cluny en France, en Italie et en Espagne. Voici le nom de quelques abbayes réformées par lui ou par ses disciples : Saint-Germain d'Auxerre, Saint-Faron de Meaux, Vézelay, Saint-Marcel de Chalon, Saint-Sauveur de Nevers, Saint-Wandrille, le Mont-Saint-Michel, Saint-Ouen de Rouen, Jumièges, Sauxillanges, La Voute, Maillezais, Bourgueil, Saint-Cyprien de Poitiers, Saint-Claude, Savigny au diocèse de Lyon, Saint-André de Vienne, Lérins,

Pendant ce temps, saint Guillaume, abbé de Saint-Bénigne de Dijon, et le bienheureux Richard, abbé de Saint-Vanne de Verdun, donnaient par leur action personnelle un nouvel élan à la réforme monastique. Elle gagnait ainsi de proche en proche la plupart des abbayes et des prieurés.

Cluny atteignit l'apogée de sa puissance sous l'abbatiat de saint Hugues (1049-1109). Ce saint abbé compléta l'œuvre réformatrice de ses prédécesseurs. Il prit une part active à diverses fondations, particulièrement à celle des prieurés de la Charité-sur-Loire (1056) et de Saint-Martin-des-Champs. Des abbayes et des prieurés, qui comptaient déjà une longue existence, se donnèrent à lui. Les évêques et les seigneurs, qui fondaient de nouvelles maisons, et ils furent nombreux alors, les placèrent fréquemment sous sa dépendance. L'abbé Hugues se trouva de la sorte présider au gouvernement d'une multitude de moines répandus dans des monastères de France, d'Italie, d'Espagne, d'Allemagne et d'Angleterre. Sa mission fut d'organiser ce vaste état monastique.

Cette agglomération, due à l'action de grands abbés continuée pendant près de deux siècles, répondait à un besoin de l'époque. Elle se fit au moment où les éléments politiques et sociaux, destinés à former le royaume de France, se dégageaient de l'anarchie du xe siècle pour aboutir à la féodalité. Une loi générale poussait les faibles et les moins forts à chercher assistance et protection auprès des puissants et des plus forts.

Saint Odon et ses premiers successeurs gardaient une autorité réelle sur les monastères réformés par eux. Les abbés, qui les gouvernaient après leur départ, n'étaient guère que leurs représentants, on dirait aujourd'hui leurs vicaires généraux. Mais rien ne consacrait pour l'avenir une autorité, née de la réforme et personnelle au réformateur. L'union toute morale, que l'identité des règles et des usages établissait forcément entre les maisons réformées et l'abbaye-mère, ne suffisait pas pour constituer un corps. Il fallait un élément nouveau. Le besoin de protection le fournit.

Les moines avaient à défendre leurs domaines et leur indépendance contre la rapacité de voisins puissants et ambitieux. Les évêques et les seigneurs laïques cherchaient souvent, par une ingérence illégitime, à troubler leur vie domestique, à leur imposer malgré eux des supérieurs, à faire peser sur leurs communautés des charges lourdes et injustes. Mais, voisins rapaces, évêques et seigneurs jaloux, qui s'attaquaient volontiers à des monastères sans défense, traitaient avec égard les abbayes, connues par leurs relations avec les Papes et les Rois. L'abbé de Cluny n'avait pas son pareil en France au XIe siècle. D'instinct, les monastères faibles dans leur isolement se donnèrent à lui. Ce don avait une conséquence immédiate : le monastère, avec ses religieux, ses serviteurs et ses domaines, appartenait à Cluny comme sa chose propre, participait à ses privilèges, était mis sous la protection immédiate de l'abbé et son entière dépendance.

Un usage, ancien déjà parmi les moines, fournit une base traditionnelle à l'organisation, que réclamait ce nouvel état de choses. Quand une abbaye avait reçu de ses fondateurs ou bienfaiteurs des terres étendues et situées dans des régions lointaines, elle y établissait des colonies monacales, chargées de veiller sur ses intérêts, de diriger l'exploitation agricole, de prélever les droits, qui lui appartenaient, et de remplir les charges matérielles et spirituelles inhérentes à la propriété. Ces prieurés ou *celles,* c'était leur nom, n'étaient pas des monastères proprement dits. On n'y voyait qu'une simple extension de l'abbaye-mère : maison, domaine, religieux, tout lui appartenait immédiatement. Son abbé envoyait et rappelait les moines à son gré, leur donnait un supérieur, son délégué, gardant sur lui et sur eux toute l'autorité qu'il avait sur les religieux de sa propre abbaye. Ce fut la condition des monastères qui se soumirent à Cluny pour obtenir sa protection. Voilà pourquoi aussi les abbayes, qui demandaient cette faveur, renonçaient généralement à leur titre et devenaient de simples prieurés.

Cette situation inférieure parut à certaines maisons vénérables incompatible avec leur passé et leur dignité. Elles voulurent conserver leur titre, tout en faisant partie de l'ordre. On leur demandait seulement d'accepter ses coutumes et de reconnaître l'autorité de son abbé; celui-ci, quand la charge abbatiale venait à vaquer chez elle, donnait l'institution canonique au religieux choisi par ses frères. De ce nombre furent Moissac, Figeac, Saint-Martial de Limoges, Uzerches, Beaulieu, Saint-Étienne de Baigne, Saint-Jean-d'Angely, Maillezais, Montierneuf de Poitiers, Menat, Thiers, Mozat, Saint-Gilles, Gigny, Baume-les-Messieurs, Vézelay, Saint-Germain-d'Auxerre, Saint-Vulmer, Saint-Bertin, et, en Italie, Saint-Benoit-du-Pô.

Quelques monastères, réduits au rang modeste de prieurés, obtinrent cependant de conserver à leur supérieur le titre abbatial, bien qu'il n'eût en réalité que les pouvoirs de prieur. Ce fut le cas de Saint-Eutrope de Saintes, de Coincy, d'Arles-sur-Tech, de Camprodon et de Pontida.

Nous ne saurions dire, même approximativement, le nombre des prieurés clunistes. Il fut considérable. On les trouvait partout en France; il y en avait en Italie, en Espagne, en Angleterre, jusqu'en Écosse, en Allemagne, en Pologne, même en Palestine. Beaucoup étaient sans grande importance. Quelques-uns, par ailleurs, rivalisaient avec des abbayes florissantes par le nombre de leurs moines, l'étendue de leurs domaines et le caractère de leurs privilèges. Saint-Martin-des-Champs, la Charité-sur-Loire, Nogent-le-Rotrou, Nantua, Saint-Saturnin-du-Port ou Pont-Saint-Esprit, Montierneuf, Saint-Eutrope de Saintes, Souvigny, Sauxillanges, etc. avaient sous leur dépendance des prieurés plus ou moins nombreux. On désignait ces derniers à Cluny sous le nom de maisons *médiates*, pour les distinguer de celles qui appartenaient immédiatement à l'abbaye-mère. Parmi ces prieurés *immédiats*, cinq avaient un rang à part, et ceux qui les gouvernaient portaient le titre de prieurs majeurs et occupaient la première place après les abbés. On les connaissait dans l'Ordre sous le nom des cinq filles de Cluny. C'étaient La Charité-sur-Loire, première fille de Cluny, Saint-Pancrace de Lewes, Saint-Martin-des-Champs, Souvigny et Sauxillanges.

Ces monastères étaient presque tous occupés par des hommes. L'Ordre n'avait qu'un nombre très limité de religieuses. Voici le nom de quelques-uns de leurs monastères les plus connus : Marcigny, Sales, au diocèse de Lyon, Saint-Victor près de Huy, au diocèse de Liége, La Veine, au diocèse de Clermont.

Sur toutes ces maisons, l'abbé de Cluny avait le droit de visite. Il lui appartenait de nommer les supérieurs, de déplacer les religieux, de les punir, s'il y avait lieu, de promulguer des statuts et de controler toute l'administration. Moines et moniales, faisant partie de l'abbaye clunisienne, ne pouvaient faire profession qu'entre les mains de son abbé ou en présence de son délégué.

Cette organisation, qui reposait en grande partie sur l'autorité personnelle de l'abbé de Cluny, put donner des résultats excellents et permettre à son chef d'avoir, par ses moines et ses monastères, sur l'Église et la société une influence considérable; elle profita beaucoup aux Souverains Pontifes et aux Rois de France. Mais cette puissance demandait, pour durer, à être exercée par une main habile et ferme. Ce ne fut point le cas sous le successeur de saint Hugues, l'abbé Pons, qui dut se démettre des fonctions abbatiales, en 1122. Après la mort de Hugues II, qui gouverna le monastère et l'Ordre pendant trois mois seulement, Pierre le Vénérable (1122-1158) travailla de tout son pouvoir à remonter le courant. Ses efforts ne furent point inutiles. Toutefois Cluny put d'autant moins reprendre dans la société sa place de jadis qu'elle était déjà occupée par Cîteaux. Il resta quand même un corps ecclésiastique respectable et respecté, conservant, malgré le relâchement de la discipline, assez de vie religieuse pour mériter l'estime et garder une réelle influence. Les jugements sévères, portés sur cette partie de son histoire, sont motivés par le souvenir des gloires antérieures et par la comparaison avec la fervente jeunesse des Cisterciens plutôt que par des désordres constatés.

Voici les noms des abbés de Cluny et supérieurs généraux de l'Ordre, après Pierre le Vénérable : Hugues III de Trazan (1158-1166), Étienne Ier (1173), Raoul de Sully (1176), Gauthier de Chalon (1177), Guillaume Ier (1179), Thibaud, créé cardinal par Alexandre III (1183), Hugues IV de Clermont (1199), Hugues V (1222), Géraud (1220), Roland (1228) et Barthélemy (1230).

L'abbaye de Cluny et les monastères de sa dépendance suivaient la règle de saint Benoît, modifiée ou complétée par des coutumes. Les textes les plus anciens, que nous possédons, *Consuetudines cluniacenses antiquiores,* remontent au temps de saint Mayol; celles de Bernard de Cluny et d'Udalric furent rédigées sous le gouvernement de saint Hugues, les premières vers 1060 et les autres, une vingtaine d'années plus tard. D'autres monastères, Farfa en Italie et Sahagun en Espagne, Saint-Bénigne de Dijon et Fleury, eurent des coutumes rédigées provenant de la même source. On y trouve les règlements qui concernent les offices liturgiques, les exercices réguliers de la journée monastique et les fonctions diverses du gouvernement des monastères. Cette législation n'était pas immuable. Les abbés de Cluny y ajoutèrent des prescriptions nouvelles ou atténuèrent celles qui existaient déjà. Nous avons un statut de l'abbé Pons, pour la commémoration annuelle des défunts de l'Ordre, les *statuta Congregationis Cluniacensis* de Pierre le Vénérable, les *Institutiones* de l'abbé Hugues V, et d'autres statuts promulgués par un anonyme d'une époque incertaine, connus sous le nom de *statuta antiqua*.

Deuxième période (1231-1622).

Grégoire IX fut un pape réformateur. Les Ordres religieux attiraient son attention. Il avait sous les yeux, à Rome, les Frères Mineurs et les Frères Prêcheurs, qui, par leur sainteté et leur doctrine, rendaient à l'Église d'inappréciables services. On se demandait si les anciens monastères n'allaient point, dans un élan de pieuse émulation, secouer leur sommeil. L'exemple de Cîteaux aurait dû les stimuler. Cet Ordre, qui avait pu multiplier ses abbayes dans toute la chrétienté occidentale, conservait encore sa ferveur. Son organisation, qui avait sa formule dans la célèbre charte de charité, passait, avec raison, pour l'une des causes principales de cet étonnant succès. Les moines noirs, malgré le nombre et l'importance de leurs monastères, ne pouvaient supporter la comparaison avec les Cisterciens; ceux-ci leur étaient trop manifestement supérieurs. Comment ne point attribuer cette faiblesse à leur isolement? Il y eut, l'occasion de le dire se présentera bientôt, des essais d'organisation dûs à l'initiative privée, puis fortement encouragés par le Siège apostolique.

Cluny avait su éviter les périls de l'isolement; mais les conditions dans lesquelles fonctionnait son vaste groupement monastique ne répondaient plus aux nécessités de l'heure présente. L'action trop personnelle de ses abbés opposait une faible barrière aux progrès du relâchement et de la décadence. Il suffisait d'ouvrir les yeux pour le constater.

Grégoire IX entreprit de remédier à cet état de choses, en donnant à l'organisation clunisienne ce qui lui manquait. Elle présentait un groupement monastique avec un chef, investi d'une autorité réelle. Cela existait aussi à Cîteaux. Mais Cîteaux avait en plus les visites canoniques et les chapitres généraux. Ces deux institutions ne faisaient pas complètement défaut à Cluny. mais elles fonctionnaient mal, parce que l'abbé était tout. La visite de l'ordre, qu'il faisait ou plutôt qu'il ne faisait pas, les chapitres généraux, qui le mettaient en rapport avec les prieurs, ne pouvaient suppléer aux lacunes de son action personnelle, parce que, une fois encore, tout reposait sur lui. Il n'en allait pas de même chez les Cisterciens. L'autorité du chapitre général et des visiteurs, indépendante de celle du Supérieur général, la complétait et, au besoin, lui servait de correctif.

Grégoire IX, par sa bulle du 28 juillet 1231, prescrivit à l'abbé et aux moines de l'Ordre de Cluny de s'approprier ces deux institutions et de recourir aux bons offices de deux abbés Cisterciens, qui les initieraient au fonctionnement des chapitres généraux. Le Pape ajoutait quelques règlements très utiles pour la réforme des abus les plus criants. Cette première intervention du Saint-Siège, sans rester inefficace, ne produisit pas tous les résultats désirables. Nicolas IV dut revenir à la charge par une bulle du 12 septembre 1239. Quelques-unes de ces prescriptions furent jugées inapplicables, et Boniface VIII chargea une commission, formée par le chapitre général, de les atténuer (15 juillet 1295).

Les chapitres généraux, composés des abbés et prieurs de l'Ordre, ou de leurs délégués, fonctionnèrent régulièrement jusqu'en 1571. Le premier, dont nous possédions le compte rendu, est de 1259. Ils avaient lieu tous les ans. Les omissions furent très rares. On eut, par contre, à déplorer de nombreuses absences, malgré les efforts tentés soit pour les punir soit pour les rendre impossibles. Les Définiteurs, qui formaient au sein du chapitre un conseil suprême, exerçaient un pouvoir législatif, administratif et coërcitif. L'ensemble de leurs définitions ou décisions est pour l'histoire de l'Ordre, pleine des informations les plus précieuses. Les Visiteurs, nommés par eux, leur rendaient compte de l'état matériel et moral des monastères qu'ils avaient inspectés. Dans le but de rendre cette visite plus facile et efficace, les maisons furent distribuées en provinces. Il y en eut neuf, à savoir celles de Lyon, de France, de Provence, du Poitou, d'Auvergne, de Gascogne, d'Allemagne, de Lombardie et d'Espagne. Chacune d'elles eut son visiteur. Ces provinces avaient à leur tête un vicaire général de l'abbé de Cluny, qui portait au début le nom de Chambrier *(camerarius)*, venant du nom de *Cameraria*, sous lequel la province était connue. Dans la suite, les Définiteurs complétèrent cette organisation en envoyant un Procureur de l'Ordre à Rome ou à Avignon, auprès du Pape, et un autre auprès du Roi, avec mission de prendre en mains la défense des intérêts et des privilèges de Cluny et de ses monastères. Il y eut, en outre, à Cluny un Procureur général chargé des intérêts généraux.

Les chapitres, les visites et les nouveaux offices n'enlevaient aucune autorité à l'abbé de Cluny. Il présidait les chapitres; il conservait son droit personnel de visite; il nommait et pouvait destituer les prieurs; il recevait la profession de tous les moines et, au besoin, il les déplaçait; il avait le droit de promulguer des statuts et de donner des dispenses, comme par le passé. De fait, plusieurs abbés de Cluny ont édicté des règlements ou statuts qui obligeaient l'Ordre entier. Ils y faisaient entrer d'ordinaire les modifications apportées à la discipline et au gouvernement par les chapitres généraux. Les premiers en date, durant cette période, sont ceux de l'abbé Bertrand de Colombiers (1301) [1] que Henri de Fau-

1 Entre Bertrand, élu en 1295, et Barthélemy, mort en 1230, nous trouvons sur

trières, son successeur en 1308, revit et compléta. Jean II de Cosant en édicta de nouveaux, en 1399; Jean III de Bourbon, élu en 1456, les reproduisit avec de légères modifications.

Notons, en passant, un changement, qui n'eut pas de grande importance, survenu, en 1291, dans la désignation des monastères clunisiens; jusque-là ils portaient le titre d'abbayes ou de prieurés. L'abbé de Cluny fut alors autorisé par Boniface VIII à prélever sur treize maisons une taxe annuelle. Le Pape crut leur donner une compensation suffisante, en les autorisant à remplacer leur titre de prieuré par celui moins commun de doyenné. Voici leurs noms : Lihons-en-Santerre, Nogent-le-Rotrou, Gassicourt, Gaye, Vergy, Vendeuvre, Tours-sur-Marne, Carennac, Moirac, Roncenac, Saint-Cosme, Marmesse et Montret.

Durant cette longue période, l'Ordre de Cluny eut à subir des pertes énormes. Les progrès de son organisation ne pouvaient rien contre la force des événements politiques. Les nations, en prenant davantage conscience d'elles-mêmes, obéissaient à des rivalités, qui opposaient d'insurmontables obstacles au caractère catholique des œuvres religieuses du moyen âge. Les monastères espagnols, lombards, anglais ou allemands, trouvèrent pénible et humiliante la soumission à une abbaye française. Ils finirent par la secouer. Cluny avait perdu, en 1458, toute autorité sur ces monastères étrangers. Les efforts tentés pour la recouvrer furent absolument inutiles.

Les mêmes tendances séparatistes sévissaient dans quelques maisons françaises, depuis longtemps déjà. Les chapitres généraux, que Rome appuyait, réagirent avec succès. Mais le

la liste des abbés Étienne II (1236), Hugues VI (1245), Guillaume III de Pontoise (1263), Yves I de Vergy (1275), Yves II de Chasant (1289), Guillaume IV (1295).

besoin d'indépendance prit le dessus, et la plupart des abbayes finirent par se séparer de l'Ordre. L'isolement leur devint fatal; on les vit presque toutes s'effondrer, les unes plus tôt, les autres plus tard, dans la sécularisation. Ce fut le cas de Saint-Martial de Limoges, de Figeac, de Moissac, de Vézelay, de Saint-Gilles, d'Ainay.

Avant de subir toutes ces pertes, Cluny avait eu sa part des douloureuses épreuves qui suivirent en France la guerre de Cent ans et le Grand Schisme. Les Églises souffrirent dans leurs intérêts temporels non moins que dans leurs intérêts moraux. La peste accrut encore cette désolation sans exemple. Quelques moines vivaient misérablement dans des abbayes et des prieurés ruinés et dépeuplés. Un pouillé, inséré par Dom Marrier dans sa *Bibliotheca Cluniacensis*, donne l'état assez exact de l'Ordre et de ses monastères, durant les années qui précédèrent ce qu'on appela la « grande mortalité » (1346). Ce document mérite attention. Il y avait, dans la province de Lyon, 24 maisons avec 466 moines, dont 260 à Cluny, et 80 moniales; celle de France, qui était la plus nombreuse, avait une cinquantaine de prieurés avec 500 moines et 25 moniales; celle de Provence en avait 44 et 252 moines; celle du Poitou, 33 avec 238 moines; celle de Gascogne, 20 avec un minimum de 263 religieux; celle d'Allemagne, 30 avec 212 religieux; celle de Lombardie, 25 avec environ 200 religieux et 40 moniales; celle d'Espagne, 26 avec 190 moines et 16 religieuses; celle d'Angleterre, 41 avec 450 moines; celle d'Auvergne, 11 avec 260 religieux et 80 moniales. Ce qui fait, en tout, 324 monastères et 3372 religieux ou religieuses. Il faudrait ajouter à ces chiffres les dépendances de plusieurs de ces abbayes ou prieurés et leurs habitants que nous n'avons pas comptés. Nous ne saurions nous faire par là une idée de l'Ordre de Cluny, tel qu'il fut sous le gouvernement de saint Hugues. Ne l'oublions pas, le

XIVe siècle fut, pour cet ordre, comme pour la famille monastique tout entière, une période de décadence.

Les chapitres généraux et les abbés de Cluny essayèrent d'introduire une réforme, au sortir de la guerre de Cent ans. Les statuts de l'abbé Jean III de Bourbon, promulgués pendant le chapitre de 1458, en sont une preuve manifeste. Ces tentatives, qui ont laissé des traces nombreuses dans les définitions des chapitres généraux, ne restèrent point sans résultat. Mais cette restauration monastique partagea le sort du besoin général de réforme, qui produisait en France une vie pleine des plus belles espérances. Elle avorta. Deux causes expliquent son échec. Les abbés, qui devaient être les principaux moteurs de cette restauration, furent trop mêlés, par leurs relations de famille et leur situation personnelle dans la société, à l'action politique, pour comprendre les conditions indispensables à une réforme. Cette œuvre éminemment religieuse se fait surtout par l'intérieur. Ils voyaient les choses de loin et par le dehors. Cluny aurait pu retirer de l'état de choses créé par le règne de Louis XI et de ses successeurs un parti excellent; mais il lui manqua, pour présider à ses destinées, des hommes pénétrés de l'esprit qui avait animé les Odon, les Mayol, les Odilon et les Hugues. Cette abbaye, il est vrai, eut à sa tête des hommes d'état : Jacques et Godefroid d'Amboise, Aimard de Boissy, Jean et Charles de Lorraine; mais ils n'appartenaient pas à la famille des grands restaurateurs monastiques.

Le protestantisme et les guerres de religion, seconde cause de l'échec, accumulèrent les ruines matérielles et morales et faillirent anéantir l'Ordre tout entier. Les chapitres généraux cessèrent leur réunion à partir de l'année 1571. C'était sous l'abbatiat du cardinal de Lorraine. Dom Claude de Guise, son coadjuteur depuis 1562, lui succéda en 1574. Ce personnage, très mêlé aux événements de la Ligue, fut pour l'abbaye et l'Ordre une occasion de troubles. Le calme revint pourtant sous son abbatiat, dans les dernières années du XVIe siècle. Un chapitre général put se réunir, en l'année 1600. Il y eut, dans la tenue de ces assises monastiques, une nouvelle interruption, qui se prolongea jusqu'en 1626.

Troisième période (1622-1789).

Dom Claude de Guise eut pour successeur (1612) Louis de Lorraine, cardinal de Guise. Vers ce temps, les moines lorrains, qui désiraient une vie monastique sérieuse, entraient dans la Congrégation de Saint-Vanne, récemment fondée. Leur exemple allait bientôt être suivi en France. Toutes les institutions ecclésiastiques éprouvaient du reste le même besoin de se renouveler par la réforme. L'Ordre de Cluny ne put rester étranger à ces aspirations. Le successeur de Louis de Lorraine, Dom Jacques de Veny d'Arbouze (1622), était par ses vertus personnelles tout disposé à les faire siennes. Il se mit en rapport avec les supérieurs de la Congrégation de Saint-Maur dans le but d'introduire leurs observances dans l'abbaye et les prieurés clunistes. Mais ses indécisions l'empêchèrent de surmonter les obstacles que rencontre fatalement une entreprise de cette importance. Cette première tentative n'eut donc point les résultats espérés. Le désir de la réforme persista néanmoins chez l'abbé et les moines.

Le cardinal de Richelieu fut, à cette époque, un grand promoteur de la réforme religieuse. Il ne lui suffisait point de percevoir les gros revenus des abbayes, dont il était le commendataire, il usait surtout de son influence pour leur rendre l'observance monastique. C'est ce qui eut lieu à Cluny. Le cardinal, nommé d'abord coadjuteur de Dom Jacques d'Arbouze, le 17 avril 1622, lui succéda, le 3 août 1629.

Il nourrissait la grande ambition de grouper en une seule, qui prendrait le titre de saint Benoît, les Congrégations de Saint-Vanne et de Saint-Maur et l'Ordre de Cluny, et d'y faire entrer tous les monastères bénédictins du royaume. Cette union, conclue le 22 décembre 1634, aurait eu de sérieux avantages, si elle s'était effectuée dans des conditions viables. Mais on y reconnaissait trop l'œuvre personnelle du grand ministre. D'une part, Rome le tenait en défiance; de l'autre, les moines, malgré leur silence respectueux, n'adoptaient pas ses manières de voir, à Cluny surtout. Aussi l'union ne reçut-elle pas l'approbation du Saint-Siège. Et, après la mort du cardinal (1642), les mécontents de Cluny, forts des encouragements du prince de Condé, élurent en toute hâte son jeune fils, Armand de Bourbon, prince de Conty. La Congrégation de Saint-Benoît avait vécu.

Il restait cependant quelque chose de l'œuvre du Père d'Arbouze. Avant son abbatiat, pendant qu'il remplissait l'office de grand-prieur de l'abbaye et de coadjuteur de Louis de Lorraine, il avait déterminé un certain nombre de ses moines à pratiquer une observance plus austère, réglée par des statuts, promulgués le 14 juin 1621. Ces réformés se constituèrent en un groupe distinct, après l'échec de la Congrégation de Saint-Benoît, sous le nom d'*Étroite Observance*, avec des constitutions et des supérieurs particuliers. Les autres adoptèrent le nom de religieux de l'*Ancienne Observance*. Cette organisation nouvelle fut approuvée par le prince de Conty. Les moines de l'Étroite Observance tinrent, en 1646, leur premier chapitre général.

Le cardinal Mazarin, qui succéda au prince de Conty (1654), ne voulut pas laisser aux Définiteurs de l'Étroite Observance le droit de nommer pendant le chapitre général les prieurs de chaque monastère. Il y voyait une usurpation sur ses prérogatives abbatiales. Les moines durent céder (1657). Il y avait dans leurs constitutions un certain nombre de règlements empruntés aux Vannistes. Ces religieux avaient exercé sur eux une influence très bonne au temps du cardinal de Richelieu. Mazarin voulut que cette influence devînt encore plus complète : il unit l'Ordre de Cluny et la Congrégation de Saint-Vanne, le 17 avril 1659 ; il abandonna, en même temps, au chapitre général le droit d'élire les supérieurs et la juridiction spirituelle exercée jusqu'à ce jour par l'abbé commendataire. Cette union était factice ; on la rompit de part et d'autre après la mort de son auteur (1661).

Les religieux clunistes de l'Etroite Observance se suffirent désormais à eux-mêmes. Leur réforme fut approuvée, en 1664, par le cardinal Chigi, légat d'Alexandre VII, et confirmée, en 1668, par le cardinal César de Vendôme, légat de Clément IX. Leur tentative d'échapper à la commende, en procédant eux-mêmes à l'élection de l'abbé de Cluny, après la mort du cardinal d'Est (1672), et les intrigues de leurs confrères de l'Ancienne Observance leur créèrent à la Cour de sérieux embarras. Ils parvinrent à les surmonter, si bien que Louis XIV n'hésita pas à les soutenir contre le cardinal de Bouillon, successeur du cardinal d'Est, qui ne voulut pas leur reconnaître le droit d'élire en chapitre général leurs supérieurs, sans le contrôle de l'abbé commendataire.

Après la conquête de la Franche-Comté par Louis XIV, les prieurés de cette région formèrent dans l'Ordre un groupe distinct avec des observances particulières. Ils appartenaient, en ce moment, à la congrégation de Saint-Vanne. Cluny les réclama en 1684. Leur situation fut réglée l'année suivante. C'étaient les prieurés de Château-sur-Salins, Dôle, Lons-le-Saulnier, Moutier-Hautepierre, Morteau, Vaucluse et Vaux-sur-Poligny, tous situés dans le diocèse de Besançon. Il y avait 44 moines à la fin du XVIIIe siècle.

Voici la liste des monastères de l'Étroite Observance : Cluny, Saint-Martin-des-Champs, où résidait le Procureur général, Saint-Denis-de-la-Chatre, Longpont, Montdidier, Bourbon-Lancy, Paray-le-Monial, Marcigny, La Charité-sur-Loire, Saint-Martial d'Avignon, Saint-Leu d'Esserent, Château-Salins, Dôle, Lons-le-Saunier, Moutier-Haute-Pierre, Morteau, Vaucluse, Vaux-sur-Poligny, Thierbach, Saint-Marcel de Châlon-sur-Saône, Manglieu, Mozat, Sauxillanges, Souvigny, Layrac, Moyrax, Pommiers, Nanteuil-lès-Meaux, Reuil, Saint-Étienne de Nevers, Saint-Pierre-le-Moutier, Longueville, La Voulte, Crépy-en-Valois, Saint-Nicolas d'Acy, Coincy et Saint-Lizier. Il y avait, dans ces 31 maisons, 333 religieux. Elles disparurent pendant la Révolution. Les moniales de Marcigny appartenaient à l'Étroite Observance.

Les religieux de l'Ancienne Observance avaient conservé la distribution de leurs prieurés en provinces. La province d'Auvergne se composait des cinq monastères de Menat, de Saint-Symphorien de Thiers, de Ris, du Chambon et du Moutier-d'Ahun ; celle de Provence, Languedoc et Dauphiné, des dix monastères de Tornac, Die, Domène, Valensole, Ganagobie, Lérins, Pont-Saint-Esprit, Sauzet, Manthes et Tain ; celle de France, des neuf maisons de Saint-Pierre d'Abbeville, de Lihons-en-Santerre, Bonny, Elincourt, Nogent-le-Rotrou, Saint-Révérien, Sézanne, Gaye et du collège de Cluny, résidence du Procureur ; celle de Gascogne, de neuf maisons également, Éauze, Saint-Mont, Montaut, Carennac, Fons, Saint-Jean de Mezin, Touget, Lezat, Saint-Orens de Lavedan ; celle de Lyon, de huit prieurés, Saint-Vivant, Talissieu, Ambierle, Nantua, Saint-Rambert-sur-Loire, Saint-Romain-le-Puy, Charlieu et Thizy ; celle de Monestier, créée récemment, de Barraux, Vif, Langogne, Sainte-Enimie, Séverac-le-Château, Chamalières et Monestier-Saint-Chaffre, soit sept maisons ; celle du Poitou n'en avait plus que deux, Montierneuf et Saint-Eutrope de Saintes. Ce qui faisait en tout 50 monastères, habités, en 1768, par 296 religieux. Nous sommes loin de la population monastique du XIVe siècle [1].

Les religieux de l'Ancienne ou Commune Observance vivaient conformément aux traditions de l'Ordre, interprétées avec largeur. La vie régulière s'était beaucoup affaiblie parmi eux. Aussi ne purent-ils résister à la commission des Réguliers. Dominique de La Rochefoucauld, archevêque de Rouen et abbé de Cluny, ne parvint pas à les sauver. Neuf maisons furent sacrifiées, en 1768. Vingt ans plus tard, le 14 juillet 1788, Pie VI, accédant à la demande de Louis XVI, supprima les monastères de cette Observance et sécularisa tous les religieux. Les édifices et les propriétés furent mis à la disposition des évêques.

Le 26 août suivant, Dominique de La Rochefoucauld, devenu cardinal, présida le chapitre général de l'Étroite Observance, où de nouvelles constitutions furent approuvées. Pie VI les confirma par son Bref *Apostolatus officium* du 15 mai 1789. Ces actes précédèrent de quelques mois seulement la destruction complète de l'Ordre de Cluny.

BIBLIOGRAPHIE GÉNÉRALE.

Bibliotheca Cluniacensis, in qua Sanctorum Patrum Abbatum Cluniacensium vitæ, miracula, scripta, privilegia chronologiaque duplex, item catalogus abbatiarum, prioratuum, decanatuum, cellarum, et ecclesiarum a Cluniacensi cœnobio dependentium, una cum chartis et diplomatibus donationum earumdem, omnia nunc primum ex ms. codicibus collegerunt Domnus MARTINUS MARRIER, monast. S. Martini a Campis Paris. monachus professus, et ANDREAS QUERCETANUS (DUCHESNE), Turonensis, qui eadem disposuit ac notis illustravit. Lutetiæ Parisiorum, 1614, in-fol. — Prospectus novæ editionis Bibliothecæ Cluniacensis. Voir : Nouvelles littéraires (La Haye, 1718), VII, 240. Vie de Dom Calmet,

1 Nous avons emprunté ces listes à M. Lecestre : *Abbayes, Prieurés et Couvents d'hommes en France*. Paris, 1902, in-8, 1-8.

par Dom Fangé, 416. Historia rei litterariæ ordinis sancti Benedicti, a Ziegelbauer, II, 410-413. Recueil des chartes de Cluny, I, xl. — Bullarium sacri ordinis Cluniacensis, complectens plurima privilegia per summos Pontifices tum ipsi Cluniacensi abbatiæ tum ei subjectis monasteriis hactenus concessa. Quibus accessit rotulus seu index ecclesiarum quæ habent societatem et bonorum operum communicationem cum ordine Cluniacensi, a Petro Simon, Lugduni 1680, in-fol. — Description du Grand Trésor de l'abbaye de Cluny, par L. de Barive, dans Bulletin de la société d'histoire de France, I (1834), 231 et s. — Archives de l'abbaye de Cluny. Plan de publication soumis au ministre de l'Instruction publique, par Aug. Bernard, Paris, 1861, in-8 de 8 p. et dans Cabinet historique, VII (1861); I, 103-112; II, 109-123. — Rapport sur le projet de publication des archives de l'abbaye de Cluny, par L. Delisle, dans Revue des sociétés savantes, XXV (1868, 2e sem.), 505-509. — Recueil des chartes de l'abbaye de Cluny (802-1300), formé par Aug. Bernard, complété, révisé et publié par Al. Bruel, Paris, 1876-1903, 6 vol. in-4. — Charters and records among the ancient abbey of Cluni from 1077 to 1534. Edited with notes and observations, by sir G. F. Duckett, London, 1888, 2 vol. in-8. — Inventaire des manuscrits de la Bibliothèque nationale. Fonds de Cluny, par L. Delisle, Paris, 1884, in-8, xxv-413. — Archives de l'abbaye de Cluny. Inventaire général publié d'après les manuscrits inédits des archives départementales de Saône-et-Loire, par Bénet et Bazin, Mâcon, 1884, in-8, xi-187.

Catalogus abbatiarum, prioratuum et decanatuum, mediate et immediate abbatiæ seu monasterio Cluniacensi subditorum, per provincias, et numerus monachorum qui esse ab antiquo et etiam quot missæ consueverint celebrari, ante magnam mortalitatem, in quolibet prædictorum et quibus diebus debet fieri eleemosyna, dans Bib. Clun., 1705-1752, et s. l. n. d., in-4. — Rotulus continens nomina ecclesiarum, quæ sunt Cluniacensi monasterio et ordini associatæ et habent communicationem precum et aliorum bonorum operum, quæ fiunt in dictis monasterio et ordine, dans Bullar. Clun., 213-220. — Pouillé général des abbayes de France et des bénéfices qui en dépendent. Paris, 1626, in-8, 1-174. — Abbayes, prieurés et couvents d'hommes en France. Liste générale d'après les papiers de la commission des Réguliers en 1768, par L. Lecestre, Paris, 1902, in-8, 4-8. — Pouillé des abbayes de l'Ordre de Cluny. Bib. nat., col. Moreau, ms. 786, et nouv. acq. lat., 1502. — Matricula monachorum professorum reformationis abbatiæ et totius ordinis Cluniacensis (30 janv. 1600—23 oct. 1788). Bib. Arsenal, ms. 990 et 991. — (30 janv. 1600—16 août 1789). Ibid. ms. 1158.

Histoire de l'ordre de Cluny depuis la fondation du monastère jusqu'à la mort de Pierre le Vénérable (909-1157), par Pignot, Autun, 1868, 3 vol. in-8. L'ordre de Cluny au xe et au xiie siècle, par Anat. de Charmasse, dans

Revue des Questions historiques, VI (1869), 265-271. — Die Cluniacenser in ihrer kirchlichen und allgemeingeschichtlichen Wirksamkeit bis zur Mitte des elften Jahrhunderts, von Ernst Sackur, Halle, 1892-1894, 2 vol. in-8. — Cluny, son action religieuse et sociale, par Dom Ursmer Berlière, dans Revue bénédictine, IX (1892), 465-471 et 498-508. — Histoire de l'abbaye de Cluny, avec pièces justificatives, par Lorain, 2e éd., Paris, 1845, in-8, xliii-440. — Cluny au onzième siècle : son influence religieuse, intellectuelle et politique, par Cucherat, 2e éd., Autun, 1873, in-8, vi-280. — Die Wirksamkeit der Cluniacenser auf kirchlichem und politischem Gebiete im elften Jahrh, von Greeven, Wesel, 1870, in-8, 32 p. — L'Ordre de Cluny et son gouvernement, par Dom Besse, dans Revue Mabillon, I (1905-1906). — Nous donnerons, après la notice de l'abbaye de Cluny, une liste plus complète de ces monographies.

Gallia christiana, Paris, 1876, IV, 1117-1172. — Reformatæ Cluniacensis congregationis brevis historia et series Superiorum generalium. Ibid., VII, 544-550. — La France pontificale, par Fisquet, Paris, II, 359-361. — Histoire des ordres religieux et militaires, par Helyot, Paris, 1792, in-4, V, 183-223. — Histoire des ordres religieux, par Hermant, I, 231-248. — Die Orden und Kongregationen der katholischen Kirche, von Heimbucher, Paderborn, 1896, in-8, I, 116-121. — Annales ord. S. Benedicti, Mabillon, iii-vi passim. — Chroniques générales de l'ordre de Saint Benoît, par Dom Ant. de Yepes, traduites par le R. P. Dom Martin Rethelois, Toul, 1648, in-fol., IV, 459-520.

Sur saint Odon, abbé de Cluny, Pat. lat., CXXXIII, 9-858. Saint Odon, par Dom du Bourg, Paris, 1905, in-12. — Sur saint Mayol, Ibid., CXXXVII, 745-781. Histoire de saint Mayol, abbé de Cluny, par l'abbé Ogerdias, Moulins, 1877, in-8, xvi-497. — Sur saint Odilon, Pat. lat. CXLII, 939-1038. Der h. Abt Odilo von Cluny in seinem Leben und Wirken, von Dom Ringholz, Brünn, 1885, in-8, lxxxii-126. Saint Odilon, abbé de Cluny, sa vie, son temps, ses œuvres (962-1049), par l'abbé Jardet, Lyon, 1898, in-8, 800. — Sur saint Hugues, Pat. lat. CLIX, 927-989. La vie de saint Hugues, abbé de Cluny (1024-1109), par Dom L'Huillier, Solesmes, 1888, in-8, XVI-647. — Sur Pierre-le-Vénérable, Pat. lat. CLXXXIX, 9-1075, Pierre-le-Vénérable ou la vie et l'influence monastique au xiie siècle, par l'abbé Demimuid. Paris, 1876, in-8, IX-286. — Pour chacun de ces saints, voir Bibliotheca historica medii ævi de Potthast et Répertoire des sources historiques du moyen âge, Bio-Bibliographie, par Ul. Chevalier.

Les monastères de l'ordre de Cluny du xiiie au xve siècle, par Dom Berlière, dans Rev. bénéd., X (1893), 97-112. — Documents concernant les prieurés clunisiens en Belgique, par Dom Berlière, dans Bul. com. roy. d'Hist. de Belgique, XVII (1890), 134-142. — Les prieurés clunisiens de l'ancien diocèse de Liége, par G. Halkin, dans Bul. soc. art. et archéol. de Liége, X (1896), 155-293. — Le prieuré clunisien de Saint-Pierre-d'Aywaille, par E.-S., dans Leodium, III (1904), 112. — Nouvelle contribution à l'histoire des prieurés clunisiens en Alsace, par l'abbé INGOLD. Paris, 1893, in-8, 11 p., ext. Revue d'Alsace. — Die Cluniacen. Architektur in der Schweiz vom X bis XIII Jahrh., von EMMA REINHART, Zurich, 1904, in-8. — Die Cluniacenser in England, par DOM BERLIÈRE, dans Studien und Mitthel. Bened. und Cisterc., XI (1890), 414-424. Voir : Apostolatus benedictinus de REYNER, 209-210 et scriptura, LXII, 147-149 ; LXXIV, 192-194. — Beitrag zur Geschichte der Cluniacenser Deutschlands und Polens in XV Jahrhundert, par DOM BERLIÈRE, Ibid., XII (1891), 115-120. — Monastères de Cluny en Pologne au XVe siècle, par CHAVOT, dans Annales acad. Macon, IV (1860), 15-20. — Une province de Cluny en Pologne ou description de six abbayes de cet ordre qui existaient au moyen âge dans ce royaume, par MALINOUSKI, Macon, 1870, in-8, 47 p. — Les couvents de l'ordre de Cluny en Gascogne, par l'abbé COUTURE, dans Revue de Gascogne, XVIII (1877), 296. — Les couvents de Cluny en Gascogne, par LAVERGNE. Ibid, 438-440. — État des monastères espagnols de l'ordre de Cluny aux XIIIe-XVe siècles, par Ul. ROBERT, dans Boletin de la real academia de la historia, Madrid, XX, 321-431. — La provincia Cluniacense de España, por el padre FITA. Ibid. 431. — État des monastères francs-comtois de l'ordre de Cluny au XIIIe-XVe siècles, par UL. ROBERT, Lons-le-Saulnier, 1882, in-8, 52 p., ext. Mém. soc. émul. du Jura.

LIVRES LITURGIQUES.

Missale Cluniacense ... Michael Wensler, civis Basiliensis, plus affectu devotionis quam lucrandi causa, impressit in Cluniaco, anno Domini 1493, in-fol, Voir : Livres imprimés à Cluny en 1493, par AUG. BERNARD, dans Mémoires de la société des antiquaires de France, XXXI (1869), 37-50. Livres imprimés à Cluny au XVe siècle. Rapport sur une communication de M. MAURICE DUMOULIN, par L. DELISLE, Paris, 1897, in-8 de 16 p., ext. Bulletin hist. et philol. Repertorium bibliographicum de HAIN, III, 428, n° 11.281. — Missale ordinis Cluniacensis, Paris, Simon Vostre et de Marnef, 1510 ; nouvelle édition, par VOSTRE, en 1517. — Missale secundum usum celebris monasterii Cluniacensis totiusque ordinis, ad Romanam Ecclesiam nullo medio pertinentis, multoque hactenus edita id genus missalia et locupletius et emendatius, ut conferenti facile patebit, Paris, Iolande Bonhomme, 1550. Voir : Description des livres de liturgie, par ALÈS, 432-435. — Missale ad usum percelebris monasterii Cluniacensis, Reims, 1556. — Missale monasticum ad usum sacri ordinis Cluniacensis, Paris, Sevestre, 1717. — Missale monasticum ad usum sacri ordinis Cluniacensis, Paris, Simon, 1733. Lettre du R. P. LEBRUN, prêtre de l'Oratoire, à Mgr l'archevêque de Vienne, abbé général de Cluny, au sujet du nouveau missel de Cluny, s. l. n. d., in-4. Lettre d'un religieux bénédictin de l'étroite observance à ses supérieurs, assemblés en une diète, au sujet de plusieurs décrets sur la bulle *Unigenitus* et de plusieurs erreurs glissées dans leur nouveau Missel, par Dom J.-B. Caubère, 1737, s. l. n. d. in-4.

Breviarium ordinis Cluniacensis, secundum novam reformationem consuetudinum sacri monasterii Cluniacensis, imprimi mandatum per Reverendissimum in Christo Patrem Dominum Johannem de Bourbonio, episcopum Aniciensem et abbatem Cluniacensem, ex anno Domini MCCCCLXXVIII, Venise, 1479, in-16. — Breviarium ordinis Cluniacensis, Cluny, 1492, in-8. Voir : Description des livres de liturgie imprimés aux XVe et XVIe siècles, faisant partie de la bibliothèque de Mgr Charles-Louis de Bourbon, par Alès, Paris, 1878, in-8, 435-437. — On imprima à Cluny, vers le même temps, un Psautier. Voir : Bernard, art. cité plus haut. — Breviarium monasticum ad usum sacri ordinis Cluniacensis juxta regulam sancti Benedicti et mentem Pauli V, pontificis maximi, Paris, 1686, 4 vol. in-8. En tête, lettre d'approbation du cardinal de Bouillon. Sur ce bréviaire : Eclaircissements sur la réformation du bréviaire de Cluny, par Dom Claude de Vert, Paris, 1691, in-18 de 99 p. Observations sur le nouveau bréviaire de Cluny, par J.-B. Thiers, Bruxelles, 1702, 2 vol. in-12. Institutions liturgiques, par Dom Prosper Guéranger Paris, 1880, in-8, II, 58-71. — Horæ canonicæ breviarii Cluniacensis per quatuor anni partes juxta regulam sancti Benedicti et mentem Pauli V, ad usum sacri ordinis Cluniacensis, Paris, 1726, in-12. — Breviarium Cluniacense, editio altera, Paris, 1779, 4 vol. in-12.

Horæ diurnæ breviarii Cluniacensis, Paris, 1714, in-18. — Diurnale monasticum ad usum ordinis Cluniacensis, Paris, 1741, in-16.

COUTUMES, STATUTS DES ABBÉS ET CONSTITUTIONS.

Consuetudines monasticæ, editæ a Dom Bruno Albers, vol. I, Consuetudines Farfenses, Vienne, 1900, in-4, LXXI-206; II, Consuetudines Cluniacenses antiquiores, Mont-Cassin, 1905, in-4, XIV-239. — Le plus ancien coutumier de Cluny, par Dom B. Albers, dans Revue bénédictine, XX (1903), 174. — Les *consuetudines* Sigeberti abbatis, par le même, Ibid., 420. — Untersuchungen zu den ältesten Mönchsgewohnheiten. Ein Beitrag zur Benedictiner Ordensgeschichte des X-XI Jahrhunderts, Dom Bruno Albers, Munich, 1905, in-8. — Les coutumiers monastiques (X[e] et XIe siècles), par Dom Ursmer Berlière, dans Revue bénédictine, XXIII (1906), 260-266.

Ordo Cluniacensis, rédigé par Bernard de Cluny vers 1060, dans Vetus Disciplina monastica, par Marquard Hergott, Parisiis, 1776, in-4, 133-364. Voir : Histoire littéraire de la France, VII, 595-597. — Antiquiores consuetudines monasterii Cluniacensis d'Udalric (vers 1080), dans Spicilegium de Dom Luc d'Achery,

Paris, 1773, in-fol., I, 639-703 et Pat. lat., CXLIX, 635-778. Voir : Ulrich von Cluny. Ein biographischer Beitrag zur der Cluniacenser im XI Jahrhundert, von HAUVILLER, Munster, 1896, in-8. — On peut comparer ces coutumes avec les suivantes, qui procèdent de la réforme clunisienne : Sancti WILHELMI constitutiones Hirsaugienses, dans Vetus disciplina monast., 371-570. Statuta seu ordo monasterii Sancti Benigni Divionensis, dans Histoire de S. Bénigne de Dijon, par l'abbé CHOMTON, Dijon, 1900, in-fol., 345-441. Sur les coutumes de Sahagun, voir Chroniques générales de l'ordre de S. Benoit, par YEPES, III, 300-306. — Traité sur les moyens de parler par signes, dans Spicilegium romanum de MAÏ, VI, XXXVIII-XL. — Bib. nat. ms. lat. 13.874—13.876.

Statuta PONTII abbatis Cluniacensis, dans Miscellanea de BALUZE, II, 183. — Dispositio rei familiaris Cluniacensis de PIERRE-le-Vénérable, Ibid., III, 72-74 et Pat. lat., CLXXXIX, 1047-1054. — SANCTI PETRI MAURICII dicti venerabilis, abbatis Cluniacensis IX, statuta, dans Bibliot. Clun., 1353-1376 et Pat. lat., CLXXXIX, 1023-1048. — DOMNI HUGONIS V, abbatis Cluniacensis XVII, statuta, dans Bibliot. Clun., 1457-1472 et Pat. lat. CCIX, 881-896. — Statuta quædam alia Cluniacensis cœnobii, dans Bibliot. Clun., 1471-1480. — Statuta IVONIS II, abbatis Cluniacensis (1276), dans Miscellanea de BALUZE, II, 244-247. — Statuts de Cluny, édités par BERTRAND, abbé de Cluny (1301), publiés par l'abbé DOUAIS, Paris, 1892, in-8, ext. Bul. hist. com. trav. hist. (1892), 383-415. — Collectio statutorum per Summos Romanos Pontifices et bonæ memoriæ prædecessores Abbates Cluniacenses, pro qualitate et necessitate temporum varietateque casuum, in toto Cluniacensi ordine editorum, ordinata per venerabilem in Christo patrem DOMNUM HENRICUM, Dei gratia abbatem Cluniacensem ... XXIX, dans Bibliot. Clun., 1541-1586. — Les statuts de l'ordre de Cluny de l'année 1399, par A. BRUEL, dans Bib. Éc. Chartes, XLI (1880), 321-323. — Statuta, ordinationes et diffinitiones receptæ, admissæ et innovatæ per nos JOHANNEM DE BOURBONIO, Dei gratia sanctæ Aniciensis Ecclesiæ episcopum, et abbatem Cluniacensem, et nos Deffinitores Capituli generalis Cluniacensis, hujus anni gratiæ MCCCCLVIII, dans Bibliot. Clun., 1593-1616. — Vetera statuta ordinis Cluniacensis, s. l. n. d., in-4 (Bib. nat. L d[16], 370). — Statuta sacri ordinis Cluniacensis, s. l., 1676, in-4.

Statuta Martinianæ Domus a R. P. et D. DOMINO JACOBO D'AMBASIA, Claromontensi episcopo et abbate Cluniacensi, anno Domini 1500, et a rege Ludovico nominis hujus XII supremaque Parisiensis Parlamenti curia 24 januarii anno 1512 confirmata et homologata, dans Martiniana, 47-69. — Ordo divini officii secundum reformationem et statuta monasterii seu prioratus Sancti Martini a Campis Parisiensis a Sede apostolica permissus, approbatus et confirmatus necnon S. P. N. Benedicti regulæ conformis, Ibid., 70. — Sequuntur statuta et ordinationes a R. D. CLAUDIO A GUISIA, miseratione divina abbate sacri monasterii totiusque ordinis Cluniacensis, anno 1515 die XXI mensis maii, Ibid., 159.

Articles particuliers pour l'ordre de Cluny et la congrégation de S.-Maur,

Paris, 1623, in-8. — Constitutiones congregationis Sancti Benedicti alias Cluniacensis et Sancti Mauri, Parisiis, 1637, in-8.

Statuts et règlements pour l'ordre de Cluny faits par Mgr l'Éminentissime cardinal DE RICHELIEU, abbé, chef et général administrateur de l'abbaye de Cluny, 31 mars 1633, Paris, 1633, in-8 et 1670, in-12. — Regula sanctissimi Patris Benedicti cum declarationibus et constitutionibus prout servantur in ordine sacro Cluniacensi a Patribus strictioris observantiæ, Lugduni, 1655, in-24. — Statuta ordinis Cluniacensis, Paris, 1676, in-4. — Statuta et consuetudines sacri Ordinis Cluniacensis, cum constitutionibus pro regulari seu stricta observantia, in duas partes distributa, s. l. n. d., in-4. — Statuta et constitutiones ordinis Cluniacensis pro antiqua observantia per nos DOMINICUM DE LA ROCHEFOUCAULD ... et nos definitores capituli generalis ejusdem ordinis Cluniacensis (1771) redacta et edita, Bib. nat. nouv. acq. lat. ms. 1501, fol. 186-216. — Le bref « apostolatus officium » de Pie VI, du 15 mai 1789, contient le texte des nouvelles constitutions approuvées au chapitre général du 26 août 1788. Voir Bullarium romanum, VI, III, 2055-2085.

CHAPITRES GÉNÉRAUX.

La Bibliothèque du Palais-Bourbon possède une collection de documents, manuscrits pour la plupart, formant 33 volumes in-4, sous la côte B'' 89, ayant pour titre : Chapitres généraux de l'ordre de Cluny, enregistrés sur lettres patentes confirmatives de ses privilèges et statuts, avec plusieurs arrêts du Conseil d'État, du Parlement et du Grand Conseil et autres actes pour l'ordre de Cluny. Les tomes VIII-XIII renferment les chapitres de 1259 à 1479. — Chapitres généraux de l'ordre de Cluny avec plusieurs arrest (1393-1627), Bib. Arsenal, ms. 777 et 778. — Diffinitiones capituli generalis Cluniacensis (1323), publiées par MORAND, Paris, 1872, in-4, 38 p.; ext. des Mélanges historiques. Les actes de plusieurs autres chapitres (1290, 1324, 1399, 1458, 1500, 1501, 1507, 1565, 1571) sont imprimés dans divers recueils. — Les chapitres généraux de l'ordre de Cluny depuis le XIIIe siècle jusqu'au XVIIIe, avec la liste des actes qui se sont conservés jusqu'à nos jours, par AL. BRUEL, dans Bib. éc. Chartes, XXXIV (1873), 542-579. — Sermo de commendatione religionis monasticæ, prolapsione et instauratione in pristinum decorem facienda, habitus Cluniaci, in capitulo generali, anno 1513, 17 die aprilis, per GODEFRIDUM AMBASIANUM, Bib. Mazarine, ms. 1068, f. 158.

Chapitres généraux de l'ordre de Cluny, enregistrés sur lettres patentes, confirmatives de ses privilèges et statuts (1600-1710), Paris, 1717, in-4. — Capitularia generalia ordinis Cluniacensis (1685, 1693, 1697, 1701 et 1704), sub serenissimo principe et eminentissimo cardinale Bullionio ..., ipso præsidente et capitulum tenente, accesserunt quædam alia instrumenta, Paris, 1704, in-4. — Publicatio capituli generalis (21 mars 1676), s. l. n. d., in-4. Capitulum generale (1676), Paris, in-4. — Capitulum generale (1678), Paris, in-4. Déclaration pour la confirmation des statuts et réglements du chapitre général de Cluny, tenu à Paris au mois de novembre dernier (1678). Voir Catal. hist. de France, V, 488. — Indictio capituli generalis an. 1685. Capitulum generale an. Domini 1685, s. l. n. d., in-4. — Capitularia generalia sacri ordinis Cluniacensis habita annis 1685 et 1693, Parisiis, 1694, in-4. — Bref « Pastoralis officii » du pape Innocent XII, du 21 juin 1695, confirmant et publiant les actes du chapitre de 1693, dans Bullarium Romanum, IX, 393-401. — Oratio in comitiis generalibus Cluniacensium habita, die 28 aprilis anni 1697, præsidente serenissimo principe Emmanuele Theodorio a Turre Arvernicæ, oratore Domino Hyeronymo d'Ocerdias, monacho Cluniacensi, Parisiis, 1697, in-4.

Actes concernant ce qui s'est passé au chapitre général de l'ordre de Cluny, assemblé le 7 oct. de l'an 1708, Paris, 1709, in-4. Série de pièces relatives à l'élection des définiteurs nommés dans le chapitre général de Cluny du 7 oct., s. l. n. d., in-4. Série d'arrêts du Grand-Conseil intervenus sur l'appel comme d'abus interjeté par les définiteurs du chapitre général pour l'ancienne et nouvelle observance de l'ordre de Cluny contre la nomination de nouveaux définiteurs, Paris, s. d., in-f. — Verbal du chapitre général de tout l'ordre de Cluny, tenu dans l'abbaye de Cluny le septième jour du présent mois d'octobre 1708..., s. l. n. d., in-fol. Procès-verbal du chapitre général de l'ordre de Cluny, ouvert dans l'abbaye de Cluny et commencé le dimanche 7 oct. 1708 ... indiqué premièrement par le chapitre général, tenu ... au mois d'avril 1704, pour être tenu au dimanche *Jubilate* 1707, en la manière accoutumée, et depuis remis par deux arrêts du Conseil d'État du 14 avril 1707 et du 17 juillet de la même année, au préjudice desquels il a été encore remis par un mandement de Mgr le card. de Bouillon, donné à Rouen, le 9 mai dernier, au dimanche 7 du présent mois d'octobre, s. l. n. d., in-4.

Capitulum generale sacri ordinis Cluniacensis anno Domini 1711, Paris, 1711, in-4. — Id., an. 1717, Paris, 1717, in-4. — Procès-verbal du chapitre général de tout l'ordre de Cluny, tenu en l'abbaye de Cluny le dimanche dix-huitième d'avril 1717, indiqué par le chapitre général de 1714, où a présidé très-haut et très puissant prince Henry Oswald de La Tour d'Auvergne, s. l. n. d., in-4. — Actes du chapitre général de l'ordre de Cluny (1725), Avignon, in-4. Arrêt du Conseil d'État du roi, au sujet du chapitre général de l'ordre de Cluny, tenu au prieuré de S.-Martin-des-Champs, le 22 avril 1725 (11 juin 1725), voir Cat. hist. France, V, 492. Mémoire pour les supérieurs et religieux de l'étroite observance de l'ordre de Cluny, servant de réponse à un recueil de pièces intitulé : « Actes du chapitre général de l'ordre de Cluny, de l'an 1725 », imprimé à Avignon et distribué par ordre de M. l'archevêque de

Vienne, abbé commendataire de Cluny, Paris, 1727, in-fol. — Arrest du Conseil d'État du roy au sujet ... 1725. Chapitre général de l'ordre de Cluny de 1728, s. l. n. d., in-4. Actes du chapitre général de l'ordre de Cluny de 1728, Paris, 1729, in-4. — Définitions et ordonnances du chapitre général de l'ordre de Cluny, tenu au collège dudit ordre à Paris le 26 sept. et jours suivants de l'année 1728, faites dans le petit définitoire par les définiteurs réservés par le dit chapitre général (12 oct. 1728), s. l. n. d., in-4. — Arrêt du Conseil d'État, qui déclare nulle une protestation faite par quelques religieux de l'ordre de Cluny contre les décrets du dernier chapitre général, tenu à Paris le 26 sept. dernier (26 oct. 1728). — Actes du chapitre général de l'ordre de Cluny (1732), Paris, 1733, in-4. — Arrêt du Grand-Conseil du roy qui confirme les statuts du chapitre général de l'ordre de Cluny, concernant les religieux de l'étroite observance, envoyés pour étudier dans les universités (19 déc. 1735), Paris, 1736, in-4. — Actes du chapitre général de l'ordre de Cluny (1753), Avignon, in-4. — Les actes des chapitres généraux de 1756, 1759, 1762, 1765, ont été édités au même lieu et en français, ceux de 1756, 1759 et 1762, à Paris et en latin. — Procès-verbal du définitoire de l'étroite observance de l'ordre de Cluny, tenu en l'abbaye de Cluny le 24 avril 1768 et jours suivants, s. l. n. d., in-4. — Bib. nat. nouv. acq. ms. lat. 1501 contient les chapitres de 1771, 1784, 1787.

Indictio diætæ strictæ observantiæ ordinis Cluniacensis, 1754, s. l., in-4. On possède, en outre, l'*indictio* pour les années 1755, 1757, 1758, 1760, 1763, 1764, 1766, 1769. — Diète ou assemblée particulière de l'étroite observance de l'ordre de Cluni, tenue à Cluni, le 18 de novembre 1708, en conséquence de la dissolution du chapitre général de l'ordre, Paris, 1709, in-fol. — Acta diætæ anni 1715, s. l. n. d., in-4. — Diæta seu congregatio generalis strictioris observantiæ ordinis Cluniacensis anni Domini MDCCXXI, s. l. n. d., in-4. — Acta diætæ strictioris observantiæ ordinis Cluniacensis, 1754, Paris, in-4. — Les actes des diètes de 1755, 1757, 1758, 1760, 1761, 1763, 1764, 1766, 1767 ont été imprimés à Paris dans le même format. — Modèle du compte général de chaque monastère, que doit rendre, chaque année, le procureur, suivant l'ordonnance de la diète de 1721, s. l. n. d., in-4. — Modèle de l'état que les communautés doivent envoyer au chapitre général de l'ordre de Cluny (12 mai 1759), Paris, 1761, in-4.

La plupart de ces documents se trouvent à la Bibliothèque Nationale. Voir Catal. hist. France, V, 484-495.

Collectio generalis statutorum in ordine Cluniacensi variis temporibus editorum. Bib. arsenal ms. 687. — Recueil de définitions des chapitres de Cluni, depuis 1202 jusqu'en 1429, classées par ordre de matières. Bib. Nat., nouv. acq., lat. 2263. Voir Inv. Fonds Cluni, 318-322.

VISITES.

Forma visitationis quam debent dimittere visitatores in locis visitatis, dans Bib. éc. Chartes, XLI, 323. — Visite, par les prieurs de Barbezieux et de Saint-Sauveur de Nevers, des monastères de la congrégation de Cluny situés dans la province de Poitou (1292), par SIMÉON LUCE, Ibid., XX (1859), 237-246. — Visite des monastères de l'ordre de Cluny situés dans la province de Poitou (1330 et 1343), par RÉDET, dans Archives historiques du Poitou, IV (1875), 407-424. — Visites des monastères de la province d'Auvergne en 1286 et 1310, par AL. BRUEL, Paris, 1877, in-8 de 16 pages, ext. Bib. éc. des Chartes, XXXVIII, 114-127. — Visites des monastères de la province d'Auvergne aux XIIIe et XIVe siècles, nouv. série, par AL. BRUEL, Paris, 1891, in-8 de 56 p., ext., ibid., LII, 64-117. — Visites faites dans les prieurés de l'ordre de Cluny du Dauphiné, de 1280 à 1303, par JOS. ROMAN, Montbéliard, 1883, in-8, de 19 p., ext. Bul. hist. dioc. de Valence, IV. — Visites des monastères de Cluny de la province de Lyon, de 1262 à 1342, dans Cartulaire de Paray-le-Monial, par l'abbé UL. CHEVALIER, Paris, 1890, in-8. — Visitations and chapters general of the order of Cluni, in respect of Alzace- Lorraine, Transjurane Burgundy and the others parts of the province of Germany, from 1269-1529, with notices of early Cluniac foundations in Poland, par sir DUCKETT, London, 1893, in-8. — Dans le t. VI du Recueil des chartes de l'abbaye de Cluni, M. Bruel signale les visites faites au XIIIe siècle et dont les procès-verbaux sont conservés. — M. L. Delisle donne la liste des procès-verbaux conservés à la Bibliothèque nationale. Fonds de Cluny, 325-329.

UNION DE CLUNY AVEC SAINT-VANNE ET SAINT-MAUR.

Union entre l'ordre de Cluny, premier chef entre les chefs d'ordre de France, et la congrégation de S.-Maur, où se voit, comme l'ordre de Cluny se remet en l'ancienne et étroite observance de la règle de S.-Benoit, Paris, 1623, in-4°. — Articles particuliers pour l'ordre de Cluny et la congrégation de S.-Maur (26 juin, — 7 juillet 1623), par le cardinal de LA ROCHEFOUCAULD, Paris, 1623, in-8°.

Articles portant nouveau établissement pour l'ordre de Cluny, accordés à la poursuite des Pères de la congrégation de S.-Vanne en Lorraine, sous certains prétextes pour entrer dans le dit ordre de Cluny (15 décembre 1631), s. n. l. d., in-4°. — Réponses aux articles que les Bénédictins de la cong. de S.-Vanne ont fait signer sous faux entendre à Mgr l'éminentissime card. de Richelieu... pour entrer dans le dit ordre, à la suppression des statuts stables et très célèbres d'icelui et y introduire les leurs de S.-Vanne, incertés et controversés par eux-mêmes, par DE CHERVIERS (mai 1632), s. l. n. d., in-4°.

— Arrest de nosseigneurs du Grand-Conseil pour la conservation de l'ordre de Cluny contre la congrégation de S.-Vanne de Verdun en Lorraine (1632), s. l. n. d., in-8°.

Concordat fait entre Mgr l'éminent. card. duc de RICHELIEU et de Fronsac ... et les supérieurs dudit ordre de Cluny et de la congrégation de S.-Maur, pour l'union desdits ordre et congrégation en un même corps sous le titre de la congrégation de S.-Benoit en France, autrement de Cluny et de S.-Maur (9 sept. 1634). Avec les Lettres patentes du roi confirmatives dudit concordat (9 février 1636) et l'arrêt du Grand-Conseil portant l'enregistrement du même concordat (9 février 1636), s. l. n. d., in-4. — Le cardinal de Richelieu dans ses rapports avec les Bénédictins de la congrégation de S.-Maur, par Dom PIOLIN, dans Rev. Quest. hist., XLIX, 128-167. — Pour montrer que le droit d'élection de l'abbaye de Clugny appartient aux seuls religieux anciens profès de la maison, avant le concordat et union prétendue dudit ordre de Clugny à la congrégation de S.-Maur, privativement aux religieux soi-disant réformés de la dite congrégation, Mgr le Prince de Conti, abbé de S.-Denis, remontre à messieurs du Grand-Conseil, s. l., 1640, in-fol. — Consultation de quatre avocats du Parlement de Paris, du mois de janvier 1643, touchant l'élection de l'abbé de Cluny et la validité de l'union de l'abbaye et de l'ordre de Cluny à la congrégation de S.-Maur, suivant le concordat fait entre eux, l'an 1634, confirmé par Lettres patentes dûment enregistrées, Paris, 1643, in-4. — Factum pour Dom Germain Espiart, abbé élu chef et général administrateur de l'abbaye et ordre de Cluny, et les Pères général, supérieurs et religieux de la dite congrégation à lui joints, demandeurs, d'une part, contre messire Armand de Bourbon, prince de Conty, soi-disant postulé à la dite abbaye, aussi demandeur, d'autre. Pour montrer que le droit d'élection de l'abbé de Cluny appartient aux seuls religieux réformés de la congrégation, s. l. n. d., in-4. — Arrêt du Conseil d'État portant homologation du concordat fait pour la séparation de l'ordre de Cluny avec la congrégation de S.-Maur (29 oct. 1644). — Lettre du P. DES BROSSES, au sujet du chapitre général de l'ordre de Cluny, convoqué à Vendôme, datée du 17 juin 1645, s. l. n. d., in-4. — Copie d'une lettre adressée à une religieuse par son frère, religieux de Cluny, le 18 juillet 1645, s. l. n. d., in-4. — Des unions de l'ordre de Cluny avec les congrégations de S.-Maur et de S.-Vanne et des mauvais effets qu'elles ont produits audit ordre, s. l. n. d., in-4.

Règlement général de Mgr le prince de CONTI, pour l'instruction des jeunes religieux de son ordre de Cluny (4 sept. 1646), avec les Lettres patentes confirmatives dudit règlement et l'arrêt d'homologation du Grand-Conseil (16 nov. 1646). Règlement général de Mgr le prince de CONTI pour le rétablissement de la discipline régulière dans les monastères de son ordre de Cluny (31 juillet 1647).

Bref de N. S. P. le Pape Alexandre VII (11 juin 1657) et Lettres patentes du roi, vérifiées au Grand-Conseil, obtenues par Mgr le card. Mazarin, abbé, chef et supérieur général de tout l'ordre de Cluny, pour la réformation dudit ordre (25 sept. 1657). — Arrêt du Conseil d'État du roi, Sa Majesté y séant, portant cassation du concordat fait et passé entre feu M. le card. Mazarin ... et tous les religieux de la congrégation de S.-Vanne, au mois d'avril 1659 (16 déc. 1661).

ÉTROITE OBSERVANCE.

Factum pour Dom Pierre Du Laurens ..., grand prieur et vicaire général (pendant la vacance du siège abbatial) ..., contre les religieux abstinents du dit ordre, s. l. n. d., in-fol. Factum : seconde partie, contenant les réponses, s. l. n. d., in-fol. Factum : troisième partie contre les abstinents, s. l. n. d., in-fol. — Extrait des registres du Conseil d'État (18 mars 1673), défendant aux abstinents de tenir aucune assemblée particulière. — Placet présenté au roi par deux religieux abstinents, au nom de la voulte ou communauté de l'abbaye de Cluny. Deux lettres ouvertes par les dits deux abstinents au pape Clément X et au cardinal Altieri (19 fév. 1674). Observation sur ledit Placet et Lettres, par Dom P. Du Laurens, s. l. n. d., in-4.

Extrait des registres du Conseil d'État (20 mars 1676) pour l'observation des statuts de 1458. Réflexions sur l'arrêt du Conseil d'État du 20 mars 1676, s. l. n. d., in-4. — Factum de la différence et changement des régimes de l'ancienne et nouvelle observance de l'ordre de Cluny, s. l. n. d., in-4. — Factum pour montrer que l'observance de Cluny est bien établie et suffisamment approuvée et qu'on n'y peut faire aucun changement, s. l. n. d., in-4. — Réponse à trois imprimés des abstinents de Cluny, s. l. n. d., in-fol. — Arrêt du Conseil d'État du roi pour rétablir la régularité et la communauté dans l'ordre de Cluny (14 juil. 1681), Paris, 1707, in-4.

Arrêt de la cour du Parlement pour les religieux de l'étroite observance de l'ordre de Cluny contre l'abbé (18 mars 1710), Paris, s. d. in-fol. — Mémoire pour l'étroite observance de Cluny contre l'ancienne, sur la question : Si, aux termes de la déclaration du mois de juin 1671, la réforme de Cluny ne peut, sans lettres patentes, s'introduire dans une maison de l'ordre, s. l. n. d., in-fol. — Au Roi, s. l. n. d., in-fol. Requête des religieux de l'étroite observance pour le même objet. — Édit du roi concernant les religieux de l'étroite observance de Cluny (avril 1721), Paris, 1721, in-4 et Grenoble, s. d., in-4.

Au Roi et à Nosseigneurs les commissaires nommés par l'arrêt du 17 juin 1723, Paris, 1724, in-fol. — Arrêt du 17 juin 1723. Notes, s. l. n. d., in-fol. — De l'origine de la réforme de Cluny et de ses établissements avant l'édit de juin 1671, Paris, 1724, in-fol. — Des établissements de la réforme de Cluny sans lettres patentes, depuis l'édit de 1671 jusqu'à celui du mois d'avril 1721, Paris, 1724, in-fol. — Au Roi. Pour les religieux de l'étroite observance de Cluny, au sujet de l'édit du mois d'avril 1721, qui les soumet plus étroitement à l'autorité de l'abbé de Cluny, Paris, 1724, in-fol. — Mémoires pour les religieux de l'étroite observance de Cluny, au sujet de l'édit du mois d'avril 1721, s. l. n. d., in-4. — Mémoires, requêtes et pièces au sujet de l'édit du mois d'avril 1721, Paris, 1724, in-fol. — Mémoires concernant le collège de Cluny, Paris, 1724, in-fol. — Au Roi et à Nosseigneurs les commissaires députés par Sa Majesté pour l'ordre de Cluny, Paris, 1727, in-4. — Arrêt du Conseil d'État du roi au sujet des partages des maisons de l'ordre de Cluny entre les deux observances (23 oct. 1727), Paris, 1727, in-4.

Mémoire contre la coadjutorerie du Grand-Prieuré de Cluny. Pour l'étroite observance contre Dom Martin de la Vigne, pourvu à titre de coadjutorerie du Grand-Prieuré de Cluny, Paris, 1724, in-fol. — Réponses pour les religieux de l'étroite observance de l'ordre de Cluny contre Dom M. de la Vigne. Au Roi et à Nosseigneurs les commissaires nommés par arrêt du 13 juin 1723, Paris, 1724, in-fol. — Réponse sommaire des religieux de l'étroite observance de l'ordre de Cluny, aux mémoires et pièces produites sous le nom de religieux de l'ancienne observance par Dom Martin de la Vigne, Paris, 1724, in-fol. — Requête des religieux de l'étroite observance de Cluny, servant de réponse aux derniers mémoires de Dom de la Vigne, Paris, 1724, in-fol. — Les supérieurs et religieux de l'étroite observance défendeurs contre Dom de la Vigne, demandeur sous le nom de religieux de l'ancienne observance, Paris, 1724, in-fol. — Au Roi et à Nosseigneurs les commissaires nommés par l'arrêt du 17 juin 1723. Pour les religieux de l'étroite observance contre Dom M. de la Vigne, Paris, 1724, in-fol. — Réponse du procureur général de l'étroite observance de l'ordre de Cluny à la requête de M. l'archevêque de Vienne, abbé commendataire de Cluny, Paris, 1724, in-fol. — Au Roi et à Nosseigneurs ses commissaires généraux deputés par sa Majesté pour donner leur avis sur les contestations concernant l'ordre de Cluny. Pour le procureur général de l'étroite observance de Cluny contre Dom M. de la Vigne, Paris, 1726, in-fol. Arrêt du Conseil d'État sur la coadjutorerie du Grand-Prieuré de Cluny (15 mars 1728).

Requête sur la profession religieuse et le vœu de stabilité des religieux de Cluny présentée, le 17 mai 1727, au Roi et à Nosseigneurs les commissaires pour les affaires de l'ordre de Cluny. Réponse du procureur général de l'étroite observance sur les formalités prétendues nécessaires pour passer de l'étroite observance à l'ancienne, Paris, 1728, in-4.

Requête des supérieurs de l'étroite observance de l'ordre de Cluny au sujet de la translation de leurs religieux dans l'observance mitigée dudit ordre. Au Roi et à Nosseigneurs les commissaires nommés pour régler les affaires de l'ordre de Cluny, Paris, 1728, in-fol. — Mémoire sur la stabilité des religieux bénédictins de l'ordre de Cluny, Paris, 1728, in-fol.

Au Roi et à Nosseigneurs les commissaires de Sa Majesté pour les affaires de l'ordre de Cluny, Paris, 1728, in-fol. — État sommaire des questions pendantes devant MM. les commissaires du Roi, Paris, 1728, in-4. — Requeste du procureur général de l'ordre de Cluny, présentée à MM. les commissaires du Roi, le 2 mai 1727, au sujet des offices claustraux de l'abbaye de Cluny, Paris, 1728, in-4.

Arrêt du Grand-Conseil du Roi, qui déclare nuls différents actes faits par les religieux de l'ancienne observance de l'ordre de Cluny, en faveur de leurs parents (4 février 1747), Paris, 1747, in-4. — Arrêt du Grand-Conseil du Roi, pour les supérieurs de l'étroite observance de l'ordre de Cluny (6 sept. 1754). — Arrêt du Grand-Conseil portant réglement pour les religieux de l'étroite observance, pourvus de bénéfices (17 février 1758). — Arrêt de la cour de Parlement, contradiction entre les supérieurs de l'étroite observance et un religieux de la même observance, titulaire d'un bénéfice, portant le règlement intervenu sur les conclusions et le réquisitoire du ministère public pour la dite étroite observance (11 août 1767).

Mémoire pour les supérieurs majeurs de l'étroite observance de l'ordre de Cluny contre quelques religieux de la même observance, Paris, 1742, in-fol. — Extraits de plusieurs actes qui prouvent que la nomination des procureurs et autres officiers des monastères de l'étroite observance de l'ordre de Cluny appartient aux prieurs des dits monastères, Paris, 1742, in-4.

DÉMÊLÉS AVEC LE CARDINAL DE BOUILLON.

Réflexions sur les moyens proposés par quelques communautés particulières de la soi-disante étroite observance de l'ordre de Cluny pour appuyer le schisme excité dans l'ordre par Claude Rabusson, ci-devant procureur général de l'Ordre de Cluny. Pour faire connaître que la contestation formée sur l'exercice de la juridiction de M. le card. de Bouillon dans l'ordre de Cluny est très mal fondée, signé Ant. Le Vaillant, s. l. n. d., in-4. — Très-humble remontrance à nos seigneurs du Grand-Conseil, sur le procès de la juridiction entre les religieux de l'étroite observance de Cluny et messire Emmanuel Théodose de la Tour d'Auvergne, cardinal de Bouillon, doyen du Sacré Collège, abbé com. dudit Cluny; où l'on répond au Mémoire et aux Réflexions de M. Le Vaillant. Signé, Baudouin, avocat, Paris, 1705, in-4, s. l. n. d., in-12, 56 p. — Arrêt du Grand Conseil, du 30 mars 1705, portant réglement entre les religieux de l'étroite observance de l'ordre de Cluny, et messire ... card. de Bouillon..., concernant la prétendue juridiction du sieur cardinal sur les dits religieux. — Au Roi et à Nosseigneurs de son Conseil, s. l. n. d., in-fol. (contre la demande en cassation faite par le cardinal de l'arrêt du 30 mars 1705). — Apologie de l'arrêt rendu le 30 mars 1705 par Nosseigneurs du Grand-Conseil ..., s. l. n. d., in-4. — Mémoire servant pour l'exercice de la juridiction de M. le card. de Bouillon ... par ANT. LE VAILLANT, avec tous les chapitres généraux dudit ordre de Cluny, lettres patentes, brefs du pape, arrêts du Grand-Conseil, qui confirment la dite juridiction sur tous les religieux du dit ordre, Paris, 1705, in-4. — Mémoire pour montrer que M. le card. de Bouillon est incapable de la juridiction régulière, et que ses bulles en commende ni sa dignité de cardinal ne le relève pas de cette incapacité, Paris, s. d., in-4. — Mémoire pour messire ... card. de Bouillon. Pour justifier que le dit seigneur cardinal est en droit et possession d'exercer sa juridiction dans tout l'ordre de Cluny, sur tous les religieux dépendant dudit ordre de Cluny, tant de l'ancienne que de la nouvelle observance, par ANT. LE VAILLANT, Paris, 1705, in-4. — Mémoire pour servir à l'établissement de la juridiction des abbés généraux de Cluny sur tout l'ordre. Avec le recueil des titres et pièces justificatives de cette juridiction, Paris, 1706, in-fol. 16, 142 et 100 p. — Mémoire contre la juridiction régulière et monastique que le card. de Bouillon prétend exercer sur tous les monastères et religieux de l'ordre de Cluny, par ROLLAND DE BOURG, Paris, 1707, in-fol. — Mémoires pour les supérieurs et religieux Bénédictins de l'étroite observance de Cluny, s. l. n. d., in-fol. — Placet de M. le card. de Bouillon adressé à M. le marquis de la Vrillière, secrétaire d'État, pour être présenté à Sa Majesté (10 oct. 1708). Réponse de M. de la Vrillière ... (16 oct. 1708), Lyon, s. d. in-fol. — Pièces relatives à l'élection des définiteurs nommés dans le chapitre général de Cluny du 7 octobre 1708, s. l. n., in-4. — Arrêts du Grand-Conseil intervenant sur l'appel, comme d'abus, interjeté par les définiteurs du chapitre général pour l'ancienne et nouvelle observance de l'ordre de Cluny contre la nomination de nouveaux définiteurs (27 oct., 12 nov. 1708), Paris, s. d., in-fol. — Diète ou assemblée particulière de l'étroite observance de l'ordre de Cluny, le 18 nov. 1708, en conséquence de la dissolution du chapitre général, Paris, 1709, in-fol.

Mémoire sur les contestations présentes de l'ordre de Cluny, Paris, 1709, in-fol. — Précis qui sert à montrer quelles ont été les vues de M. le card. de Bouillon dans le dernier chapitre de l'ordre de Cluny. Pour les supérieurs, religieux et communautés de l'étroite observance ..., par SADOURNY, avocat, Paris, s. d., in-4. — Mémoire pour les supérieurs et religieux de l'étroite observance ..., appelants comme d'abus et défendeurs, contre Dom Ch. Le Coué et autres anciens définiteurs de l'ancienne observance, appelants comme d'abus et intimés, par SADOURNY, Paris, s. d., in-4. — A Nosseigneurs du Parlement. Requête du card. de Bouillon contre l'authenticité de trois actes en date du 9 oct. 1708, produits dans l'instance par les définiteurs nommés au dernier chapitre, Paris, 1709, in-fol. — Réponse à la requête de M. le card. de Bouillon, signifiée le 6 février dernier, par laquelle il prétend faire passer trois actes, faits à la réquisition des définiteurs de l'étroite observance, pour falsifiés et fabriqués après coup, Paris, 1709, in-fol.

Requête civile contre l'arrêt du Grand-Conseil du 30 mars 1705, Paris, 1709, in-fol. — Mémoire pour régler les contestations qui sont survenues au dernier chapitre général de l'ordre de Cluny, entre Mgr le card. de Bouillon ... et les religieux de l'étroite observance sur l'exécution de l'arrêt du Grand-Conseil du 30 mars 1705, confirmé par celui du Conseil d'État du 14 avril 1708, s. l. n. d., in-4.

Mémoire sur la provision pour les supérieurs, religieux et communautés de l'étroite observance, défendeurs et demandeurs, contre Dom Ch. Le Goué et autres religieux de l'ancienne observance ..., demandeurs et défendeurs et contre le card. de Bouillon, par SADOURNY, Paris, s. d., in-fol. — Requête servant de mémoire au sujet de la provision à Nosseigneurs du Parlement, pour le card. de Bouillon, par CHEVALIER, Paris, 1709, in-fol. — Requête au sujet de la provision, servant de mémoire et de réponse à celle de M. le card. de Bouillon; pour les supérieurs et les communautés de l'étroite observance, Paris, 1709, in-fol. — Mémoire sur la provision, servant de réfutation de la requête que les prétendus supérieurs de la réforme ont signifiée, au sujet de la même provision, et de leurs autres imprimés, par CHEVALLIER, Paris, 1710, in-fol. — Sommaire sur la provision demandée par M. le card. de Bouillon et les définiteurs et supérieurs majeurs de l'ordre de Cluny, contre quelques supérieurs et communautés de la nouvelle observance, par CHEVALLIER, Paris, s. d., in fol. — Sommaire sur la provision, où l'on répond à la requête du 4 janvier, présentée par le card. de Bouillon, Paris, 1710, in-fol. — Précis pour la provision; pour le card. de Bouillon, s. l. n. d., in-4. — Arrêt de la Cour de Parlement pour les religieux de l'étroite observance de Cluny, 18 mars 1710. — Arrest du Grand-Conseil du 30 mars 1705, portant règlement entre les religieux de l'étroite observance de l'ordre de Cluny et le card. de Bouillon, concernant la prétendue juridiction dudit cardinal sur lesdits religieux, Paris, 1705, in-4, 59 p. — Arrest du Conseil d'État du Roy (14 avril 1708) qui confirme celui rendu au Grand-Conseil, le 30 mars 1705, Paris, 1708, in-fol., 25 p.

PROVINCE DE FRANCHE-COMTÉ.

Avertissement pour Dom Claude Dufresne, religieux profès et procureur général de l'ancienne observance de l'ordre de Cluny et Dom Jean Goutelle, aussi religieux et procureur général de l'étroite observance, demandeurs ; contre les supérieurs, religieux et convents de l'abbaye de Beaulieu en Argonne, du collège de S.-Jérôme de la ville de Dole, et des prieurés de Lehon-le-Saulnier, de Joux, de Montrolland, de Chasteau-sur-Salins, de Moustier-Haute-Pierre, de Vaucluse, de Vaux-sur-Poligny et de Morteau, situés dans le comté de Bourgogne, du même ordre de Cluny, défendeurs ; et contre Dom Pierre Ringuaud, religieux, supérieur et président de la congrégation de S.-Vanne, tant pour lui que pour les autres supérieurs de la dite congrégation, pareillement défendeur. Pour montrer qu'il y a lieu d'ordonner que les supérieurs et religieux desdits monastères reconnaîtront et se soumettront aux supérieurs, chapitres généraux, statuts et pratique de l'étroite observance dudit ordre de Cluny, par EVRARD, s. l. n. d., in-4. — Contredits de productions et salvations de contredits pour les mêmes contre les mêmes, s. l. n. d. in-4. — A Nos Seigneurs du Grand-Conseil, signé Louis LE BARBIER, s. l. n. d., in-8. Requête de la congrégation de S.-Vanne contre les prétentions de l'ordre de Cluny. — A Nos Seigneurs du Grand-Conseil, signé EVRARD, s. l. n. d., in-4. Requête de l'ordre de Cluny. — Arrêt du Grand-Conseil (12 sept. 1684) ordonnant la réunion à l'ordre de Cluny de sept monastères situés en Franche-Comté, ci-devant occupés par les Pères de la congrégation de S.-Vanne. Ecritures qui ont servi de factum au procès, jugé au Grand-Conseil du roi, en faveur de l'ordre de Cluny contre la congrégation de S.-Vanne ..., signé EVRARD, s. l. n. d., in-4. — Sentence rendue à Rome pour le règlement des différends de la congrégation de S.-Vanne avec l'ordre de Cluny, en date du 21 juin 1686. — Factum pour les supérieurs et religieux de la congrégation de S.-Vanne, demandeurs au principal et incidemment défendeurs, contre les supérieurs et religieux de l'ordre de Cluny, défendeurs et demandeurs en requête incidente (21 juil. 1688), s. l. n. d., in-fol.

Mémoire pour les supérieurs et la province de l'étroite observance de Cluny en Franche-Comté, contre Dom Frère et Dom Léty, religieux de la même province, par Dom ANS. LAMBERT, prieur de Vaux, député des supérieurs et de la province ..., Paris, 1736, in-fol. — Recueil des pièces produites par (les mêmes, dans la même affaire) ..., par Dom Ans. LAMBERT, Paris, 1736, in-fol. — Mémoire pour Dom Augustin Léty, Dom Ant. Frère et autres religieux de l'étroite observance de Cluny, résidants dans les maisons de cet ordre situées en Franche-Comté, contre les supérieurs desdites communautés, par Dom Léty et Dom Frère, Paris, s. d. in-4. — Mémoire pour Dom Aug. Léty, Dom Ant. Frère, Dom Pierre-Louis Marie, Dom Athanase Sergent, Dom Joseph Bornet, Dom Célestin de la Tour, Dom Plac. Frère, Dom Colomban Frère, Dom Hilarion Billefod, Dom Adalbert Faverot, Dom Basile Frère, Dom Henri Bardonet, Dom Constance Simonot, Dom Valbert Jantot, Dom Boniface Perrey, Dom Hubert Jantot, Dom Aug. Bornet, Dom Pierre Molard, Dom Nicolas et Dom Anselme Gupillote, Dom J.-B. Gouillardet, Dom Maur L'Homme, Dom Aimé Ledoux, Dom Simon Perrot, Dom Hyacinthe Pigeot, Dom Emmanuel Guyot, Dom Théophile Pélerin, Dom Dominique Toitot, Dom Bernardin Matherot de Preigney, tous religieux de l'étroite observance de Cluny, résidants dans les maisons de cet ordre situées en Franche-Comté, appelant comme d'abus, contre les supérieurs comtois desdites maisons, intimés; M. l'Archevêque de Vienne ... et les supérieurs majeurs de l'étroite observance, Paris, 1737, in-4.

Éclaircissements sur le régime de l'ordre de Cluny, son unité et son opposition à celui des maisons dudit ordre situées en Franche-Comté, Paris, 1738, in-4. — Jugement de Messeigneurs les commissaires généraux du Conseil députés par le Roi, portant règlement pour les sept monastères de l'étroite observance de Cluny situés en Franche-Comté et celui de Thierbach en Alsace (3 juin 1739), et Lettres patentes du Roi, s. l. n. in-4.

Lettre d'un bénédictin comtois, de l'ordre et étroite observance de Cluny, à un de ses confrères sur l'établissement de leur province monastique et sur la constitution de son régime, s. l. n. d., in-8, de 71 p.

ABBÉS DE CLUNY.

Traité du droit d'élection de l'abbaye de Cluny, divisé en cinq chapitres, Paris, 1572, in-4.

Légende de Domp Claude de Guise, abbé de Cluny, contenant ses faits et gestes depuis sa nativité jusqu'à la mort du cardinal de Lorraine et des moyens tenus pour faire mourir le roy Charle neuvième, ensemble plusieurs princes, grands seigneurs et autres, durant le dit temps, s. l. 1581, in-8. Supplément aux mémoires de Condé, seconde partie ou légende de Domp Claude de Guise, contenant ses faits et gestes. Nouvelle édition augmentée de plusieurs notes, s. l. n. d. in-4 de 273 p. — Articles de très-humbles requêtes présentées au Roi par messire Claude de Guise, abbé de Cluni (4 juin 1594-23 nov. 1595), s. l. n. d. in-4. — Arrêt de la Cour de Parlement (19 juillet 1617) au sujet de l'appel comme d'abus de fr. Jean Le Paige, à l'occasion de l'élection de fr. Pierre du Rieu, comme coadjuteur et successeur de l'abbé de Cluni.

Arrêt du Conseil privé du Roi pour Mgr le prince de Conti, portant confirmation de la dignité d'abbé, chef supérieur et général administrateur de l'abbaye et de tout l'ordre de Cluny, et que les ordonnances et institutions par lui décernées en la dite qualité seront exécutées sous leur forme et teneur, demandeur contre fr. Claude Cambrai, religieux de Corbie, Jean Antoine, Adrien Benoist et autres défendeurs (oct. 1648). — Ordonnance par laquelle Armand de Bourbon, prince de Conti, supérieur général de l'ordre de Cluny, nomme le sieur Lemoine son vicaire général (15 février 1650).

Nullités en l'élection ou postulation, que quelques religieux de l'abbaye de Cluny prétendent faire par précipitation, d'un abbé et général de l'ordre, s. l. n. d. in-4. — Arrest du Conseil d'État du Roi, Sa Majesté y séant, portant que les religieux de l'abbaye de Cluny jouiront de tous ses revenus échus pendant la vacance de la dite abbaye (16 déc. 1661).

Les Pères de la voulte et chapitre de l'abbaye de Cluny aux vénérables religieux de notre dit ordre et abbaye, s. l. n. d. in-fol. Au sujet de l'autorité du grand-prieur durant la vacance du siège abbatial. — Dom Pierre Du Laurens, prêtre, religieux profès, prieur du prieuré du collège de Cluny, docteur en théologie de la Faculté de Paris, grand prieur de l'abbaye et de tout l'ordre de Cluny, vicaire général au spirituel et au temporel desdits abbaye et ordre, à nos confrères, les abbés, doyens et prieurs en titre et claustraux et religieux du même ordre (1er juin 1673), pour obliger les religieux de l'ordre résidants à Paris à habiter l'une de trois maisons. — Réponse de Dom Pierre Du Laurens ... au mémoire imprimé et intitulé : Pour justifier que la juridiction et administration de l'abbaye et de tout l'ordre de Cluny appartient, pendant la vacance du siège, aux Pères sénieurs et officiers de la voulte de Cluny et que la collation et présentation des bénéfices ... leur appartient durant la dite vacance, s. l. n. d. in-4.

Bref de N. S. P. le Pape Innocent XII, accordé à Mgr le card. de Bouillon, grand aumônier de France, abbé, chef et sup. et gén. de l'abbaye et de tout l'ordre de Cluny, pour visiter et réformer les monastères dudit ordre (27 oct. 1691) et les Lettres patentes du Roi pour l'exécution dudit bref, enregistrées au Grand-Conseil (13 mars 1692), s. l. n. d. in-4. — Requête adressée au Pape par le chapitre de Cluny, pour demander la confirmation de l'élection faite d'Henri Oswald de la Tour d'Auvergne, comme coadjuteur et futur successeur de son oncle, le card. de Bouillon (26 avril 1697), s. l. n. d. in-4. — Decretum totius ordinis Cluniacensis, s. l. n. d. in-4.

Mémoire pour messire H. Oswald de la Tour d'Auvergne, coadjuteur de l'abbé de Cluny, intimé; contre Dom Pierre Boulzan, religieux de l'ordre de Cluny, appelant comme d'abus, et contre Dom Jacques de la Motte, soi disant avoir des pouvoirs particuliers de quelques communautés de l'ordre de Cluny, intervenant. Signé Le Vaillant, s. l. n. d., in-4.

Mémoire pour les supérieurs et religieux de l'étroite observance, contenant leurs moyens d'opposition à l'obtention des Lettres patentes que M. l'archev. de Vienne, abbé com. de Cluny, demande sur un bref délégatoire qu'il prétend avoir obtenu du pape Benoît XIII pour visiter, réformer et gouverner tout l'ordre de Cluny (28 nov. 1727), Paris, s. d. in-fol.

Bref du pape Benoît XIII dont on demande l'enregistrement. Mémoire pour M. l'archev. de Vienne ..., Paris, 1728, in-4. — Réponse pour les supérieurs et religieux de l'étroite observance au mémoire de M. l'archev. de Vienne ...

sur son bref délégatoire et à la requête du procureur général de l'observance mitigée (février 1728), Paris, 1728, in-fol. — Observations de M. l'archev. de Vienne ... sur la Réponse que les réformés de l'ordre de Cluny ont faite à son mémoire sur son bref de délégation (5 mars), Paris, 1728, in-4.

Observations sur le Bref du pape qui établit M. le card. de Bissy et M. l'arch. de Rouen, commissaires apostoliques pour le gouvernement et la réformation de l'ordre de Cluny, s. l., 1731, in-4. — Arrêt du Conseil d'État, qui ordonne que l'imprimé qui a pour titre : « Observations ... Cluny » sera et demeurera supprimé (10 mai 1731).

Domnus Carolus Bouché, superior vicarius generalis strictioris observantiæ ord. Clun., omnibus prioribus, administratoribus dilectisque fratribus eorumdem ordinis et observantiæ, salutem (30 avril 1757), s. l. n. d., in-4. Au sujet de la mort du card. de La Rochefoucauld, abbé.

PRIVILÈGES.

Lettres patentes du Roy, portant évocation au Grand-Conseil, vérifiées le 27 juin 1645, octroyées à Mgr le prince de Conty, abbé de Cluny, en faveur des monastères, prieurés, offices et religieux du dit ordre. Placard in-fol. — Lettres patentes du roi, obtenues par Mgr le card. Mazarin .... Portant confirmation des privilèges dudit ordre (de Cluny) et de l'évocation générale au Grand-Conseil du 24 nov. 1654, vérifiées au dit Grand-Conseil, le 7 déc. audit an. — Lettres patentes du roi, obtenues par Mgr le card. prince d'Este, abbé, chef et sup. gén. de tout l'ordre de Cluny, portant confirmation dudit ordre ... (18 juillet 1663). — Lettres patentes portant évocation au Grand-Conseil de toutes les affaires de Mgr le card. de Bouillon (1684), s. l. n. d., in-4. — Id. (27 août 1718) mémoire instructif pour se servir des Lettres patentes d'évocation générale (27 août 1718) accordées à l'ordre de Cluny, Paris, s. d., in-4. — Lettres patentes de confirmation des privilèges de l'ordre de Cluny et d'évocation générale au Grand-Conseil (25 mai 1749).

AFFAIRES DIVERSES.

Factum servant d'éclaircissement en la cause d'entre Mgr le prince de Conti ... et le sieur abbé de Chézy, intervenants avec Dom Paul Vuillaume, vicaire général du dit ordre de Cluny en Allemagne, prieur des prieurés de S.-Valentin de Ruffach et S.-Jacques de Weldbach, et Dom Benoit Schwaller, prieur de S.-Morand dudit ordre, contre les recteurs des trois collèges de Jésuites de Selestat, Ensisheim et Fribourg en Brisgau, demandeurs, s. l. n. d.

(1654), in-4. — Arrest mémorable rendu au Conseil privé du Roi entre le card. Mazarin, abbé et général de l'ordre de Cluny, et messire François de Nesmond, abbé de Chézy, intervenant avec Dom Paul Willaume et Dom Benoit Schwaller, religieux bénédictins, contre les Pères Jésuites d'Allemagne, pour trois prieurés situés en Alsace, Paris, 1654, in-4.

Extrait des registres du Conseil d'État (23 juin 1676) au sujet de la nomination aux bénéfices. Extrait des registres du Grand-Conseil du Roi (27 nov. 1676). Autres du 16 mars 1677. — Extrait des registres du Conseil d'État (17 juillet 1679), du Grand-Conseil du Roi (29 déc. 1679) pour la visite et réparation des bâtiments dépendant des abbayes de l'ordre. Instruction relative à l'exécution de l'arrêt précédent, s. l. n. d. in-4. Arrêt du Grand-Conseil du Roi, qui adjuge aux prieurs claustraux de l'ordre de Cluny une double pension payable par les abbés et prieurs commendataires, qui n'ont point abandonné le tiers des charges (16 mai 1735), Paris, 1735, in-4. — Arrêt du Grand-Conseil du Roi qui adjuge la double mense aux prieurs claustraux dans l'ordre de Cluny payable par les prieurs titulaires sur le tiers lot (6 février 1744), Paris, 1744, in-4. — Arrêt du Grand-Conseil du Roi portant règlement pour le rôle des taxes de la procure générale de l'ordre de Cluny, du 5 février 1744, Paris, 1744, in-4. — Arrêt du Grand-Conseil portant règlement pour les réparations des maisons et monastères de l'ordre de Cluny et permission au procureur général de faire saisir les revenus (3 sept. 1764), s. l. n. d. in-4.

SOURCES DIVERSES.

Les archives nationales possèdent divers documents : constitutions, statuts et règlements, L 868-869. — Listes des abbayes et prieurés ; pièces les concernant, LL 1000, 1333-1350. — Consultations en faveur de l'ordre, H 3617. — Liste des prieurs de divers prieurés, LL 1372. — Comptes, LL 1381-1394, H. 3623-3632 — Registres de dépenses, H 2786, 3613. — Inventaire général des titres de la procure, S 1445. — Documents sur la suppression de l'ordre, O 525-526.

Privilèges apostoliques de l'ordre de Cluny, dans Traité des droits des religieux et monastères, par René Choppin, Paris, 1662, V, 157-163. — Abrégé des mémoires du clergé de France, IV, 21, 713, 751, 914, 2003 ; VI, 644, 1057, 1480 ; VII, 802 ; VIII, 210 ; IX, 1486. — Table raisonnée et alphabétique des Nouvelles ecclésiastiques, par l'abbé Bonnemare, s. l. 1767, in-4, I, 61-62.

DESTRUCTION DE L'ORDRE.

Les Bénédictins français avant 1789 par Ch. Gérin, dans Revue des Questions historiques XIX, 461-465. — Arrêt du Conseil d'État du Roi qui dispense les religieux de l'ancienne observance de l'ordre de Cluny de l'exécution des édits du mois de mars 1768 et février 1773 et ordonne que sur les revenus qui dépendent des monastères il sera assigné à chacun des dits religieux telle pension qui sera jugée convenable (17 oct. 1787), Paris, 1787, in-4. — Arrêt du Conseil d'État du Roi, rendu en conséquence des délibérations et demandes du chapitre général des religieux de l'ancienne observance de Cluny, portant assignation des pensions provisoires, pour la subsistance de chacun d'eux avec établissement d'une régie générale entre les mains du receveur général du clergé, pour la conservation du temporel des maisons (27 mars 1788), Paris, 1788, in-4. — Bref de suppression de l'ancienne observance de l'ordre de Cluny (1788), Dijon, 1789, in-4 et Bullarium romanum VI, II, 1921-1925. — Lettres patentes du Roi confirmatives d'un bref du Pape qui ordonne la suppression des maisons de l'ancienne observance de Cluny (19 mars 1789). — Aix, 1789, in-4. Réimpression de l'ancien moniteur, II, 20.

LES PROVINCES BÉNÉDICTINES. — LES ANCIENS BÉNÉDICTINS. LA CONGRÉGATION DES EXEMPTS.

Les monastères, qui comptaient des moines nombreux et avaient des domaines situés dans des régions éloignées, eurent des prieurés ou celles, dont le nombre et l'importance variaient avec leur fortune territoriale. Ces fondations minimes se multiplièrent au XIe siècle. Les seigneurs, possesseurs d'églises et de terres ayant appartenu jadis soit à des églises, soit à des communautés religieuses, furent généralement empressés à les rendre à une destination sainte. Leur générosité allait de préférence aux abbayes, qui recevaient de la sainteté de leurs habitants ou du Saint particulièrement honoré dans leur basilique un titre extraordinaire à la vénération des fidèles.

Comme les novices affluaient sous leurs cloîtres, elles établirent autour de ces églises et sur ces domaines soit une colonie monastique ou prieuré, soit un religieux ou prévôt. Ces prieurés formaient avec l'abbaye-mère une société, une sorte de congrégation, dont tous les membres étaient maintenus sous l'autorité du chef par les liens d'une entière dépendance. Moines des prieurés et de l'abbaye ne formaient, en réalité, qu'un monastère, gouverné par un seul abbé. Ils avaient, tous, les mêmes intérêts; ils suivaient la même règle; ils appartenaient à la même famille. Le chapitre général, qui ramenait tous les ans les supérieurs des prieurés à l'abbaye autour de leur commun abbé, pour lui rendre compte de leur administration et recevoir ses ordres, fut le principal moyen d'affermir l'unité. Les archives de certains monastères ont conservé les statuts arrêtés et promulgués dans quelques-unes de ces réunions. Il y a là une source d'informations, qui n'a guère été explorée jusqu'à ce jour.

Cette organisation monastique supposait un personnel considérable dans les abbayes. Mais, du jour où les vocations se firent plus rares, les prieurés devinrent une charge très lourde et un grand obstacle pour la vie régulière. Les abbayes ne gardaient plus le nombre de moines que demandait leur fonctionnement normal; d'autre part, les quelques religieux, et souvent il n'y en avait qu'un, envoyés dans les celles, étaient accablés par le travail matériel et découragés par la privation des secours que procure la vie commune. Cette situation devint pénible, au terme du XIIe siècle. Le temps ne fit que la rendre plus lourde, en aggravant ses causes.

Le relâchement de la discipline augmenta encore le mal. Les religieux, qui recevaient de leur abbé une fonction, oublièrent peu à peu les devoirs imposés par l'obéissance et la pauvreté. Ils virent bientôt dans leur office, non une charge qu'ils avaient à remplir en vue du bien commun et sous la dépendance d'un supérieur, mais un bénéfice, dont ils s'appropriaient tranquillement les revenus. Ce désordre atteignait la vie religieuse dans ses pratiques essentielles. Il sévit dans l'intérieur des grands monastères et dans les plus humbles prieurés. La sécularisation des âmes fut sa conséquence inévitable. Les abbés ne pouvaient réagir contre un mal dont ils étaient les premières victimes. La désolation, qui suivit la guerre de Cent ans et la peste noire, mit le comble à ces misères. Les abbayes se virent dans l'impossibilité de fournir le moindre personnel à leurs prieurés. Ils ne disparurent pas néanmoins. On les trouve jusqu'à la fin du XVIIIe siècle avec leurs titulaires, jouissant des revenus qui leur restaient. Ces prieurs simples furent très souvent des séculiers, nommés quelquefois par les abbés, plus souvent par les Souverains Pontifes. Après le concordat de Léon X, les Rois de France revendiquèrent la nomination à bon nombre de ces bénéfices. Quelques-uns de ces prieurés furent supprimés par l'autorité ecclésiastique, en cela d'accord avec l'autorité royale et unis à des églises, à des hôpitaux, à des collèges ou à des séminaires.

Chapitres provinciaux.

L'exemple des Cisterciens et l'action personnelle de saint Bernard déterminèrent les abbés des monastères bénédictins, situés dans les provinces ecclésiastiques de Reims, à établir entre leurs communautés respectives des liens officiels et réguliers, capables de les unir et de les aider à conserver ou à rétablir la discipline religieuse. Les chapitres généraux annuels leur en donnaient le moyen pratique. Il y avait eu déjà, au xe siècle (973), sous la présidence de Raoul, abbé de Saint-Remi, une réunion des abbés de la province. Mais elle ne fut suivie d'aucune autre. L'initiative des abbés de cette même province, au xiie siècle, eut des résultats plus durables. Leur premier chapitre eut lieu à Reims, pendant le mois d'octobre 1131. Encouragés par le cardinal Mathieu d'Albano, ils se retrouvèrent à Saint-Médard de Soissons, l'année suivante. Leur résolution de tenir ces assemblées annuellement reçut l'approbation d'Innocent II (1135-1136, 17 novembre). Les abbés de la province voisine de Sens se joignirent à eux dans la suite. Mais il y eut, les premiers temps, beaucoup d'hésitation; les chapitres ne furent pas convoqués assez régulièrement. Les prescriptions du concile de Latran (1215), les recommandations d'Honorius III et surtout de Grégoire IX en firent, au siècle suivant, une institution obligatoire pour les monastères bénédictins.

Grégoire IX, qui voulut donner aux moines noirs une organisation imitée de celle des Cisterciens, publia, en mai 1235, des statuts pour leur réforme. La réunion annuelle des chapitres généraux était, aux yeux du Souverain Pontife, le règlement qui assurerait l'exécution de sa volonté. Des visiteurs, nommés par lui, veillaient à ce que ses ordres ne fussent point négligés. Il promulgua de nouveaux statuts, en 1237. Ses successeurs furent moins vigilants. Les difficultés, avec lesquelles le Saint-Siège était aux prises, ne leur laissaient pas le temps de travailler à la réforme des monastères et d'exiger plus de régularité dans la tenue des chapitres généraux. Ces réunions étaient, par conséquent, rares et peu suivies. Rome semblait encourager l'indifférence et le mauvais vouloir des abbés, en accordant des dispenses à qui les sollicitaient. Dans ces conditions, les mesures prises par Grégoire IX restèrent inefficaces.

Un pape d'Avignon, Benoît XII, qui avait d'abord mené la vie religieuse dans un monastère cistercien, s'occupa très activement de la réforme monastique. Il commença par l'ordre de Citeaux, la première année de son pontificat (12 juillet 1335). Il promulgua, l'année suivante, des statuts pour le bon gouvernement de l'ordre de Saint-François (28 novembre 1336) et, trois ans plus tard (13 mai 1339), des constitutions pour les monastères de chanoines réguliers suivant la règle de Saint-Augustin. La bulle *Summi magistri*, citée parfois sous le titre de *Constitution bénédictine*, qui devait, dans la pensée de son auteur, régénérer l'ordre bénédictin, parut, le 20 juin 1336. Le Souverain Pontife entre dans les détails de l'administration domestique et des observances régulières. Les trente-neuf chapitres de ce document présentent une adaptation très sage de la vie bénédictine aux circonstances de temps et de lieux. La célébration triennale des chapitres généraux, telle que le concile de Latran l'avait décrétée, sert de base à l'organisation que Benoît XII établit entre les monastères, pour leur faire trouver dans l'association la force morale et la discipline qui leur manquaient. Afin de faciliter l'exécution de cette réforme et de lui donner quelque garantie d'avenir, il imagina une distribution des maisons de l'ordre en provinces. Il n'eut, pour cela, qu'à grouper celles de une ou plusieurs provinces ecclésiastiques. Les abbayes et prieurés de France formèrent ainsi les six provinces de Reims et Sens, de Rouen et Tours, de Bourges et Bordeaux, de Narbonne, Toulouse et Auch, de Lyon, Besançon et Tarentaise, de Vienne, Arles, Aix et Embrun.

Cette tentative d'organisation et la réforme dans laquelle le Pape la faisait entrer répondaient à un besoin. Une renaissance monastique aurait pu en sortir. Pour arriver au succès, on aurait dû compléter cette constitution et donner à l'ordre un organe nouveau, mais essentiel, c'est-à-dire un chef responsable, muni des pouvoirs nécessaires et secondé, à la tête de chaque province, par un délégué, responsable lui aussi et investi d'une autorité suffisante pour imposer l'obéissance aux dispositions de la bulle. Benoît XII ne comprit point qu'il y avait là une lacune. Elle ne fut pas davantage soupçonnée de ses contemporains. C'est ce qui explique, en partie, l'insuccès de la constitution bénédictine.

D'autres causes concoururent à cet échec fâcheux. Les temps allaient devenir très mauvais en France. La guerre de cent ans était sur le point d'éclater. Durant les années 1348 et 1349, la terrible peste noire devait exercer ses ravages d'une extrémité du royaume à l'autre; la ruine suivit cette mortalité extraordinaire. Et la ruine entraîna, après elle, tout un cortège de misères. La guerre étrangère et la

Jacquerie mirent le comble à tous ces maux. Trop d'inquiétudes agitaient les esprits pour qu'il fût possible de songer efficacement à une réforme religieuse.

Les chapitres généraux, convoqués rarement dans les provinces de Reims, de Lyon et de Tours, fonctionnèrent avec une régularité satisfaisante dans la province de Narbonne, jusqu'à la fin du xve siècle. Mais leurs décisions ne purent arrêter une décadence que tout semblait précipiter au dedans et au dehors. La transformation des offices claustraux en bénéfices se généralisait. Les Papes d'Avignon ne réagirent pas contre cet abus. Les antipapes l'exploitèrent, comme un moyen facile d'augmenter le nombre de leurs partisans. Les simples moines imitèrent l'exemple des supérieurs et des officiers. Les revenus monastiques, partagés en un certain nombre de parts, furent abandonnés à leur libre disposition. Il se forma ainsi des prébendes plus ou moins riches, attribuées à chaque membre d'une abbaye. Ces prébendes reçurent le nom de pensions ou de portions monacales. Les rentes assez fortes, attachées au titre d'abbé et aux principaux offices, tentèrent la cupidité des moines. Les religieux des ordres mendiants les convoitèrent de leur côté et, pour mieux les obtenir, ils changeaient de costume et d'ordre. Benoît XII interdit ces passages d'une famille religieuse à l'autre (4 juillet 1335). Cette défense n'eut aucun effet; on l'éludait, en sollicitant du Saint-Siège une dispense facilement accordée. Les clercs séculiers entrèrent à leur tour dans cette voie. En outre, les familles influentes d'une région virent dans les places monacales un moyen facile d'assurer un avenir à quelques-uns de leurs enfants. Pour leur en assurer le monopole, on adopta la coutume de n'admettre que des novices pouvant justifier de plusieurs quartiers de noblesse. Ce fut l'origine des abbayes nobles.

Les monastères bénédictins et leurs domaines furent, en

quelque sorte, mis au pillage. Nous n'avons pas à chercher ici les têtes sur lesquelles pèse la responsabilité d'un pareil état de choses. Bornons-nous à dire qu'il eut pour l'ordre monastique des conséquences plus désastreuses que la commende, telle du moins qu'elle fut organisée en France après le concordat de François Ier et de Léon X.

Il ne faudrait pourtant point exagérer les situations et voir dans les abbayes de cette époque des repaires d'hommes vicieux. Décadence et relâchement ne sont pas synonymes de corruption des mœurs. Les moines du XIVe et du XVe siècle furent des dégénérés, et non des dégradés et des corrompus. Si les misères morales furent parmi eux nombreuses et profondes, il y eut aussi dans leurs rangs des hommes vertueux, fidèles à tous les devoirs de leur profession. Les Bénédictins ne se montrèrent, en somme, ni pires ni meilleurs que leurs contemporains, religieux d'autres ordres, prêtres séculiers et laïques.

On pourrait, semble-t-il, caractériser d'un mot cet état des monastères : ce fut la sécularisation des âmes. Elle devait aboutir fatalement à la sécularisation complète, par laquelle des moines, vivant en séculiers dans des maisons appelées monastères et sous le froc monacal, quittaient le nom et l'habit du moine, pour paraître ce qu'ils étaient réellement, des prêtres séculiers. Plusieurs abbayes célèbres avaient jadis subi de pareilles transformations, Saint-Martin de Tours et Saint-Hilaire de Poitiers, pour ne citer que ces deux. La sécularisation monastique, pendant la période qui nous occupe, suivit de près l'érection en évêchés de plusieurs abbayes, faite par Jean XXII (6 juillet 1317). Saint-Benoît de Castres, Saint-Flour, Tulle, Sarlat, Montauban, Vabres, Luçon, Saint-Papoul, Lavaur, Rieux, Saint-Pons-de-Thomières virent, les uns plus tôt, les autres plus tard, les chanoines séculiers remplacer les moines dans leurs églises devenues cathédrales [1], Maillezais conserva son personnel monacal jusqu'à la translation de son évêché à La Rochelle (1648).

D'autres abbayes sollicitèrent dans la suite, avec plus ou moins de spontanéité, leur sécularisation. Elles étaient, pour la plupart, situées dans le midi de la France et la vallée du Rhône. Il n'y eut guère ailleurs que Saint-Maur-des-Fossés (1535) à rompre ainsi avec ses traditions séculaires. Saint-Martial de Limoges, Vézelai (1538), Tournus (1623), l'Ile Barbe (1549), Saint-Martin-d'Ainay (1680), Conques, Figeac, Moissac, Aurillac, Souillac sont à signaler sur la liste des maisons perdues par les enfants de Saint-Benoît. Les réformes du XVIe et du XVIIe siècle rendirent ces défections plus rares. La congrégation de Saint-Maur chargea ses procureurs en cour de Rome de s'y opposer par tous les moyens en leur pouvoir. Il y eut cependant de nouvelles sécularisations, celles d'Uzerche, de Saint-Victor de Marseille et de Saint-Claude en particulier.

BIBLIOGRAPHIE.

Les chapitres généraux de l'ordre de Saint-Benoît, par Dom Berlière, dans Mélanges d'histoire bénédictine, 4e série (1902), 52-181. L'auteur donne la liste chronologique des chapitres généraux connus et des documents pontificaux qui s'y rapportent. — Statuta abbatum ordinis Sancti Benedicti in provincia Narbonensi ad restaurandam disciplinam regularem, approbata a Papa Gregorio IX (1226), dans Spicilegium de Dom Luc d'Achery, VI, 30 ou I, 707. — Ordinationes et reformationes pro bono regimine monachorum nigrorum ordinis Sancti Benedicti, par Benoit XII ou Bulle *Summi magistri*, dans Miscellanea de Baluze, IV, 24 et Bullarium romanum (éd. Rome, 1741) III, II, 214-239. — Benedictina, sive constitutiones Benedicti XII, papæ, ad monachos nigros, Parisiis, 1517, in-4, et 1519, in-8. — Declaratio super certis capitulis contentis in constitutione edita super statutis monachorum nigrorum (5 déc. 1340), dans Bullarium romanum, Ibid, 288-291. — Clementis VI declaratio super statutis Benedicti XII erga

1 Les cathédrales de Pamiers et de Lombez furent érigées dans des monastères de chanoines réguliers.

monachos nigros, dans Miscellanea de BALUZE, IV, 27. — INNOCENTII VI declaratio super iisdem statutis Benedicti XII. Ibid.

Ordinationes factæ per abbates S. Jovini, Nantolii, Sancti Augustini, Sancti Maxentii præsidentes in capitulo provinciali Lemovicis celebrato ab abbatibus et prioribus claustralibus provinciarum Bituricensium et Burdegalensium, anno 1367, dans Bibliotheca nova manuscriptorum de LABBE, II, 758. — Chapitres généraux des monastères bénédictins des provinces de Reims et de Sens (XIIIe-XVe siècle), par DOM BERLIÈRE, dans Documents inédits pour servir à l'histoire ecclésiastique de la Belgique, Maredsous, 1894, in-4, I, 59-117. L'auteur publie les actes des chapitres de Saint-Quentin (1299), Reims (1348), de Saint-Germain-des-Prés (1363), de Compiègne (1379 et 1408), de Saint-Faron (1410), un questionnaire des visites canoniques et une lettre du roi Charles VI relative à la célébration des chapitres généraux. — Notes pour servir à l'histoire des monastères bénédictins de la province de Reims, par DOM BERLIÈRE, dans Rev. bénéd. XI (1894), 36-38. — Provincial chapters of the black monk in France, par DOM BESSE, dans Spicilegium benedictinum, Rome, fasc. XIII, 1-29, où l'auteur publie : Varia statuta capitulorum generalium congregationis monachorum nigrorum in provinciis Narbonensi, Auxitana et Tolosana, aliis pluribus minoris momenti statutis omissis (1337-1499), d'après les papiers de Dom Estiennot; fasc. XIV, 54-87, où Statuta quædam Capitulorum generalium pro reformatione cœnobiorum (1238-1291) et Statuta in capitulo generali monachorum ordinis Sancti Benedicti in regno Burgundiæ (20 juil. 1337), pro reformatione et bono regimine cœnobiorum. — Statuts arrêtés dans le chapitre général de l'ordre de S. Benoit des provinces de Tours et de Rouen, tenu dans l'abbaye de Saint-Pierre de la Couture au Mans (1337). Bib. Avranches, ms. 214, f. 265. — Statuta Capitulorum provincialum (XV-XVIe s.). Bib. Le Mans, ms. 115. — Statuts d'un chapitre général bénédictin tenu à Angers en 1220, par MAURICE PROU, dans Mélanges d'hist. et archéol. école de Rome, IV (1884), 345-356. — Les chapitres généraux des abbayes de Saint-Aubin et de Saint-Serge d'Angers, par DOM GUILLOREAU, Angers, 1900, in-8.

Les chapitres généraux de l'ordre de Saint Benoit avant le IVe concile de Latran (1215) par DOM BERLIÈRE, dans Rev. bénéd. VIII (1891) 255-264. — Les chapitres généraux de l'ordre de Saint Benoit du XIIIe au XVe siècle, par DOM BERLIÈRE. Ibid. IX, 545-557. — Les origines de Citeaux et l'ordre bénédictin au XIIe siècle, par DOM BERLIÈRE, dans Rev. hist. ecclés. I (1900) 448-471; II, 253-290. — Die Benedictiner-Ordens Reformen des XIII und XIV Jahrh., par DOM PIE SCHMIEDER, Linz, 1867, in-8. — La désolation des églises, monastères et hôpitaux en France pendant la guerre de Cent ans, par le P. DENIFLE, Paris, 1899, 2 vol. in-8. — Des assemblées générales des ordres religieux au XIIIe siècle, par V. LECLERC, Paris, 1848, in-4 de 14 p. ext. Mém. acad. Inscript.

Les anciens bénédictins.

Les monastères, qui ne voulurent pas s'incorporer aux congrégations réformées du XVIe et du XVIIe siècle et qui purent échapper à la sécularisation, restèrent, tant bien que mal, ce qu'ils avaient été durant la période antérieure. Leur vie religieuse, très largement menée, avait pour la régler la *constitution bénédictine* et des traditions locales assez vagues. Il n'existait aucun lien régulier entre eux; ils étaient soumis pour la plupart à la juridiction épiscopale depuis le concile de Trente. On ne saurait donc leur attribuer le titre et les caractères propres aux congrégations. Ces religieux, connus sous le nom d'anciens Bénédictins, étaient au nombre de 700 environ, répartis en 66 maisons, lorsque la commission des Réguliers les supprima, en 1768. Voici la liste de leurs abbayes et prieurés conventuels : Anchin, Marchiennes, Hasnon, Hamage, Gorre, Evin, Berclau, Auchy, La Beuvrière, Blangy, Saint-Jean-au- Mont, Saint-Georges-lès-Hesdin, Ham, Le Cateau, Crespin, Saint-Denis-en-Brocqueroie, Fesmy, Saint-Ghislain, Haspres, Hautmont, Aymeries, Honnecourt, Liessies, Maroilles et Saint-Sépulcre de Cambrai, dans les diocèses d'Arras, Boulogne, Saint-Omer et Cambrai; Forestmontiers, Moreuil, dans le diocèse d'Amiens; Saint-Amand, Homblières et Saint-Prix de Saint-Quentin, dans celui de Noyon; Bergues-Saint-Winnoc, dans celui d'Ypres; Altorf, Ebersheim et Marmoutier, dans celui de Strasbourg; Chemillé, dans celui d'Angers; Longues et Troarn, dans celui de Bayeux; Montebourg, Saint-Sauveur-le-Vicomte et Saint-Sever, dans celui de Coutances; Cormeilles, dans celui de Lisieux; Orbestier, dans celui de Luçon; Chambon, Ferrières et Le Syc-en-Brignon, dans celui de Poitiers; Saint-Liguaire, dans celui de

Saintes; Saint Amand-de-Boixe, Bournet et Saint-Cybard, dans celui d'Angoulême; Saint-Genou et Notre-Dame d'Issoudun, dans celui de Bourges; Maurs, dans celui de Saint-Flour; Marcilhac, dans celui de Cahors; Rieupeyroux, dans celui de Rodez; Nant, dans celui de Vabres; Saramon, dans celui d'Auch; Savigny, dans celui de Lyon; Saint-Rigaud, dans celui de Macon; Anzy-le-Duc et Perrecy, dans celui d'Autun; Saint-André-le-Bas, à Vienne; Cruas, dans le diocèse de Viviers; Saint-Polycarpe, dans celui de Narbonne; Cendras, dans celui d'Alais; Saint-Martin-du-Canigou, Cuxa et Notre-Dame-de-Arlès, dans celui de Perpignan.

Ces trois derniers monastères avaient dû se séparer de la congrégation espagnole des *Claustrales,* quand le Roussillon fut annexé à la France.

BIBLIOGRAPHIE.

Arch. nat. O 523-528. Bib. nat. ms. fr. 13847, 13855. — HÉLYOT, V, 12 et 13. — Les Bénédictins français avant 1789, par CH. GÉRIN, dans Rev. Quest. hist. XIX (1876), 451-460. — Abbayes, prieurés et couvents d'hommes en France, par LECESTRE, 1-4.

Congrégations des Exempts.

Il y eut deux congrégations des Exempts, celle de Flandre et celle de France. Elles furent fondées l'une après l'autre pour échapper à un décret du concile de Trente, qui soumettait à la juridiction de l'Ordinaire tous les monastères n'appartenant à aucune congrégation. Leur but était moins d'appliquer aux moines une réforme sérieuse, que de conserver leurs privilèges et, en particulier, l'exemption de la juridiction épiscopale. Les abbés, qui les fondèrent, surent néanmoins, par des constitutions pleines de sagesse, corriger les abus et ranimer la ferveur religieuse.

Les abbés de Saint-Waast, de Saint-Bertin et de Saint-Pierre de Gand projetèrent l'établissement de la congrégation des Exempts de Flandre, le 27 octobre 1564. Les statuts, promulgués le 25 octobre 1569, furent corrigés par les chapitres généraux des années suivantes. Grégoire XIII les approuva, le 18 octobre 1575. Cette réforme reçut les encouragements du duc d'Albe, gouverneur des Pays-Bas et du nonce Bonomio, qui entreprit la visite des monastères de la région pour y faire appliquer les décrets du concile de Trente (1585). Malgré les circonstances favorables, la nouvelle congrégation se développa avec beaucoup de lenteur. L'abbaye de Lobbes y était entrée presque au moment de sa fondation. Il fallut attendre les années 1620 et 1625 pour voir arriver les monastères d'Ename et de Saint-Amand. Les Bénédictins de ces contrées, soumis en grand nombre à la congrégation allemande de Bursfeld ou à la congrégation belge de la Présentation-Notre-Dame, n'éprouvaient pas le besoin d'aller aux Exempts. Par ailleurs, les évêques, jaloux de conserver leurs droits sur les monastères, ne pouvaient favoriser un groupement monastique, organisé pour les diminuer.

Dom Nicolas Dubois, abbé de Saint-Amand, forma le projet d'affilier à la congrégation tous les monastères de la Belgique et des diocèses de Cambrai et d'Arras. Ce dessein reçut à diverses reprises l'approbation du Saint-Siège (1636). Mais l'indifférence des moines, l'hostilité des évêques et, plus tard, l'occupation française rendirent ses efforts inutiles. L'abbé, en 1642, demanda au chapitre général de la congrégation de Saint-Maur, réuni à Vendôme, de réformer son monastère. Les guerres firent échouer le projet. Ce fut l'abbé commendataire de Saint-Waast qui s'opposa à l'union de ses moines à la congrégation de Saint-Maur, en 1661 ; il ne put les empêcher cependant de manifester leur bonne volonté par une réforme sérieuse.

Cette congrégation des Exempts passa très inaperçue. Les abbayes qui la composaient avaient par elles-mêmes une importance et une célébrité, qui ne lui permirent pas de leur donner un lustre quelconque. Les abbés assistèrent avec régularité à ses synodes ou chapitres triennaux. Elle dura jusqu'à la fin du règne de Louis XV. On aurait pu craindre que les rois de France supportassent moins longtemps un groupement monastique de religieux appartenant à deux nationalités différentes. C'est le 26 mars 1768 seulement qu'un édit royal interdit à des abbés français de se réunir en chapitre général avec des abbés étrangers. La congrégation se trouva de ce fait disloquée. Cet édit fut confirmé en 1773. Les abbayes de Saint-Waast et Saint-Bertin obtinrent d'être agrégées à l'ordre de Cluny (1778), malgré l'opposition des évêques d'Arras et de Saint-Omer.

BIBLIOGRAPHIE.

Die belgische Benedictiner-Congregation der Exempten, par Dom Berlière, dans Studien Bened. und Cisterc. de Raigern, X (1889), 542-548. — La congrégation bénédictine des Exempts de Flandre, par Dom Berlière, dans Revue bénédictine, XI (1894), 415-424; 433-445; 541-547; XII (1895), 25-32; 145-160; XIII (1896), 145-153; 215-228. — Hélyot, VI, 254-267. Dom Berlière donne, au commencement de son étude, la liste des sources manuscrites qu'il a utilisées.

Arch. nat., O 527-528. — Les Bénédictins français avant 1789, par Ch. Gérin, dans Rev. quest. hist., XIX (1876), 502-505. — Consultation pour les abbés, grand-prieur et religieux de Saint-Bertin et les grand-prieur et religieux de Saint-Waast, défendeurs, contre MM. les évêques d'Arras et de Saint-Omer, demandeurs en cassation, s. l., 1782, in-4. — Mémoire pour les abbés, grands-prieurs et religieux des abbayes de Saint-Waast, de Saint-Bertin, défendeurs et demandeurs, contre Mgr l'év. d'Arras, appelant comme d'abus et demandeur et contre Mgr l'év. de Saint-Omer, demandeur et défendeur, Paris, 1778, in-4. — Consultation sur l'agrégation des abbayes de Saint-Waast et de Saint-Bertin à la congr. de Cluny, Paris, 1768, in-4. — Mémoire à consulter pour les abbayes de Saint-Waast, de Saint-Bertin et de Saint-Amand, réunies en congrégation et connues sous le titre de congrégation des Exempts de Flandre, Paris, 1773, in-4.

Mémoire à consulter et consultation pour les abbayes et autres maisons religieuses de la province d'Artois, au sujet des édits du mois de mars 1768 et du mois de février 1773, concernant les réguliers, Paris, 1773, in-4. — Mémoire à consulter et consultation ...., Paris, 1777, in-4. — Précis pour la congrég. des Exempts de Flandre. Paris, s. d., in-4.

Observations sur le projet d'agrégation des abbayes de Saint-Waast et de Saint-Bertin à l'ordre de Cluny. Paris, s. d., in-4. — Précis sur l'agrégation des abbayes de Saint-Waast et de Saint-Bertin à l'ordre de Cluny. Paris, 1776, in-4. — Lettres patentes du roi interprétatives de celles du mois de mai 1775, données par le décret d'agrégation des abbayes de Saint-Waast d'Arras et de Saint-Bertin de Saint-Omer à l'ordre de Cluny (28 mars 1778). Paris, 1778, in-4. — Précis pour les abbayes de Saint-Waast et de Saint-Bertin contre messieurs les évêques de Saint-Omer et d'Arras. Paris, 1778, in-4.

Les Exempts de France.

Les États généraux de Blois (1579) imposèrent aux monastères exempts du Royaume d'avoir à se constituer en congrégation dès l'année suivante, sous peine d'être soumis à la juridiction diocésaine des évêques. Cette ordonnance était pleinement conforme aux décrets de la vingt-cinquième session du concile de Trente. Dom René Lucas, grand-prieur de Marmoutier, prit, en 1580, l'initiative d'une première réunion, qui eut lieu dans son abbaye. Étaient présents les prieurs de Fleury, Vendôme, Bourgdieu, Redon, Evron et Saint-Melaine de Rennes. Quelques-uns d'entre eux se retrouvèrent bientôt après au prieuré de L'Evière, à Angers, puis à Vendôme, pour examiner et approuver les statuts de la nouvelle congrégation et lui donner deux visiteurs. Les chapitres généraux se réunissaient tous les trois ans, tantôt dans un monastère, tantôt dans un autre, sous la présidence du supérieur local; le premier se tint à Saint-Michel de la

Guerche (1 sept. 1581). La congrégation avait, pour la gouverner d'un chapitre à l'autre, les deux visiteurs et le définiteur, qui prit bientôt le titre de supérieur général.

Dom François Rolle, qui remplit le premier cette fonction, eut pour successeurs (1603) Dom Isaïe Jaunay, moine de Marmoutier, puis Dom Claude de Saint-Offange, abbé régulier de Glanfeuil, Dom Jean d'Alibert, Dom Pierre Gaufreteau, prieur de la Grande-Sauve. Dom Isaïe Jaunay obtint de Paul V la confirmation des privilèges de la congrégation des Exempts (21 août 1606). Il prit à cœur la réforme monastique et prodigua ses encouragements à Dom Noel Mars et aux réformés de Bretagne. Dom Claude de Saint-Offange, rendu célèbre par son opposition aux Bénédictins de Saint-Maur (1624), ne put obtenir de Rome la confirmation de sa congrégation, à la suite des obstacles que suscita l'ambassadeur de France. Il donna peu après sa démission en faveur d'un neveu homonyme, qui introduisit les Mauristes dans son abbaye.

Les Exempts avaient pris de bonne heure une grande extension. Leurs monastères furent assez nombreux pour être distribués en six provinces : Tours avec douze maisons, Sens avec quatre, Bourges avec cinq, Lyon avec trois, l'Aquitaine avec vingt, Toulouse et Narbonne avec onze; ce qui faisait en tout cinquante-cinq monastères. Chaque province eut un provincial pour la présider. Ces religieux se contentaient d'une vie régulière quelconque; ils ne portaient pas en eux la vigueur morale sans laquelle toute restauration monastique est impossible. Ceux qui avaient l'esprit de leur état cherchèrent à former un groupement distinct; ce fut l'origine de la société de Bretagne. Ils tendirent plus tard la main à la congrégation de Saint-Maur, qui fut introduite à Vendôme, à Fleury, à Marmoutier et ailleurs. Les progrès de cette réforme, qui n'avaient pas au début troublé les supérieurs des Exempts, si l'on excepte Dom Claude de Saint-Offange, finirent par leur inspirer quelque inquiétude. Après une interruption de treize années, ils réunirent un chapitre général à la Grande-Sauve (1643), où ils examinèrent les moyens d'arrêter son développement. Peine inutile; dès sept ans plus tard, le général de la congrégation en personne, Dom Gauffreteau, prieur de ce même monastère de la Grande-Sauve, l'offrit aux Mauristes (1650). D'autres suivirent cet exemple.

Au milieu du XVIIIe siècle, il ne restait plus aux Exempts que quatorze abbayes, situées dans le midi et le sud-ouest : Nanteuil, Charroux, Saint-Benoit de Quinçay, Moreaux (diocèse de Poitiers); Baignes (diocèse de Saintes); La Reule (diocèse de Lescar); Terrasson (diocèse de Sarlat); Vigeois (diocèse de Limoges); Mas-d'Azil (diocèse de Rieux); Saint-Hilaire de Carcassonne; La Tasque (diocèse de Tarbes); Guitres et Blaye (diocèse de Bordeaux); Saint-Ferme (diocèse de Bazas). Cette congrégation, condamnée par la commission des Réguliers, fut supprimée par Lettres patentes du 25 mars 1770 et le Roi livra ses monastères et leurs biens aux évêques.

BIBLIOGRAPHIE.

La congrégation bénédictine des Exempts de France, par Dom Berlière, dans Mélanges d'histoire bénédictine, 2me série (1899) 1-47 et Revue bénéd. XIV (1897), 398-414. — Note sur la congrégation des Exempts de France, par Dom Berlière, dans Mélanges, 219-220 et Rev. bénéd. XVI, 475-476. — Hélyot, VI, 254-268. — Histoire de Marmoutier, par Dom Martène, II, 385-448, passim. — Histoire de la congrégation de Saint-Maur, par Dom Martène, I et II, passim. — Visites des monastères (XVIe siècle). Arch. nat. LL. 999.

Benedictinorum Exemptorum et a Sancta Sede apostolica et romana immediate dependentium, sub capitulis generalibus ex Concilii Tridentini et christianissimi Regis Henrici III in comitiis trium ordinum Blesiis decreto coactorum, reformationis primordia et acta, ex vulgari sermone in latinam linguam versa (1580-1581). Parisiis, 1582, in-4. — Statuta et decreta reformationis congregationis Benedictinorum Exemptorum, abbatiarum trium provinciarum Senonensis, Turonensis, Bituricensis, aucta et recognita in capitulo generali prædictæ congregationis primo, in prioratu de la Guierche apud Turonenses, calendis septembris anno 1581, præside Dommo Francisco Rolle, camerario de Regula, Parisis, 1582, in-4. — Statuta et decreta reformationis Benedictinorum Exemptorum, Parisiis, 1582, in-8; autre édition, Paris, 1583, in-4. — Statuta et decreta ... aucta et recognita in capitulis generalibus in abbatia Sancti Salvatoris de Blavia in diœcesi Burdigalensi indictis et celebratis, scilicet die quinta mensis maii 1686 et 1695, præside J.-B. Duverdier doctore theologo et priori claustrali abbatiæ Sancti Stephani de Beania, Bordeaux, 1596, in-4. — Statuta et decreta reformationis congregationis Benedictinorum nationis gallicanæ, recognita in ejusdem capitulis generalibus, approbata a Sancta Sede apostolica, nec non roborata auctoritate regia et senatus-consultis secreti et magni Regis Consilii, præside Domno Franc. Rolle, doctore theologo academicæ parisiensis et camerario de Regula. Huic secundæ editioni quædam apposite accesserunt ex sacris summorum Pontificum decretis et bullis nondum impressis, opera et industria R. P. J. Darnault, procuratoris generalis præfatæ congregationis, Paris, 1605, in-8. — Extrait du procès-verbal du chapitre général de la congrégation des Bénédictins Exempts tenu en l'abbaye de Saint-Sauveur de Blaye, le 4 mai 1761 et les deux jours suivants, s. l. n. d. in-fol.

Remonstrance au très chrestien Roy de France et de Navarre Henry III. Sur la réformation nécessaire et ja ordonnée par sa Majesté estre faite en l'ordre de Saint-Benoist, par Frère Isaye Jaunay, général dudict ordre, Paris, 1605, in-8 et dans : De l'esprit des ordres religieux, par Dom Laurent Bénard, Paris, 1616, p. 210 et s. — Avis à Messieurs des États. Pour rétablir l'ordre de Saint-Benoit en France, avec une remontrance faite au feu Roy Henri IV sur la réformation de l'ordre de Saint-Benoit, Paris, 1614, in-8. — Bref de Paul V (21 août 1606), dans Bullarium romanum, V III, 223-224. — Placitum magni consilii pro gallicana Benedictinorum congregatione adversus Majoris Monasterii monachos, Paris, 1606, in-8.

L'anatipophile bénédictin aux pieds du Roi et de la Reine. Pour la réformation de l'ordre de Saint-Benoit nécessaire en ce royaume. Dédié à Mgr le Chancelier par un Père d'un noviciat de l'observance bénédictine, Paris, 1615, in-12 [1].

[1] La réforme des monastères préoccupait alors beaucoup le Pape et le Roi. Le cardinal de La Rochefoucauld reçut mission d'imposer cette réforme. Voici quelques ouvrages sur cette question : Remercîement des Bénédictins au roy très chrétien Louis XIII ..., sur la proposition faite par sa Majesté, en l'assemblée de Rouen, de remettre les abbayes en régularité, par Dom Laurent Bénard, religieux bénédictin, Paris, 1616, in-8. — Avis aux Révérends Pères les religieux de l'ordre de Saint Benoit pour répondre, en particulier et en général, à MM. les évêques et commissaires qui seront envoyés pour l'exécution des articles faits à Paris, à l'hôtel abbatial de

La suppression des Exempts et fin de l'abbaye du Mas-d'Azil, par Frédéric Le Cérins, Toulouse, 1901, in-8, ext. Rev. Pyrénées, XIII. — Les Bénédictins français avant 1789, par Ch. Gérin, dans Rev. Quest. hist. XIX, 502-505. Lettres patentes du Roi qui dispensent les religieux de la congrégation des Exempts de l'exécution des articles 5, 7 et 10 de l'édit du mois de mai 1768, concernant les ordres monastiques (25 mars 1770).

Règlement pour la réception à l'habit et à la profession ès ordres de Saint-Benoit, Cluny, Saint-Augustin et Citeaux, par le card. de la Rochefoucauld (12 oct. 1623), Paris, 1623, in-8. — Articles faits par l'ordonnance de Mgr. le card. de la Rochefoucauld, grand aumônier de France, pour le rétablissement de l'observance régulière ès ordres de Saint-Augustin, Saint-Benoit, Cluny et Citeaux (11 mars 1623), Paris, 1623, in-8. — Remontrance à la Reine régente, par François cardinal de la Rochefoucauld, sur l'exécution des sentences données par le dit cardinal ... pour le rétablissement de l'observance régulière ès monastères qui en auraient besoin des ordres de Saint-Benoit, Saint-Augustin, Cluny et Citeaux, Paris, 1643, in-4. — Commission donnée par le card. de La Rochefoucauld au P. Robin, de l'ord. de Saint Benoit, pour la visite des monastères du même ordre en la province de Reims, Paris, s. d. in-8. — Commission donnée par le card... au P. Dom Jean de la Mare, sous-prieur de Saint-Ouen de Rouen, pour la visite des monastères de la province de Paris, Paris, s. d. in-8. — Commission donnée par le card... au P. Perot, de l'ord. de Saint Benoit en l'abbaye de Saint-Jean d'Angely, pour la visite des monastères en la province de Sens, Paris, s. d. in-8. — Commission donnée par le card... au P. Pilon, prieur de S. Victor de Charrier, ordre de Saint Benoit, diocèse de Rouen, pour la visite des monastères de la province de Rouen, Paris, s. d. in-8. — Recueil de pièces manuscrites et imprimées, relatives à la réformation de l'ordre de Saint Benoit, par le card. de la Rochefoucauld, (1605-1647). Bib. Sainte-Geneviève, ms. 3240. — Le cardinal de la Rochefoucauld, réformateur, par l'abbé Féret, dans Revue Quest. hist., XXIII, 115-175.

Sainte-Geneviève, l'onzième mars 1623, par Mgr le card. de La Roche Foucauld et autres pour le rétablissement dudit ordre, Paris, 1625, in-8. — Commission pour la visite des monastères de l'ordre de Saint Benoit en la province de Paris signée François de La Rochefoucauld (15 janvier 1623). Commission semblable pour les provinces de Reims, Rouen, Sens, Paris. — Simplicii, monachi, de senio et inclinatione ordinis Sancti Benedicti in Gallia et ipsius speranda in integrum restitutione et juventutis renovatione, dialogorum libri tres, Grenoble, 1627, in-12.

Pour ces ouvrages et ceux indiqués dans la bibliographie ci-dessus, voir : Catal. hist. de France, V, 179-180.

Société de Bretagne.

La vie monastique, telle que la pratiquaient les Bénédictins Exempts, ne répondait pas aux aspirations des cœurs généreux. Six moines de Marmoutier, trouvant que ses statuts s'écartaient trop de la règle de saint Benoît, demandèrent au général, Dom Isaïe Jaunay (1603), la permission de mener une existence plus austère. Dom Jaunay les approuva et leur fit espérer qu'il entrerait lui-même dans leur dessein. Le roi Henri IV, vers qui il les envoya, leur témoigna la satisfaction que lui procurait ce désir d'une réforme. Les moines de Marmoutier, qui ne voulaient pas suivre leur exemple, leur abandonnèrent le prieuré de Lehon en Bretagne. Dom Noël Mars leur fut donné comme supérieur (1604), avec le titre de vicaire général des Exempts.

L'évêque de Dol, qui appréciait leurs vertus, les introduisit dans l'abbaye du Tronchet (1607). C'est alors seulement que les réformés prirent le nom de société de Bretagne. La sainte mort de Dom Noël Mars (31 janvier 1611) n'arrêta point les progrès de l'œuvre naissante. Elle se développa sous Dom Stample, son successeur. La réputation de ces moines éveillait au loin le désir de la réforme. Dom Jean Regnaud, abbé réformateur de Saint-Augustin de Limoges, aurait bien voulu les attirer dans son abbaye (1612). Mais la société ne se sentait point les forces nécessaires pour prendre une aussi rapide extension. Les moines de Nouaillé, qui désiraient embrasser la même réforme, ne réussirent pas davantage. Ceux de Landevenec furent plus heureux; ils se séparèrent de la congrégation de Chezal-Benoît, à laquelle ils étaient affiliés depuis trois ans, pour s'unir à la société de Bretagne (1615). L'abbaye de La Chaume, près de Machecoul, embrassa la réforme, en 1618. Dom Jaunay fit venir quelques réformés à Marmoutier, dans l'espoir que leur présence préparerait les voies à une réforme générale. Il n'en fut rien. Les mauvais traitements que leur infligèrent les moines les contraignirent de se retirer (1615). Ils éprouvèrent aussi de grandes difficultés pour entrer dans l'abbaye de Redon (1618).

Dom Jaunay avait pu leur obtenir, avant sa mort, le droit d'élire eux-mêmes leur vicaire général et le visiteur. Les Exempts entrèrent alors en lutte ouverte contre eux. Pour avoir la paix, ceux-ci résolurent de poursuivre en cour de Rome leur érection en congrégation distincte. On leur conseilla de s'agréger plutôt à la congrégation de Saint-Maur. Le cardinal de La Rochefoucauld se montra favorable au projet. Les négociations engagées presque aussitôt échouèrent, après la visite des monastères bretons par les Bénédictins de Saint-Maur (1624); on revint à l'érection en congrégation. Le roi Louis XIII donna l'autorisation nécessaire, en avril 1626; mais le Pape se montra moins favorable et voulut que la société de Bretagne s'unît à la congrégation de Saint-Maur. Il en écrivit même au cardinal de Bérulle (8 novembre 1627). Les intéressés se rendirent aux instances d'Urbain VIII. Les six articles du concordat d'union furent signés au collège de Cluny, le 13 juillet 1628. Les Mauristes prirent possession, le 16 octobre suivant, des monastères de Lehon, du Tronchet, Landevenec et Redon. Les religieux qui ne voulurent pas se soumettre à leur régime se retirèrent dans celui de Lantenac.

BIBLIOGRAPHIE.

La Société de Bretagne de l'ordre de Saint-Benoit, par C. A., dans Rev. bénéd., XI (1894), 97-107. — Histoire très vénérable de la réforme des religieux de l'ordre de Saint-Benoist, instituée en la province de Bretagne, de laquelle le premier auteur fut le R. P. Noël Mars... sous la congrégation des Bénédictins de la nation française. Archives d'Ille-et-Vilaine, ms. 1. Bib. nat. ms. fr. 12.782.

Histoire de l'abbaye de Marmoutier, par Dom Martène, II, 414-464. — Histoire manuscrite de la congrégation de Saint-Maur, par Dom Martène, I, 237-259. — Le prieuré royal de Saint-Magloire de Lehon, par Fouéré-Macé. Rennes, 1892, in-8, 88-126. — Hélyot, VI, 307-309. — Bullarium romanum, VI c, 91. — Biographie de Dom Noël Mars, dans Vies des Saints de Bretagne, par Dom Lobineau (1725), 340-356, et Paris (1837), in-8, III, 317-341, et dans Éloges de plusieurs personnes illustres de l'ordre de Saint Benoit, par la mère de Blémur, II, 249-256. — Dom Noël Mars, par Dom Yves Laurent, dans Bul. de S.-Martin et de S.-Benoit.

Congrégation de Saint-Denis.

L'abbaye de Saint-Denis aurait cru déroger à sa dignité, en s'agrégeant à la congrégation des Exempts. Comme les moines tenaient à conserver intacts leurs privilèges, ils s'arrêtèrent à la pensée de former une congrégation, dont leur monastère serait le centre. Leurs confrères de Saint-Magloire, de Corbie, de Montiérender, de Saint-Lomer de Blois, de Saint-Père de Chartres, de Coulombs, de Josaphat, de Bonneval et de Neauphle-le-Viel adoptèrent ce projet. Les procureurs de ces diverses maisons, assemblés au prieuré de Saint-Lazare de Paris, le 6 mars 1607, jetèrent les bases de la nouvelle congrégation. Dom Nicolas Hesselin, grand-prieur de Saint-Denis, fut élu supérieur général. On résolut de s'en tenir à des « règles assez généralement reçues dans les cloîtres, sans déroger aux coutumes de chaque monastère. » Henri IV autorisa cette congrégation par Lettres patentes de mars 1607. Paul V l'approuva, en 1614. Les moines de Compiègne obtinrent peu après de lui être incorporés.

Cette congrégation eut une existence éphémère, et elle n'a point d'histoire. Ses statuts ne pouvaient donner l'illusion d'une réforme sérieuse. Ses abbayes furent contraintes, les unes après les autres, d'ouvrir leurs portes aux Mauristes, malgré la résistance quelquefois opiniâtre des anciens.

A la faveur des troubles qui suivirent, dans la congrégation de Saint-Maur, le décès du cardinal de Richelieu et la dislocation de la congrégation de Saint-Benoît, quelques monastères normands essayèrent de ressusciter la congrégation de Saint-Denis. Fécamp, la Croix-Saint-Leuffroy et plusieurs autres se firent représenter à un chapitre général réuni dans l'abbaye de Saint-Ouen, le 1 octobre 1643. Dom Claude de Baudry de Piencourt, abbé de la Croix-Saint-Leuffroy, fut élu supérieur général. De nouveaux statuts, approuvés par les membres de la réunion, furent imprimés deux ans plus tard. Comme les anciens de la congrégation de Saint-Denis restèrent sourds à l'appel qu'on leur adressa, cette tentative n'eut aucun succès. Les Mauristes, forts de la protection d'Anne d'Autriche, absorbèrent bientôt ces abbayes normandes.

BIBLIOGRAPHIE.

Statuts pour les religieux de l'ordre de saint Benoit, dépendants immédiatement du Saint-Siège apostolique, et autres dudit ordre, qui se sont volontairement associés sous la congrégation du sacré et royal monastère de Saint-Denis-en-France, s. l. n. d., in-4. — Statuts de la congrégation des Bénédictins de France, revus, augmentés et confirmés en la royale abbaye de Saint-Ouen de Rouen, l'an 1643, y présidant R. P. en Dieu Dom Claude de Baudry de Piencourt, abbé de la Croix-Saint-Leuffroy et général de ladite congrégation. Rouen, 1645, in-4.

Histoire ... de saint Denis, par Dom Félibien, 430-431 et CXL-CXLII, où sont les pièces concernant l'érection de la congrégation. — Hélyot, V. 106-110. — Histoire manuscrite de la congrégation de Saint-Maur, par Dom Martène, I, 530-532.

CONGRÉGATION DE CHEZAL-BENOIT.

L'abbaye de Chezal-Benoît, au diocèse de Bourges, fut, à la fin du xve siècle, le berceau d'une congrégation, qui aurait pu entreprendre avec toutes les chances de succès la réforme des monastères bénédictins du royaume, si l'application du concordat de François I et de Léon X n'avait point fait surgir devant elle des obstacles insurmontables. L'abbé, Dom Pierre du Mas (1479), son fondateur, ne chercha d'abord qu'à restaurer la discipline régulière parmi ses moines, en unissant à la mense conventuelle les bénéfices claustraux et les prieurés; les religieux, pourvus de ces charges, en versèrent les revenus dans la caisse commune. Le réformateur renonça lui-même à la perpétuité de la dignité abbatiale, pour se soumettre à l'élection tous les trois ans. Les statuts, rédigés par lui en 1488, imposaient un genre de vie, qui rappelait celui des Bénédictins italiens de la congrégation de Sainte-Justine. Cette réforme, très encouragée par Charles VIII, reçut l'approbation du pape Innocent VIII, le 11 mai 1490. Dom du Mas mourut, le 25 mars 1492.

Cinq ans après, Saint-Sulpice de Bourges embrassait cette même réforme. Saint-Allyre de Clermont suivit cet exemple, en 1500; l'abbé commendataire, Jacques d'Amboise, avait donné sa démission, en faveur d'un réformé, Dom Jean de la Roist. Le cardinal Philippe de Luxembourg, évêque du Mans, introduisit dans le monastère de Saint-Vincent dix-huit religieux de cette observance (1502). Ces quatre monastères pouvaient former une congrégation. Leur premier chapitre général se réunit à Saint-Sulpice (14 avril 1505). Ils s'organisèrent et promulguèrent des statuts. Le chapitre eut, dès ce moment, à faire les élections abbatiales. Les nouveaux règlements reçurent l'approbation du cardinal d'Amboise, archevêque de Rouen et légat du Saint-Siège, chargé de promouvoir la réforme des ordres religieux (1506). Le nombre des maisons réformées s'éleva bientôt à cinq, grâce à l'union de Saint-Martin de Séez, conclue en 1511.

Le concordat aurait pu être fatal à la congrégation naissante, si François I et Léon X n'avaient eu soin de la soustraire à la commende, en déclarant qu'il n'avait en rien dérogé à ses privilèges. Malheureusement, les monastères, qu'elle put s'adjoindre dans la suite, ne devaient point bénéficier de cette faveur.

Guillaume Briçonnet, évêque de Meaux, et abbé de Saint-Germain-des-Prés, donna cette abbaye aux moines de Chezal-Benoît (1514). Il avait été stipulé que, après sa mort, l'abbé serait choisi, tous les trois ans, par le chapitre général. Cette disposition, confirmée par Léon X, demeura sans effet. Le cardinal de Tournon lui succéda, en 1534. On dut se résigner. Jumièges (1525), Lagny, Brantôme (1541), Cormery, Sainte-Colombe de Sens (1582), Saint-Méen, Notre-Dame de Lire, Notre-Dame de Valmont et Landevenec adoptèrent les observances de Chezal-Benoît. La plupart de ces maisons, Jumièges et Landevenec entre autres, ne furent incorporées que momentanément à la congrégation. Il ne lui resta que Brantôme et Sainte-Colombe. Six monastères de femmes firent partie de ce groupement monastique : Charenton, Saint-Laurent de Bourges, Saint-Menoux, Saint-Pierre de Lyon, Iseure et Notre-Dame de Nevers.

Les cinq premiers monastères eurent à défendre leurs droits d'élection contre des personnages puissants, qui convoitaient la dignité abbatiale et ses revenus. La bulle de Léon X (1516) et les Lettres patentes de François I (1517) donnaient à leur défense une base très ferme. François I et Henri II confirmèrent leurs privilèges et le pape Paul IV les fit participer aux privilèges d'exemption, dont jouissait la congrégation du Mont-Cassin (1555). Henri III, Henri IV et Louis XIII leur donnèrent des témoignages multiples de bienveillance. Mais la protection royale n'alla jamais jusqu'à délivrer de la commende les abbayes qui voulaient embrasser la réforme. Un siècle plus tard, les Bénédictins de Saint-Maur furent aux prises avec les mêmes difficultés; ne pouvant les surmonter, ils les tournèrent, en organisant leurs monastères sans le titre abbatial. Les guerres de religion ne compromirent pas moins le succès de la réforme.

Les moines de cette congrégation restèrent fidèles aux pratiques austères de leur observance jusqu'à la fin du XVIe siècle. Les chapitres généraux et les visites canoniques furent célébrés aux époques fixées par les statuts. Leurs règlements témoignent du zèle que mettaient les supérieurs à maintenir la discipline. Il y eut dans ces monastères quelques hommes d'étude, qui ont laissé des œuvres estimables : on cite Guy Jouvençaux, les deux frères Jean et Charles Fernand, Jean Bondonnet et Jacques du Breuil, prieur de Saint-Germain-des-Prés.

La congrégation de Chezal-Benoît n'avait plus, au commencement du XVIIe siècle, la vitalité religieuse, qui fit son succès au siècle précédent. La congrégation de Saint-Maur, organisée de manière à répondre mieux à l'état des choses, prenait, grâce à la protection royale, un rapide développement. Elle devait finir par absorber ses monastères.

Dans l'acte d'union de Saint-Germain-des-Prés, on avait inséré la clause suivante : cette union cessera quand cessera la régularité. Or l'observance régulière se trouva très compromise par les libertés que prenaient les abbés et les officiers. Les moines fervents, affligés de cela, refusèrent de reconnaître deux religieux de Saint-Vincent du Mans, qui leur étaient envoyés, l'un comme visiteur, l'autre comme prieur (1609). Cette situation tendue fit comprendre la nécessité d'une réforme. Un arrêt du Parlement la prescrivit en vain (1613). Les Vannistes, à qui Marie de Médicis s'adressa, ne purent se rendre à son appel (1614). Le Pape, sollicité par Dom Bénard, avait prescrit de son côté cette réforme, devenue urgente. On parlait de soustraire l'abbaye à la congrégation pour en former une, sous le nom de Saint-Germain. Les troubles politiques ne permirent pas de donner suite à ce projet. Découragés, les religieux zélés allèrent à Landevenec. Revenus au bout de trois ans, ils poussèrent activement à la réforme.

Le chapitre général de 1627 décréta des peines sévères contre les moines qui violaient la règle. Elles ne furent point appliquées. L'un des plus ardents promoteurs de la réforme, Dom Claude Cotton, fut nommé prieur de Saint-Germain, et, en 1630, visiteur général de sa congrégation. Il usa de son influence pour préparer l'union de l'abbaye avec Saint-Maur. Les supérieurs majeurs et les anciens lui opposèrent une résistance acharnée. Un arrêt du Grand-Conseil, qui leur était favorable, fut annulé par le Roi. Les Mauristes pénétrèrent enfin à Saint-Germain-des-Prés (1631). L'attitude des moines de Chezal-Benoît montra combien une réforme s'imposait.

Richelieu, à qui le Père Joseph persuadait de travailler à la restauration des grands ordres religieux du royaume, se fit donner la commende des principales abbayes. Du même coup, il augmentait ses revenus et il prenait les moyens nécessaires à l'exécution du pieux dessein de son conseiller. Les Bénédictins de Chezal-Benoît l'acceptèrent, en 1634, pour leur abbé, chef et administrateur général. Deux années plus tard, les Mauristes étaient installés, avec la réforme, dans toutes leurs maisons. Ils donnèrent à une de leurs provinces le nom de Chezal-Benoît, afin de conserver mieux le souvenir de cette congrégation.

Après la mort du cardinal, les anciens tentèrent d'amener la Cour romaine à détruire son œuvre. Le procureur des Mauristes sut déjouer leurs manœuvres et l'union fut maintenue et confirmée.

Les cinq premières abbayes conservèrent leurs privilèges et reçurent du chapitre général leurs abbés triennaux, comme par le passé. Cette exemption de la commende excita la jalousie de quelques hommes influents, bien que Louis XIV l'eut reconnue, par ses Lettres patentes de mai 1650. Le pape Alexandre VII la confirma, par une bulle du 30 décembre 1659. La congrégation de Saint-Maur eut cependant à soutenir, pour la défendre, deux longs procès, en 1677 et en 1686. Les juges conclurent à la pleine reconnaissance du droit qu'elle avait de nommer les abbés triennaux. Elle fut moins heureuse en 1763. Le Roi avait même disposé des cinq abbayes. Un arrêt du Parlement consacra cette usurpation (1764).

BIBLIOGRAPHIE.

La congrégation bénédictine de Chezal-Benoit, par Dom Berlière, dans Mélanges d'histoire bénédictine, 3me série (1901), 97-198, ext. Rev. bénéd., XVII (1900). — Hélyot, VI, 304-307.

LIVRES LITURGIQUES.

Missalis codex pro more institutoque monachorum congregationis Casalis-Benedicti, Rothomagi, 1513. — Breviarium monasticum congregationis Casalis Benedicti, Parisiis, 1586, in-8. — Diurnale monasticum congregationis Casalis Benedicti, Parisiis, 1534, in-16. — Officii diurni libellus manualis secundum usum congregationis Casalis-Benedicti, Rothomagi, 1513, in-8. Voir : Catalogue des livres de liturgie faisant partie de la bibliothèque de S. A. R. Mgr Ch.-L. de Bourbon, par Alès, 439-442.

Ceremoniæ nigrorum monachorum ordinis Sancti Benedicti congregationis Casalis-Benedicti, Bib. nat. ms. lat. 12.784, 12.788; 13.850, 13.854. — Rituel de profession, Bib. Bourges, ms. 202. — La Bibliothèque nationale possède d'autres cérémoniaux de Chezal-Benoit, ms. lat. 13.318, 13.319, 13.322 (XVIe).

STATUTS ET CHAPITRES GÉNÉRAUX.

Declaratorium regulæ Beati Patris Benedicti auctoritate apostolica factum per venerabilem Patrem Abbatem Casalinum PETRUM DU MAS, authorem hujus reformationis, ad instar declaratorii editi a capitulo generali Sanctæ Justinæ. Bib. nat., ms. lat. 12.787. — Statuts acceptés en 1520. Ibid. 12.785 et 13.852. — Statuts révisés par Dom DU BREUIL, en 1580, Ibid. 12.784; 12,788; 13.322; 13,847; 13,850; 13.856; avec commentaires par Dom DU BREUIL, Ibid. 13.856. — Statuts, constitutions et ordonnances faits par les Pères de la congrégation de Chezal-Benoit pour l'enseignement des monastères de religieuses de Charenton en Berry, Saint-Laurent de Bourges, Saint-Pierre de Lyon, Iseures de Moulins en Bourbonnais, Bib. Mazarine, ms. 3246.

Actes des Chapitres généraux : Bib. Bourges, ms. 184 (1505-1627); ms. 187 (1506-1630); ms. 191 (1506-1572); Bib. nat. ms. lat. 12.784 (1517-1622); 13.850 (1517-1628); 12,787 (1517-1627); 13.854 (1517-1625); 13,856 (1607-1627).

Regula Bmi Patris Benedicti, e latino in gallicum sermonem per quondam reverendum Dominum Guidonem Juvenalem, dum viveret, abbatem Sancti Sulpitii Bituricensis, traducta, Paris, 1514, in-8, rééditée en 1521, 1535, 1573 et 1580. — Regula Sancti Benedicti, cum declarationibus et constitutionibus editis a Patribus congregationis Cassinensis, ex editione Domni Jacobi DU BREUIL, Parisiis, 1603, in-8.

Matricula seu registrum venerabilium patrum et fratrum nostræ congregationis Casalinæ (1519-1629), Bib. nat. ms. lat. 13.319, 13.851, 13.854, 13.857. Bib. Bourges, ms. 184, 186.

Bulle du pape Léon X pour l'érection de la congrégation de Chezalbenoist réformée en France, donnée à la supplication de François I, roi de France, l'année 1516, s. l. n. d. in-4 de 16 p. — Defensorium bullæ congregationis casalinæ ... a quodam fratrum sub eadem congregatione militante confectum pateatumque et in quatuordecim libellos ob materiarum varietatem distributum. Bib. nat. 13,849. — Bulles des Papes, Ibid. 12.787, 13.848, 13.857.

SOURCES DIVERSES.

Primordia congregationis Casalis-Benedicti. Bib. nat. ms. lat. 12,787; Bib. Bourges, ms. 184. — Histoire de l'abbaye de Chezal-Benoit et de la congrégation du même nom. Arch. nat. L 985. — Chronicon Casalense de Dom Estiennot. Bib. nat. ms. lat. 12.744. — Instaurati in Gallia Benedictini ordinis per congregationem Sancti Mauri annales, par Dom Mége. Bib. nat. ms. lat. 13.859, 13.861. Dom Mège a mis à contribution, pour ce qui concerne l'union des congrégations de Chezal-Benoit et de Saint-Maur, un mémoire de Dom François Messerot, moine de Saint-Vincent du Mans. — Histoire de la congrégation de Saint-Maur, par Dom Martène, t. I. — Nous avons emprunté au travail de Dom Berlière la plupart de ces indications.

MÉMOIRES ET FACTUMS.

Coppie du concordat du Père Jacques Mercier, abbé de l'abbaye de Saint-Vincent-du-Mans, les abus et absurdités duquel sont marqués ès marges d'iceluy, s. l. n. d. in-fol. — Procès-verbal de Mgr le R. P. en Dieu Ch. de Beaumanoir, évêque du Mans, fait à la requeste des religieux de Saint-Vincent ... opposant à l'exécution d'un certain concordat fait entre le P. Jacques Mercier, abbé de la dite abbaye et frère Cl. Cotton, pensionnaire de Saint-Germain-des-Prés de Paris, s. l. n. d. in-4. — Factum du procès d'entre les Pères de la cong. de Chezal-Benoit, demandeurs, joints aux religieux de Saint-Vincent-du-Mans, monastère uni à la dite congrégation, opposants d'une part, et le P. Mercier, soi-disant abbé de la dite abbaye, defendeur et demandeur en exécution d'un certain concordat fait et passé entre lui, certains religieux de Saint-Vincent et frère Cl. Cotton, pensionnaire de Saint-Germain-des-Prés, soi-disant procureur des Pères de Saint-Maur, d'autre part, s. l. 1633, in-fol. — Abrégé du factum du procès (ci-dessus), s. l. n. d. in-4. — Les procédures faites tant au privé Conseil du Roi que ailleurs, en conséquence des oppositions formées aux homologations des concordats faits par frères J. Mercier et Cl. Cotton, pour l'union des abbayes de Saint-Vincent du Mans et de Saint-Germain-des-Prés ... à la congrégation des Pères de Saint-Maur, par lesquelles procédures on reconnaitra les violences souffertes par les abbés, supérieurs et religieux de la dite congrégation de Chezal-Benoit, pour n'avoir point consenti la dite union, Paris, 1636, in-4. — Pièces produites par la congrégation de Chezal-Benoit contre les Pères de Saint-Maur, s. l. n. d. in-4. — Bulle du pape Léon X pour l'érection de la congrégation de Chezal-Benoit, produite par les religieux de la congrégation de Chezal-Benoit contre les Pères de Saint-Maur, s. l. n. d. in-4.

Arrêt du privé Conseil du Roi, par lequel les religieux de la congrégation de Chezal-Benot sont déclarés déchus des droits d'élection de leurs abbés (28 août 1634), s. l. n. d. in-4. — Transaction faite par les Pères visiteurs et abbés de Chezal-Benoit pour le paiement de trente mille livres de pension par eux accordées à M. le card. de Richelieu (21 février 1635). Ratification du traité ci-dessus, faite par le chapitre général de la congrégation de Chezal-Benoit (7 mai 1635) et distribution des trente mille livres de pension sur les cinq abbayes (14 mai 1635), s. l. n. d. in-4. — Articles arrestés entre les soubsignés, sous le bon plaisir de Mgr l'éminentissime cardinal duc de Richelieu pour l'union de la congrég. de Chezal-Benoit à la congrég. de Saint-Benoist réformée de France (28 mars 1636), s. l. r. d. in-4. — Arrêt du Conseil d'État du Roi portant l'union de la congrég. de Chezal-Benoit à la congrég. de S.-Benoit réformée en France (2 mai 1636), s. l. n. d. in-4. — Lettres patentes du Roi portant commission à Messieurs Deschamps, Vertamont et Fouquet, conseillers de Sa Majesté en ses conseils et maistres des requestes ordinaires de son Hostel, pour l'exécution de l'arrest du Conseil d'État du 2 mai 1636 ... (15 mai 1636), s. l. n. d. in-4. — Cas posé touchant l'union de la congrég. de Chezal-Benoit à la congrég. de S.-Benoit en France, dite de Cluny et de S.-Maur, et résolution de MM. les Docteurs de Sorbonne et de droit canon (12 janvier 1644), s. l. n. d. in-4. — Lettres patentes du roi Louis XIV pour la confirmation de l'union des abbayes et monastères de la congrég. de Chezal-Benoit à la congrég. de S.-Maur registrées au Parlement de Paris (5 sept. 1650). Arrêt du Parlement de Paris portant homologation des dites Lettres patentes. Arrêt du Grand-Conseil portant homologation des dites Lettres patentes (23 déc. 1650), s. l. n. d. in-4.

Premier éclaircissement du droit de Sa Majesté sur les cinq abbayes dites de Chezal-Benoit, au Roy, s. l. 1675. in-4. — Second éclaircissement ..., s. l. in-4. — Abrégé des trois premiers éclaircissements du droit de Sa Majesté ..., s. l. n. d. in-4. — Extrait des registres du Conseil d'État (18 février 1677), s. l. n. d. in-4. — Au Roy et à Nosseigneurs de son Conseil, Pour le Supérieur général de la congrég. de S.-Maur, au sujet du droit d'élection dans les cinq abbayes de la congrég. de Chezal-Benoit, s. l. 1677, in-fol. — Mémoire pour montrer par le simple fait que le roi a droit de nommer aux abbayes de Chezal-Benoit, s. l. 1680, in-fol. — Réponse (par le Sup. gén. de la congrég. de S.-Maur) à l'écrit intitulé : Mémoire ..., s. l. n. d. in-fol. — Réflexions sommaires sur les mémoires qui prouvent que les cinq abbayes de Chezal-Benoit sont électives triennales et que c'est le chapitre général de S.-Maur qui a droit d'élire les abbés, s. l. n. d. in-fol. — Réponse décisive du droit de nomination de Sa Majesté aux cinq abbayes, dites de Chezal-Benoit, contre toutes les prétentions du Sup. gén. de la congrég. de S.-Maur notamment contre sa dernière production signifiée le 19 février 1682, s. l. n. d. in-fol. — Au Roi et à Nosseigneurs de son Conseil. Requête du Sup. gén. de la congrég. de S.-Maur (1 juil. 1682), s. l. n. d. in-fol.

Vérités décisives de la contestation touchant l'élection triennale des cinq abbayes ... prouvées par les pièces que le Sup. gén. de la congrég. de S.-Maur a remises, par l'ordre de Sa Majesté, entre les mains de M. de Bezons, conseiller d'État, s. l. n. d. in-fol. — Extrait des pièces produites ... par le Sup. gén. de la congrég. de S.-Maur, où l'on peut voir aisément la justice de sa cause, s. l. n. d. in-fol. — Mémoire qui justifie le droit de nomination du roi aux abbayes de Chezal-Benoît ... contre le Sup. gén. de la congrég. de S.-Maur. Pour servir en l'instance qui est à juger devant Sa Majesté, par l'avis de Mgr l'archev. de Paris, du R. P. de la Chaise, de MM. Poncet, de Bezons, Pommereu, conseillers d'État ordinaires, s. l. n. d. in-4. — Au Roi. Requête du Sup. gén. de la congrég. de S.-Maur, s. l. n. d. in-fol. — Avis de Me Charles Richer, avocat au Parlement, sur l'état des cinq abbayes, s. l. n. d. in-fol. — Au Roi et à Nosseigneurs de son Conseil. Réponse du Sup. gén. (20 déc. 1682), s. l. n. d. in fol.

Premières démonstrations par pièces produites au nom du Sup. gén. de la congrég. de S.-Maur, 1° que la congrég. de Chezal-Benoît était établie avant le concordat, du 19 déc. 1516, ... 2° que nos rois avaient approuvé l'institution des abbés triennaux de titre et de régime, suivant les statuts de Dom Pierre du Mas, s. l. n. d. in-fol. — Seconde démonstration par pièces produites ... 1° que la bulle de Léon X ... a été obtenue sans surprise et que l'obligation de payer l'annate au Pape qui y est contenue n'est point un droit nouveau; 2° qu'elle a été exécutée de l'exprès vouloir du Roi, avant et après le concordat; 3° que le statut de triennalité n'est nullement contraire aux saints décrets, ni à la règle de saint Benoit, ni au droit de prière accordé par la pragmatique-sanction au Roi; 4° que les cinq abbayes ont été exceptées du concordat, sur la réquisition du Roi; 5° que les déclarations et arrêts de 1542 pour la révocation de la triennalité ... sont coups d'autorité d'un cardinal ministre, qui ont été réparés par lui-même et par plusieurs bulles et lettres patentes portant rétablissement des abbés triennaux dans la congrég. de Chezal-Benoît, s. l. n. d. in-fol. — Troisième démonstration ... 1° que le droit d'élire des abbés triennaux dans les chapitres généraux a été conservé aux cinq abbayes par les papes, les rois et cours supérieures, à perpétuité et sans restriction; 2° que le Grand-Conseil, en 1518, et le commissaire député, en 1558, n'ont pu et dû, contre le respect qu'ils devaient aux volontés de leurs souverains, opposer une condition irritante; 3° que la peine opposée à la déchéance, dont il est fait mention dans l'arrêt du card. de Luxembourg (1517) est une preuve que l'observance régulière subsistait en 1633; 4° que la déchéance de 1634 est un prétexte pour parvenir à la qualité d'abbé ... et à dix mille écus de pension, puisque, six mois après, le roi rétablit les religieux dans le droit d'élire, s. l. n. d. in-fol.

Première démonstration du droit de nomination aux cinq abbayes, dites de Chezal-Benoît (10 janvier 1683), par Dom Chaffe, s. l. n. d. in-4. — Second éclaircissement du droit de Sa Majesté sur les cinq abbayes, par Dom Chaffe, s. l. n. d, in-4. — Au Roi et à Nosseigneurs de son Conseil. Requêtes du Sup. gén. de la congrég. de S.-Maur, s. l. n. d. in-fol. — Remarques et observations sur l'établissement des élections triennales des cinq abbayes de la congrég. de Chezal-Benoit, continuées dans la congrég. de S.-Maur, s. l. n. d. in-4. — Addition aux « Remarques et observations ... », s. l. n. d. in-4. — La réalité de l'abbé de régime, pour terminer les différends des cinq abbayes. Au Roi et à Nosseigneurs de son Conseil, par Dom CHAPPE (25 avril 1683), s. l. n. d. in-4.

Mémoire pour les abbés, prieurs et religieux des abbayes de S.-Vincent du Mans, de S.-Martin de Séez, de S.-Sulpice de Bourges, de S.-Allyre de Clermont et de S.-Augustin de Limoges (signé MEY), Paris, 1764, in-4. — Mémoire pour M. l'archevêque de Lyon, M. l'évêque d'Orléans, le sieur abbé de Véry, auditeur de rote, et le sieur abbé de Foy, nommés par le Roi aux abbayes de S.-Allyre, de S.-Vincent, de S.-Sulpice, etc. avec pièces justificatives, signé : LAGET-BARDELIN, Paris, 1764, in-4. — Précis pour les brévetaires du Roi sur les abbayes ... contre les soi-disant abbés réguliers et les religieux desdites abbayes, Paris, 1764, in-4. — Réponse sommaire au mémoire des brévetaires nommés aux abbayes, Paris, 1764, in-4. — Notice des titres et des textes justificatifs de la possession de nos rois de la première, seconde et troisième race, de nommer aux abbayes et aux évêchés de leurs États, Paris, 1764, in-4. — Réflexions dans la cause des abbayes de Chezal-Benoit, sur la nature et l'origine du droit du Roi de nommer aux prélatures de son royaume, Paris, 1764, in-4. — Observations dans la cause des abbayes de Chezal-Benoit sur les nominations royales, Paris, 1764, in-4. — Suite des observations dans la cause des abbayes de Chezal-Benoit, Paris, 1746, in-4. — Pièces et titres concernant les abbayes de Chezal-Benoit, Paris, 1764, in-4. — Vérités décisives dans la contestation qui concerne les abbayes de Chezal-Benoit, incorporées à la congrégation de Saint-Maur, et l'abbaye de Saint-Augustin de Limoges, Paris, 1764, in-4. — Nouvelles réponses à la congrégation de Saint-Maur, Paris, 1764, in-4.

Arrêt du Grand-Conseil du Roi (18 juillet 1764). — Arrêt de la cour de Parlement qui juge que les abbayes de ... sont à la nomination du Roi, ainsi que les autres prélatures de son royaume, et qui, en conséquence, maintient messieurs les nommés par le Roi aux dites abbayes dans la possession d'icelles (1 sept. 1764). — Déclaration du roi, qui ordonne qu'il sera sursis pendant trois ans à toute espèce d'impétrations de prieurés ou bénéfices dépendant des abbayes y nommées, unis ou non unis aux menses d'icelles, vacant de quelque manière que ce puisse être (4 sept. 1764). — Lettres patentes du Roi, concernant la disposition des revenus de l'abbaye de Chezal-Benoit (17 février 1765).

Voir : Catalogue de l'histoire de France, V, 481-483.

LES BÉNÉDICTINS ANGLAIS.

Les catholiques anglais, persécutés par Henri VIII et Élisabeth, trouvèrent sur le continent la plus généreuse sympathie. On s'intéressa de préférence aux jeunes gens qui manifestaient le désir de se consacrer au service religieux de leurs compatriotes, restés fidèles à l'Église romaine. Des séminaires furent établis pour eux à Rome, à Douai, à Valladolid et à Séville. Le gouvernement espagnol encouragea ces fondations. Les étudiants de ces séminaires n'entrèrent pas tous dans le clergé séculier. Beaucoup se firent jésuites; il y en eut d'autres qui préférèrent la vie bénédictine. La congrégation italienne du Mont-Cassin reçut les jeunes Anglais, qui lui vinrent du séminaire de Rome; ceux de Valladolid et de Séville s'adressèrent aux abbayes de la congrégation espagnole. Ils conservaient, les uns et les autres, la volonté formelle de travailler un jour à l'évangélisation de l'Angleterre. Le Souverain Pontife autorisa les supérieurs des congrégations du Mont-Cassin (1601) et de Valladolid (1602) à envoyer dans l'île leurs religieux anglais. Les vocations affluèrent dès lors; les monastères espagnols les attiraient plus que ceux d'Italie.

Il restait en Angleterre un vénérable survivant de l'ordre monastique, Dom Sigebert Buckley, moine de l'abbaye de Westminster. Ce confesseur de la foi avait eu la consolation d'incorporer à sa famille religieuse deux Anglais, Robert Sadler et Édouard Mahew (21 novembre 1607). La congrégation anglaise revivait en leurs personnes. Deux années plus tard

(15 décembre 1609), il transmettait à Dom Thomas Preston, profès du Mont-Cassin, tous les privilèges de son abbaye de Westminster et il le mettait à la tête de son petit groupe de moines. Cette restauration de la congrégation anglaise, approuvée par le chapitre général du Mont-Cassin (1608), reçut de Paul V la confirmation apostolique (1612). Les Bénédictins qui évangélisaient l'Angleterre se partageaient donc entre trois congrégations différentes : la congrégation anglaise, la congrégation italienne du Mont-Cassin et la congrégation espagnole de Valladolid.

Ceux qui venaient d'Espagne étaient les plus nombreux et de beaucoup les mieux organisés. Vers 1614, moins de vingt années après les premières professions reçues à Valladolid, ils étaient cinquante-huit religieux prêtres ; vingt autres faisaient, dans les scolasticats, leurs études théologiques. Ils avaient déjà perdu quatorze confrères, dont quatre martyrs et un mort en prison. Ce n'étaient pas les seules victimes de leur zèle apostolique. Quatre moines souffraient alors dans les prisons de l'Angleterre ; sept en étaient sortis après une détention prolongée ; six étaient condamnés au bannissement et, pour trois autres, on avait commué la peine capitale en un exil perpétuel. Les moines venus d'Italie ne dépassaient pas à cette époque le chiffre de seize. Leurs supérieurs les abandonnaient un peu à eux-mêmes.

Plusieurs parmi les Bénédictins venus d'Espagne travaillaient activement au milieu de leurs compatriotes. Les autres cherchaient, soit en France, soit dans les Pays-Bas, des installations pour organiser leur vie religieuse, se tenir à la disposition des catholiques anglais qui habitaient ou traversaient ces régions et guetter les occasions favorables de traverser la mer. Ils se concilièrent l'estime et la sympathie de personnages influents. Le cardinal Charles de Lorraine leur offrit un asile dans le prieuré de Saint-Laurent de Dieulouard, au diocèse de Toul (1606). Dom François Walgrave y admit plusieurs postulants. L'un d'eux, membre de la famille des Gifford, avait enseigné la théologie à l'université de Reims et rempli les fonctions de recteur. Il prit le nom de Gabriel de Sainte-Marie. Son crédit en France et à Rome et ses relations avec l'aristocratie anglaise, restée catholique, le mirent à même de rendre de grands services à ses frères. C'est lui qui leur procura un monastère à Saint-Malo.

Les Bénédictins n'eurent pas de bienfaiteurs plus généreux que Dom Philippe Caverel, *abbé* de Saint-Waast d'Arras. Il mit à leur disposition une partie du collège qu'il venait de fonder pour ses religieux auprès de l'université de Douai. Ce fut le berceau du collège et monastère de Saint-Grégoire, où Dom Léandre de Saint-Martin enseigna l'hébreu et la théologie. Ce saint homme, que le supérieur de la congrégation de Valladolid établit en qualité de vicaire général à la tête de ses religieux anglais, trouva le temps de préparer une édition de la bible avec glose interlinéaire, connue sous le nom de Bible de Douai, en six volumes in-folio.

Marie de Lorraine, qui voulait réformer son abbaye de Chelles, demanda le concours des moines de Dieulouard. Elle installa et dota pour eux une maison dans le voisinage de son monastère et leur confia la direction spirituelle de ses religieuses. La pieuse abbesse leur procura une autre maison dans Paris (1615), qui fut meublée par ses soins. D'autres abbesses cherchaient à les utiliser. Le Père Joseph et Richelieu auraient voulu leur donner les monastères d'hommes de l'ordre de Fontevrault, à la seule charge de diriger les moniales. Les supérieurs refusèrent ces propositions avantageuses; ils craignaient de les voir abandonner peu à peu l'évangélisation de l'Angleterre, s'ils leur permettaient d'entrer dans cette voie. Une question plus importante les préoccupait alors et ne leur laissait guère la liberté de s'occuper d'autre chose.

Le succès de l'apostolat des Bénédictins en Angleterre dépendait de leur union. Or, cette union se trouvait gravement compromise. Comment, en effet, des religieux, appartenant à trois congrégations différentes et soumis de ce fait à trois supérieurs éloignés les uns des autres, auraient-ils pu concerter leurs efforts? Il importait avant tout de fusionner ces trois groupes en une seule congrégation, anglaise par l'esprit, par le recrutement et par le but poursuivi. Cette solution, qui s'imposait, soulevait de sérieuses difficultés. Les groupes étaient d'importance trop inégale; et chacun d'eux avait sa physionomie propre, ses intérêts et ses ambitions légitimes. Ils étaient d'une origine trop récente pour avoir pu se ménager les moyens de se suffire à eux-mêmes. Ils avaient besoin de s'appuyer sur des monastères dévoués et riches et sur des congrégations fortement organisées. Les abbayes espagnoles leur donnaient cette double garantie. Aussi leurs moines anglais tenaient-ils, pour la plupart, à ne point rompre avec elles.

Une première tentative d'union, commencée en 1610, échoua après de longs pourparlers. Le projet fut bientôt repris. Rome le désirait. Le nonce du pape, Bentivoglio, intervint. Un concordat, agréé par les intéressés (1617), reçut l'approbation du chapitre général de la congrégation espagnole (1619) et la confirmation du Saint-Siège. La nouvelle congrégation, formée par la fusion des trois groupes, conservait avec celle de Valladolid des liens étroits. Ses supérieurs, élus en chapitre général tous les quatre ans, étaient confirmés dans leur charge par le Général des Bénédictins espagnols. Celui-ci gardait sur ses membres le droit de visite et de protection. Comme il ne pouvait, à cause des distances, l'exercer par lui-même, le Père Caverel le suppléait. Les Bénédictins anglais envoyaient aux chapitres généraux d'Espagne un procureur avec mission de rendre compte de leur état. Ceux qui avaient fait profession dans un monastère de la péninsule gardaient le droit d'y revenir, si l'âge ou les infirmités les condamnaient au repos. Cette union fut confirmée par Paul V (1619) et Urbain VIII (1626).

On eut soin de la rappeler jusque dans le titre même de la congrégation, *congregatio Angliæ ab hispanica dependens*. Le temps permit bientôt aux religieux anglais de se suffire. Ils cessèrent, en 1637, les rapports officiels avec la congrégation de Valladolid.

L'homme qui avait le plus contribué par son action personnelle à implanter en France les Bénédictins anglais, Dom Gabriel de Sainte-Marie Gifford, fut mis à la tête de la congrégation. Mais il dut céder la place à un autre avant que Paul V ne l'eût confirmé; Louis XIII l'adjoignit à l'archevêque de Reims en qualité de coadjuteur avec future succession (1618). Après lui, Dom Léandre de Saint-Martin, qui avait longtemps rempli la fonction de vicaire du supérieur général de Valladolid, gouverna l'œuvre naissante. On le considère de fait comme son premier supérieur général. Il eut pour successeurs, les Pères Rosendo Barlow, Sigebert Braghshaw et Claude White. Le chapitre général le remit en charge (1633), deux années avant sa mort. Dom Clément Reiner, qui lui succéda, s'était fait connaître par son *Apostolatus Benedictinorum in Anglia*, où il montre la tradition historique qui rattachait la jeune congrégation aux anciennes abbayes bénédictines d'Angleterre et à leurs saints fondateurs.

Elle n'eut en France que les trois monastères de Saint-Edmond de Paris, de Saint-Grégoire de Douai et de Saint-Laurent de Dieulouard. La congrégation allemande de Bursfeld lui avait cédé le prieuré de Lambspring. La maison de Chelles fut de bonne heure abandonnée. Celle de Saint-Malo, par le simple fait de sa situation dans une ville maritime, excita des inquiétudes en haut lieu, on s'en aperçut sous Louis XIII (1638); il fut alors question de l'unir à la congrégation de Saint-Maur. Des pourparlers furent de nouveau engagés en 1650; mais ils n'aboutirent qu'en 1669. Les religieux, n'ayant plus la possibilité de gagner l'Angleterre par ce port, se retirèrent dans leur maison de Paris. Les moines de Marmoutier cédèrent à cette congrégation leur prieuré de la Celle-en-Brie.

Grâce à ces maisons, é ablies et dotées sur le continent, les Bénédictins anglais purent se recruter et donner à leurs jeunes religieux la formation monastique et théologique nécessaire. Ils y laissèrent, avec les novices, les étudiants et leurs maîtres, des prêtres, qui s'occupaient de leurs compatriotes réfugiés en France. Les infirmes et les vieillards y trouvèrent un lieu de repos. Les moines valides menaient, en Angleterre, une vie tout apostolique. On les avait distribués en deux provinces, de Cantorbéry et de York, ayant chacune à sa tête un provincial.

Ceux qui vivaient en France se tinrent facilement en dehors des troubles qui agitèrent la congrégation de Saint-Maur. Leurs habitants n'avaient pas le loisir de s'occuper de Jansénius, de Port-Royal et de Quesnel. La commission des Réguliers les laissa tranquilles. La Révolution ne fit guère que déplacer leurs prieurés. Dieulouard fut transporté à Ampleforth et Saint-Grégoire de Douai, à Downside, en Angleterre. Saint-Edmond de Paris put, dans la suite, se reconstituer à Douai. La congrégation possédait à Cambrai un monastère de femmes, qui trouvèrent un asile à Stanbrook.

BIBLIOGRAPHIE.

Chapters in the History of the English Benedictines, par Dom GILBERT DOLAN, dans The DOWNSIDE review, 1897 et suiv. — Index generalium constitutionum anglo-benedictinæ congregationis necnon et regularum a missionariis observandarum, auct. Dom BENEDICTO SNOW. Liverpool, 1872, in-12. On trouve en appendice la Matricule des religieux depuis les origines de la congrégation. — Examen trophæorum congregationis prætensæ anglicanæ ordinis Sancti Benedicti, a Dom BARNEZ. Remis, 1622. — Apostolatus Benedictinorum in Anglia. a Dom CLEMENTE REINER, Douai, 1626, in-fol. L'appendice contient un grand nombre de documents inédits. — Bullarium romanum VI, I, Brefs d'URBAIN VIII, 4, 6 et 325. — Two letters of cardinal Bentivoglio, dans Douai magazine, VII (1902) 113-123. — Les archives de la congrégation de Valladolid, conservées à l'abbaye de Silos, possèdent des documents originaux intéressant les origines de la congrégation anglaise, XII, fol. 99 et s., XIX.

A brief history of the anglo-Benedictine congregation, dans the Douai magazine, VII (1902) 129-139. — Chroniques générales de l'ordre de S.-Benoit, par YEPEZ, traduites par DOM MARTIN RETHÉLOIS, I, 595-599; IV, 67-70. — Historia abbatiæ Cassinensis per sæculorum seriem distributa, studio et labore Erasmi GATTOLA, Venetiis, 1733, in-fol. I, 784-786. Gallia christiana, VII, 1068-1089. — HÉLYOT, VI, 280-287, qui a utilisé des notes fournies par Dom BENOIT WELDON.

Chronological notes containing the rise, grouth and present state of the english congregation, drawn from the archives of the houses of the said congregation ... where are preserved the authentic acts and original deeds an. 1709, by Dom BENET WELDON. Stanbrook, 1881, in-4. C'est un résumé du manuscrit de l'auteur, 2 volumes in-fol., conservé aux archives de Downside. On trouve dans l'appendice la liste des supérieurs généraux, des provinciaux, des religieux profès antérieurs à l'union des trois congrégations, des prieurs et profès de chaque monastère. — Necrology of the english congregation of the order of St. Benedict, from 1600 to 1883, by DOM SNOW, London, 1883, in-8. — Additamenta ad Ziegelbauer Historia rei litterariæ ejusque continuatores. Nomina auctorum congregationis anglicanæ, a D. G. DOLAN, dans Studien and Mit. de Raigern, I (1880) 164-168.

Memoirs of missionary Priests and other catholics of both sexes that have sufferend death in England in religious accounts from the year 1577 to 1684, Edimburgh, 1878, 2 vol. in-8, où l'on trouve des notices sur Dom Mark Barkworth (1601) I, 257; G. Gervaise (1608) II, 19; J. Roberts (1610), 41; W. Scott (1612), 47; Barlou (1641), 116; Boniface Kempe et Ildef. Hesketh (1644), 179; Philip Powel (1646), 145; Robert Cox (1647), 211; Thomas

Pickering (1679), 238. — Notices of the english colleges and convents established on the continent after the dissolution of religious houses in England, by Edward Petre, edited by the rev. Husenbeth, Norwick, 1849, in-8.

The english black monks of St. Benedict. A sketch of their history from the coming of St. Augustine to the present day, by the rev. Ethelred Taunton, London, 1897, 2 vol. in-8. Le tome deuxième est consacré à l'histoire de la congrégation anglaise. Chacun de ses monastères a son chapitre particulier. — Le vénérable Jean Roberts, O. S. B. par Dom Bède Camm, dans Rev. bénéd. XII (1895) et XIII (1896). A Benedictine martyr in England, being the life and times of the venerable servant of God, Dom John Roberts, by Dom B. Camm, London, 1897, in-8. — Two recent books on the english Benedictines, by Edmond Bishop, dans the Downside review, XVII (1898), 121-126. — The rise of the Anglo-Benedictine congregation, dans The month (1897), 581-600. Voir dans la même revue (1898), 364-377, un article de Dom Camm sur les relations des Bénédictins et des Jésuites à Valladolid de 1599 à 1604, et (1899), 232-248 un de Pollen sur la rivalité de ces religieux, en 1603. — Fontevrault, par Dom Besse, dans the Ampleforth Journal, II (1896), 23-38. — Une tentative de réforme monastique dans l'abbaye de Fontevrault, par Dom Besse, dans Bul. soc. antiq. de l'ouest (1898), 68-79.

Les Bénédictins français avant 1789, par Ch. Gérin, dans Rev. quest. histor., XIX, 506.

CONGRÉGATION DE SAINT-VANNE.

Les monastères lorrains eurent beaucoup à souffrir durant les guerres de religion; la Ligue ne causa pas moins de préjudice à leurs intérêts spirituels et temporels. Une réforme était indispensable. Le cardinal Charles de Lorraine, qui s'en rendait compte, reçut du pape Grégoire XIV la mission de l'établir dans les maisons religieuses des diocèses de Metz, Toul et Verdun, des duchés de Lorraine et de Bar (1591). Deux chapitres généraux, convoqués par lui, en 1595 et en 1597, ne donnèrent aucun résultat appréciable. Une réforme ne peut venir du dehors au moyen de mesures administratives; elle réclame, pour réussir, l'action d'un réformateur du dedans, qui commence son œuvre en faisant de toute sa personne une règle vivante.

L'abbaye de Saint-Vanne de Verdun possédait, parmi ses religieux, cet instrument providentiel de la rénovation monastique, Dom Didier de la Cour, profès depuis l'année 1575. Le prince Erric de Lorraine, évêque de Verdun et abbé commendataire de Saint-Vanne, partageait les sentiments de son cousin, le cardinal évêque de Metz, au sujet de la réforme. Erric sollicita pour Dom Didier, après son élection à la charge de prieur (1598), un bref pontifical l'autorisant à prendre toutes les mesures qu'il jugerait utiles au rétablissement de la discipline. Quatre novices et un ancien religieux s'engagèrent, le 30 janvier 1600, à pratiquer la règle de Saint Benoît. D'autres vocations ne tardèrent pas à se présenter;

il en vint de Paris et de plus loin. Des moines profès, désireux de la perfection monastique, sollicitèrent leur admission. La réforme était établie. Il ne restait plus qu'à l'organiser.

L'abbaye de Moyen-Moutier reçut, en 1601, quelques nouveaux profès de Saint-Vanne. Les deux communautés formèrent le projet de s'ériger en congrégation (1603). Une bulle de Clément VIII (7 avril 1604) confirma leur dessein et donna son existence canonique à la nouvelle congrégation, connue désormais sous le nom des Saints Vanne et Hydulphe, patrons des deux abbayes. Elle adoptait l'interprétation pratique donnée à la règle bénédictine par la congrégation du Mont-Cassin. Le premier chapitre général, réuni à Saint-Vanne, le 31 juillet 1604, la dota des organes, qui lui étaient nécessaires pour vivre et se développer. Ces chapitres eurent lieu tous les ans jusqu'en 1740; ils devinrent triennaux, à partir de cette époque. Les premières assemblées donnèrent tous leurs soins à la formation des novices et à la rédaction des lois qui devaient fixer l'observance. L'œuvre parut assez avancée, en 1610, pour que les constitutions fussent imprimées. C'était une adaptation fidèle aux exigences de la vie monastique en Lorraine des constitutions suivies dans les monastères italiens.

Le meilleur auxiliaire de Dom Didier de la Cour fut Dom Claude François, réformateur de Moyen-Moutier. Le cardinal Charles de Lorraine les appuya, l'un et l'autre, de toute son autorité. Le Bref de Paul V, envoyé sur ses instances (27 septembre 1605) pour recommander la réforme aux moines lorrains, et la visite des monastères faite en conséquence par un bénédictin italien, Dom Laurent Lucalberti, leur furent d'un grand secours. On vit bientôt les monastères de la région se réformer les uns après les autres et entrer dans la congrégation de Saint-Vanne. En voici la liste :

Saint-Vanne de Verdun (1601), Saint-Hydulphe de Moyen-

Moutier (1604), Saint-Mihiel (1606), Longueville (1606), Saint-Avold (1607), Saint-Léopold à Nancy (1608), Saint-Mansuy à Toul (1609), Beaulieu en Argonne (1610), Saint-Vincent de Besançon (1611), Saint-Airy de Verdun (1611), Saint-Èvre de Toul (1611), Bouzonville (1612), Saint-Nicolas du Port (1612), Faverney (1613), Senones (1618), Saint-Arnoul de Metz (1619), Laye-Saint-Christophe (1620), Saint-Mont (1620), Breuil-lès-Commercy (1621), Moiremont (1622), Saint-Pierre de Chalons (1627), Jouhe (1628), Mont-Roland (1628), Saint-Clément de Metz (1630), Luxeuil (1634), Morizécourt (1634), Saint-Symphorien de Metz (1634), Mouzon (1634), Hautvillers (1635), Novy (1640), Fontaines-lès-Luxeuil (1640), Saint-Vincent de Metz (1642), Sainte-Barbe-lès-Metz (1642), Flavigny-sur-Moselle, Saint-Urbain (1654), Montiéramey (1655), Châtenois (1655), Poultiers (1655), Moutier-la-Celle (1655), Munster (1658), Montiérender (1659), Villenauxe (1660), Saint-Michel-en-Thiérache (1661), Saint-Ayoul à Provins (1662), Huiron (1668), Vertus (1672), Rozières-lès-Salins, Saint-Ferjeux, Ménil (1738) [1].

Ces monastères, disséminés dans les diocèses de Metz, Toul, Verdun, Bale, Besançon, Chalons, Langres, Laon, Reims, Sens et Troyes, formaient les provinces de Champagne, de Lorraine et de Franche-Comté.

Dom Didier de la Cour mourut, le 14 novembre 1623. Il mérite une place au milieu des principaux restaurateurs de l'ordre bénédictin. Son action réformatrice eut une portée considérable, même au dehors de la congrégation de Saint-Vanne.

1 Il y avait dans ces diverses maisons 610 religieux, à la fin du XVIIIe siècle. Les Vannistes avaient essayé, à diverses reprises, de fonder une maison à Paris. Ils firent une nouvelle tentative, dans ce sens, en 1686. Elle échoua complètement. Cette fondation eût été contraire aux transactions passées entre eux et les Bénédictins de Saint-Maur. DOM MARTÈNE, *Histoire de la congrégation de Saint-Maur*. II, 822.

Saint-Vanne et Moyen-Moutier, centres de cette congrégation, et ses monastères de la première heure se trouvant dans la Lorraine, ne dépendaient pas de la couronne de France. Les moines français, qui adoptèrent la réforme inaugurée par le vénérable Didier de la Cour, durent former un groupe monastique indépendant, qui devint la célèbre congrégation de Saint-Maur (1618). Ceux qui la fondèrent, après avoir réformé le collège de Cluny, Saint-Augustin de Limoges, Nouaillé, Saint-Faron de Meaux et Jumièges, étaient pour la plupart profès de Saint-Vanne.

Les monastères, mentionnés plus haut, se trouvaient en grand nombre dans le royaume. Ils avaient de continuelles relations avec les abbayes des diocèses voisins. L'ordre de Cluny se ressentit de leur influence. Dom Jacques d'Arbouze demanda quelques religieux de cette congrégation pour l'aider à réformer son abbaye, lorsque ses pourparlers avec les Mauristes eurent échoué. Le cardinal de Richelieu l'engloba avec la congrégation de Saint-Maur et l'ordre de Cluny dans sa congrégation de Saint-Benoît, qui devait réunir tous les monastères français. Les Vannistes conservèrent une certaine action à Cluny, après la rupture de cette union. On en reconnaît la trace dans la réorganisation de cet ordre. L'union entre Saint-Vanne et Cluny, réalisée par Mazarin, ne dura pas plus longtemps que lui. Ces deux congrégations se disputèrent, dans la suite, la possession de quelques monastères franc-comtois. Cluny eut gain de cause.

Les Bénédictins belges, édifiés par la réforme de leurs confrères de Lorraine, se remirent à une pratique plus fervente des vertus religieuses. De cette rénovation sortit la congrégation de la Présentation-Notre-Dame (1628). L'abbaye de Saint-Hubert fut son berceau. La réforme s'étendit ensuite aux monastères de Saint-Denis en Brocqueroie, de Grammont, d'Afflighem, etc.

La congrégation de Saint-Vanne avait à sa tête un supérieur général ou président, nommé pour un an par le chapitre général. C'est dans ce chapitre que résidait l'autorité souveraine. Il se composait du président, des visiteurs, des supérieurs et d'un délégué de chaque maison. On y procédait à l'examen de l'état spirituel et temporel des monastères et à la nomination des nouveaux supérieurs. Comme les abbayes, sauf Moyen-Moutier, Senones, Saint-Mihiel, Munster, Saint-Avold, Longueville et Saint-Léopold, étaient en commende, les supérieurs n'avaient que le titre de prieurs. Les abbés réguliers des abbayes, que nous venons d'énumérer, étaient perpétuels et nommés par les moines. Celui de Saint-Léopold était renouvelé tous les cinq ans. Il avait été décidé à l'origine que le scolasticat de la congrégation serait établi auprès de l'université de Pont-à-Mousson. Deux essais échouèrent, en 1618 et en 1621. On se contenta de réunir les étudiants et leurs maîtres dans le prieuré de Breuil, près de Commercy.

Les Bénédictins Vannistes se sont adonnés avec ardeur à l'étude des sciences sacrées et de l'histoire. On ne saurait toutefois les comparer aux Bénédictins de Saint-Maur. Quelques noms demandent à être cités. C'est, en première ligne, Dom Calmet, abbé de Senones, à la fois exégète et historien, l'un des hommes les plus instruits de son époque. Les deux Pères Alliot et Dom Mathieu Petit-Didier mirent en honneur les études bibliques à Moyen-Moutier, où une académie se forma autour d'eux. Petit-Didier fut un ardent défenseur de l'infaillibilité pontificale. Dom Remi Cellier, prieur de Flavigny, a laissé une histoire des auteurs sacrés et ecclésiastiques, qui n'a pas perdu tout son mérite. Les publications de Dom Calmet sur l'histoire de la Lorraine sont une source, où les érudits ne cessent de puiser. Dom Thomas Mangeart fut un numismate distingué. Plusieurs de ces moines fouillèrent les archives de leurs abbayes et ont rédigé des monographies, pleines de faits et de documents.

Ils ne surent pas tous se préserver des erreurs jansénienues. Les maisons champenoises en souffrirent plus que les autres. Il y eut des appelants, même dans les monastères lorrains. Dom Petit-Didier avait écrit une apologie des lettres provinciales; il était l'ami de Quesnel. Ce n'était pas le seul. La congrégation de Saint-Vanne fut toutefois beaucoup moins atteinte et, par conséquent, moins agitée que la congrégation de Saint-Maur.

Elle faisait encore bonne figure, lorsque la commission des Réguliers lui imposa de nouvelles constitutions (1768), s'immisça dans son gouvernement et saisit tous les prétextes de semer la défiance et le trouble, en attendant la suppression violente des ordres religieux. Elle eut à rédiger de nouvelles constitutions, qui furent confirmées par Lettres patentes. Des moines assez nombreux, trouvant la discipline trop austère, réclamaient la suppression de l'abstinence perpétuelle. Les définiteurs du chapitre général de 1783 prirent sur eux de les autoriser à manger de la viande, malgré les protestations de Dom Pierre, supérieur général de la congrégation.

BIBLIOGRAPHIE.

Nous n'avons aucune histoire imprimée ou manuscrite de la congrégation de Saint-Vanne. Dom Pierre Munier avait réuni quatorze volumes in-folio de documents sur cette congrégation et rédigé une histoire en six volumes in-fol. Les documents, conservés à la bibliothèque de Moyen-Moutier, et l'histoire, conservée à Senones, ont disparu pendant la Révolution française. On conserve, à la Bib. de S.-Dié, une histoire commencée par Dom Calmet, qui devait avoir deux ou trois volumes in-4. Voir : Vie de Dom Calmet, par Dom Fangé, 408. — Histoire abrégée de l'origine de la congrégation de Saint-Vanne. Arch. Nat., ms. 470. — Les historiens de la congrégation de Saint-Maur, Dom Mège et Dom Martène, fournissent sur les origines de nombreux renseignements. — On peut consulter, à la Bibliothèque Nationale, les ms. lat. 2260, 5208, 11.822, 12.661, 12.666, 12.777, 12.779, 13.859. Notes sur la congrégation de Saint-Vanne, à la fin du ms. lat. 4283. La collection de

Lorraine renferme de nombreux documents sur les monastères de cette congrégation. Voir : Collections manuscrites sur l'histoire des provinces de France. Inventaire, par LAUER, I, 252-502, *passim*.

Sommaire de la naissance et progrès du rétablissement de l'ordre de Saint Benoît en ce siècle, avec un abrégé de la vie du R. P. Didier de la Cour, son premier restaurateur, s. l. n. d., in-fol. — Chroniques de l'ordre de Saint-Benoît, par YEPEZ, traduites par Dom MARTIN RETHÉLOIS, IV, 172-184. — HÉLYOT, VI, 273-280. — Histoire ecclésiastique et civile de Lorraine, par Dom CALMET (éd. Nancy, 1728), III, 132-148. — Histoire des diocèses de Toul, de Nancy et de Saint-Dié, par l'abbé EUG. MARTIN, Nancy, 1901, in-8, II, 88-97.

Histoire du vénérable Dom Didier de la Cour, réformateur des Bénédictins de Lorraine et de France, tirée d'un manuscrit original de l'abbaye de Saint-Vanne, par un Bénédictin de la Congrégation de Saint-Maur (Dom HAUDIQUIER), Paris, 1772, in-8°, XVI-344. Voir : Année bénédictine, par la mère de BLÉMUR, au 14 novembre; la préface de la Bibliotheca Benedictino-Mauriana, par Dom BERNARD PEZ, Augsbourg, 1716, in-8, et le Voyage littéraire de deux Bénédictins (Dom MARTÈNE et Dom DURAND), 2e partie, 97-103. — Dom Didier de la Cour et la réforme des Bénédictins de Lorraine (1550-1623), par Dom DIDIER LAURENT, dans Mém., Soc. arch. lorraine, LIII (1903), 203-502. Voir un travail du même auteur sur le même sujet, dans Bullet. de Saint-Martin de Ligugé, 1899-1900. — Éloge du R. P. Dom Philippe François, abbé de Saint-Ayry de Verdun, dans Éloges de plusieurs personnes illustres de l'ordre de Saint-Benoît, par la MÈRE DE BLÉMUR, II, 521-536. — La vie du T. R. Dom Aug. Calmet, abbé de Senones, avec un catalogue raisonné de tous ses ouvrages tant imprimés que manuscrits auquel on a joint plusieurs pièces qui ont rapport à cette vie, par Dom FANGÉ, Senones, 1762, in-8. — Dom Calmet et la congrégation de Saint-Vanne, par E. DE BAZELAIRE, dans le Correspondant, IX (1845), 703-727, 846-874.

Bibliothèque générale des écrivains de l'ordre de Saint-Benoît, par Dom J. FRANÇOIS, de la congrégation de Saint-Vanne, Bouillon, 1777, 4 vol. in-8. — Bibliothèque lorraine ou histoire des hommes illustres qui ont fleuri en Lorraine, dans les trois évêchés, dans l'archevêché de Trèves, dans le duché de Luxembourg, par Dom CALMET, Nancy, 1751, in-fol. — Bibliothèque des auteurs de la congrégation de Saint-Vanne, par Dom THIÉBAULT, Bib. Nat., nouv. acq. franç., ms. 1423. — Histoire des diocèses de Toul, de Nancy et de Saint-Dié, par l'abbé MARTIN, II, 350-357. — Correspondance des Bénédictins de Lorraine avec Moreau, historiographe de France, par l'abbé A. DIDIER-LAURENT, Nancy, 1896, in-8; ext., Mém., Soc. arch. de Lorraine, 1896. — Quelques lettres de Bénédictins lorrains, par Dom DIDIER-LAURENT, Saint-Dié, 1899, in-8°, ext., Soc. philom. Vosgienne.

Anciens Bénédictins lorrains, par L. GERMAIN, Nancy, 1886, in-8°, ext., Journal, Soc. arch. lorraine. — La bibliothèque du Grand-Séminaire de Nancy, par l'abbé VACANT, Nancy, 1897, in-8. On trouve, dans ce dépôt, de précieux documents sur les moines de la congrégation de Saint-Vanne.

Notice sur Dom Calmet, par DIGOT, Nancy, 1860, in-8°. — Mémoire sur la correspondance inédite de Dom Calmet, par MAGGIOLO, Paris, 1863, in-8. — Documents inédits sur la correspondance de Dom Calmet et de Dom Fangé, par l'abbé GUILLAUME, dans Mém., Soc. arch. lorraine (1873), 94-151 ; (1874), 124-234.

Les travaux des Bénédictins de Saint-Maur et de Saint-Vanne sur les anciennes versions de la Bible, par l'abbé MANGENOT, dans Revue des sciences ecclésiastiques (1888).

LIVRES LITURGIQUES.

Breviarium monasticum juxta regulam S. P. Benedicti et ad mentem Pauli V pontificis maximi, Senoniis, 1762, 2 vol. in-8. — Recherches sur le bréviaire de l'ordre de S.-Benoît (à propos de celui imprimé à Senones en 1764), s. l. 1766, in-12 de 130 p. — Lettre au R. P. *** contenant des remarques sur l'écrit intitulé : Recherches sur le bréviaire de S.-Benoît, Cologne, 1766, in-12 de 46 p. — Lettre au Révérend Père *** contenant des observations sur les deux bréviaires imprimés à Nancy et à Senones, La Haye, 1767, in-8 de 55 p. — Specimen Breviarii monastici ad mentem regulæ Sancti Patris Benedicti, Nanceii, 1771, 2 vol. in-8. — Breviarium monasticum juxta regulam Sancti Patris Benedicti ad usum congregationis Sanctorum Vitoni et Hydulphi, Nanceii, 1777, 4 vol. in-8. — Diurnale monasticum ad usum congregationis S. Vitoni, Nanceii, 1780, in-18.

Ceremoniale monasticum jussu et auctoritate capituli generalis congregationis Sanctorum Vitoni et Hydulphi editum, Tulli-Leucorum, 1695, in-8. — Synopsis ceremonialis monastici, dans Biblioth. génér. des écrivains de l'ordre de S.-Benoît, IV, 277-316. — Missale romanum monasticum ad usum congregationis Sanctorum Vitonis et Hydulphi, Nancy, 1781, in-fol. — Processionale monasticum ad usum congregationis Sanctorum Vitoni et Hydulphi. Cui adjunguntur ritus administrandi extremam-unctionem et viaticum infirmis, etc., Nanceii, 1783, in-4.

STATUTS ET CONSTITUTIONS.

Acta capitulorum generalium congreg. Sanct. Vitoni et Hydulphi usque ad erectionem congreg. Sancti Mauri in regno Galliæ. Arch. nat., 991. — Listes des présidents, visiteurs, supérieurs, etc. de la congrégation de S.-Vanne, élus dans les chapitres généraux. Liste des religieux profès et des défunts d'un chapitre à l'autre. Avertissements donnés dans les chapitres généraux.

Explication du serment que faisaient les religieux au moment de leur profession. Arch. départ. de Meurthe et Moselle, sér. H, 109. Inventaire sommaire, par LEPAGE, IV, 2e part., 11. — Difficultés entre les religieux et les supérieurs majeurs de la congrégation au sujet du Bref du 15 avril 1741, qui changeait certains articles de leur régime et portait que le chapitre général, jusqu'alors annuel, ne se tiendrait plus que tous les trois ans. Sér. H, 217. Ibid., 22. — Défense de la constitution faite au dernier chapitre général de la congrégation de S.-Vanne, par un disciple de saint Augustin (Dom MARC COUCHÉ). Bib. Vesoul, ms. 82. — Relazione del Lorenzo Luc Alberti. Bib. Vatican, ms. lat. 7923, insérée par Dom DIDIER LAURENT dans sa biographie de Didier de la Cour. — Bulle d'érection de la congrégation par le pape Clément VIII (1604), dans Bullarium romanum V, III, 40-42.

Regula Sanctissimi Patris Benedicti cum declarationibus congregationis Sanctae Justinae de Padua, prout nunc servantur in congreg. Sanct. Vitonis et Hydulphi, quibus addita est vita ejusdem Patris. Virduni, 1610, in-16 et Tulli, 1625, 1640, 1674. — La Règle de S.-Benoit, avec les déclarations qui se gardent en la congrég. de S.-Vanne et de S.-Hydulphe, Toul, 1641 et 1679, in-8. — Regula Sanctissimi Patris Benedicti ad usum congreg. Sanct. Vitoni et Hydulphi accommodata, Parisiis, 1769, in-12 et 1774, in-12. — Statuta congregationis Sanct. Vitoni et Hydulphi de studiis, edita anno 1769, dans Bibliot. génér. des écrivains de l'ordre de S.-Benoit, IV, 251-259.

Matricula religiosorum et sacerdotum congreg. Sanct. Vitoni et Hydulphi, Nanceii, 1782, in-4. Voir Rev. bénéd., XIII (1896), 56. — Ordo et annus aggregationis monasteriorum congreg. Sanct. Vitoni et Hydulphi, dans Studien und Mith. Bened. de Raigern, VI (1885), 171-172. — LECESTRE, 9-11.

Privilegia congreg. Sanct. Vitoni et Hydulphi concessa. Bib. Metz, ms. 263. — Bulla Innocentii XI, papae maximi, in gratiam congreg. reformatae Sanct. Vitoni et Hydulphi, ord. Sancti Benedicti, edita (26 juin 1679).

Mémoire pour les religieux de la congrégation de S.-Vanne sur le privilège de leur évocation générale au Grand Conseil, s. l. n. d. in-fol. — Lettre d'un jeune religieux de la congr. de S.-Vanne à un ancien supérieur de cette congrég. et réponse de cet ancien supérieur à ce jeune religieux sur l'habileté des religieux de la même congrég. à posséder en titre perpétuel les abbayes, prieurés et autres bénéfices qui dépendent de leurs monastères. Datée de Verdun du 25 nov. 1719, s. l. n. d. in-12. — Mémoire à consulter pour plusieurs abbés, prieurs et religieux de la congrég. de S.-Vanne et S.-Hydulphe, Paris, 1741, in-4. Appel comme d'abus des décrets du chapitre général de 1740. — Mémoire pour servir de réponse au mémoire imprimé par ordre des supérieurs majeurs de la congrég. de S.-Vanne, assemblés à la diète tenue en l'abbaye de S.-Urbain (20 sept. 1741), s. l. n. d., in-4. — Pièces justificatives, s. l. n. d., in-4. — Mémoire au sujet d'un Bref concernant le gouvernement des religieux Bénédictins de la congrég. de S.-Vanne et de S.-Hydulphe, s. l. n. d., in-4. — Pièces justificatives pour servir au Mémoire intitulé : Éclaircissements des difficultés nées dans la congr. de S.-Vanne, au sujet du Bref de N. S. P. le Pape du 13 avril 1741, s. l. n. d., in-fol. — Mémoire pour les religieux Bénédictins de la congrég. de S.-Vanne contre les Supérieurs majeurs de la même congrég., s. l., 1742, in-4. — Arrêt du Conseil d'État du Roi portant réglement pour la congrég. de S.-Vanne (21 février 1744). Lettres patentes portant règlement pour les religieux de la cong. de S.-Vanne (9 mars 1744).

Éclaircissement des droits de la cong. de S.-Vanne et S.-Hydulphe sur les monastères qu'elle possède dans la Franche-Comté, s. l. n. d. — Écritures qui ont servi de factum au procès jugé au Grand Conseil du Roi en faveur de l'ordre de Cluny contre la congrég. de S.-Vanne par arrest du 12 sept. 1682, s. l. n. d., in-4.

VANNISTES ET CHANOINES RÉGULIERS, ETC.

Mémoire pour les abbés et religieux Bénédictins des monastères de Lorraine contre les prétentions des abbés et religieux chanoines réguliers du même pays, touchant la préséance dans les cérémonies publiques, tant ecclésiastiques que civiles, sur lesdits abbés et religieux Bénédictins, s. l. n. d. in-fol. — Réponse des chanoines réguliers de Lorraine au mémoire des abbés et religieux Bénédictins des mêmes États, touchant la préséance, s. l. 1699, in-4. — Réplique des abbés et religieux Bénédictins de Lorraine et Barrois aux réponses des chanoines réguliers des mêmes pays, au sujet de la préséance, s. l. n. d., in-fol. — Réponse des chanoines réguliers de Lorraine à la réplique des RR. PP. Bénédictins, touchant la préséance dans les cérémonies tant ecclésiastiques que civiles, s. l. n. d., in-fol. — Apostilles sur la dernière réponse des chanoines à la réplique des RR. PP. Bénédictins, s l. n. d., id-4.

Au sujet du Jansénisme dans la congrég. de S.-Vanne, voir : Nouvelles ecclésiastiques, table raisonnée, première partie, 65-66.

Arrêt du Conseil d'État du Roi, qui ordonne que le chapitre ordinaire de la congrég. de S.-Vanne, qui doit s'assembler la quatrième semaine après Pâques de l'année prochaine 1771, sera tenu dans l'abbaye de Moutier-en-ser (18 août 1770). — Les Bénédictins français avant 1789, par Ch. Gérin, dans Rev. Quest. hist. hist., XIX, 491-302. — Mémoires pour servir à l'histoire ecclésiastique pendant le XVIIIe siècle, par Picot, Paris, 1855, in-8, V, 189. — Arrêt du Conseil d'État du Roi portant nomination des commissaires pour assister au chapitre ordinaire de la congrég. de S.-Vanne dont l'ouverture est indiquée au 3 juin 1786, Paris, 1786, in-4.

CONGREGATION DE SAINT-MAUR.

Dom Laurent Bénard, prieur du collège de Cluny, fut le promoteur de la réforme des monastères français au XVIIe siècle. Dom Anselme Rolle, de la congrégation des Exempts, et Dom Athanase de Mongin, moine de Luxeuil, qui avaient renouvelé leur profession à Saint-Vanne, entre les mains de Dom Didier de la Cour (1612), devinrent ses auxiliaires. Quelques étudiants de son collège, Dom Colomban Regnier et Dom Maur Tassin, allèrent demander au réformateur lorrain de les recevoir au nombre de ses disciples. Laurent Bénard leur offrit son collège pour inaugurer la réforme dans le royaume (1613). L'abbé de Saint-Augustin de Limoges, Dom Regnaud, eut, la même année, recours aux Bénédictins de Saint-Vanne pour rétablir la discipline régulière dans son abbaye. Ce fut, en 1615, le tour de Nouaillé, au diocèse de Poitiers, de Saint-Faron de Meaux et, en 1617, celui de Jumièges. Les réformés obtinrent dans Paris le monastère des Blancs-Manteaux (1618), occupé jusque-là par les Guillelmites.

Ils appartenaient toujours à la congrégation de Saint-Vanne et vivaient sous la dépendance de ses supérieurs. Le succès de la réforme demandait que les monastères, dans lesquels on l'introduisait, ne fussent point membres d'une congrégation ayant son centre hors du royaume. On le comprit en Lorraine. Aussi l'érection des maisons réformées en une congrégation distincte, sous le vocable de Saint-Maur, ne souffrit-elle aucune difficulté (1618). Le pape Grégoire XV la confirma par bulle du 17 mai 1621. Louis XIII et Anne d'Autriche donnèrent à la nouvelle congrégation des témoignages multiples de leur bienveillance. Les personnages les plus influents de la Cour, du Parlement et du Clergé suivirent cet exemple. Le cardinal de la Rochefoucauld, chargé par le Saint-Siège de prescrire la réforme dans les monastères bénédictins et cisterciens et dans ceux des chanoines réguliers, les appuya de tout son pouvoir. Les abbés commendataires, soucieux de la responsabilité qui leur incombait, les priaient avec instance de ramener dans leurs maisons l'observance monastique.

Voici le nom des abbayes, données à la congrégation, pendant les dix premières années de son existence : Corbie (1618), Solignac (1619), Saint-Josse-sur-Mer (1620), Vendôme et Mont-Saint-Quentin (1621), Bourgueil et Mont-Saint-Michel (1622), Saint-Louis de Toulouse et Saint-Jean d'Angely (1623), Aniane (1624), Le Bec et Compiègne (1626), Saint-Remy de Reims (1627). Elle s'adjoignit, en 1628, les monastères de la société de Bretagne. Ceux de la congrégation de Chezal-Benoit eurent le même sort en 1636. Le projet d'unir les moines réformés de Cluny, de Saint-Vanne et de Saint-Maur, qui eut quelques années de succès grâce à l'action personnelle du cardinal de Richelieu, ne put absorber l'attention des supérieurs au point d'arrêter l'expansion de la congrégation. Les abbayes les plus importantes, telles que Saint-Denis, Saint-Benoît-sur-Loire, Marmoutier, se placèrent alors sous sa dépendance.

La réforme des monastères souleva néanmoins de grandes difficultés. Les anciens religieux la voyaient souvent de mauvais œil et la gênaient par les conditions excessives qu'ils imposaient aux Mauristes. Les abbés commendataires ne consentaient pas toujours à faire les sacrifices indispensables. Les familles et, en général, tous ceux qui profitaient, à la faveur des bénéfices, de la fortune monastique, s'opposaient à un rétablissement de la discipline qui, en supprimant les abus, les priveraient des avantages dont ils jouissaient. La protection royale et les bulles, qui autorisaient les Mauristes à introduire la réforme dans tous les monastères, aplanirent cependant la plupart des difficultés. Pour mieux échapper à la réforme, les moines, dans le midi principalement, sollicitaient du Saint-Siège une sécularisation, qui leur était facilement accordée. Les abbayes de Mas-Grenier, de Sorèze, de Lezat, de La Grasse, de Saint-Papoul et de Saint-Orens d'Auch l'auraient obtenue sans l'intervention de Dom Baudry, qui était à Rome (1624). Les procureurs de la congrégation usèrent, après lui, de leur influence auprès du Souverain-Pontife, des cardinaux et de l'ambassadeur du roi pour empêcher, à l'avenir, ces transformations de monastères en collégiales séculières.

Les Mauristes se virent assez promptement en possession de la plupart des maisons bénédictines d'hommes en France. Ils refusèrent, dès l'origine, de s'agréger les abbayes de femmes, malgré les instances des abbesses les plus pieuses et les plus influentes à la Cour. Les monastères qui la composaient furent répartis en six provinces, France, Normandie, Bretagne, Bourgogne, Chezal-Benoît et Gascogne. Leur nombre s'élevait à près de deux cents. Dans la province de France, on trouvait Corbie, Saint-Fuscien-aux-Bois, Saint-Josse-sur-Mer, Saint-Riquier et Saint-Valéry (diocèse d'Amiens); Saint-Lucien et Breteuil-sur-Noye (dioc. de Beauvais); Saint-Sauve de Montreuil et Samer (dioc. de Boulogne); Meulan (dioc. de Chartres); Saint-Jean et Saint-Vincent de Laon, Saint-Nicolas-aux-Bois, Nogent-sous-Coucy et Ribemont (dioc. Laon); Saint-Crépin et Saint-Médard de Soissons, Saint-Corneille de Compiègne, Orbais et Chézy (dioc. Soissons); Saint-Éloi de Noyon, Mont-Saint-Quentin et Saint-Quentin-en-l'Isle (dioc. Noyon); Saint-Remy, Saint-

Nicaise, Saint-Thierry, Saint-Basle, Saint-Marcoul de Corbeny, Notre-Dame de Rethel (dioc. Reims); Saint-Martin de Pontoise et Le Tréport (dioc. Rouen); Saint-Faron, Rebais et Saint-Fiacre (dioc. Meaux); Saint-Germain-des-Prés, les Blancs-Manteaux, Saint-Denys, Lagny, Argenteuil et Chelles (dioc. Paris).

La province de Normandie comprenait Saint-Ouen, Saint-Vandrille, Jumièges, Fécamp, Bonne-Nouvelle, Saint-Georges de Bcscherville, Le Bec, Aumale et Valmont (dioc. Rouen); Cerisy-la-Foret, Saint-Vigor, Fontenay et Saint-Étienne de Caen (dioc. Bayeux); Beaumont-en-Auge, La Couture de Bernay, Saint-Evroult, Préaux (dioc. Lisieux); Saint-Taurin, Conches, Lyre et Ivry-la-Bataille (dioc. Evreux); Saint-Pierre-sur-Dive et Saint-Martin (dioc. Séez); Lessay (dioc. Coutances); Lonlay-l'Abbaye (dioc. Le Mans); Saint-Germer de Flay (dioc. Beauvais); Saint-Père, Josaphat, Tiron, Coulombs et Bonneval (dioc. Chartres).

La province de Bretagne comprenait Marmoutier, Saint-Julien, Cormery, Beaulieu, Noyers, Turpenay et Villeloin (dioc. Tours); Saint-Aubin, Saint-Nicolas, Saint-Serge, Notre-Dame de l'Évière, Saint-Florent de Saumur, Saint-Florent-le-Vieil, Saint-Maur-sur-Loire, Bourgueil, Craon et Château-Goutier (dioc. Angers); La Couture, Saint-Vincent, Evron, Tuffé, Solesmes (dioc. Le Mans); Montreuil-Bellay (dioc. Poitiers); Saint-Melaine, Sainte-Croix de Vitré et Lehon (dioc. Rennes); Saint-Malo; Le Tronchet et Saint-Jagut (dioc. Dol); Lantenac (dioc. Saint-Brieux); Landevenec et Quimperlé (dioc. Quimper); Saint-Mathieu (dioc. Saint-Pol de Léon); Saint-Gildas de Rhuis et Saint-Sauveur de Redon (dioc. Vannes); Le Mont-Saint-Michel (dioc. Avranches); Saint-Gildas-des-Bois, Vertou, Pirmil, Blanche-Couronne et la Chaume (dioc. Nantes).

La province de Bourgogne : Saint-Calais (dioc. Le Mans);

Saint-Laumer, Pontlevoy et Vendôme (dioc. de Blois); Saint-Benoit-sur-Loire et Bonne-Nouvelle (dioc. Orléans); Sainte-Colombe, Saint-Pierre-le-Vif, Ferrière et Saint-Pierre de Melun (dioc. Sens); Saint-Germain-d'Auxerre; Bèze, Molesmes, Molosme, Moutier-Saint-Jean, Saint-Michel de Tonnerre (dioc. Langres); Saint-Bénigne et Saint-Seine (dioc. Dijon); Saint-Martin, Corbigny et Flavigny (dioc. Autun); Saint-Pierre de Chalon-sur-Saône; Ambournay (dioc. Lyon).

La province de Chezal-Benoît : Chezal-Benoît, Vierzon, Saint-Benoit du Sault et Saint-Sulpice (dioc. Bourges); Saint-Savin, Nouaillé, Saint-Maixent, Saint-Jouin de Marnes, La Ferrière et Saint-Cyprien (dioc. Poitiers); Bassac et Saint-Jean d'Angely (dioc. Saintes); Mortagne-sur-Sèvre (dioc. La Rochelle); Saint-Michel-en-l'Herm (dioc. Luçon); Brantôme (dioc. Périgueux); Souillac (dioc. Cahors); Chanteuges (dioc. Saint-Flour); Saint-Allyre, La Chaise-Dieu, Issoire et Mauriac (dioc. Clermont); Savigneux (dioc. Lyon); Saint-Angel, Meymac, Beaulieu, Solignac et Saint-Augustin (dioc. Limoges).

La province de Gascogne : Le Mas-Grenier et La Daurade (dioc. Toulouse); La Reule, Saint-Savin, Saint-Pé et Saint-Sever (dioc. Aire); Sorde (dioc. Dax); La Grande-Sauve et Sainte-Croix de Bordeaux; Eysses, La Réole (dioc. Bazas); Sainte-Livrade et Saint-Maurin (dioc. Agen); Camon (dioc. Mirepoix); Sorèze (dioc. Lavaur); Saint-Chinian (dioc. Saint-Pons); Aniane (dioc. Montpellier); Saint-Guilhem (dioc. Lodève); Villemagne (dioc. Béziers); Saint-Tiberi (dioc. Agde); Montolieu et La Grasse (dioc. Carcassonne); Caune et La Morguier (dioc. Narbonne); Saint-Bausille de Nimes; Sauve (dioc. Alais); Montmajour (dioc. Arles); Saint-André de Villeneuve et Rochefort (dioc. Avignon); Saint-Robert (dioc. Grenoble).

Ces monastères étaient occupés par 2000 religieux environ (1768).

La congrégation de Saint-Maur aurait absorbé les autres

monastères occupés par les anciens Bénédictins et par les Exempts, si elle ne s'était pas heurtée à une opposition ouverte, à laquelle les relations de plusieurs de ses membres avec les jansénistes les plus compromis servaient de prétexte. Ses supérieurs résistèrent à toutes les offres qui leur furent faites de s'établir hors de France.

Les premiers Mauristes suivaient les constitutions de la congrégation italienne du Mont-Cassin, telles qu'ils les avaient vu observer à Saint-Vanne de Verdun. Mais, au lieu d'imiter les moines lorrains, qui ne crurent pas devoir les modifier sensiblement, ils profitèrent des leçons de l'expérience. Dom Grégoire Tarisse fut chargé de donner à la congrégation de nouveaux règlements. Sa prudence consommée était pour tous une garantie suffisante. Il s'entoura de conseils et, avant de promulguer ses constitutions, il voulut les soumettre au contrôle de la pratique, et ensuite les faire consacrer par le consentement des religieux. Les observances régulières restaient les mêmes, à peu de chose près. Dom Tarisse porta son attention sur le bon gouvernement de sa famille monastique et sur les moyens de le rendre efficace. L'autorité souveraine fut, comme par le passé, remise au chapitre général, qui se réunissait tous les trois ans. Le supérieur général reçut des pouvoirs plus étendus. Il était rééligible à perpétuité. Deux assistants formaient son conseil. Ils résidaient tous les trois dans l'abbaye de Saint-Germain-des-Prés. Il y avait un visiteur à la tête de chaque province.

Ces changements ne plurent pas à tous les religieux. Quelques-uns, ayant pour guide Dom Faron de Chalus, témoignaient bien haut leur mécontentement. Ils accusèrent d'ambition le vénérable Père Tarisse et firent parvenir au Roi et au Pape les griefs qu'ils avaient contre lui. Ce fut le commencement de rivalités qui troublèrent la congrégation durant plusieurs années. Dom Tarisse put se justifier à Rome et à

Paris. Ses constitutions restèrent en vigueur jusqu'au jour où la commission des Réguliers entreprit de les transformer (1766).

Dom Tarisse fut le premier supérieur général de la congrégation de Saint-Maur (1630-1648). Dom Jean Harel la gouverna après lui (1648-1660). Vinrent ensuite Dom Audebert (1660-1672), Dom Marsolles (1672-1682), Dom Brachet (1682-1687), Dom Boistard (1687-1705), Dom Bougis (1705-1711), Dom de Loo (1711-1714), Dom de l'Hostallerie (1714-1720), Dom de Saint-Marthe (1720-1725), Dom Thibault (1725-1729), Dom Alaydon (1729-1732), Dom Hervé Ménard (1732-1736), Dom Dupré (1736-1737), Dom Laneau (1737-1751), Dom Maunousseau (1754-1756), Dom Delrue (1756-1766), Dom Boudier (1666-1772), Dom Gillot (1772-1778), Dom La Croix (1778-1781), Dom Chartié-Mousso (1781-1783). Dom Chevreux (1783), dernier général de la congrégation, fut l'une des victimes du massacre des Carmes.

La congrégation envoyait à Rome un religieux avec le titre de procureur général et la mission de défendre ses intérêts et parfois ceux de l'ordre entier auprès du Souverain Pontife et des congrégations romaines. Ces procureurs occupent dans son histoire une place importante. Le premier fut Dom Placide Le Simon (1623-1661). Il eut pour successeurs Dom Gabriel Flambart (1665-1672, 1681-1684), Dom Antoine Durban (1672-1681), Dom Claude Estiennot (1684-1699), Dom Bernard de Montfaucon (1699-1701), Dom Guillaume Laparre (1701-1711), Dom Philippe Raflier (1711-1716), Dom Charles Conrade (1716-1725), Dom Pierre Maloet (1721-1733). On ne donna point de successeur à ce dernier. La procure fut de ce fait supprimée.

Les Bénédictins de Saint-Maur se sont fait connaître par leurs travaux d'érudition ecclésiastique et nationale. Ceux qui s'adonnèrent les premiers à l'étude de l'antiquité cherchaient, pour l'édification de leurs confrères, les vies des saints, les souvenirs du passé monastique et les écrits des Pères de l'Église, inédits ou publiés d'une manière défectueuse. La passion de l'exactitude les amena à se faire une méthode, grâce à laquelle la congrégation de Saint-Maur est devenue l'une des écoles historiques les plus renommées. Mabillon, qui passe pour l'avoir établie, avait eu dans Dom Hugues Ménard et Dom Luc d'Achery des précurseurs et des maitres. Son *De re diplomatica*, ses *Annales* et son *Traité des études monastiques*, en affirmant aux yeux du public la force et la vitalité des études chez les Mauristes, leur donnèrent à eux-mêmes des manuels formateurs et des modèles à suivre. Nous n'avons pas à énumérer les innombrables travaux sortis de cette école et à nommer tous leurs auteurs. Leur activité s'est portée de préférence sur les éditions des Pères de l'Église et des écrivains du moyen âge, sur la publication des documents inédits, sur l'histoire de l'ordre en général et de ses principaux monastères. Louis XIV et Louis XV leur témoignèrent à maintes reprises l'estime qu'ils faisaient de leurs œuvres. Sous ce dernier prince, ils s'occupèrent activement de l'histoire nationale. On leur doit la *Gallia Christiana*, le *Recueil des historiens des Gaules*, l'*Histoire littéraire de la France*. Personne n'a contribué autant qu'eux à mettre en honneur l'histoire des anciennes provinces. Celles du Languedoc par Dom Vaissette, de la Bretagne par Dom Lobineau, et de la Bourgogne par Dom Plancher ont vu le jour. Ces travailleurs n'ont pas toujours mis la dernière main à leur œuvre; mais les matériaux qu'ils ont amassés restent une mine que les érudits exploitent depuis un siècle, sans pouvoir l'épuiser. Tels sont les recueils de Dom Fonteneau pour le Poitou, de Dom Housseau pour l'Anjou et la Touraine, de Dom Poirier pour la Picardie. On peut dire que les Bénédictins de Saint-Maur ont tracé la voie dans laquelle l'érudition française a marché pendant plus de deux cents ans.

Ces savants furent très honorés pendant leur vie et après leur mort. Nous avons parlé de l'estime que leur témoignaient les Rois de France. Les Souverains Pontifes ne manquèrent jamais l'occasion de les féliciter de tant d'œuvres, qui faisaient honneur à l'Église catholique. La volumineuse correspondance des Mauristes, conservée à la bibliothèque nationale ou dispersée en France et à l'étranger, est une preuve manifeste de l'estime que faisaient de leurs personnes et de leurs publications les savants les plus en renom. Leurs supérieurs appréciaient les services qu'ils rendaient à la société et à leur ordre; aussi ne négligèrent-ils rien de ce qui pouvait faciliter leur tâche. C'est encore Dom Grégoire Tarisse qui inaugura cette intelligente tradition.

Les Bénédictins de Saint-Maur ne se tinrent pas en dehors des œuvres par lesquelles l'Église exerce son influence apostolique. Ils eurent leur part dans l'évangélisation des campagnes que le protestantisme avait perverties. Quelques-uns de leurs monastères ouvrirent des collèges destinés à l'éducation de la jeunesse; ce furent Tiron, Pontlevoy, Saint-Germer de Flay et Sorèze. Saint-Martin de Vertou se chargea plus tard d'instruire gratuitement les enfants des familles nobles ruinées. Le nombre de ces collèges fut accru après la suppression des Jésuites; et plusieurs servirent d'écoles militaires, tels que Lagny et Saint-Germain d'Auxerre.

Les Mauristes ne virent pas les dangers du jansénisme. Les solitaires de Port-Royal eurent parmi eux des amis et des partisans. Ils ne s'en tinrent pas à une sympathie personnelle. Il y eut dans leurs rangs des hérétiques avérés; Dom Gerberon fut le plus affiché. La publication de la constitution *Unigenitus*, qui condamnait les erreurs professées par l'oratorien Quesnel dans ses *Réflexions morales*, ne reçut pas dans tous les monastères l'obéissance qui lui était due. Beaucoup de religieux furent au nombre des appelants.

Les supérieurs et les chapitres généraux réagirent de toutes leurs forces, sans pouvoir ramener tous les obstinés à la soumission et à la foi véritable. Le jansénisme resta dans la congrégation comme un dissolvant et un germe de discorde.

Quelques religieux se laissèrent gagner par le naturalisme philosophique, qui fit tant de mal aux Églises de France durant la seconde moitié du XVIIIe siècle. Vingt-huit religieux de l'abbaye de Saint-Germain-des-Prés, victimes de cet état d'esprit, donnèrent, en 1765, un exemple scandaleux, en demandant au Roi la permission de modifier leur genre de vie, de telle sorte que cette démarche équivalait à une demi-sécularisation. Les Bénédictins, qui fort heureusement restaient en masse attachés à leur vocation, furent indignés de cette tentative. Tous les monastères se firent un devoir de protester, celui des Blancs-Manteaux en tête.

On remarquait, depuis plusieurs années, une diminution très inquiétante du véritable esprit religieux. Les mécontents s'en prenaient aux institutions qui faisaient au supérieur général la part trop belle. Les plus hardis renouvelèrent les querelles de Dom Faron de Challus. Cette division troubla gravement les dernières années de la congrégation de Saint-Maur. La commission des Réguliers ne fit qu'aggraver le mal. Le chapitre général extraordinaire de 1783 et les désordres qui suivirent la nomination des nouveaux supérieurs, eurent pour l'observance monastique des conséquences désastreuses. Ces tristes événements prouvent qu'il restait néanmoins dans cette vénérable congrégation un grand nombre de religieux animés par l'esprit de leur état et très attachés au devoir.

Les travailleurs continuaient, malgré ces troubles, leurs doctes recherches. La suppression des ordres monastiques les trouva paisiblement occupés à la préparation de la *Gallia Christiana*, du *Recueil des historiens des Gaules*, de l'*Histoire littéraire* ou de l'Histoire de quelques provinces.

Bibliographie.

GÉNÉRALITÉS.

Instaurati in Gallia Benedictini ordinis in congregatione Sancti Mauri Annales, (1610-1654), auctore Domno JOSEPHO MÉGE, ejusdem ordinis et congregationis monacho, 3 vol. Bib. nat. ms. lat. 13.859-13.861. Incepit, 15 aug. 1672; complevit, 15 maii 1675. — Histoire de la congrégation de Saint-Maur, par Dom MARTÈNE, 4 vol. in-4. Bib. de Solesmes. — Origines de la congrégation de Saint-Maur et son progrès, par Dom ANGE MALET. Bib. nat. ms. franç. 17.669 et 17.770. L'auteur s'arrête en 1626. — Chroniques de la congrégation de Saint-Maur (1642-1655), par Dom AUDEBERT, Ibid. 17.772. — Annales de la congrégation de Saint-Maur (1600-1730), Ibid. 12.789-12.790, relatives aux affaires traitées en Cour de Rome par les Procureurs. — Histoire de la congrég. de Saint-Maur, par Dom BOUILLART, Arch. nat. ms. 1539 et 1540. — Courte histoire de la congrégation de Saint-Maur, Bib. Mazarine, ms. 3336. — Notes et documents pour l'histoire de l'ordre de Saint-Benoît et de la congrég. de Saint-Maur, Bib. nat. ms. lat. 12.648, 12.783, Bib. Le Mans, ms. 45 et 169. — Los Benedictinos de San Mauro, noticia historico literaria, par Don JOSÉ IGNACIO VALENTI, Palma, 1899, in-12.

Lettre à son Altesse royale Madame l'abbesse de Chelles, par Dom DENYS DE SAINTE-MARTHE, Paris, s. d. in-4. — Nécrologe des religieux de la congrégation de Saint-Maur, décédés à l'abbaye de Saint-Germain-des-Prés, publié avec introduction, suppléments et appendices, par l'abbé VANEL, Paris, 1896, in-4. L'introduction renferme une notice historique sur la congrégation, et l'appendice, une liste des supérieurs généraux, 339-344. — Zur Geschichte der Mauriner-Congregation, par D. BRAUNMULLER, dans Studien und Mit. de Raigern. XIII (1892), 529-531. — HÉLYOT, VI, 288-298. — HERMANT, IV, 46-101. — HEIMBUCHER, I, 149-158. — Compendiosa congregationis Sancti Mauri ... historia, dans Gallia christiana, VII, 474-490. — FISQUET, La France pontificale, Paris, II, 309-315.

Catalogue alphabétique des abbayes et monastères de la congrég. de Saint-Maur et départ des courriers de Paris pour les provinces, Paris, 1782, in-4. — Carte géographique des abbayes et monastères de la congrég. de Saint-Maur, par FRANÇOIS LE CHEVALLIER, Paris, 1740. — Monasticon gallicanum, collection de 168 planches de vues topographiques, par Dom MICHEL GERMAIN, Paris, in-fol. Reproduction par PEIGNÉ-DELACOURT, avec une préface par L. DELISLE, Paris, 1877, 2 vol. in-4. — Dépouillement du monasticon gallicanum, par L. DELISLE, Paris, 1897, in-8 de 31 p. ext. Revue des Bibliothèques. — Études iconographiques sur la topographie ecclésiastique de la France aux

XVIIe et XVIIIe siècles. Le monasticon gallicanum, par L. COURAJOD, Paris, 1869, in-fol. — LECESTRE, 11-19. — Portefeuille d'architecte, renfermant de nombreux dessins pour la reconstruction de différents monastères de la congrégation de Saint-Maur, Bib. Meaux, ms. 44.

Matricula monachorum professorum congregationis Sancti Mauri in Gallia, ab initio ejusdem congreg. usque ad annum 1669, Paris, 1669, in-fol. — Matricula fratrum conversorum professorum congreg. Sancti Mauri, Paris, 1669, in-fol. — Matricula commissorum stabilitorum congreg. Sancti Mauri, Paris, in-fol. — Matricula monachorum in congregatione Sancti Mauri ab ultimo capitulo generali anni 1714 professorum (9 maii 1714 — 11 maii 1717), s. l. n. d. in-fol. (1607-1728), Arch. nat. L 816; LL 994-997 (1771), Arch. nat. ms. 1558 (1778-1783), Ibid. 1559 (1607-1736), Bib. nat. ms. lat. 12.794 (1736-1775), nouv. acq. lat. ms. 1275 (1696-1785; 1696-1773; 1696-1763), Bib. Montpelier, ms. 14 (1690-1766), Bib. Agen, ms. 26 (1668-1729), Bib. Alençon, ms. 107 (1715-1775), Bib. Auxerre, ms. 132.

En la cause appelée entre Fr. Etienne Léomel, provincial et supérieur de l'ordre des religieux hermites de Saint-Guillaume, appelant comme d'abus, demandeur en réintégrande, contre les religieux Bénédictins soi-disant réformés de la congrégation de Saint-Vanne, s. l. 1614, in-4. Au sujet de l'installation des premiers moines réformés au monastère des Blancs-Manteaux. — Plaidoyer de Mre Louis Servin, en la cause d'entre Fr. Etienne Léomel ..., Edme Guyart, bachelier en théologie de la Faculté de Paris, naguères élu prieur des Guillelmites, et Fr. Ant. Bogard, procureur de l'ordre, et autres religieux des Blancs-Manteaux, appelants comme d'abus de la nouvelle agrégation d'aucuns de leurs frères et de leur maison des Blancs-Manteaux, sise à Paris, à la congrégation des Bénédictins réformés de Saint-Vanne de Verdun, le 3 sept. 1618, d'une part, et les religieux de la congrégation des Bénédictins réformés de Saint-Vanne, autrement dit de Saint-Maur, intimés, s. l. n. d., in-8. — Pièces du procès de l'Université de Paris contre les religieux réformés de la congrégation de Saint-Vanne, touchant la réforme projetée des religieux de l'ordre de Saint-Guillaume, appelés à Paris les Blancs-Manteaux, faisant partie de l'Université, ms. 1619, in-fol. Bib. nat. recueil Thoisy, 34 f. 139.

LIVRES LITURGIQUES.

Missale monasticum, Pauli V Pont. max. auctoritate recognitum, ad usum ord. S. Benedicti et congregationis Sancti Mauri, Parisiis, 1701, in-fol. — Epistolæ et Evangelia ad usum congregationis Sancti Mauri, Parisiis, 1708, in-fol. — Graduale monasticum ... pro omnibus sub regula S. P. N. Benedicti militantibus, Parisiis, 1704, in-fol. — Psalterium dispositum per hebdonadam secundum regulam S. Benedicti, Parisiis, 1704, in-fol. — Lettres de Dom Barthél. Canto, de Dijon, à Dom Daniel d'Eaubonne (1702-1706) sur la musique de la nouvelle édition du psautier à l'usage de la congrégation de Saint-Maur, Bib. nat. ms. fr. 20.000. — Breviarium monasticum, ordinis Sancti Benedicti, ad usum congregationis Sancti Mauri in Gallia, Parisiis, 1739, 4 vol. in-16; 1763. 2 vol. in-4. — Breviarium ad usum congregationis Sancti Mauri, ordinis Sancti Benedicti, in Gallia, Parisiis, 1787, 4 vol. in-12. — Idée abrégée du nouveau bréviaire de la congrég. de Saint-Maur, ou plan intéressant de la relig.on chrétienne appliqué aux différents temps de l'année, aux mystères et aux fêtes que l'Eglise célèbre, Paris, 1786, in-12 de 94 p.

Diurnum monasticum ord. Sancti Benedicti, ad usum congregationis Sancti Mauri in Gallia, Parisiis, 1729, in-8. — Diurnum monasticum ... ad usum congregationis Sancti Mauri, ordinis Sancti Benedicti, Parisiis, 1741, in-24.

Processionale benedictinum, Paris, 1641, in-12. — Processionale monasticum pro omnibus sub regula Sancti Benedicti militantibus, Paris, 1687, in-12 et 1719, in-8. — Cæremoniale monasticum jussu et auctoritate capituli generalis congregationis Sancti Mauri, Paris, 1680, in-8.

Offices propres à diverses maisons de la congrégation de Saint-Maur, par Dom Hugues Vaillant, Bib. nat. ms. lat. 12.075, 12.076.

CONSTITUTIONS ET CHAPITRES GÉNÉRAUX.

Constitutiones congregationis Sancti Benedicti, alias Cluniacensis et Sancti Mauri, Paris, 1637, in-8. — Regula Sanctissimi Patris Benedicti, cum declarationibus congregationis Sancti Mauri. Jussu et auctoritate capituli generalis ejusdem congregationis, s. l., 1646, 1663, in-8. On conserve aux arch. nat. LL. 989, le manuscrit original signé par les membres du chapitre de 1645. — Regula Sanctissimi Patris Benedicti et constitutiones congregationis Sancti Mauri, Paris, 1770, in-8. — On peut consulter sur ces diverses constitutions les manuscrits suivants : Bib. nat. ms. lat. 11.815–11.817, 13.858; Arch. nat. L. 810-828, LL. 988-999. — Parallèle des constitutions et déclarations des congrégations du Mont-Cassin, de Saint-Vanne et de Saint-Maur, Arch. nat. ms. 1545. — Projet de nouvelles déclarations et constitutions (XVIIIe siècle). Bib. nat. ms. lat. 13.863–13.864.

Ad eminentissimum cardinalem Alphonsum Ludovicum Du Plessis de Richelieu, archiepiscopum et comitem Lugdunensem, Galliarum primatem... epistola. Quanti sint momenti statuta gallicanæ reformationis benedictinæ quantique referat ut ascetis benedictinis, maxime primævæ institutionis, quos vulgo vocant anteriores seu antecessores, plana fiant atque manifesta, demonstratur, par Dom de la Dangie de Renchy, cadomensis abbatiæ cellelarius, Cadomi, 1645, in-4.

Pratique de la règle de Saint Benoît, par Dom CLAUDE MARTIN, Paris, 1740, in-16. — Règles communes et particulières de la congrégation de Saint-Maur. Nouvelle édition, corrigée sur les institutions, déclarations et règlements des chapitres généraux, s. l., 1687, in-8. — Méthode instructive aux cellériers pour bien faire dresser et rendre les comptes selon l'usage de la congrégation de Saint-Maur, s. l. n. d., in fol. — Méthode instructive aux soubs-cellériers et pour les dépositaires, Paris, 1674, in fol. — Directoire propre aux commis de la congrégation de Saint-Maur, Bib. nat. ms. fr. 19,628; Bib. Avignon, ms. 1612. — Conduite pour les religieux bénédictins de la congrégation de Saint-Maur, occupés dans les missions. Bib. Avignon, ms. 1442.

Actes et décrets des chapitres généraux (1604-1699). Arch. nat., L. 749, 810, 813; LL. 991. (1618-1751), Bib. nat., ms. lat. 13.862. (1645-1717), Ibid., 17,690. — Règlements des chapitres généraux confirmés, à commencer aux règlements du chapitre général de 1645 jusqu'en 1733, Ibid., ms. fr. 17,673. — Élections des supérieurs et décrets des chapitres généraux (1645-1736, 1636-1699, 1702-1769), Bib. Auxerre, ms. 130 et 131. (1636-1705). Bib. nat. ms. lat. 12,792. Bib. Sens, ms. 259. (1645-1714), Bib. Bourges, ms. 214. — Assemblées générales (1683-1754), Arch. nat. LL. 992-993. — Visites des monastères, LL. 999. — Procès-verbaux du temporel des abbayes et prieurés de la congrégation (1728-1786), L. 817-828, LL. 998. — Liste des membres du chapitre de la congrégation de Saint-Maur, nommés dans l'assemblée tenue près de Tours, le 14 juin 1699, s. l. n. d., in-4. — Bulles, lettres patentes, arrêts et règlements concernant la congrégation de Saint-Maur, Arch. nat. (1604-1711), LL. 990, L. 74. — Compendium privilegiorum et gratiarum congregationi Sancti-Mauri... a Summis Pontificibus concessorum, Arch. nat., ms. 1534. — Indulgences plénières de la congrégation de Saint-Maur de l'ordre de Saint-Benoît, s. l. n. d., in fol.

Erectio congregationis Sancti-Mauri (17 mai 1621). Bulle de Grégoire XV, Paris, 1621, et dans Bullarium romanum, V IV, 343-345. — Confirmatio erectionis congregationis Sancti-Mauri cum ampliatione gratiarum ab Urbano VIII, Pont. max. (janv. 1628). Paris, 1628, et Ibid., VI I, 101-104. — Extrait des registres du Parlement de Toulouse, du 28 nov. 1631; de Bordeaux, du 3 mai 1632; de Paris, du 21 mars 1633; de Semur, du 13 juil. 1637; de Rennes, du 17 avril 1738; d'Aix, du 16 déc. 1638; de Rouen, du 26 janv. 1640. Homologation des bulle et lettres patentes portant érection de la congrégation de Saint-Maur, s. l. n. d., in-4. — Consultatio doctorum Romanæ Curiæ circa bullas erectionis et confirmationis congregationis Sancti-Mauri (mars 1637), s. l. n. d., in-4. — Consultatio, facta anno 1647, circa bullam Gregorii XV pro erectione congregationis Sancti-Mauri in Gallia, s. l. n. d., in-4. — Breve apostolicum Innocentii XII quo prohibetur monachis congregationis Sancti-Mauri per annum jubilæi sine licentia superioris generalis Romam adire (28 juillet 1699), s. l. n. d., in-4. — Breve Sanctissimi Patris ac Domini nostri CLEMENTIS papæ XI (19 avril 1706), s. l. n. d., in fol. et in-4. Au sujet des travaux littéraires de la congrégation. — Erectio congregationis Sancti-Mauri. Confirmatio erectionis.... Fulminatio seu publicatio bullæ confirmationis congregationis Sancti-Mauri. Lettres patentes données à Saint-Germain-en-Laye, le 15 juin 1631. Extrait des registres des lettres royaux, 24 mars 1633. Paris, 1711, in-4. — Breve apostolicum CLEMENTIS papæ X, quo prohibetur monachis congregationis Sancti-Mauri, ne ad alios ordines seu congregationes quocumque prætextu transire præsumant (19 sept. 1672). Breve alterum, datum ab INNOCENTIO XI, confirmativum præcedentis (17 août 1683). Lettres patentes du Roy sur le bref d'Innocent XI... qui défend aux religieux de la congrégation de Saint-Maur de passer dans un autre ordre sous prétexte d'une vie plus austère (29 sept. 1683). Extrait des registres du Grand Conseil du Roi (9 nov. 1683), s. l. n. d., in-4. — Bref du pape PIE VI, du 24 juillet 1787, qui prescrit la forme et la tenue des diètes dans chacune des provinces de la congrégation, ainsi que du prochain chapitre général, s. l. n. d., in-4, et dans Bullarium romanum, VI II, 1824-1825. Lettres patentes du Roi ordonnant l'exécution de ce bref (21 février 1788). Arrêt du Conseil d'État (18 avril 1788).

Lettres patentes obtenues par les supérieurs de la congrégation de Saint-Maur, le 4 mai 1711, ordonnant que les religieux de la dite congrégation qui seront pourvus de bénéfices ou pensions ne pourront en aucune manière disposer en leur particulier ni des titres ni des fruits des dits bénéfices ou pensions. Bib. Rouen, ms. 1904.

HISTOIRE DES CONSTITUTIONS DE DOM TARISSE.

Quæritur quid magis expediat congregationi Sancti-Mauri in Gallia... : Habere suum superiorem generalem absolute perpetuum aut triennalem cum facultate cum in eadem superioritate generali continuandi, quoties id utile vel necessarium pro bono congregationis capitulum generale judicaverit, aut annualem, prout hactenus factum est, aut absolute triennalem, s. l. n. d., in-4. — Consultation sur la question de savoir si le chapitre général de la congrégation de Saint-Maur peut changer les statuts de l'ordre sans le consentement du Saint-Siège et des autres religieux, datée du 2 mai 1635, s. l. n. d., in-4. — Autre consultation sur le même sujet, s. l. n. d., in-4. — Hic agitur utrum, in capitulo generali congregationis Sancti-Mauri, institutum auctoritate apostolica in illa receptum et a monachis ejusdem congregationis juramento confirmatum, possit abrogari sine expresso consensu monachorum præfatæ congregationis inconsultoque Pontifice Romano, vel non, s. l. n. d., in-4.

Copie de lettre écrite par le sieur de la Benchardière au R. P. Supérieur général de la congrégation de Saint-Maur, par laquelle il se rend partie formelle contre la dite congrégation, disant être obligé en conscience de pourvoir au salut des âmes d'icelle et de faire obéir aux intentions du Pape contenues au bref, duquel il fait la poursuite en cour de Rome (22 mai 1643), s. l. n. d., in-4. Il s'agit d'un bref apocryphe imaginé par Dom Faron et ses partisans. — Factum narratif de ce qui s'est passé en l'abrogation des constitutions anciennes de la congrégation de Saint-Maur et l'institution des nouvelles, avec quelques raisons sur le sujet de cette innovation, s. l., 1643, in-4. — Requête de Dom Faron de Challus, par laquelle il reconnaît avoir supposé, fait imprimer et distribué un faux bref; et demande pardon et pénitence pour son crime, avec promesse désormais de vivre en bon religieux, en date du 2 août 1644, au T. R. P. Dom Grégoire Tarisse, s. l. n. d., in-4. — Factum narratif de ce qui s'est passé en l'abrogation de l'institut qui avait été reçu et pratiqué, par autorité apostolique, plusieurs années en la congrégation de Saint-Maur, et à l'observance duquel les religieux profès d'icelle s'étaient personnellement obligés par leurs vœux et serments solennels après leur an de probation; et des moyens dont le R. P. Dom Grégoire Tarisse et ses adhérents se sont servis pour y en subroger un autre contraire..., par Dom Faron de Challus, s. l., 1645, in-4. — Quelques remarques sur les innovations introduites en la congrégation de Saint-Maur, depuis quinze ans, par cinq ou six supérieurs d'icelle; et des maux et abus qui s'en sont suivis, à la ruine spirituelle et temporelle de la dite congrégation, par Dom Faron de Challus (21 juillet 1645), s. l. n. d., in-4. — Briêves remarques contre les innovations faites et pratiquées, depuis l'an 1630 jusqu'à présent, en ce qui touche la célébration des chapitres généraux et la direction de la congrégation de Saint-Maur, et ce qui est ordonné par les instituts de la première et de la seconde partie des congrégations du Mont-Cassin et de Saint-Vanne pour la conduite d'icelle; et quelques répliques aux imprimés faits par le R. P. Dom Grég. Tarisse et consors pour appuyer les dites innovations et abrogations, par Dom Faron de Challus, s. l., 1645, in-4. — Arrêt du conseil d'État du roi, donné en faveur de Dom Faron de Challus et autres religieux de la congrégation de Saint-Maur joints avec lui, appelants au Saint-Siège de plusieurs abus et déréglements qui se sont glissés dans le gouvernement de la dite congrégation, au préjudice de la discipline régulière d'icelle, sous l'autorité du Père Dom Grég. Tarisse (23 sept. 1645), s. l. n. d., in-4.

Réponse à certains libelles diffamatoires et faux bref, publiés par un religieux anonyme, sur des prétendus changements faits en la congrégation de Saint-Maur, contenant le récit véritable de ce qui s'est passé jusqu'à présent touchant le régime d'icelle, s. l. n. d., in-4. Seconde partie, concernant la faculté et pouvoir que la congrégation de Saint-Maur a de faire des statuts et des règlements pour son gouvernement, s. l. n. d., in-4. — Répliques à un imprimé qui s'intitule : Réponse à un libelle, par Dom Faron de Challus,

s. l., 1645, in-4. — Récit véritable des moyens dont le R. P. Dom Grég. Tarisse et aucuns de ses adhérents se sont servis pour abroger l'institut qui avait été introduit en la congrégation de Saint-Maur, s. l., 1647, in-4. — Sommaire du régime de la congrégation de Saint-Maur en France, ordre de Saint-Benoit, s. l. n. d., in-4.

Bulle pontificale du 9 nov. 1647, confirmative du droit des chapitres et supérieurs de la congrégation de Saint-Maur, contre les oppositions de Dom Placide Duchemin, Dom Barthélemy Corbelin et Dom Faron de Challus, du pape INNOCENT X, s. l. n. d., in-4. — Decretum S. Congregationis Regularium pro congregatione Sancti Mauri (22 nov. 1647), s. l. n. d., in-4.

Défense du R. P. Dom Tarisse, contre les fausses imputations des Faronites, renouvelées depuis peu dans quelques libelles, par DOM JOURDAIN, Paris, 1766, in-4.

DOCUMENTS CONCERNANT LA DISCIPLINE ET L'ADMINISTRATION.

Avis touchant les religieux qu'on veut employer pour enseigner les séculiers dans les séminaires de la congrégation de Saint-Maur (1668), s. l. n. d., in-8. — Déclaration du roi portant règlement pour les religieux de la congrégation de Saint-Maur qui seront chargés de la desserte des collèges (Fontainebleau, 31 oct. 1776). — Circulaire de Dom CLAUDE BOISTARD, aux supérieurs de la congrégation de Saint-Maur, portant invitation de n'entreprendre ni poursuivre aucun procès sans lui en avoir préalablement donné avis (juillet 1687), s. l. n. d., in-4. — Lettre adressée aux supérieurs majeurs de la congrégation de Saint-Maur, assemblés en l'abbaye de Saint-Germain-des-Prés, à Paris, le 18 mai 1697, s. l. n. d., in-8. — Lettre de l'abbé de Notre-Dame de *** à M. l'abbé de Saint-Pierre de ***, où l'on examine quels gens ce sont que les convers de la congrégation de Saint-Maur, ou quelle est leur condition (21 mars 1700), s. l. 1700, in-12.

Extrait des lettres patentes de Louis XIII, des 18 sept. 1619, 28 oct. 1616 et août 1618, d'autres lettres patentes du roi Louis XIV, des 13 déc. 1653, 26 juin 1661 et 29 sept. 1683, pour justifier que les supérieur et religieux de la congrégation de Saint-Maur ont attribution particulière au Grand-Conseil pour le maintien de leurs privilèges, s. l. n. d., in-fol. — Modèles de déclarations de biens à faire aux commissaires royaux, adressés aux supérieurs de la congrégation de Saint-Maur, par Dom LOUIS BOUDAN, s. l., 1687, in-4. — Lettre circulaire de Dom DU PRÉ, supérieur général de la congrégation de Saint-Maur, au sujet des formalités à suivre pour la déclaration du revenu de chaque prieuré appartenant à la congrégation (25 janvier 1720), s. l. n. d., in-4. — Lettre d'envoi par Dom PIERRE THIBAULT de modèles de procuration et de déclaration à l'usage des religieux de la congrégation de Saint-Maur, titulaires de bénéfices, s. l. n. d., in-4. — Circulaire de Dom Georges Louvel aux abbés, prieurs, etc., sur le retrait des biens aliénés du clergé (sept. 1702), s. l. n. d., in-4. — Circulaire de Dom Boudier, relative au paiement des dettes de chaque communauté (26 juin 1767), s. l. n. d., in-4.

Arrêt du Parlement par lequel est jugé que les religieux de la congrégation de Saint-Maur ne peuvent, sans la permission de leurs supérieurs, se faire pourvoir de bénéfices (15 décembre 1653), rendu contre Dom Marc-Urbain Fouier, prieur claustral d'Asnière, s. l. n. d., in-4. — Au Roy. Requête d'une grande partie des curés de France contre la prétention des religieux de Saint-Maur, de faire les fonctions curiales, en vertu de privilèges révoqués par les conciles, s. l. n. d., in-fol. — Factum pour Fr.-Jean Harel, supérieur général, et les religieux de la congrégation de Saint-Maur, appelant de la sentence des Requêtes du palais du 7 mai 1654, et défendeurs, contre maître Antoine Briolay, intimé et demandeur en deux requêtes des 18 avril et 4 mai 1667, s. l. n. d. Au sujet de la possession du prieuré de Saint-Mélaine. — Mémoire au sujet des bénéfices possédés par les religieux Bénédictins de la congrégation de Saint-Maur, par l'abbé de Saint-Pierre, Luxembourg, 1705, in-4. — Lettres patentes du roi (4 mai 1711), enregistrées au Parlement de Paris, par arrêt du 20 du même mois, au sujet des bénéfices possédés par les religieux de la congrégation de Saint-Maur, s. l. n. d., in-4. — ... enregistrées au Grand-Conseil par arrêt du 14 septembre, s. l. n. d., in-4. — Factum pour Dom Arnoul de Loo, supérieur général de la congrégation de Saint-Maur, appelant comme d'abus contre Dom Simon Frique, de l'ordre de Cluny, Paris, 1742, in-fol. — Mémoire pour Dom Arnoul de Loo..., contre messire Julien Provansal de Roussillon, élu en l'élection d'Étampes, Paris, s. d., in-fol. — Abrégé des Mémoires du clergé de France, IV, 704, 1227.

Recueil de pièces manuscrites et imprimées, concernant l'affaire du P. Charles Champigny, provincial des Célestins, devenu bénédictin de la congrégation de Saint-Maur, Bib. nat. ms., fr. 15.793. — Sommaire pour Dom René L'Anceau, supérieur général de la congrégation de Saint-Maur et les prieur et religieux de l'abbaye de Saint-Germain-des-Prés, appelants comme d'abus contre Dom Pierre Carpentier, religieux de la même congrégation, intimé, Paris, 1741, in-4. — Mémoire pour la même cause, Paris, 1741, in-4. Dom Carpentier avait obtenu son transfert au collège de Cluny. — Faits de la cause pour Dom Jacques Précieux, abbé régulier de Karents, diocèse de Verdun, et pour Dom Germain Poirier, abbé régulier de la Grande-Croix, diocèse de Nicosie, demandeurs, contre M. l'archevêque de Paris, défendeur, Paris, 1772 in-4. Moines sortis de la congrégation qui avaient obtenus du Saint-Siège des bulles d'abbayes *in partibus*. — Précis pour Dom Précieux et Dom Poirier, abbés *in partibus*, contre Dom Boudier, supérieur général de la congrégation de Saint-Maur, Paris, 1772, in-4. — Observations de Dom Précieux et Dom

POIRIER, abbés *in partibus* de l'ancien ordre de Saint-Benoit, sur le mémoire de Dom Boudier, Paris, 1772, in-4.

Mémoire pour Dom Pierre-François Boudier..., appelant comme d'abus contre Dom Guillaume-Pierre Duperray, religieux de la même congrégation, intimé, Paris, 1767, in-4. — Arrêt du Parlement (10 mars 1768), décidant qu'il y a eu abus pour Dom Pierre François Boudier, dans l'instance portée à Rome contre Dom Duperray, Paris, 1768, in-4.

BIOGRAPHIES.

Relation des actions mémorables des quatre premiers supérieurs généraux de la congrégation de Saint-Maur et de quelques autres supérieurs de la même congrégation, par Dom MOMMOLE GEOFFROY, Bib. nat., ms., fr, 19,622. — Vie des justes de la congrégation de Saint-Maur, par Dom MARTÈNE, Ibid., 17,671. — Le ramast des délices monastiques, ou histoire de différents religieux de la congrégation de Saint-Maur, par un frère convers (1687), Ibid., 17,675. — Éloges historiques de différents bénédictins, Ibid., 17,676.

Les fondateurs de la congrégation de Saint-Maur, par DOM BESSE, Lille, 1902, in-8 de 36 p.; ext. Rev. sciences ecclés. — Les Bénédictins de Saint-Maur, originaires du Limousin, par l'abbé ARBELLOT, Limoges, 1892, in-8 de 31 p. — Les Bénédictins méridionaux, par TAMIZEY DE LAROQUE, dans Rev. cath. de Bordeaux, 1895-1896. — Bénédictins de Saint-Maur, originaires du diocèse de Reims, par Dom NOËL, dans Trav. acad. Reims, XCVII (1895-1896).

Circulaire de Dom CALIXTE ADAM, sur la mort de Dom Grég. Tarisse (24 déc. 1648), s. l. n. d., in-4. — Circulaire de Dom SIMON BOUGIS, relative à la mort de Dom Vincent Marsolle (12 sept 1681), s. l. n. d., in-4. — Circulaire de Dom GEORGES LOUVEL au sujet de la mort de Dom Benoit Brachet (18 janv. 1687), s. l. n. d., in-4. — Lettre de Dom JOSEPH CASTEL sur la mort de Dom Denis de Sainte-Marthe (25 avril 1725), Paris, s. d., in-4. — Lettre de Dom FRANÇOIS DELVILLE sur la mort de Dom J.-B. Alaydon (1er oct. 1733), Paris, s. d., in-4. — Lettre sur la mort de Dom Hervé Ménard (13 août 1733), s. l. n. d., in-4. — Lettre de Dom FRANÇOIS DELVILLE sur la mort de Dom Claude Dupré (1er mai 1737), Paris, s. d., in-4. — Ad R. P. Dominum Cl. Dupré ... unanimi cœtus suffragio electum in præfectum generalem, die 26 maii 1736, carmen gratulatorium, auct. THIBOUST. — Lettre de Dom JOSEPH DELRUE sur la mort de Dom René Laneau, Paris, 1754, in-4.

Abrégé de la vie de Dom Jean Mabillon, par Dom Thiéry RUINART, Paris, 1709, in-12. — Histoire de Dom Mabillon et la congrégation de Saint-Maur, par CHAVIN DE MALAN, Paris, 1843, in-12. — Mabillon et la société de Saint-Germain, par EM. DE BROGLIE, Paris, 1888, 2 vol. in-8. — La société de Saint-

Germain au XVIIIe siècle, Bernard de Montfaucon et les Bernardins, par Em. de Broglie, Paris, 1891, 2 vol. in-8. — Vie du Vén. Père Dom Claude Martin, par Dom Martène, Rouen, 1698, in-12.

HISTOIRE LITTÉRAIRE.

Histoire littéraire de la congrégation de Saint-Maur, où l'on trouve la vie et les travaux des auteurs qu'elle a produits depuis son origine (1618) jusqu'à present, avec les titres, l'énumération, l'analyse, les différentes éditions des livres qu'ils ont donnés au public et le jugement que les savants en ont porté; ensemble la notice de beaucoup d'ouvrages manuscrits, composés par des Bénédictins du même corps, par Dom René Tassin, Bruxelles, 1770, in-4, XXIII-800. La Bib. nat., nouv. acq. ms. fr. 807, possède un exemplaire de cet ouvrage copieusement annoté par Mercier de Saint-Léger. — Supplément à l'histoire littéraire de la congrégation de Saint-Maur, par Ul. Robert, Paris, 1881, in-8, de 48 p., ext. Cabinet historique.

Bibliotheca Benedicto-Mauriana, seu de ortu, vitis et scriptis Patrum Benedictinorum a celeberrima congregatione S.-Mauri in Francia, libri II, auctore Domno Bernardo Pez, 1716, in-8. — Lettre à M. Chasselras, seigneur de Cramailles, touchant quelques personnes illustres et distinguées par leur vertu et leur science dans la congrégation de Saint-Maur, par Pinsson, Paris, 1694, in-4 de 8 p. — Catalogue des livres composés par les Bénédictins de Saint-Germain et autres de la congrégation de Saint-Maur, par Dom Duret, dans l'Histoire de Saint-Germain-des-Prés, par Dom Bouillart, CLXXVII-CLXXVIII. — Bibliothèque historique et critique des auteurs de la congrégation de Saint-Maur, où l'on fait voir quel a été leur caractère particulier, ce qu'ils ont fait de plus remarquable, et où l'on donne un catalogue exact de leurs ouvrages, par Dom Ph. Le Cerf de la Viéville, La Haye, 1726, in-12. — Lettre de Dom P. Le Richoux de Noblas à un de ses confrères, sur la bibliothèque historique et critique des auteurs de la congrégation de Saint-Maur (par Perdoux de la Périère), Orléans, 1727. — Défense du livre qui a pour titre : Bibliothèque historique, etc. ... au R. P. Dom ***, religieux de la même congrégation, par Dom Le Cerf de la Viéville, Paris, 1727, in-12 de 49 p. — Seconde lettre de Dom le Richoux ... (par Perdoux de la Périère), Orléans, 1728. — Catalogue des ouvrages, livres et éditions que les Bénédictins de la congrégation de Saint-Maur nous ont donnés depuis leur réforme, Arch. nat. ms. 2067. — Bibliothèque des écrivains de la congrégation de Saint-Maur, ouvrage publié avec le concours d'un Bénédictin de la congrégation de France (Dom Rigaud), par Charles de Lama, Munich et Paris, 1882, in-12.

Historia Rei litterariæ ordinis sancti Benedicti ... a Domno ZIEGELBAUER, Augusta-Vindelicorum, 1754, 4 vol. in-fol. — Bibliothèque générale des écrivains de l'ordre de Saint-Benoit, par Dom FRANÇOIS, Bouillon, 1774, 4 vol. in-4. — Les écrivains champenois de la congrégation de Saint-Maur, par H. JADART, dans Rev. Champagne et Brie, V, 97.

Les travaux des Bénédictins de Saint-Maur et de Saint-Vanne sur les anciennes versions de la Bible, par l'abbé MANGENOT, Amiens, 1888, in-8, ext. Rev. sciences ecclés. — Die Mauriner Ausgabe des Augustinus, par le Dr KUKULA, Vienne, 1892, in-8, ext. Mém. acad. imp. Vienne, CXXXVIII. — Histoire de l'édition de Saint-Augustin avec le Journal inédit de Dom RUINART, par l'abbé INGOLD, Paris, 1903, in-8, XII-201. Le chan. H. Didio avait commencé la publication de cet ouvrage dans Rev. sciences ecclés. 1897-1898. — Histoire des ouvrages critiques publiés pendant le différend des Pères Jésuites avec les Pères Bénédictins de la congrégation de Saint Maur, à l'occasion de la nouvelle édition des ouvrages de saint Augustin, par le P. LÉONARD, Arch. nat. ms. 2066.

Les Bénédictins de Saint-Maur ont laissé une volumineuse correspondance, qui est d'un grand intérêt pour l'histoire de leur ordre. La meilleure partie se trouve dans le fonds Saint-Germain, Bib. nat. ms. fr. 6198, 6436-6439, 9355-9356, 12.803-12.804, 15.483, 15.466, 17.678-17.689, 17.695, 17.701-17.713, 19.639, 19.643-19.659, 19.660-19.681, 20.941, 25.537-25.538. Il existe à la Bib. nat. un inventaire manuscrit de plusieurs de ces volumes. Des lettres nombreuses, écrites par des Mauristes, sont éparses dans d'autres recueils de la Bib. nat., et dans les autres bibliothèques de la France et de l'étranger, sans compter celles qui sont aux mains des particuliers. Voici quelques indications relatives aux lettres publiées.

Correspondance inédite de Mabillon et de Montfaucon avec l'Italie, par VALERY, Paris, 1846, 3 vol. in-8. — The french Benedictines, dans Essays in ecclesiastical biography, par STEPHEN, London, 1860, in-8. — Aus dem Briefverkehr deutscher Gelehrten mit den Benedictinern der Congregation von St-Maur und deren Beziehungen zu der literarischen und religiösen Bewegungen des XVIII Jahrh., von D. KATHEIN, dans Studien. de Raigern, XXIII (1902), 111-126, 386-403, 626-632. — Recherche de la correspondance des Bénédictins, par ALPH. DANTIER, Paris, 1857, in-8, ext. Archives des missions scientif., VI (1857), 241-502. L'auteur proposa de publier un recueil de documents sur l'histoire de la congrégation de Saint-Maur, voir Rev. soc. savantes, XI (1861), II, 61 et 149. — Beitrage zum Mauriner-Briefwechsel, par le Dr GOLDMANN, dans Studien und Mit. de Raigern, XI (1890), 597-612. — Römische Briefe der Mauriner aus dem Jahr 1699, par KUKULA, Ibid., XVII (1896), 654-699. — Lettres des Bénédictins de la congrégation de Saint-Maur, d'après les originaux conservés à la Bib. de Copenhague (1652-1670, 1701-1741), par GIGAS, Paris,

1892 et 1893, 2 vol. in-8. — Korrespondenz der Mauriner mit den Emmeramern und Beziehungen der letzteren zu den wissenschaftlichen Bewegungen des XVIII Jahrh, par le Dr ENDRES, Stuttgart, 1899, in-8. — Lettres inédites de Bénédictins français de la collection Wilhelm, par Dom BERLIÈRE, dans Mélanges d'hist. bénéd., 2e série, 182-218, ext. Rev. bénéd. XVI, 323, 345, 422, 468.

La congrégation de Saint-Maur d'après les lettres et le journal de Dom Bassac (1752-1826), par Dom LÉVÊQUE, dans Rev. du monde cathol. CXIII (1893), 43-70, 434-457. — Correspondance échangée entre les savants lyonnais et les Bénédictins de Saint-Germain, par l'abbé VANEL, dans Rev. du Lyonnais, 1893, janvier-avril. — Les Bénédictins de Saint-Germain-des-Prés et les savants lyonnais d'après leur correspondance inédite, par l'abbé VANEL, Paris, 1894, in-8. — Notes sur la correspondance et les travaux littéraires des derniers Bénédictins de Saint-Maur, par l'abbé BOURBET, dans Mém. soc. archéol. Tourraine, XIII (1860), 35. — Lettres bénédictines inédites, par TAMIZEY DE LAROQUE, dans Annales du Midi, I (1889), 397, II, 81. — Documents inédits concernant l'histoire littéraire de la France, publiés par U. ROBERT, Paris, 1875, in-4. — Le Comité des travaux historiques et scientifiques, par X. CHARMES, Paris, 1885, I, table 432. — Bossuet et les Bénédictins de Saint-Maur, par l'abbé VANEL, dans Revue Bossuet (1903), 28-38, 235-242.

Die Lehranstalten der Mauriner, von DOM URSMER BERLIÈRE, dans Studien de Raigern, VII (1887), 589-593. — Les Bénédictins au collège de Thoissey, par Dom BESSE, dans Revue Mabillon, I (1905), 280-291. — Études classiques avant la Révolution, par l'abbé SICARD, Paris, 1887, in-12, 447-492.

JANSÉNISME.

Deux jugements rendus à Saint-Germain-des-Prés par le supérieur général de la congrégation de Saint-Maur, contre les Pères Dom Chopelet et Dom Varanqueaux, insoumis à la Constitution *Unigenitus*, datés l'un du 26 mai et l'autre du 7 juin 1715, s. l. n. d., in-4. — Lettre d'envoi de « deux jugements rendus à Saint-Germain-des-Prés ... » s. l. n. d. Voir Bib. S.-Geneviève, ms. 2500, fol. 243. — Lettre d'un théologien aux RR. PP. Bénédictins des congrégations de Saint-Maur et de Saint-Vanne, pour les exhorter à continuer de défendre le christianisme renversé par la Constitution *Unigenitus* du pape Clément XI (30 juillet 1721), s. l. 1721, in-4. — Patrum Benedictinorum e congregatione S. Mauri ad RR. PP. superiores in Majori-Monasterio prope Turones pro capitulo generali congregatos, supplex epistola (13 avril 1723), s. l. n. d., in-4. C'est une protestation contre la bulle *Unigenitus*. — Lettre à l'assemblée générale des Bénédictins de la congrégation de Saint-Maur, envoyée en 1723 et 1726, Amsterdam, s. d., in-8. — S. Basile-le-Grand, Épître 303 aux moines persécutés par les Ariens. S. Basilius magnus, epistola 303 ad monachos ab Arianis male mulitatos, Reverendis admodum Patribus Præsidenti et Definitoribus in abbatia Majoris-Monasterii ad capitulum generale congregatis epistola (23 mai 1726), s. l. n. d., in-4.

Lettre circulaire de Dom Thibault, supérieur général de la congrégation de Saint-Maur, à tous les prieurs de la dite congrégation, Paris, 1727, in-4. — Réponse à une lettre que le R. P. Thibault a écrite à un de ses religieux pour l'engager à accepter la bulle *Unigenitus* (1er avril 1727), s. l. n. d., in-4. — Lettre de Dom Thibault ... à tous les prieurs de la dite congrégation (5 avril 1727), s. l. n. d., in-4. — Lettre des Bénédictins de la province de Bourgogne, congrégation de Saint-Maur, au T. R. P. Dom Pierre Thibault et à quelques autres supérieurs majeurs, qui sollicitent les religieux qui leur sont soumis à recevoir et accepter purement et simplement la Constitution *Unigenitus* (15 mars 1727), s. l. 1727, in-4. — Lettre d'un ancien professeur de théologie de la congrégation de Saint-Maur, qui a révoqué son appel, à un autre professeur de la même congrégation qui persiste dans le sien, par Dom Vincent Thuillier (13 mars 1727), Paris, 1727, in-12. — Réponse d'un professeur de théologie de la congrégation de Saint-Maur, qui persiste dans son appel, à la lettre d'un ancien professeur de théologie, qui a révoqué le sien, s. l. n. d., in-4. — Seconde lettre de Dom Thuillier, servant de réplique à la réponse que lui a faite un de ses confrères, qui persiste dans son appel, Paris, 1727, in-12. — Dénonciation des lettres de Dom Thuillier contre l'appel de la bulle *Unigenitus*, par Dom Edme Perrault, s. l. n. d., in-4. — Lettre au R. P. Prieur de ... (18 mars 1727), s. l. n. d., in-4. Relative à l'attitude de la congrégation dans cette affaire. — Très-humbles remontrances de plusieurs religieux Bénédictins de la congrégation de Saint-Maur, au cardinal de Bissy, à l'archevêque d'Embrun et à douze autres prélats, au sujet des approbations qu'ils ont données à la seconde lettre de Dom V. Thuillier, Paris, 1731, in-4.

Lettres des religieux Bénédictins de la congrégation de Saint-Maur, écrites à Son Éminence Mgr le cardinal de Fleury et à leur Père général, aux fins d'obtenir la liberté des suffrages qui leur a été ôtée dans leurs trois derniers chapitres généraux (21 mars 1732), s. l. n. d. in-4. — Diverses lettres en date du 8-26 avril 1733, relatives à la tenue du chapitre général de la congrégation de Saint-Maur et à l'exclusion dans cette assemblée des religieux appelants de la Constitution *Unigenitus*, s. l. n. d., in-4. — Lettre du comte de Saint-Florentin aux religieux de la congrégation de Saint-Maur pour défendre, de la part du Roi, toute protestation contre la reconnaissance, faite par les supérieurs de l'ordre, de la bulle *Unigenitus* (21 mai 1733), s. l. n. d., in-4. — Remontrances adressées aux RR. PP. supérieurs de la congrégation de

Saint-Maur, assemblés pour la tenue du chapitre général de 1733 (24 juin 1733), s. l. n. d., in-4. — Procès-verbal et déclaration d'appel comme d'abus interjeté par les députés exclus du chapitre général des religieux de la congrégation de Saint-Maur, tenu en l'abbaye de Marmoutier, le 2 juillet 1733, s. l. n. d., in-4. — Arrêt du Conseil d'État du Roi, supprimant le formulaire de l'archevêque de Tours proposé au chapitre général ... le 3 juillet 1733, Paris, 1733, in-4. — Lettre d'un appelant aux religieux Bénédictins de la congrégation de Saint-Maur, qui ont donné des marques publiques de leur opposition à la bulle *Unigenitus*, s. l. n. d., in-4. — Actes et protestations signifiés aux religieux qui prétendent composer le chapitre général de la congrégation de Saint-Maur, par plusieurs députés du dit chapitre (31 juillet—1er août 1733), s. l. n. d., in-4.

Arrêt du Conseil d'État du Roi, qui ordonne à tous les religieux de la congrégation de Saint-Maur d'obéir aux supérieurs nommés par le chapitre général, tenu en l'année 1733, et à ceux qui ont été élus depuis par les supérieurs majeurs de la dite congrégation, nonobstant toutes protestations, significations, enregistrements ou dépôt d'icelles, qui seront regardés comme nuls et de nul effet, même rayés et biffés des registres, du 11 juillet 1734. — Très-humbles remontrances des religieux Bénédictins de la congrégation de Saint-Maur au Roi, avec un mémoire où, après un exposé succinct de ce qui s'est passé dans le prétendu chapitre général ..., on en démontre l'irrégularité et la nullité, on fait voir ensuite la nécessité de convoquer au plutôt une assemblée plus canonique (21 août 1734), s. l. 1734, in-4. — Questions proposées aux quatorze capitulants du prétendu chapitre général des Bénédictins tenu dans l'abbaye de Marmoutier, en 1733, pour servir de supplément au Mémoire (14 octobre 1734), s. l. n. d., in-4. — Réponse à la lettre du R. P. Sarazin, visiteur de la congrégation de Saint-Maur dans la province de Bourgogne, sur le prétendu chapitre général des quatorze, où l'on fait voir les impostures des quatorze, les nullités et les irrégularités de leur chapitre, Paris, 1735, in-4. — Lettre du comte de Maurepas, écrite au nom du Roi à Dom du Pré, vicaire général de la congrégation de Saint-Maur, portant révocation des exclusions précédemment ordonnées (14 mars 1736), s. l. n. d., in-4.

Histoire de la Constitution *Unigenitus*, en ce qui regarde la congrégation de Saint-Maur, Utrecht, 1736, in-12. — Histoire des derniers chapitres généraux de la congrégation de Saint-Maur, où l'on voit l'irrégularité de ses assemblées, l'opposition de ce corps à la bulle *Unigenitus* et par quelles intrigues on est enfin parvenu à faire souscrire un décret favorable à cette bulle dans le chapitre de 1733. Pour servir de supplément à l'histoire de la Constitution, s. l. 1736, in-4. — Nouveau témoignage contre la Constitution *Unigenitus* ou gémissement d'un Bénédictin sur l'acceptation de la dite bulle et sa signature du formulaire (2 avril 1752), s. l. n. d., in-12.

Voir Nouvelles ecclésiastiques, tables raisonnées, par l'abbé Bonnemare, I,

62-65. — Imprimeries clandestines, Nouvelles ecclésiastiques, dans Archives du bibliophile, mars 1858. — Dictionnaire des livres jansénistes ou qui favorisent le jansénisme, par le R. P. COLONIA, Anvers, 1752, 4 vol. in-12. — Histoire de la Constitution *Unigenitus*, par Dom THUILLIER, Bib. nat., ms. fr. 17.731—17.737. L'abbé Ingold en a publié un fragment sous ce titre : Rome et la France, la seconde phase du jansénisme ..., Paris, 1902, in-8. — Lettres théologiques aux écrivains défenseurs des convulsions, par DOM LA TASTE, Paris, 1733-1740, 2 vol. in-4.

TROUBLES QUI PRÉCÉDÈRENT LA COMMISSION DES RÉGULIERS.

Idée d'un plan général, tendant à réformer les abus que le relâchement a introduits dans la congrégation de Saint-Maur, présenté par un jeune prieur d'icelle à tous les chefs et membres, spécialement aux supérieurs majeurs et députés qui s'assembleront dans l'abbaye de Marmoutier-les-Tours, le jeudi de la quatrième semaine d'après Pâques, pour la célébration du chapitre général de 1754, s. l. n. d., in-12. — Lettre d'un religieux Bénédictin de la congrégation de Saint-Maur à un magistrat sur la triennalité des supérieurs de cette même congrégation (8 sept. 1762), En France, s. d., in-12. — Seconde lettre d'un religieux Bénédictin ... à un magistrat sur la triennalité des supérieurs ... (8 déc. 1762). En France, s. d. in-12. — Discours d'un des Messieurs de grand'chambre à la cour du Parlement, toutes les chambres assemblées, au sujet d'un écrit anonyme contre le régime de la congrégation de Saint-Maur (25 janv. 1763), s. l. n. d., in-4. — Arrêt de la cour de Parlement, qui condamne un imprimé ayant pour titre : « Lettre d'un religieux Bénédictin ... » à être lacéré et brûlé par l'exécuteur de la haute justice. Extrait des registres du Parlement (1 fév. 1763), Paris, s. d. in-4. — Arrêt du Parlement de Bordeaux ... (28 mars 1763), s. l. n. d., in-4. — Arrêt de la cour du Parlement de Toulouse ... (8 avril 1763), s. l. n. d., in-4.

Mémoire sur les supériorités de la congrégation de Saint-Maur (29 mars 1763), Paris, 1763, in-4. — Consultation sur les innovations abusives introduites dans le régime de la congrégation de Saint-Maur, Bordeaux, 1764, in-8. — Consultation pour les religieux Bénédictins ... réclamant la mise en vigueur de la triennalité des supérieurs, s. l. n. d. in-fol. (1 juil. 1763). — Mémoire pour Dom Joseph Delrue, supérieur général de la congrégation de Saint-Maur, contre un écrit intitulé : « Consultation sur les innovations ... » (31 juillet 1764), Bordeaux, 1764, in-4. — Lettre de Mgr le comte de Saint-Florentin, ministre et secrétaire d'État, au supérieur général de la congrégrtion de Saint-Maur (2 juillet 1765), s. l. n. d., in-4. — Mémoire pour Dom Jean Faure, prêtre, religieux bénédictin de la congrégation de Saint-Maur, appelant comme d'abus, tant en son nom qu'en celui des religieux adhérents, contre Dom

J. Delrue, supérieur général, Dom Phil. Lebel, visiteur de la province de Gascogne, et Dom Jacques Cruvellier, prieur du monastère de Saint-André-lez-Avignon, intimés, Toulouse, 1765, in-4, au sujet des modifications introduites dans le gouvernement de la congrégation. — Mémoire pour les religieux Bénédictins de la congrégation de Saint-Maur, appelants comme d'abus, du régime actuel de la dite congrégation et demandant une provision de 10,000 l. et l'apport des primitives constitutions et autres titres de l'ordre, contre Dom Joseph Delrue, supérieur général de la dite congrégation, s. l. n. d., 1765, in-8. — Justification de l'appel comme d'abus, relevé par les religieux Bénédictins de la congrégation de Saint-Maur, contre le régime actuel de cette congrégation, par Dom Emmanuel-Marie Limairac, Bordeaux, s. d., in-12. — Observations à MM. les commissaires nommés par Sa Majesté pour examiner les appels comme d'abus, interjetés par quelques religieux de la congrégation de Saint-Maur, s. l. n. d., in-4. — Idée sommaire des demandes évoquées au Conseil et formées contre le général de la congrégation, par Dom Faure et les religieux qui se sont joints à lui, s. l. n. d. in-4.

Parallele du régime actuel de la congrégation de Saint-Maur avec celui qui lui fut imposé par l'Église et par l'État sur l'élection des supérieurs majeurs et locaux, sur leur institution et destitution, et sur l'institution et destitution des officiers des maisons, par Dom Massanes, s. l.. 1765, in-fol. — Théorie du gouvernement domestique de la congrégation de Saint-Maur, s. l. n. d., in-8. — Apologie des constitutions de la congrégation de Saint-Maur par Dom Maur Jourdain, Toulouse, s. d., in-4. — Défense du R. P. Dom Grég. Tarisse ... contre les fausses imputations des Faronites renouvelées depuis peu dans quelques libelles, par Dom Jourdain, Paris, 1766, in-4. — Lettre de Dom J. Delrue ..., au sujet de la réforme introduite dans cette congrégation (6 août 1765), s. l. n. d., in-4. — Troisième écrit de Dom Devienne, se disant en butte aux persécutions de Dom Labbat, son supérieur (1 janv. 1763), s. l. n. d., in-8. — Mémoire à consulter pour Dom Devienne, se disant en butte aux persécutions de Dom Labbat, son supérieur, s. l. 1764, in-4.

Requête au Roi, signée par DD. Berthereau, Bourotte, Brézillac, Cailliaux, Coutans, Haudiquier, Henry, Labbé, Lieble, Pernetty, Poirier, etc. (15 juin 1765), s. l. n. d., in-4. — Requête des mousquetaires noirs à N. S. P. le Pape Clément XIII. Parodie de la requête des Bénédictins. Bib. Aix, ms. 815. — Requête présentée au Roi par le supérieur général, le régime et la plus nombreuse partie de la congrégation de Saint-Maur, contre l'entreprise de 28 religieux de l'abbaye de Saint-Germain (23 juillet 1765), par Dom Delrue, Paris, 1765, in-4. — Réclamations des religieux Bénédictins des Blancs-Manteaux, contre la requête des religieux de Saint-Germain-des-Prés, s. l. n. d., in-4. — Mémoire à consulter et consultation pour les Bénédictins de Saint-Germain-des-Prés, Paris, 1769, in-4. — Recueil de pièces concernant cette dernière affaire (1754-1769), Bib. nat. ms. fr. 18.823-18.825, Bib. Arsenal, ms. 6320. — Mémoire à consulter et consultation pour les religieux des Blancs-Manteaux en réponse au mémoire de quelques religieux de Saint-Germain-des-Prés, Paris, 1769, in-4. — Second mémoire à consulter et consultation pour les religieux de Saint-Germain, contre six religieux des Blancs-Manteaux, Paris, 1769, in-4.

COMMISSION DES RÉGULIERS.

Lettres d'un religieux à son supérieur général sur la nécessité d'une réforme dans les constitutions des ordres religieux et sur la manière canonique d'y procéder, s. l., 1767, in-18. — Observation sur les deux lettres à un supérieur général à l'occasion de la réforme des réguliers, par Dom LIEBLE, s. l. n. d., in-8. — Suite des observations, s. l. n. d., in-8.

Arrêt du Conseil d'État du Roi, qui ordonne qu'il sera convoqué un chapitre général et extraordinaire de la congrégation de Saint-Maur ... en l'abbaye royale de Saint-Denys, le 24 avril prochain en présence des commissaires de Sa Majesté (31 janv. 1766), Paris, 1766, in-fol. — Arrêt du Conseil d'État du Roi concernant la députation qui sera faite des religieux de la congrégation au chapitre général (19 fév. 1766), Paris, 1766, in-4. — Arrêt du Conseil d'État du Roi, qui ordonne la séparation du chapitre général et extraordinaire, assemblé en l'abbaye de Saint-Denys (9 mai 1766), Paris, 1766, in-4. — Circulaire des commissaires du Roi pour l'exécution de l'arrêt de son conseil (23 mai 1766) au sujet de la réforme à introduire dans la congrégation de Saint-Maur, s. l. n. d. in-fol. — Arrêt du Conseil d'État du Roi, qui confirme les bulles et lettres patentes d'érection de la congrégation de Saint-Maur et qui ordonne l'exécution provisoire des déclarations sur la règle et les Constitutions (6 juillet 1766), Paris, 1766, in-4. — Arrêt du Conseil d'État du Roi, sur la tenue des chapitres généraux des ordres religieux et en particulier de la congrégation de Saint-Maur (3 avril 1767). Le même Conseil rendit un arrêt (6 avril 1767) sur la tenue du chapitre général de la congrégation, un autre (16 sept. 1768) pour la rédaction des constitutions, un (27 avril 1769) pour l'acquit des dettes de la congrégation. — Arrêt du Conseil d'État (3 avril 1767) relatif à la suppression de la conventualité dans les maisons de Saint-Basle, Molosme, Saint-Pourçain, le Tréport et Montreuil-Bellay, toutes abbayes de la congrégation de Saint-Maur, Paris, 1767, in-4. — Arrêt du Conseil d'État (3 avril 1767) relatif au rétablissement de la conventualité dans les monastères dépendant de la congrégation de Saint-Maur, Paris, 1767, in-4.

Lettre de Dom D... à Dom D..., son ami (12 avril 1766), au sujet des troubles de la congrégation, s. l. n. d., in-8. — Lettre de Dom *** à un religieux de l'abbaye royale de Saint-Denys, s. l. n. d., in-4. — Mémoire pour servir à l'histoire du chapitre général (24 avril 1766), par Dom JAMIN. Bib. nat. ms. fr. 19.623. — Procès verbal des séances du définitoire du chapitre général de la congrégation de Saint-Maur, tenu en l'abbaye de Saint-Germain-des-Prés, le 26 sept. 1766. Bib. nat. nouv. acq. fr. 20,005; ms. fr. 15,784-15,750. — Projet de nouvelles déclarations et constitutions, par Dom PERNETTY, Ibid. ms. lat. 13.863, 13.864.

Précis des faits, des monuments et des autorités qui intéressent le chapitre général que la congrégation de Saint-Maur doit tenir dans l'abbaye de Marmoutier (27 avril 1769). Procès verbal des chapitres tenus à Marmoutier en 1769, Londres, 1769, in-4, 1772, 1775. Bib. Rouen, ms., 1923, f. 87-204.

Arrêt du Conseil d'État du Roi, concernant l'assemblée prochaine du chapitre général de la congrégation de Saint-Maur (27 février 1778), Paris, 1778, in-4. Compte que les RR. PP. Visiteurs et six députés des religieux de la province de Normandie rendent au chapitre général de leur diète et de ce qui l'a précédée, s. l. n. d., in-4. — Mémoire concernant la diète de la congrégation de Saint-Maur dans la province de Normandie et le chapitre général de 1781, s. l. n. d., in-4. — Consultation sur les opérations de la diète tenue à l'abbaye du Bec par les religieux Bénédictins de la congrégation de Saint-Maur, de la province de Normandie, Paris, 1781, in-4. — Addition aux pièces et mémoires sur lesquels a été donné l'avis du 11 mai 1781, relativement aux opérations de la diète tenue par les religieux de la congrégation de Saint-Maur à l'abbaye du Bec (27 juin 1781), Paris, 1781, in-4.

Arrêt du Conseil d'État du Roi, pour la convocation d'un chapitre extraordinaire de la congrégation de Saint-Maur à Saint-Denis (21 juin 1783), Paris, 1783, in-4. — Très humbles et très respectueuses représentations du supérieur général de la congrégation de Saint-Maur et de ses deux assistants, au Roi, s. l. n. d., in-4. — Réflexions sur l'arrêt du Conseil d'État du 21 juin 1783, concernant la congrégation de Saint-Maur, s. l. n. d., in-8. — Arrêt du Conseil d'État qui ordonne la suppression de quatre imprimés concernant la congrégation de Saint-Maur (12 juillet 1783), Paris, 1783, in-4.

Discours prononcé par Mgr l'archevêque de Narbonne, l'un des commissaires du Roi, à l'ouverture du chapitre général, Paris, 1783, in-4. — Mémoire à consulter et consultation au sujet du chapitre général de la congrégation de Saint-Maur (19 août 1783), Paris, 1783, in-4. — Extrait des registres du procès verbal des séances du chapitre général de la congrégation de Saint-Maur, assemblé à Saint-Denis (9 sept. 1783), Paris, 1783, in-4. — Journal abrégé de l'assemblée des religieux de la congrégation de Saint-Maur ordonnée à Saint-Denis pour le 9 sept. par l'arrêt du Conseil du 21 juin 1783, et consultation (3 nov. 1783), s. l. n. d., in-4. — Précis pour les supérieurs majeurs de la congrégation de Saint-Maur, un très grand nombre de supérieurs locaux et de religieux appelant comme d'abus, de l'assemblée tenue à Saint-Denis, Paris,

1783, in-4. — Consultation du 11 sept. sur la légitimité de l'appel comme d'abus interjeté par les supérieurs majeurs de la congrégation de Saint-Maur, du refus fait par l'assemblée de Saint-Denis de déférer à leur ordonnance du 6 sept. 1783 et de se borner à la connaissance du temporel, s. l. n. d., in-4. — Pièces justificatives pour le régime de la congrégation (6-20 sept. 1783), s. l. n. d., in-4. — Mémoire à consulter et consultation pour la congrégation de Saint-Maur et singulièrement pour les supérieurs majeurs, les principaux officiers et les supérieurs locaux, établis par le chapitre général de 1781 (20 sept. 1783), Paris, 1783, in-4. — Observations et consultation en réponse à un mémoire qui a pour titre : Mémoire à consulter, etc. (27 sept. 1783), s. l. n. d., in-4. — Observations pour la congrégation de Saint-Maur (1783), s. l. n. d., in-4.

Extrait du procès-verbal des séances du chapitre général (9 sept.-1 oct. 1783), Paris, 1783, in-4. — Lettre des supérieurs majeurs aux religieux de la congrégation (10 oct. 1783), s. l. n. d., in-4. — Appel comme d'abus des élections faites par l'assemblée de Saint-Denis, au préjudice des supériorités légitimes. Arrêt qui reçoit cet appel, signification de cet arrêt, consultation (15 oct. 1783), s. l. n. d., in-4. — Examen des délibérations de l'assemblée ... tenue dans l'abbaye de Saint-Denis depuis le 9 sept. jusqu'au 7 oct. et consultation, s. l. n. d., in-4. — Mémoire et consultation pour le régime actuel de la congrégation de Saint-Maur, contre les appelants comme d'abus des élections faites au chapitre général de Saint-Denis, Paris, 1783, in-4. — Mémoire et consultation pour Dom Esnault, prieur de Saint-Germer-de-Flay, actuellement cadastré par l'assemblée de Saint-Denis à l'abbaye de Saint-Pere-de-Chartres, Dom Duclos et Dom Cotte, sénieurs de ladite abbaye de Saint-Germer, intimés et demandeurs, contre Dom Littré et Dom Evrard, religieux de la même congrégation appelants comme d'abus, Paris, 1784, in-4.

Consultation en réponse à un imprimé qui a pour titre : Mémoire à consulter et consultation pour le régime actuel, etc. (10 janv. 1784), Paris, 1784, in-4. — Mémoire à consulter et consultation au sujet du chapitre général (17 janv. 1784), Paris, 1784, in-4. — Réponse à la consultation de M. Piales du 10 janv. 1784, Paris, 1784, in-4. — Consultation en réponse à deux imprimés intitulés, l'un : Mémoire à consulter et consultation ... du 17 janvier dernier; l'autre : Réponse à la consultation de M. Piales, Paris, 1784. — Supplément au Précis pour les supérieurs majeurs appelants comme d'abus de l'assemblée tenue à Saint-Denis en sept. 1783 (14 février 1784), Paris, s. d., in-4. — Examen de la diète de Normandie de 1781 et du chapitre qui l'a suivie, Paris, 1781, in-4.

Quatrième et cinquième appels, comme d'abus, des opérations de l'assemblée tenue à S.-Denis. Requête et arrêts du 2 janvier 1784 et consultation sur la nécessité de conserver et protéger la congrégation de Saint-Maur, Paris, 1784, in-4. — Réflexions et consultation sur les effets funestes de la conduite odieuse et tyrannique des intrus, par l'assemblée de Saint-Denis, dans les supériorités et offices de la congrégation. Sixième et septième appels comme d'abus (4 mai 1784), Paris, 1784, in-4. — Mémoire et consultation sur les vrais principes de toute société, appliqués à l'état actuel de la congrégation de Saint-Maur. Suite de la conduite tyrannique des intrus. Nécessité absolue de la faire cesser et de remédier aux abus qui en résultent. Huitième appel comme d'abus (28 juin 1784), Paris, 1784, in-4. — Addition aux mémoire et consultation du 28 juin dernier, Paris, 1784, in-4. — Considérations et tableau des malheurs actuels et de l'état déplorable de la congrégation. Consultation. Dixième appel comme d'abus des actes de visite faits par les intrus, Paris, 1784, in-4. — Consultation sur la conduite à tenir par les religieux opposants à l'égard des visiteurs en cours de visite, Paris, 1784, in-4. — Craintes et espérances également fondées de vrais religieux de la congrégation de Saint-Maur. Excès énormes de la plupart des intrus dans les supériorités et offices. Consultation. Onzième appel comme d'abus (24 déc. 1784), s. d., in-8. — Question importante concernant les élections des intrus. Suite de leurs vexations et mauvaise conduite. Douzième appel comme d'abus (21 janv. 1785), Paris, s. d., in-4. — Mémoire sur la nécessité pressante de remédier sans délai aux abus énormes introduits par l'assemblée de Saint-Denis dans la congrégation, si l'on veut empêcher sa ruine entière. Treizième, quatorzième et quinzième appels comme d'abus. Consultation (15 mars 1785). Paris, s. d., in-4. — Discussion de plusieurs sophismes auxquels les intrus ont recours pour défendre leur cause. Consultation. Seizième appel comme d'abus (24 avril 1785), Paris, 1785, in-4. — Consultation sur la nécessité où l'on s'est trouvé de multiplier les appels comme d'abus, des opérations de l'assemblée de Saint-Denis et de ses suites qui tendaient à la dissolution de la congrégation de Saint-Maur. Dix-septième et dix-huitième appels comme d'abus, Paris, s. d., in-4. — Nouvelles entreprises et vexations des intrus. Appels comme d'abus qu'elles ont nécessités. Consultation sur l'esprit et la conduite de Dom Chevreux (30 juin 1785), Paris, 1785). Paris, 1785, in-4.

Représentations du Parlement sur l'arrêt du Conseil du 21 juin 1783, s. l. n. d., in-12. — Remontrances lues et arrêtées aux Chambres assemblées, le mardi 10 février 1784, s. l. n. d., in-12. — Troisièmes remontrances lues et arrêtées aux Chambres assemblés, le mardi 1 février 1785, présentées au Roi le dimanche 13 du même mois, s. l. n. d., in-4 et in-12. — Consultation concernant l'entreprise des intrus ..., de produire les divers écrits imprimés pour la défense des supérieurs légitimes, dans la vue de faire envisager comme contradictoire l'arrêt à intervenir au Conseil du Roi (17 mai 1784), Paris, 1784, in-4. — Consultation en réponse à quelques plaintes des intrus (27 oct. 1784), Paris, 1784, in-4. — Progrès des entreprises des intrus dans les supériorités. Consultation (30 nov. 1784), Paris, 1784, in-4. — Lettre aux religieux de la congrégation, par Dom Chevreux, Paris, 13 janvier 1785,

Réponse d'un prieur de la congrégation, s. l. n. d., in-4. — Circulaire de Dom Chevreux, au sujet des troubles de la congrégation. Réponse d'un prieur de la congrégation de Saint-Maur au T. R. P. Chevreux, supérieur général (3 février 1785), s. l. n. d., in-4. — Mémoire pour la congrégation de Saint-Maur, présentée à l'Assemblée du Clergé. Consultation (13 mai 1785), Paris, s. d., in-4.

Arrêt du Conseil d'État du Roi concernant la congrégation de Saint-Maur (8 janvier 1785), Paris, 1785, in-4. — Bref du pape Pie VI (24 juillet 1787) qui prescrit la forme et la tenue des diètes dans chacune des provinces de la congrégation de Saint-Maur, ainsi que du prochain chapitre général de la dite congrégation, Paris, 1787, in-4, et dans Bullarium Romanum XXVI, 56-57. — Lettres patentes du roi, qui confirment un bref du Pape du 24 juin 1787, en ordonnent l'exécution et prescrivent la forme et tenue des diètes, etc. (21 février 1788), Paris, 1788, in-4. — Arrêt du Conseil d'État du Roi concernant la tenue des diètes provinciales et du chapitre général de la congrégation de Saint-Maur, en conformité du bref du pape du 24 juillet 1787, annexé aux lettres patentes du Roi (18 avril 1788), Paris, 1788, in-4.

Lettre de Dom Devienne au chapitre général de la congrégation de Saint-Maur convoqué, par ordre du roi dans l'abbaye de Saint-Denis, le 3 août 1788, s. l. n. d., in-8. — Troisième mémoire sur les moyens de terminer les troubles de la congrégation de Saint-Maur, par Dom Devienne, s. l. d. n., in-8. — Liste des capitulants du chapitre général de la congrégation de Saint-Maur, assemblés en l'abbaye de Saint-Denis en France, le 3 août 1788, suivant l'ordre de leur profession, s. l. n. d., in-4. — Règlements faits au chapitre général de la congrégation de Saint-Maur, assemblé en l'abbaye de Saint-Denis (3 août 1788), s. l. n. d., in-4. — Plan d'institution pour les candidats, novices et jeunes profès de la congrégation de Saint-Maur, Paris, 1788, in-4. — Requête à Nosseigneurs les évêques de France, par les Bénédictins de la congrégation de Saint-Maur, Paris, 1788, in-8. La plupart de ces pièces se trouvent à la Bibliothèque Nationale; voir Catalogue de l'histoire de France, V, 496-505.

Les Bénédictins français avant 1789, par Ch. Gérin, dans Revue Questions historiques, XIX, 478-491. — Les couvents de la congrégation de Saint-Maur dans le midi de la France à la veille de la Révolution, par l'abbé Douais, dans Bul. Institut cath. Toulouse, VIII (1896), 177-190. — La congrégation de Saint-Maur dans le midi de la France, de 1778 à 1781, par l'abbé Douais, dans Bul. histor. du Comité des trav. (1897), 810-823. — L'état de Paris en 1789. Études et documents sur l'ancien régime à Paris, par H. Monin, Paris, 1889, in-8, 127-137. — Pétition des réguliers Mauristes demandant qu'on paie leurs dettes et qu'on laisse aux religieux des pensions équivalant à la moitié des revenus, dans le Courrier français du 23 déc. 1789, 667-670. — Mémoires pour servir à l'histoire ecclésiastique pendant le XVIIIe siècle, par Picot, Paris, 1855, in-8; IV, 171-180; V, 193-196.

BÉNÉDICTINES.

Les monastères de Bénédictines ne firent généralement point partie des groupements ou congrégations monastiques. L'ordre de Cluny et la congrégation de Chezal-Benoit furent seuls à les accepter; et encore ne s'en agrégèrent-ils qu'un fort petit nombre. Ces communautés se virent donc condamnées à l'isolement. Il est dès lors impossible de donner même une simple esquisse de l'histoire générale de ces religieuses en France. Cette histoire se morcelle forcément en autant de monographies qu'il y eut de maisons distinctes.

Les moines cependant ne se désintéressèrent pas complètement des moniales. Ils eurent, de fait, sur elles une influence incontestable. Aussi peut-on affirmer qu'ils marchèrent de front soit dans la ferveur soit dans la décadence religieuse. Toutefois, par le fait de leur isolement, les abbayes de femmes purent recevoir l'influence directe des ordres religieux, non soumis à la règle bénédictine. Ce qui permit à plusieurs de se soustraire au relâchement qui envahissait les abbayes d'hommes. Faut-il attribuer, par exemple, à une action des Chanoines réguliers le changement d'habit qui se fit en quelques lieux sur la fin du moyen âge? Nous ne saurions le dire.

Les Bénédictines participèrent à la renaissance générale qui se fit sentir partout en France après la guerre de Cent ans. Il y en eut qui prirent pour modèle la réforme de Fontevrault; d'autres se contentèrent d'une réforme locale, encouragée par les évêques. Les statuts d'Étienne Poncher, évêque de Paris (1503-1519) furent en honneur à Chelles et à Montmartre [1]. Le protestantisme compromit le succès de ces rénovations partielles. Mais la renaissance monastique n'attendit pas la fin des guerres de religion et de la Ligue pour se manifester dans quelques-unes des abbayes les plus renommées. Les Capucins et les Jésuites, qui avaient alors la ferveur et l'élan de la jeunesse, s'en firent les auxiliaires généreux. On peut citer Montmartre, Saint-Paul de Beauvais, Saint-Pierre de Reims, Faremoutier, Saint-Laurent de Bourges, Saint-Ausone d'Angoulême, Notre-Dame de Saintes, La Règle de Limoges, Sainte-Croix et la Trinité de Poitiers, Notre-Dame de Troyes, Notre-Dame de Sens, Montivilliers, etc. Les moines se laissèrent alors devancer par les moniales.

Quand la congrégation de Saint-Maur eut pris quelque développement, plusieurs abbesses demandèrent aux supérieurs de se charger de la direction spirituelle de leurs communautés. Mais ceux-ci, craignant d'imposer à leurs religieux un ministère qui aurait fini par en absorber un grand nombre, refusèrent, malgré les avantages qui leur étaient promis. On ne fit d'exception que pour l'abbaye de Chelles.

Les anciennes abbayes, pourtant très nombreuses, ne suffisaient plus à recevoir les vocations qui affluaient. Il fallut établir de nouveaux monastères. Nous parlerons bientôt de ceux qui formèrent l'Institut des Bénédictines du Très Saint-Sacrement. La mère Florence de Verquigneul fonda à Douai celui de Notre-Dame de la Paix, d'où sortirent plu-

[1] Reigles des abbayes et monastères de filles religieuses de l'ordre de S. Benoist, réformées par R. P. Messire ÉTIENNE PONCHER, traduites du latin, par DOM LAUR. BÉNARD, s. l., 1601, in-16 de 362 p. — Règle de S. Benoit avec les statuts du R. P. ESTIENNE DE PONCHER, évêque de Paris, adaptés aux religieuses et conformes à la louable pratique du présent, Paris. 1646, in-32, 122 p.

sieurs essaims. On vit se former dans quelques diocèses des prieurés conventuels, soit indépendants les uns des autres, soit soumis à quelques abbayes.

Nous avons à signaler les translations des monastères de la campagne à la ville, qui eurent lieu dans le nord de la France pendant les guerres du dix-septième siècle. Paris en reçut plusieurs pour sa part. Des femmes pouvaient difficilement jouir de la paix nécessaire dans des villages éloignés.

Le jansénisme fut pour beaucoup une occasion de troubles. Mais toutes les Bénédictines ne s'abandonnèrent point à un entraînement trop général; il y en eut qui conservèrent une foi irrépréhensible.

Les monastères de femmes surent garder en face de la révolution une attitude beaucoup plus digne que la plupart des monastères d'hommes. Les défections furent rares parmi elles. Il s'en trouva même qui parvinrent à conserver une certaine communauté de vie et à se reconstituer aussitôt après le concordat.

ABBAYES ET PRIEURÉS DE BÉNÉDICTINES.

Province ecclésiastique de Paris.

Dans le diocèse de Paris : Montmartre, Le Val-de-Grâce, Chelles, Val-de-Gif, Malnoue, Yerres, Gersy, Issy, et les prieurés de Notre-Dame de Grâce, Notre-Dame de Liesse, Notre-Dame des Prés, Notre-Dame de Bon Secours, la Présentation-Notre-Dame, la Madeleine de Treinel, Notre-Dame de Consolation, Issy, le Val d'Osne à Charenton, la Conception à Conflans, Lagny et Torcy.

Dans le diocèse de Chartres : Arcisses, Saint-Avit de Châteaudun, Saint-Corentin-lès-Mantes, Saint-Cyr de Berchères, Saint-Remy des Landes et les prieurés de Notre-Dame de Nazareth à Nogent-le-Rotrou et de la Madeleine à Mantes.

Dans le diocèse de Meaux : Jouarre, Faremoutier et le prieuré de Noëfort.

Dans le diocèse d'Orléans : Saint-Loup.

Province ecclésiastique de Sens.

Dans le diocèse de Sens : Notre-Dame-lès-Sens ou de la Pommeraie, Champbenoît, Villechasson et les prieurés de Villeneuve-le-Roi, de Montargis, Moret et Giy.

Dans le diocèse d'Auxerre : Saint-Julien d'Auxerre, Notre-Dame de Ranthaume, Notre-Dame de Crisenon et le prieuré de Saint-Fargeau.

Dans le diocèse de Nevers : Notre-Dame de Nevers et les prieurés de Cosne, la Fermeté et la Charité-sur-Loire.

Dans le diocèse de Troyes : Notre-Dame-aux-Nonnains de Troyes, Notre-Dame de Sézanne et le Paraclet.

Province ecclésiastique de Reims.

Dans le diocèse de Reims : Saint-Pierre de Reims et Avenay.

Dans le diocèse de Soissons : Notre-Dame de Soissons, Argensolles, Saint-Remy près Villers-Cotterets, Saint-Jean de Royal-lieu près de Compiègne, La Barre, Morienval et et le prieuré de Notre-Dame de Braine.

Dans le diocèse de Laon : Origny-Sainte-Benoîte et le Calvaire de La Fère.

Dans le diocèse d'Amiens : Sainte-Austreberte de Montreuil, Brétéaucourt-les-Dames et Saint-Michel de Doullens.

Dans le diocèse de Châlons : Notre-Dame d'Andecy.

Dans le diocèse de Beauvais : Saint-Paul de Beauvais.

Province ecclésiastique de Cambrai.

Dans le diocèse de Cambrai : Notre-Dame de la Paix à Saint-Amand.

Dans le diocèse d'Arras : Avesnes, Etrun, Notre-Dame de la Paix à Douai et de la Paix de Jésus à Arras.

Dans le diocèse de Boulogne : les prieurés d'Ardre et de Calais.

Province ecclésiastique de Rouen.

Dans le diocèse de Rouen : Saint-Amand de Rouen, Saint-Jean d'Andely, Montivilliers, les prieurés de Notre-Dame des Anges, de Saint-Louis à Rouen et de Brienne.

Dans le diocèse de Bayeux : La Trinité de Caen, Cordillon, les prieurés de Bayeux et Vire.

Dans le diocèse d'Evreux : Saint-Sauveur d'Evreux, Saint-Nicolas de Verneuil, Saint-Jean de Neubourg, Notre-Dame de Pacy, les prieurés de Nassandres, Pont-de-l'Arche et Vernon.

Dans le diocèse de Lisieux : Saint-Désir de Lisieux, Notre-Dame du Pré à Lisieux, Saint-Léger de Préaux et les prieurés d'Etrépagny et de Vimoutier.

Dans le diocèse de Coutances : Notre-Dame des Anges à Coutances et Notre-Dame de Protection à Valogne.

Dans le diocèse de Séez : Notre-Dame d'Almenèches, Sainte-Marguerite de Vignats, Exmes, le prieuré de Saint-Antoine de Domfront.

Dans le diocèse d'Avranches : le prieuré de Moutons.

Province ecclésiastique de Tours.

Dans le diocèse de Tours : Beaumont-lès-Tours et prieuré de la Bourdillère.

Dans le diocèse du Mans : Saint-Julien du Pré, Sainte-Geneviève de Montsort, Étival-en-Charnie, les prieurés de Château-du-Loir, la Fontaine-Saint-Martin, Pont-de-Gennes, Courthamont, Saint-Calais, Sainte-Scholastique de Laval, Evron, Lassay, Mayenne et Ernée.

Dans le diocèse d'Angers : Notre-Dame du Ronceray et les

prieurés de Beaugé et de Notre-Dame de Bon-Conseil à Angers.

Dans le diocèse de Rennes : Saint-Georges de Rennes, Saint-Sulpice-des-Bois et le prieuré de Vitré.

Dans le diocèse de Saint-Malo : le prieuré de Notre-Dame de la Victoire à Saint-Malo.

Dans le diocèse de Nantes : le prieuré de Clisson.

Dans le diocèse de Dol : les prieurés de Dol et du Mont-Cassin de Josselin.

Dans le diocèse de Vannes : le prieuré de Kerléano.

Dans le diocèse de Quimper : le prieuré de Loc-Maria.

Province ecclésiastique de Bourges.

Dans le diocèse de Bourges : Saint-Laurent de Bourges, Charenton, Saint-Menou, Notre-Dame de Sancerre et les prieurés de Charly et de Menetou-sur-Cher.

Dans le diocèse de Clermont : Beaumont, Brayeac, Cusset, Saint-Genès-les-Monges, les prieurés de Charroux, Chatel-Montagne, Souvigny, Yzeure, Pontratier, Clermont, Courpière, Issoire, Marsat, Saint-Julien-la-Geneste et Auzun.

Dans le diocèse de Saint-Flour : Saint-Pierre de Blesles, Saint-Pierre des Chases, Saint-Jean du Buis, près d'Aurillac, et le prieuré de La Vaudieu.

Dans le diocèse de Limoges : Notre-Dame de la Règle et les Allois à Limoges, Bonnesaigne et le prieuré du Dorat.

Province ecclésiastique de Bordeaux.

Dans le diocèse de Bordeaux : Prieuré de Saint-Benoît, à Bordeaux.

Dans le diocèse d'Angoulême : Saint-Ausone d'Angoulême.

Dans le diocèse de Saintes : Notre-Dame de Saintes et Notre-Dame de Grâce à Cognac.

Dans le diocèse de Luçon : le prieuré des Sables d'Olonne.

Dans le diocèse de Poitiers : Sainte-Croix et la Trinité de Poitiers, Saint-Jean de Bonneval près Thouars, les prieurés de Sainte-Madeleine de la Fougereuse, de Niort, de Civrai, de Payberland et de la Mothe-Saint-Hérayе.

Dans le diocèse de Périgueux : La Bugue et Ligueux.

Dans le diocèse de Sarlat : Fontgauffier.

Provinces ecclésiastiques d'Albi et d'Auch.

Dans le diocèse de Castres : Vielmur et le prieuré de la Salvetat de Lautrec.

Dans le diocèse de Rodez : Saint-Sernin-sous-Rodez.

Dans le diocèse de Vabres : L'Arpajonie à Milhau.

Dans le diocèse d'Aire : le prieuré de Roquefort de Marsan.

Dans le diocèse de Lescar : Saint-Sigismond.

Dans le diocèse de Comminges : Saint-Laurent de Comminges.

Provinces ecclésiastiques de Narbonne et Toulouse.

Dans le diocèse de Lodève : Gorian.

Dans le diocèse de Montpellier : Gigean et Saint-Geniès.

Dans le diocèse de Toulouse : le prieuré de Notre-Dame du Sac.

Provinces ecclésiastiques d'Aix, Arles et Embrun.

Dans le diocèse d'Aix : La Celle, à Aix.

Dans le diocèse d'Arles : Saint-Césaire d'Arles, Saint-Sauveur de Beaucaire.

Dans le diocèse de Marseilles : Saint-Sauveur de Marseilles.

Dans le diocèse de Toulon : le prieuré de Saint-Zacharie.

Dans le diocèse d'Avignon : Saint-Honorat de Tarascon, les prieurés de Sainte-Catherine et de Saint-Laurent d'Avignon.

Dans le diocèse de Cavaillon : le prieuré de Cavaillon.

Dans le diocèse d'Orange : le prieuré de Caderousse.

Province ecclésiastique de Vienne.

Dans le diocèse de Vienne : Saint-André-le-Haut à Vienne, Sainte-Colombe-lès-Vienne.

Dans le diocèse de Valence : Soyons, à Valence.

Dans le diocèse de Vaison : le prieuré de Saint-Césaire de Nyons.

Province ecclésiastique de Lyon.

Dans le diocèse de Lyon : Saint-Pierre et la Déserte à Lyon, Chazaux et le prieuré de Saint-Benoît de Lyon.

Dans le diocèse d'Autun : Saint-Andoche et Saint-Jean-le-Grand à Autun, le prieuré de Marcigny.

Dans le diocèse de Châlon : Notre-Dame de Lancharre à Châlon et le prieuré de Notre-Dame de Tournus.

Dans le diocèse de Dijon : Saint-Julien de Rougemont à Dijon, Notre-Dame du Puits-d'Orbe à Chatillon, Notre-Dame de Pralon.

Dans le diocèse de Langres : Poulangy, Notre-Dame de Pitié à Joinville, Jully-lès-Nonnains.

Province ecclésiastique de Besançon.

Dans le diocèse de Besançon : Chateau-Chalon, les prieurés de Besançon et de Morey.

Dans le diocèse de Strasbourg : Billischeim, Saint-Jean-des-Choux.

Dans le diocèse de Metz : Sainte-Glodesinde à Metz, Vergaville.

Dans le diocèse de Trèves : les prieurés de Marville et de Juvigny.

Dans le diocèse de Verdun : Saint-Maur de Verdun.

MONASTÈRES DE FEMMES SÉCULARISÉS.

Les moniales n'échappèrent pas plus que les moines à la sécularisation. Toutefois les transformations de leurs monastères en chapitres séculiers furent plus rares. On en faisait généralement des chapitres nobles dont les membres, portant le titre de chanoinesses, récitaient l'office divin au chœur, mais ne contractaient par vœu aucune obligation de la vie religieuse. Quelques maisons de cisterciennes et de chanoinesses augustines se sécularisèrent dans des conditions analogues. Ces sécularisations ne se firent pas toutes au XVIIe et au XVIIIe siècle; il en est qui remontent à une époque assez reculée [1].

En voici la liste : Remiremont, Bouxières-aux-Dames, Épinal, Poussay, Bleurville, Saint-Pierre et Notre-Dame de Metz, Andlau, Hohenbourg, Masevaux, Ottmarsheim, dans les diocèses de Lorraine et d'Alsace; Sainte-Aldegonde de Maubeuge, Denain et Bourbourg, dans les diocèses de Cambrai, d'Arras et de Saint-Omer; La Veine, en Auvergne; Baume-les-Dames, dans le diocèse de Besançon; Alix, Largentière, Leignieux et Neuville-les-Dames, dans celui de Lyon.

[1] Les abbesses restaient assez généralement obligées de faire profession religieuse, sous la règle qui avait primitivement été suivie dans leur maison.

BÉNÉDICTINES DU SAINT-SACREMENT.

Les Bénédictines du Saint-Sacrement eurent pour fondatrice Catherine de Bar, connue sous le nom de Mechtilde du Saint-Sacrement. Née à Saint-Dié, en 1614, elle entra chez les religieuses annonciades de Bruyères, à l'âge de 17 ans. L'invasion de l'armée suédoise en Lorraine, pendant la guerre de Trente ans, la contraignit de prendre la fuite avec la communauté dont elle était devenue supérieure. Ce fut pour elle l'occasion d'épreuves nombreuses, qui la mirent à même de solliciter son admission parmi les Bénédictines de Rambervillers; ces religieuses menaient une vie austère et édifiante (1639). Il fallut une fois encore fuir devant l'ennemi. L'abbaye de Montmartre fut le terme de ce nouvel exode. La Mère Mechtilde trouva un refuge à Saint-Maur-des-Fossés avec quelques-unes de ses sœurs. On la vit ensuite à la tête du monastère de Notre-Dame de Bon-Secours de Caen, puis à Rambervillers.

Elle revint à Paris, en 1651, fonder un nouveau monastère, dont les religieuses se vouèrent à l'adoration perpétuelle du Saint-Sacrement et à la réparation des outrages faits à Jésus-Christ dans cet auguste sacrement. La reine Anne d'Autriche protégea cette fondation, qui fut autorisée par lettres patentes de Louis XIV (1654), et plus tard par un bref du pape Alexandre VII (1661). Le premier monastère, installé rue Cassette, devint un centre de dévotion très fréquenté par une élite d'âmes pieuses.

La Mère Mechtilde, qui voulait écarter de sa maison la pompe attachée à la fonction abbatiale, se contenta du titre de prieure et, pour donner à cet acte d'humilité un caractère mystique, elle voulut que Notre-Dame reçût, dans ce monastère et dans ceux qui seraient fondés à l'avenir, le titre d'abbesse et les honneurs attachés à cette dignité. C'est ainsi que la statue de la Vierge, ornée d'une crosse, préside toutes les réunions conventuelles, au chœur, au chapitre et au réfectoire. La vénérable fondatrice rédigea les institutions, que devaient observer ses moniales; elle composa, pour leur édification, des ouvrages ascétiques, où est nettement exprimée sa pensée sur le but et le caractère de son institut. Elle eut recours pour les rédiger aux lumières de quelques Bénédictins de la congrégation de Saint-Maur. Cette sainte femme fut en relation avec plusieurs hommes d'une vertu éminente, tels que le Père Jean-Chrysostome du tiers ordre de Saint François, M. de Bernières, Dom Ignace Philibert, prieur de Saint-Germain-des-Prés, et, en Lorraine, le Père Épiphane-Louis, abbé d'Etival. Leurs enseignements contribuèrent au développement de son esprit et de sa doctrine.

L'œuvre de la Mère Mechtilde reçut sa consécration définitive par la bulle *Militantis Ecclesiæ* du pape Innocent XI (1676), qui érigeait son institut en congrégation. Il se composait déjà de plusieurs monastères : Paris (rue Cassette), Toul (1665), Rambervillers, qui avait obtenu son agrégation à l'institut en 1666, Notre-Dame de Consolation de Nancy, qui eut la même faveur trois ans plus tard (1669). D'autres fondations suivirent bientôt : Rouen (1677), second monastère de Paris (Saint-Louis-au-Marais) (1684), Notre-Dame de Bon-Secours de Caen, qui sollicita son agrégation l'année suivante (1685), Chatillon-sur-Loing, fondé par la princesse de Meckelbourg dans un ancien collège calviniste (1688), et Dreux (1696). On dut envoyer des religieuses à Varsovie, sur la demande de la reine de Pologne, Marie-Casimire (1688). Cette même princesse prit l'initiative d'une autre fondation dans la ville de Rome (1702), où elle s'était réfugiée.

La Mère Mechtilde du Saint-Sacrement mourut en l'année 1698. Elle eut, pendant sa vie, une grande aversion pour les jansénistes et leurs erreurs. Ses filles héritèrent de son zèle. La Révolution qui ruina leurs monastères ne parvint pas à détruire l'Institut; il s'est reconstitué au commencement du XIXe siècle pour prendre un développement qu'il n'avait pas eu du vivant de la pieuse fondatrice.

BIBLIOGRAPHIE.

Vie de la Vénérable Mère Catherine de Bar, dite en religion Mechtilde du Saint-Sacrement, par DUQUESNE, Nancy, 1775, in-12. — Vie de la T. R. Mère Mechtilde du Saint-Sacrement, par HERVIN et DOURLENS, Paris, 1882, in-8. Les auteurs indiquent les sources manuscrites qu'ils ont utilisées. Leur œuvre renseigne exactement sur les origines de la congrégation. — Catherine de Bar, sa vie et son œuvre, par CH. PFISTER, Saint-Dié, 1897, in-8, 26 p., ext. Bul. soc. philom., Vosges (1896). — Histoire des diocèses de Toul, de Nancy et de Saint-Dié, par MARTIN, II, 254-260.

Constitutions pour le régime des religieuses bénédictines du Saint-Sacrement et déclarations sur la règle de Saint-Benoit, par DOM IGNACE PHILIBERT, voir HERVIN, 520-528. — Les Constitutions des religieuses bénédictines de l'Institut de l'Adoration perpétuelle du T. S. Sacrement, par la MÈRE MECHTILDE, confirmées et approuvées par Clément XI, Paris, s. d., in-16; Rouen, 1829, in-12; Paris, 1851, in-12. Voir : Bullarium romanum, VIII, 16-18. — Constitutiones in regulam S. P. Benedicti pro monialibus Adorationis perpetuæ Sanctissimi Sacramenti, Romæ, 1705, in-4. Bib. nat. ms. fr., 13.525. — Observations sur les constitutions des religieuses bénédictines du Saint-Sacrement, Arch. nat., ms. 1511.

Propre des fêtes et offices de la congrégation des religieuses bénédictines de l'Adoration perpétuelle du Très-Saint-Sacrement, Supplementum Breviarii monastici pro Sanctimonialibus Ord. S. Benedicti Adorationis perpetuæ SS. Sacramenti, Paris, 1671, in-8; Arras, 1872; Malines, 1873, in-12. — Cérémonial de la vêture et de la profession, Paris, 1668.

Exercices spirituels, Paris, 1686, in-12; qui est une adaptation aux besoins des Bénédictines du Saint-Sacrement de la « Pratique de la règle de S.-Benoit, » par Dom Cl. Martin. — Règlement des offices, Paris, 1688. — Dispositions et pratiques pour les Filles du Très Saint-Sacrement, Paris, 1682. Réimprimé sous ce titre : Le véritable esprit des religieuses adoratrices du Très Saint-Sacrement de l'autel, Versailles, 1864, in-18. — La journée religieuse, Paris, 1720. Ces ouvrages ascétiques sont dûs à la Mère Mechtilde.

Collection de lettres émanant des divers monastères des religieuses bénédictines en France, in-fol., Bib. nat., Ld[73]. — Hélyot, VI, 376-394, d'après des renseignements fournis par la Mre de Jésus et Mlle de Bienville, nièce de la fondatrice. — Heimbucher, I, 197-199. — Les Bénédictines du Saint-Sacrement par D. Gérard van Caloen dans Revue bénédictine, VIII (1891), 242-254, 299-308, 396-406; IX (1892), 433-441, 481-490.

CISTERCIENS.

Saint Robert, abbé de Molesmes, fonda le monastère de Cîteaux, en 1098, dans le diocèse de Chalon, avec ceux de ses moines qui voulaient pratiquer intégralement la règle de Saint Benoît. Lorsqu'il fut obligé de revenir à Molesmes, le prieur Albéric lui succéda (1099). Dix ans après, Étienne Harding reçut le gouvernement de l'abbaye. Saint Robert, ses deux successeurs et leurs compagnons n'avaient qu'un but : mener une vie religieuse austère, sans songer à introduire une réforme parmi les moines et encore moins à fonder un ordre nouveau. Mais leur entreprise devait prendre une importance considérable. De Cîteaux allaient, en effet, sortir des colonies monacales, qui établiraient dans toute l'Église latine des monastères destinés à être d'autres Cîteaux et rattachés à lui par les liens d'une très forte organisation.

L'entrée de saint Bernard au noviciat (1112) fut le signal de ce développement extraordinaire. Trente compagnons le suivaient. Il en vint d'autres après eux, si bien que saint Étienne dut fonder les abbayes de la Ferté (1113), de Pontigny (1114), de Clairvaux et de Morimond (1115). Ces quatre maisons jouèrent un rôle important dans l'histoire et la vie de l'ordre cistercien. On les connut toujours sous le nom des quatre premières filles de Cîteaux. Saint Bernard fut chargé de la fondation de Clairvaux. Ce monastère prit immédiatement sous sa direction un développement sans exemple dans le passé. Les novices lui arrivèrent si nombreux qu'il put fonder, de son vivant, soixante-huit monastères en France, en Italie, en Allemagne, en Angleterre, en Espagne et en Portugal.

L'action religieuse et politique exercée par l'abbé de Clairvaux, l'éclat de sa doctrine et de son éloquence, la sainteté de sa vie, manifestée par de nombreux miracles, attirèrent sur tout son ordre l'attention et l'admiration du clergé et des fidèles. Citeaux et ses autres filles durent envoyer de fréquentes colonies monastiques s'installer dans les diocèses, où les évêques et les seigneurs réclamaient la présence de communautés cisterciennes. Les vides ainsi formés étaient comblés par les novices, qui sollicitaient leur admission. De la Ferté sortirent cinq abbayes qui, de leur côté, en fondèrent dix autres. La filiation de Pontigny est plus considérable; ce monastère a pu donner dix-sept maisons à l'ordre; celles-ci ont fait à leur tour des fondations au nombre d'environ trente-trois. Morimond produisit directement ou indirectement vingt abbayes [1].

Il y eut dans l'ordre un grand nombre de monastères de femmes. Le développement de cette famille religieuse s'est fait pendant les Croisades. Les ordres militaires, qui s'établirent soit en France, soit en Espagne et en Portugal, subirent son influence et s'inspirèrent de ses pratiques. Tels furent les Templiers, qui profitèrent des conseils et de la protection de saint Bernard, les chevaliers de l'ordre de Calatrava, fondé par Raymond, abbé de Fitero en Espagne, ceux de l'ordre d'Alcantara, d'Avis, de l'Aile de Saint-Michel et du Christ.

La propagation des monastères cisterciens se fit avec une étonnante rapidité. Ils atteignirent en un demi-siècle (1152) le chiffre de trois cent cinquante, sans compter les granges ou prieurés que la plupart des abbayes avaient sous leur

1 Nous ne faisons entrer dans cette évaluation que les monastères existant en France au moment de la Révolution.

dépendance. On craignait que cette prospérité ne compromît le maintien de la régularité. Le chapitre général de 1152, pour obvier à ce danger, décida qu'il ne se ferait à l'avenir aucune fondation sans avoir obtenu l'assentiment des abbés réunis. Le recrutement continua comme par le passé, les seigneurs et les évêques ne cessèrent point de réclamer les moines de Cîteaux; de telle sorte que cette mesure ne gêna en rien la diffusion de l'ordre. Il comptait à la fin du XIIe siècle cinq cent trente monastères, et sept cent quarante-deux au milieu du XVIIe. Quelques-uns d'entre eux avaient une population religieuse considérable.

Bien que Cîteaux se soit surtout développé par le moyen des fondations, il y eut cependant des abbayes de moines noirs qui adoptèrent ses observances; mais elles furent très peu nombreuses. Des congrégations monastiques, fondées sous l'empire des mêmes sentiments et dans un but analogue, entrèrent avec leurs religieux et leurs monastères dans son organisation. Ce fut le cas de Savigny et de ses vingt-sept filles, fondé, vers 1105, dans le diocèse d'Avranches, par le bienheureux Vital de Mortagne, disciple de Robert d'Arbrissel, et d'Aubazine, fondé au diocèse de Limoges par saint Étienne (1142).

Les maisons cisterciennes étaient répandues dans la plupart des diocèses de l'Église latine. Il y en eut en Irlande et en Écosse, en Danemark, en Norwège, en Prusse, en Bohême, en Hongrie. Les croisés en créèrent en Palestine et dans l'Empire de Constantinople. On les vit ainsi prospérer dans des régions où les Bénédictins clunistes et autres n'avaient jamais pénétré. Leurs habitants surent s'adapter aux exigences de chaque pays. Ils évangélisaient les populations encore païennes des royaumes du Nord, et, dans l'Espagne, ils organisaient les ordres religieux militaires, sans s'écarter de l'esprit de Cîteaux et de ses pratiques austères et laborieuses.

Tous ces monastères, malgré la distance qui les séparait, formaient un ordre unique, soumis à l'autorité de l'abbé de Citeaux et gouverné par le chapitre général. L'abbaye-mère n'absorbait point, comme à Cluny, ses dépendances. Chaque maison avait son autonomie, élisait son abbé, s'administrait, se recrutait elle-même, en un mot, vivait de sa vie propre. Toutes interprétaient la règle de Saint Benoît de la même manière et suivaient les mêmes coutumes, appelées *us*. Tous les ans, les abbés se réunissaient en chapitre général à Citeaux sous la présidence de l'abbé. Ils rendaient compte de la manière dont ils faisaient observer la règle. L'assistance annuelle à ces assemblées était onéreuse et souvent impossible pour les supérieurs des monastères trop éloignés. On dut faire une exception en leur faveur. Ceux de Danemark, de Suède, de Prusse et de Hongrie ne vinrent que tous les trois ans; ceux d'Irlande, d'Écosse et de Sicile, tous les quatre; ceux de Palestine et de Syrie, tous les sept.

L'unité se maintint dans l'ordre, grâce au fonctionnement régulier des chapitres. Ils se réunissaient en septembre. On ne remarque aucune interruption avant l'année 1411. Les guerres alors ne permirent pas aux abbés de se rendre à Citeaux. Ils n'y allèrent plus dans la suite avec la même régularité. Le chapitre se tint alors tous les deux ou tous les trois ans; il y eut même une interruption de vingt années. Il devint triennal à partir de 1666. Les chapitres cisterciens ont exercé une grande influence sur le développement de la vie religieuse. Le Saint-Siège, en voyant leurs effets salutaires, prescrivit aux ordres anciens et nouveaux de les prendre comme base de leur organisation.

Citeaux dut former avec ses nombreux monastères des groupements particuliers, pour rendre le gouvernement et la surveillance plus faciles. Il ne fut pas tenu compte de leur distribution géographique. Au lieu de les grouper en provinces, comme cela se fit dans la suite pour les autres familles religieuses, on rattacha simplement soit à Cîteaux soit à l'une des quatre premières filles tous ceux qui en étaient sortis directement ou indirectement. Ces groupes furent les filiations de l'ordre.

Saint Robert et ses disciples s'attachèrent à la pratique littérale de la règle bénédictine. Leur ordre marque, en cela, une réaction très nette contre la tendance générale des monastères existant alors et, en particulier, de Cluny et de ses dépendances. Les moines noirs, c'est le nom qui désormais fut donné aux anciens bénédictins pour les distinguer des moines blancs ou cisterciens, faisaient à l'office divin la part trop large, au détriment du travail manuel. Ils avaient adouci les rigueurs de l'observance primitive et s'écartaient, dans la manière de se vêtir et dans leurs constructions, de la simplicité antique. Les Cisterciens diminuèrent la longueur et la solennité des offices, s'adonnèrent personnellement aux travaux agricoles [1], suivirent un régime plus austère et leurs églises et leurs abbayes se distinguèrent par la gravité et la simplicité de l'architecture.

Le texte de la règle de saint Benoît ne pouvait, sans commentaires pratiques, suffire aux abbés pour la formation de leurs communautés. La manière dont elle était observée par les moines de Cîteaux leur fournit cette explication vivante. On ne tarda pas à la fixer par la rédaction des *Us* ou usages. Ce livre tint lieu de constitutions. Tous les monastères le suivaient à la lettre. Le chapitre général en contrôlait l'application. Les abbés, qui toléraient ou encourageaient des négligences et des infractions, recevaient une réprimande et, au besoin, un châtiment. Il appartenait au chapitre général

[1] L'exploitation des terres fut surtout confiée aux frères convers, disséminés par petits groupes dans les *granges* ou fermes des abbayes.

d'abroger les règlements devenus impraticables et d'en promulguer de nouveaux. Ses décisions complétaient le livre des *Us*.

La marche ordinaire des abbayes et la vie personnelle de leurs moines sont minutieusement réglées par ces usages, tandis que l'organisation de l'ordre est donnée dans la *Charte de charité*. L'abbé de Cîteaux, saint Étienne, et les abbés des quatre premières filles l'adoptèrent pendant le premier chapitre général (1119). Elle traite de l'autorité de l'abbé de Cîteaux et de ceux des quatre premières filles, qui étaient la tête de l'ordre, du fonctionnement et des devoirs des chapitres généraux, de l'élection et de la déposition des abbés. Cette charte est, comme le livre des *Us*, l'œuvre de Étienne Harding. Elle fut confirmée par le pape Callixte II, le 23 décembre 1119, l'année même de sa promulgation.

Les Cisterciens conservèrent leur ferveur religieuse pendant le XIIe et le XIIIe siècle. On peut juger de la haute estime en laquelle les Papes les tenaient par le rôle qu'ils leur ont fait jouer dans la réforme de Cluny.

Pendant ce temps, les supérieurs généraux s'occupèrent de la codification des statuts décrétés par les chapitres. Le premier recueil, qui a pour titre *Instituta Capituli generalis*, est l'œuvre de l'abbé saint Raynard, qui le promulgua en 1134. Le second, *Institutiones Capituli generalis*, commencé vers 1203 par l'abbé Arnaud I, fut revu et complété par Arnaud II, qui le soumit à l'examen et à l'approbation du chapitre de 1240, avant de le promulguer. Il y eut, dans les années qui suivirent, entre les principaux abbés de l'ordre un grave conflit au sujet de leur juridiction mutuelle. L'évêque de Troyes, Nicolas, Étienne, abbé de Marmoutier, et Geoffroy de Beaulieu, confesseur de saint Louis, que Urbain IV leur donna comme arbitres, ne purent ramener la paix. Clément IV trancha le différend par sa bulle *Parvus fons*, du 9 juin 1265, qui compléta la charte de charité. Elle est connue dans l'ordre sous le nom de *Constitution Clémentine*. Lorsque les abbés eurent retrouvé le grand bien de l'union, ils poursuivirent dans leurs assemblées annuelles leur tâche de législateurs. Les *Libelli antiquarum definitionum capituli generalis ordinis Cisterciensis,* promulgués en 1289 et 1316, conservent leurs décisions distribuées méthodiquement.

Mais, au XIVe siècle, les Cisterciens ne purent échapper à l'action dissolvante du temps et à l'influence des troubles qui agitaient l'Église et les divers peuples occidentaux. Cet état de choses, qui dura au moins deux cents ans, leur fut tout aussi préjudiciable qu'aux moines noirs. Rome et les chapitres généraux réagirent maintes fois contre cette décadence. Ils ralentirent sa marche, sans pouvoir l'arrêter complètement. Cîteaux dut attendre, pour se réformer efficacement, le concile de Trente et l'efflorescence de sainteté, dont cette auguste assemblée donna le signal.

Le pape Benoît XII, qui appartenait à cette famille monacale et avait gouverné l'abbaye de Fontfroide, essaya de la réformer, en publiant des statuts, obligatoires pour l'ordre entier, dans sa bulle *Fulgens ut stella,* connue sous le nom de *Constitution bénédictine* (12 juillet 1335). Les Supérieurs, réunis à Cîteaux en 1350 entrèrent pleinement dans ses vues. Les *novellæ definitiones,* publiées alors, imposent à tous les monastères l'exacte observation de ses règlements. Ces mesures attestent la bonne volonté du chapitre général. Mais elles n'étaient pas assez énergiques pour réagir avec efficacité contre les dissolvants de la discipline et de l'esprit religieux. Une dernière réaction, tentée au chapitre de 1390, n'eut aucun résultat appréciable. On finit, dans les réunions suivantes par autoriser les manquements les plus formels au vœu de pauvreté. Les chapitres convoqués, avec la plus grande irrégularité, n'eurent plus aucune influence sur les religieux. Pendant que les guerres de religion ruinaient en

France matériellement et moralement la plupart des abbayes, le protestantisme anéantissait, sans le moindre espoir de restauration, les monastères si nombreux de l'Angleterre, de l'Irlande, de l'Écosse, de la Norwège, de la Suède, du Danemark et d'une grande partie de l'Allemagne.

La réforme monastique elle-même, en renouvelant la vie religieuse dans les maisons d'Espagne et d'Italie, fut un amoindrissement pour Cîteaux. Elle se faisait en dehors du chapitre et du supérieur général. Ceux qui l'acceptaient n'avaient point à tenir compte d'une autorité qui s'était elle-même détruite en suspendant son exercice. Ils se formèrent en congrégations autonomes. La première fut fondée en Espagne par Dom Martin de Bargas (1426). La plupart des monastères de la Castille adoptèrent ses constitutions. D'autres congrégations réformées surgirent en Italie. La plus célèbre, celle de Saint-Bernard, engloba des monastères de la Lombardie et de la Toscane (1497). Il sera bientôt question des deux réformes françaises de Feuillant et de la Trappe.

Lorsque le calme fut rendu à la France, un abbé de Cîteaux, Jean de Cirey, qui aimait passionnément sa famille religieuse, s'efforça de la préserver d'une ruine complète. Un historien le présente comme la colonne qui soutint l'ordre de Cîteaux. Il le gouvernait à la fin du xve siècle (1476-1501). Le pape Innocent VIII et Charles VIII, roi de France, réclamaient instamment une réforme qui s'imposait. Un chapitre général extraordinaire, convoqué en 1493, à Paris, au collège des Bernardins, arrêta un certain nombre de statuts, qui supprimaient les désordres les plus affichés. Mais les abbayes et les abbés avaient trop contracté l'habitude de l'indépendance pour reconnaître pratiquement l'autorité du chapitre général et de l'ordre de Cîteaux. Là, comme dans tout l'ensemble de la société civile et religieuse, le relâchement des liens de subordination rendait presque impossible le succès de toute réforme. Il aurait fallu tout d'abord fortifier l'autorité centrale, réorganiser son exercice et briser les obstacles qui empêchaient son action. La monarchie française le faisait depuis Louis XI. Rome allait s'y mettre au concile de Trente. Les ordres religieux bénéficieraient, avec le temps, de ce nouvel état de choses.

Le besoin de revenir aux saines traditions monastiques se manifesta, vers 1615, dans quelques monastères, Prières, la Charmoye, Vauclair, Longpont, Cheminon, Saint-Aubin-des-Bois. Ce fut un point d'appui pour la réforme que demandèrent les papes Grégoire XV et Urbain VIII et le roi de France, Louis XIII. Le cardinal de La Rochefoucauld avait reçu la mission de l'établir. Dom Denis Largentier, abbé de Clairvaux, avait déjà contribué à cette restauration de la discipline religieuse. Il la fit approuver par le chapitre général de 1618. Les religieux réformés ou de l'étroite observance obtinrent du cardinal de La Rochefoucauld de former une congrégation distincte, soumise à un chapitre général particulier et gouvernée par un supérieur, qui prendrait le nom de vicaire général (1624). Le cardinal ne put rien obtenir des moines non réformés ou de la commune observance. Il usa de rigueur, en prescrivant la visite des monastères et une réorganisation de l'ordre (1634). Le cardinal de Richelieu, que les non réformés avaient demandé pour abbé de Cîteaux dans l'espoir d'échapper à l'autorité du cardinal de La Rochefoucauld, se donna comme le protecteur de la réforme et la fit appliquer dans son abbaye (1635).

Les religieux de la commune observance essayèrent, après sa mort (1642), de reprendre le dessus. Leur tentative n'aboutit pas. Le Souverain Pontife enjoignit aux abbés de Cîteaux et des quatre premières filles d'introduire la réforme dans les diverses abbayes. Alexandre VII ordonna à Dom Claude Vaussin, abbé de Citeaux, de convoquer un chapitre général qui rechercherait les moyens de mettre un terme à ces troubles et de faire observer par l'ordre tout entier les dispositions de son Bref du 19 avril 1666. Ce document pontifical donna aux Cisterciens une organisation qui assura, dans la mesure du possible, le maintien de la paix et de la vie régulière. Clément IX le confirma par un nouveau Bref, le 26 janvier 1669.

Les monastères ne revinrent pas cependant à l'abstinence des aliments gras. Mais il n'y eut entre eux aucune autre divergence. Ceux qui observaient le maigre perpétuel étaient de l'étroite observance; les autres, de la commune. Ce renouveau de ferveur diminua pendant le cours du XVIIIe siècle. L'ordre subit alors les atteintes du jansénisme et les infiltrations du naturalisme philosophique, qui tarissaient la vie religieuse dans ses sources. Les conflits de juridiction, qui éclatèrent entre l'abbé de Citeaux et les abbés des quatre premières filles, amenèrent d'interminables procès: les abbés furent les premières victimes de ces divisions, qui avaient pour conséquence immédiate la diminution du respect de l'autorité.

Ces divisions fournirent à la commission des réguliers un excellent prétexte de s'immiscer dans le gouvernement intérieur de l'ordre. Elle provoqua la tenue du chapitre général de 1768, où fut décidée la formation d'un nouveau recueil de statuts. Ce travail occasionna de nouvelles divisions fort pénibles. Les membres du chapitre ne tombèrent d'accord sur un texte définitif qu'en 1786. C'était à la veille de la Révolution, qui devait anéantir cet ordre vénérable.

Le relâchement, qu'il nous a fallu signaler, est une tache dans l'histoire de Citeaux. Mais elle s'efface promptement à la pensée du nombre considérable de saints fournis à l'Église par cette famille religieuse et des services inappréciables qu'elle a rendus à la religion et au pays. La réforme, inaugurée à la Trappe par l'abbé de Rancé, en faisant revivre les austérités du Citeaux primitif, rendit aux fils de saint Bernard un renom de sainteté, qui survécut à la Révolution.

Au moment de sa suppression, l'ordre de Citeaux comptait en France 228 monastères, occupés par 1873 religieux. Il y en avait 61 avec 532 moines dans la filiation de Citeaux : Citeaux, La Cour-Dieu (diocèse d'Orléans), Grand-Champ (Chartres), L'Aumône (Blois), Barzelles, Le Landais, Loroy, Olivet et Varennes (Bourges), Bellaigue, Mégemont et Montperroux (Clermont), Bonnaigue, La Colombe et Aubazine (Limoges), Valette (Tulle), Le Pin (Poitiers), Grosbos (Angoulème), La Frénade (Saintes), Valbenoite (Lyon), La Bussière (Autun), Bonnevaux (Vienne), Les Chambons et Mazan (Viviers), Bonlieu et Léoncel (Valence), Valmagne (Agde), Senanque (Cavaillon), Le Thoronet (Fréjus), Silvanès (Vabres), Bonneval (Rodez), La Garde-Dieu et Gourdon (Cahors), Beaugerais et la Clarté-Dieu (Tours), L'Épau et Perseigne (Le Mans), Le Louroux et Pontrou (Angers), La Meilleraie (Nantes), Lanvaux (Vannes), Bégard (Tréguier), Bonrepos, Coëtmalouen, Langonnet et Saint-Maurice (Quimper), Relbecq (Saint-Pol de Léon), Saint-Aubin des Bois et Boquen (Saint-Brieuc), Barbeaux, Cercanceaux, Preuilly et Vauluisant (Sens), Élan (Reims), Valloires (Amiens), Lannoy et Royaumont (Beauvais), Cheminon (Châlons), Bonport (Rouen), La Celle et Pairis (Bâle), Neubourg (Strasbourg), et Orval (Trèves), qui était hors de France.

La filiation de la Ferté ne comptait que 3 monastères et 33 moines : La Ferté et Maizières (diocèse de Châlon-sur-Saône), Sturzelbronn (Metz).

Celle de Pontigny en avait 33 avec 171 religieux : Pontigny, Bourras et les Roches (diocèse Auxerre), Fontaine-Jean et Jouy (Sens), Aubignac et Chalivoy (Bourges), Beuil, Dalon, Le Palais et Pré-Benoit (Limoges), Bonlieu et la Faize (Bordeaux), Gondon (Agen), Trizay (Luçon), Bonnevaux, l'Étoile et la Merci-Dieu (Poitiers), La Chaume (la Rochelle), Cadouin (Sarlat), Pontaut (Aire), Font-Guilhem (Bazas), Saint-Marcel (Cahors), Ardorel (Lavaur), Loc-Dieu (Rodez), La Chassagne (Lyon), Saint-Sulpice (Belley), Cercamp (Amiens), Chaalis (Senlis), Scellières (Troyes), Quincy (Langres), La Noë (Évreux).

La filiation de Clairvaux, de beaucoup la plus nombreuse, avait 92 maisons et 864 religieux : Les Vaux-de-Cernay (diocèse de Paris), Font-Morigny, La Prée, les Pierres et Noirlac (Bourges); Aubepierre (Limoges), les Écharlis (Sens), Reigny (Auxerre); Bonnefontaine, Chéhéry, Igny, les Rosiers, Signy et Val-Roy (Reims); le Gard et Lieu-Dieu (Amiens); Beaupré et Froidmont (Beauvais); Longvillers (Boulogne); Vaucelles (Cambrai), Loos (Tournai), Clairmarais (Saint-Omer), la Charmoye, Haute-Fontaine, Moustier-en-Argonne et Trois-Fontaines (Chalons-sur-Marne); Boheries, Foigny et Vauclair (Laon); Ourscamp (Noyon), Longpont (Soissons), Belleau, Boulancourt, la Piété, le Reclus et la Rivour (Troyes); la Chalade et Chatillon (Verdun), Acey, Balerne, Notre-Dame de Buillon, Cherlieu et Mont-Sainte-Marie (Besançon); Chézery (Genève); Auberive, Beaulieu, la Charité, Clairvaux, Longuay et Mores (Langres); Fontenay, Marcilly et Septfonts (Autun); Fontfroide (Narbonne), Grand-selve (Toulouse), Calers (Rieux), Belleperche (Montauban), Candeil (Albi), Belloc et Bonne-Combe (Rodez); les Boschauds et la Pérouse (Périgueux); Valence et les Chateliers (Poitiers); Charron, la Grâce-Dieu et Moreilles (la Rochelle); la Blanche et Bois-Grolland (Luçon); Fontaines-les-Blanches

(Tours), la Boissière et Chaloché (Angers); Champagne, Clermont, Fontaine-Daniel et Tironneau (le Mans); Buzai et Notre-Dame de Villeneuve (Nantes); la Vieuville (Dol); Prières (Vannes); Beaubec, Foucarmont, Mortemer et la Valasse (Rouen); Saint-André-en-Gouffern et la Trappe (Séez); le Breuil-Benoit (Evreux); Aulnay, Barbey, Val-Richer et Torigny (Bayeux); Savigny-le-Vieux (Avranches).

Morimond avait dans sa filiation 37 monastères, occupés par 251 religieux; la Crète, Écurey, Morimond et Vaux-la-Douce (diocèse de Langres); Theuley (Dijon); Bellevaux, Bithaine, la Charité, la Grâce-Dieu, Clairefontaine, Rosières et le Lieu-Croissant (Besançon); Beaupré, Clairlieu, Vaux-en-Ornois, Haute-Seille et l'Isle-en-Barrois (Toul); Saint-Benoît en Wærre, Freistroff et Villers-Betnach (Metz); Feniers et le Bouchet (Clermont); Eaunes (Toulouse), Bonnefont et Nizors (Comminges); Boulbonne (Mirepoix); Berdouès, Bouillas, Flaran et Gimont (Auch); Pérignac (Agen), l'Échelle-Dieu (Tarbes), Sauvelade (Lescar), Villelongue (Carcassonne), Franquevaux (Nimes), Valsaintes (Apt) et Aiguebelle (Saint-Paul-Trois-Châteaux).

Le collège des Bernardins, situé à Paris, était commun aux diverses filiations.

Bibliographie.

GÉNÉRALITÉS.

Originum Cisterciensium tomus I, in quo, præmissis congregationum domiciliis adjectisque tabulis chronologico-genealogicis veterum abbatiarum a monachis habitatarum fundationes antiquissimarum fontium primus descripsit Domnus LEOPOLDUS JANAUSCHEK, Vienne, 1877, in-4, LXXXII-394. L'auteur se proposait de publier un *Monasticon Cisterciense*. La mort l'a empêché de mener son œuvre à terme. Bib. éc. des Chartes, XXXIII, 216. Un nouvel historien de Citeaux, par DE LACHESNAIS, dans Rev. Quest. historiques, XXIII, 265. — Der Cistercienser Orden, historische Skizze, von L. JANAUSCHEK, Baden, 1884, in-8. — Cisterciensium seu verius ecclesiasticarum annalium tomi quatuor

(1098-1236), auctore ANGELO MANRIQUE, ordinis Cisterciensis monacho et historiographo, Lugduni, 1642-1659, 4 vol. in-fol. — Annales ordinis Sancti Benedicti, auctore Domno JOHANNE MABILLON, V et VI (1098-1157). — Essai de l'histoire de l'ordre de Citeaux, par Dom PIERRE LENAIN, sous-prieur de la Trappe, Paris, 1696-1697, 9 vol. in-12. — Notitia abbatiarum ordinis Cisterciensis, per universum orbem, libris X quibus singulorum monasteriorum origines, incrementa, benefactorum aliorumque illustrium virorum diplomata donationesque recensentur, auctore GASPARO JONGELINO, Coloniæ, 1640, in-fol. — Chronicon Cisterciense, a Sancto Roberto primum inchoatum, postea a Sancto Bernardo, mirifice auctum ac propagatum, AUBERTUS MIRÆUS, publicavit, Coloniæ, 1614, in-8. — Cistertium bis-tertium, seu historia elogialis, in qua sacerrimi ordinis Cisterciensis, anno Domini 1098 a sui origine sexies seu bis-tertium sæcularis primordia, incrementa, præclara gesta, merita..., auctore AUG. SARTORIO, Pragæ, 1700, in-fol. — Notitia ordinis Cisterciensis ex Sancti Bernardi familia maxime illustris, auctore J. SCHMID, Helmstad, 1711, in-4. — Origines et progressus abbatiarum ordinis Cisterciensis et equestrium militiarum de Calatrava, Alcantara, Avisy, Montesa, de Christo et SS. Mauritii et Lazarii, auctore JONGELINO, Coloniæ, 1641, in-fol.

Primera parte de la coronica del orden de Cister instituto de Santo Bernardo, por BERNARDO DE MONTEALVO, Madrid, 1602, in-fol. — Primeira parte da chronica de Cister, onde se contão as cousas principaes deste ordem et multas antiguidades do reino de Portugal, por BERN. DE BRITTO, Lisboa, 1602, in-4, et 1720, in-fol. — Origine del ordine Cisterciense e suovi progressi, por RUSCA, Milano, 1598, in-4. — Ambrosianæ basilicæ ordinis Cisterciensis monumenta, par PURICELLI, Mediolani, 1643, in-4.

Cabinet des choses les plus signalées advenues au sacré ordre de Citeaux, signamment des vies et histoires de plusieurs saints prélats d'iceluy, par Fr. JEAN D'ASSIGNIES, religieux de Cambrai, Douai, 1598, in-8. — Éclaircissement sur l'origine et la fondation de l'ordre de Citeaux, Paris, 1710, in-4. — Histoire de la réforme générale de l'ordre de Citeaux en France, tome I, contenant tout ce qui s'est passé de l'origine jusqu'en 1726, par Dom ARMAND GERVAISE, Avignon, 1746, in-4. — Histoire abrégée de l'ordre de Citeaux, par un moine de Tymadeuch, Saint-Brieuc, 1897, in-8. — Les Cisterciens d'après des documents nouveaux, par l'abbé RAMBURE, dans Rev. sciences ecclés., 1896, janvier. — HERMANT, I, 360-428. — HÉLYOT, V, 336-474. — HEIMBUCHER, I, 218-241.

Kleinere Quellen und Forschungen zur Geschichte des Cistercienser Orden, par Dom OTTO GRILLNBERGER, dans Studien und Mittheilungen aus dem Benedictiner-und dem Cistercienser Orden, Raigern, XII (1891), 442-448; XIII, 84-91; XIV, XV, XVI, 270-280, 599-610; XVII, 40-59, 256-269, 437-443; XVIII, 87-101, 294-299, 458-468, 639-650. Cette revue, commencée en 1880, fournit de nombreux renseignements historiques sur l'ordre de Citeaux. — Cistercienser-

Chronik, Bregenz, in-8, revue dont la publication a commencé en 1888. — Union cistercienne. Revue historique, biographique, liturgique, ascétique et anecdotique de l'ordre de Citeaux, Hautecombe, in-8, commencée en 1892, n'a duré que trois ans.

Articles sur les Cisterciens, par DOM J. M. BESSE, dans Dictionnaire de théologie catholique, Paris, Letouzey, in-4, II, 2532-2550, et Cistercienser Orden, par RAULEN FEHR, dans Kirchenlexicon, Fribourg, 1884, III, 374-387.

ORIGINES ET EXTENSION DE L'ORDRE.

Origines Cisterciensis ordinis, dans Bibliotheca nova de LABBE, I, 640-647. — Exordium ordinis Cisterciensis minus, scriptum circa annum 1120, jussu sancti Stephani, tertii abbatis Cisterciensis, per religiosum ejusdem ordinis anonymum, plurimis in locis auctum et notis illustratum ab IGNATIO FIRMINO DE IBERO, Fiterensis cœnobii abbate, Fiteri, 1610, in-fol. — Exordium cœnobii atque ordinis Cisterciensis a primis Patribus Cisterciensibus conscriptum, Coloniæ, 1614, in-4. Pat. lat., CLXVI, 1501-1510. — Exordium magnum Cisterciensis ordinis, auctore STEPHANO abbate et fundatore archimonasterii Cisterciencis, quod scripsit CONRADUS abbas Eberbacensis, Pampelonæ, 1631, in-fol., dans Bibliotheca Cisterciensis de TISSIER, I, 13-246 et Pat. lat., CLXXXV, 995-1198. Voir : Histoire littéraire de la France, XVII, 363-370; Das Exordium magnum ordinis Cisterciensis des Klosters Eberbach, par OTTO, dans Neues Archiv., VI (1881), 603-605, et l'Histoire de saint Bernard, par l'abbé VACANDARD, dans Rev. Quest. hist. XLIII (1888), 383-386.

Exordia sacri ordinis Cisterciensis ... edita et recollecta per J. F. DE IBERO, Pampelonæ, 1631, in-fol. — Le petit et le grand exorde de Citeaux contenant les origines de ce monastère et de l'ordre de ce nom, avec de nombreuses légendes de la vie admirable des anciens moines de Clairvaux, Soligni-la-Trappe, 1884, in-8, 616 p. — Vie de saint Bernard, abbé de Clairvaux, par l'abbé VACANDARD, Paris, 1895, 2 vol. in-8, LIV-503 et 588. — Œuvres de saint Bernard, dans Pat. lat., CLXXXII-CLXXXV. — Xenia Bernardina, Vienne, 1891, 4 vol. in-8. — Sources de l'histoire de France, par MOLINIER, II, 244-252.

Cistercienser und Cluniacenser : Ueber den Dialog zwischen einem Cistercienser und Cluniacenser, dans Archiv für Kirchenrecht ..., 1897, 655. — Les origines de Citeaux et l'ordre bénédictin au XIIe siècle, par Dom BERLIÈRE, dans Revue d'histoire ecclésiastique (1900), 448-471, et (1901), 253-290. — Der Zisterzienser-Orden im grotsen abendlandischen Schisma, par le Dr BLIEMETZRIEDER, dans Studien ..., de Raigern, XXV, 62-83. — Beiträge zur Geschichte der Zisterzienser-Ordens im XVII Jahrh. von d[r] GRILLNBERGER, dans Studien ... de Raigern, XXV (1904), 465-479, 711-729.

Idæa chronotopographica congregationis sancti Bernardi per superiorem Germaniam, 1720, in-4. — Annales Austrio-Claravallenses ord. cisterc., auct. Linck, 1723, 2 vol. in-fol. — Les Cisterciens en Suède, par Fritihof, Hall, 1899, in-8. — Die Cistercienser der nordostlichen Deutschlands, par Winter, Gotha, 1868-1871, 3 vol. in-8. L'auteur donne en appendice un catalogue des monastères qui étaient sous la dépendance immédiate de Cîteaux et de Clairvaux, une règle inédite pour les frères convers, des instructions pour la visite des monastères et un recueil des statuts des chapitres généraux. — Ein Cisterzienserbuch. Geschichte und Beschreibung der bestehenden und Anführung der aufgehobenen Cisterzienserstifte in Osterreich-Ungarn, Deutschland und der Schweiz, par Sebastian Brunner, Wurzburg, 1881, in-8 de 750 p. La Cistercienser-Chronik renferme plusieurs articles sur l'histoire de l'ordre dans ces mêmes régions. — Étude sur l'histoire du xiiie siècle. Recherches sur la part que l'ordre de Cîteaux et le comte de Flandre prirent à la lutte de Boniface VIII et de Philippe le Bel, par Kervyn de Lettenhove, Bruxelles, 1854, in-4, ext. Mém. acad. Bruxelles, XXVIII. — Mittheilungen über Kloster und Ordensbrüder in Belgien zu Ende des xviii Jahrh. dans Cistercienser-Chronik, X (1898), 225, 265, 321; XI, 8, 37, 75, 101, 143. — History of the Cistercian order in England, dans Christ. remember LIV (1867), 1. — Les abbayes cisterciennes du Yorkshire, par Pigot, dans Fraser's magazine, sept. 1876. — The irish Cistercians : Past and present, Dublin, 1893, in-8 de 90 p. Voir : Rev. bénéd., XI (1894), 191. — De familiæ cisterciensis cœnobiorum in Sabaudia origine, auct. Dalbene, Camberii, 1594, in-4.

Tabula omnium monasteriorum sacri ordinis Cisterciensis conscripta per fratrem Joannem Rozanensem, olim professum Coronoviensem, publiée par Bretolz dans Studien ... de Raigern, XXII, 421-427, 599-610. — Lecestre, 19-29. — Archives de la Côte d'Or, ms. 7 et 140. Bib. Troyes, ms. 1450. Bib. Dijon, ms. 603-605.

HISTOIRE LITTÉRAIRE ET BIOGRAPHIE.

Bibliotheca Patrum Cisterciensium, id est opera abbatum et monachorum ordinis Cisterciensis, qui sæculo sancti Bernardi aut paulo post ejus obitum floruerunt, in unum corpus aliquot tomis distinctum, collecta, auct. Bertr. Tissier, Bonofonte, 1660-1664, I-VI, in-fol.; Parisiis, 1669, VII-VIII, in-fol. — Phœnix redivivens, sive ordinis Cisterciensis scriptorum Angliæ et Hispaniæ series, libri II, auct. Henriquez, Bruxelles, 1626, in-4. — Bibliotheca scriptorum ordinis Cisterciensis, elogiis plurimorum maxime illustrium adornata, auct. Car. de Visch, Duaci, 1649, in-4 et Coloniæ, 1656, in-4. — Historia rei litterariæ ordinis Sancti Benedicti, auct. Ziegelbauer et Bibliothèque générale des écrivains de l'ordre de Saint-Benoit, par Dom François, passim. — Histoire générale des auteurs sacrés, par Dom R. Ceillier, table générale, I, 213 (éd. Paris, 1868). — Table générale des quinze premiers volumes de l'Histoire littéraire de la France, par Cam. Rivain, Paris, 1875, p. 186.

Menologium Cisterciense, notationibus illustratum, auct. Dom HENRIQUEZ : accedunt scorsum regula, constitutiones et privilegia ejusdem ordinis et congregationum et monasticarum et militarium, quæ cisterciense institutum observant, collecta et in ordinem redacta per EUMDEM, Antverpiæ, 1630, 2 vol. in-fol. — Fasciculus Sanctorum ordinis Cisterciensis complectens Cisterciensium ascetarum præclarissima gesta, hujus ordinis exordium, incrementum, progressum, præcipuarum abbatiarum per universum orbem fundationes, ordinum militarium origines, auctore Domno CHRYS. HENRIQUEZ, Bruxellis, 1623, in-fol. et Coloniæ, 1631, 2 vol. in-fol. — Menologium Cisterciense, Antverpiæ, 1630, in-4.

Compendium sanctorum ordinis Cisterciensis, auct. JOANNE DE CIREY, Divione, 1491, à la suite de ses Privilegia ordinis Cisterciensis, et dans Monuments primitifs de la règle cistercienne, par GUIGNARD, 650-652. — Vie des personnes illustres en sainteté de l'un et l'autre sexe de l'ordre de Citeaux, par JEAN D'ASSIGNIES, abbé de Nizelles, Douai, 1598 et Mons, 1606, 2 vol. in-4. — Series sanctorum et illustrium virorum sacri ordinis Cisterciensis, auct. CLAUDIO CHARLEMOT, abbate S. Mariæ de Columba, Parisiis, 1666 et 1670, in-4; — trad. allemande, Cologne, 1686, in-4. — Journal des Saints de l'ordre de Citeaux pour être honorés chaque jour dans l'abbaye de Notre-Dame du Tart, par CL. FÉVRET, Dijon, 1706, in-12. — Ménologe cistercien, par un MOINE DE TYMADEUC, Saint-Brieuc, 1898, in-8, VIII-473 p.

Purpura sancti Bernardi, seu elogia Pontificum, Cardinalium et Præsulum, qui ex ordine Cisterciensi in Ecclesia floruerunt, Coloniæ, 1644, in-fol. — Cardinalium elogia, qui ex ordine Cisterciensi floruere, auct. UGHELLI, Florentiæ, 1624, in-fol.

LITURGIE.

Missale secundum consuetudinem fratrum ordinis Cisterciensis, s. l. 1487, in-fol. — Missale completissimum ad usum Cisterciensis ordinis per solitum ejusdem ordinis monachum studiosissime correctum, emendatum scrupulosissimeque ponctuatum, ad veram ipsius ordinis formam redactum, Parisiis, 1515, in-fol. — Missale ad usum Cisterciensis ordinis per quemdam ejusdem ordinis studiosissime correctum ac per J. Kebriant, alias Huguelin et J. Adam socios, Parisiis, 1516 impressum, in-8. — Missale cisterciensis ordinis nuper recognitum et ad verum matris Cistercii ritum accurate redactum perpulchrisque typis affabre excusum, anno salutis 1529, Parisiis, in-fol. — Missale ad usum dicti ordinis Cisterciensis nuper a mendis quamplurimis repurgatum ac denuo accuratius recognitum, emendatum et ad meliorem formam redactum, Parisiis, 1584, in-fol. Voir la description de ces missels dans Description des livres liturgiques imprimés aux XVe et XVIe siècles, faisant partie de la bibliothèque de S. A. R. Mgr Charles-Louis de Bourbon, par ANATOLE ALÈS, 442-447. —

Missale ad usum ordinis Cisterciensis, pro Engelberto et Gofrido de Marnef fratribus, Parisiis, 1504, in-fol. et 1512, in-4 et 1556, in-4. — Missale cisterciense juxta novissimam Romani recognati correctionem auctoritate Reverendissimi D.D. abbatis cisterciensis generalis editum, Parisiis, 1657, 1751, 1758, in-fol. — Voir Bibliographia liturgica. Catalogus missalium ritus latini ab anno 1475 impressorum, A. Weale, 233-239.

Breviarium secundum consuetudinem monachorum cisterciensium, s. l. vers 1480, in-18; San. Germano, Vercellensi et Basileæ, 1484, in-16 et in-8; Argentina et Venetiis, 1494, in-8; Parisiis, 1506 et 1515, in-8. Voir Manuel du libraire par Brunet, I, 1232. — Breviarium juxta ritum ordinis Cisterciensium, cui ad ea quæ in priori erant excussione addita sunt hæc; tabella annorum communium et bissextilium, ratio epactilis, commemorationes communes et propriæ quæ fiunt per anni circulum, suffragia Nostræ Dominæ et in fine officium sanctæ Luciæ; additum est etiam nuper officium nominis Jesu, Venetiis, 1513, in-8. — Breviarium venerabilis ordinis Cisterciensis. Parisiis impressum apud Yolandam Bonhomme, 1534, in-8. — Breviarium cisterciense authoritate Reverendissimi D.D. abbatis Cisterciensis generalis editum, Parisiis, 1751, 4 vol. in-16.

Kalendarium Cisterciense, dans Martyrologium Adonis, publié par Georgi, XIX-XX, 710-714, et dans Guignard, XVII-XXII, 288-302. — Martyrologium Cisterciense, dans Guignard, 303-403. — Martyrologium sanctorum pro omnibus monachis utriusque sexus totius ordinis Cisterciensis monastico ac romano ritui accommodatum, dans Martyrologium romanum.

Diurnale ad usum sacri ordinis Cysterciensis nuper a mendis quam plurimis repurgatum ac denuo accuratius per viros probos ejusdem ordinis recognitum, Parisiis, 1573, in-8. Voir Alès, 448-449. — Psalterium ad usum ordinis Cisterciensis, correctum super psalterio beati Roberti primi abbatis cisterciensis, s. l. 1486, in-16.

Officium beatæ Mariæ Virginis ad usum Cisterciensium cum pluribus devotis orationibus et contemplationibus, impressum caracteribus ac figuris novicter additis, Parisiis, 1586, in-8. Voir Alès, 449-450. — Officium parvum beatæ Mariæ Virginis ad usum ordinis Cisterciensis, auctoritate R.R. D.D. Abbatis generalis editum, Parisiis, 1746, 1771, in-16.

Processionale secundum ordinem Cisterciensium, Paris, s. d. in-8. Voir Alès, 449. — Processionale ordinis Cisterciensis authoritate capituli generalis editum, Parisiis, 1681, in-8. — Ordo divini officii recitandi missasque celebrandi juxta usum ordinis cisterciensis pro anno Domini 1785, auctoritate et mandato R^mi D. D. Abbatis generalis Cistercii. Parisiis, Lambert, 1785, in-18. On trouve à la fin les noms des moines et des moniales décédés dans le courant de l'année et une liste des livres liturgiques de l'ordre.

Rituale Cisterciense appendix pro monialibus, Lérins, 1897, in-8. — Die hymnen des Cisterciensses Breviers übersetzt und erklärt, Wien, 1891, in-8. — Hymnarium Parisiense, par Weinmann, Ratisbonne, 1905, in-8, VIII-73. — Der Choral bei den Zisterziensern, von O. Kienle, dans Abhandlung für den Gelehrten-Kongress in München (1900) et Gregorius-Blatt (1901) 4 et s.

On trouve de très utiles renseignements sur les livres liturgiques cisterciens du monastère de Clairvaux, dans les Livres liturgiques du diocèse de Langres, par l'abbé Marcel, Paris, 1892, in-8. — Die neuen Choralbücher des Cistercienser orden von D. B. Widmann, dans Cistercienser-Chronik, XVII (1905). — Das Fest der unbefleckten Empfängnis Mariens bei den Cisterciensern, von P. Gallas Weiher. Ibid. 346. 359.

CONSTITUTIONS ET CHAPITRES GÉNÉRAUX.

Les monuments primitifs de la règle cistercienne publiés d'après les manuscrits de l'abbaye de Citeaux, par Ph. Guignard, Dijon, 1878, in-8, cxii-654 p. On trouve dans ce recueil, Regula Sancti Benedictis abbatis, 1-57; Exordium Cisterciensis cœnobii, 61-75; Carta caritatis, 79-84; Consuetudines, 87-287; Kalendarium, 290-403; ancienne traduction française des Ecclesiastica officia, Instituta Capituli generalis, Usus conversorum et Regula Sancti Benedicti, publiée d'après le ms. 352[1] de la Bib. publique de Dijon, 407-641; Statuts de Chapitres généraux tenus à l'abbaye de Notre-Dame de Tart, 643-649; Catalogue des Saints et Bienheureux de l'ordre de Citeaux, par Jean de Cirey, 650-652.

Nomasticon Cisterciense, seu antiquiores ordinis Cisterciensis constitutiones a R. P. D. Juliano Paris, monasterii Fulcardimontis abbate, strictioris observantiæ, collectæ ac notis et observationibus adornatæ, Parisiis, 1664, in-fol. Editio nova, emendata et usque ad tempora nostra deducta a R. P. Hugone Séjalon, Solesmis, 1892, in-fol., xlv-815. Ce recueil renferme : Regula S. Benedicti abbatis, 5-51; Exordium Cisterciensis cœnobii, 52-65; Carta caritatis, suivie des bulles de confirmation de Callixte II, Eugène III, Anastase IV, Adrien IV et Alexandre III, 66-81; Consuetudines, 82-241; Præfationes antiphonarii et gradualis circa annum 1140, 242-259; Collectio statutorum capituli generalis ab anno 1157 usque ad annum 1221, 260-285; Institutiones capituli generalis, collectæ annis 1240 et 1256, 286-364; Libellus antiquarum definitionum (1289-1316), 366-470; Constitutio Benedicti papæ XII pro reformatione ordinis Cisterciensis, 472-496; Libellus novellarum definitionum, 497-541; articuli Parisienses, seu instrumentum reformationis Cisterciensis anno 1493 exaratum, 542-559; Lapsus et reformatio ordinis et præcipuæ constitutiones et leges ad eam spectantes, 561-676; Documents relatifs aux dernières constitutions, 677-759. — Du premier esprit de l'ordre de Citeaux, où sont traitées plusieurs bases nécessaires pour la connaissance du gouvernement et des mœurs de cet ordre et pour l'intelligence de la règle de S.-Benoit, par le R. P. D. JULIEN PARIS, Paris, 1653, in-4; 1664, in-4; 1670, in-4. On trouve à la fin du volume : Directoire pour les novices. Epistola Stephani abbatis Sanctae Genovefæ ad Robertum Pontiniacensem monachum. — La règle cistercienne primitive telle qu'elle fut pratiquée et enseignée par saint Bernard, entièrement traduite sur le texte du manuscrit-type de Citeaux du XIIe siècle, avec un supplément pour les moniales, par Dom SYMPHORIEN GUILLEMIN, Lérins, 1906, in-24.

Liber usuum Cisterciensis ordinis, non modo ipsius ordinis communitati, sed et singulis quibusque ejusdem ordinis personis pernecessarius, noviter correctus, emendatus et ad veram formam redactus, una cum usibus conversorum ejusdem ordinis, Parisiis, 1517, in-4; 1531, in-8. Voir ALES, 447-448. — La Bibliothèque de Troyes, qui s'est enrichie des dépouilles de Clairvaux, et celle de Dijon, qui a reçu au moment de la Révolution celle de Citeaux, possèdent un grand nombre de documents précieux sur la discipline religieuse des Cisterciens. Voir Catalogue général des manuscrits des Bibliothèques publiques de France, II, *Troyes*, Paris, 1855, in-4 et nouv. série, V, *Dijon*, 1889, in-8.

Liber usuum Cisterciensis ordinis emendatus, una cum usibus conversorum ejusdem ordinis, Parisiis, 1628, in-8. — Regula conversorum ordinis Cisterciensis, dans Thesaurus anecdot. de MARTÈNE, IV, 1647-1652.

Études sur l'état intérieur des abbayes cisterciennes et principalement de Clairvaux aux XIIe et XIIIe siècles, par D'ARBOIS DE JUBAINVILLE et PIGEOTTE, Paris, 1858, in-8, et dans Bib. Éc. de Chartes, XX. — Das Konverseninstitut des Cistercienser Orden in seinem Ursprung und seiner Organisation, von P. D. EBERHARD HOFFMANN, Freiburg, 1905, in-8. Voir : Revue Mabillon, II (1906). — Die Cistercienser beim Mahle. Servitien und Pitantien, von LUD. DOLBERG, dans Studien und Mit ... de Raigern, XVII, 609-629. — Die Tracht der Cistercienser nach dem *liber usuum* und den Statuten, von L. DOLBERG, Ibid., XIV, 359-367; 530-538. — Die Cistercienser Mönche und Conversen abst Landwirte und arbeiter, von L. DOLBERG, Ibid., XIII, 216-228; 360-367; 503-512. — Die Liebesthätigkeit der Cistercienser im Beherbergen der Gäste und Spenden von Almosen, von L. DOLBERG, Ibid., XVI, 10-21; 243-250; 414-418. — Die Satzungen des Cistercienser wider das Betreten ihrer Kloster und Kirchen durch Frauen, von L. DOLBERG, XV, 40-44, 244-249. — Der Name Cistercienser, von D. GREGOR MÜLLER, dans Cistercienser-Chronik (1905), 46-52. — Leibrentenverträge in Cistercienserklöstern, von D. LUCIAN PFLEGER, Ibid., 118-120. — Die Fleischgenuss im Orden, Ibid. (1906), 25-30 et s.

Die Kirchen und Klöster des Cistercienser nach den Angaben des *liber usuum*, von L. DOLBERG, dans Studien und Mit... de Raigern, XII, 29-54. — Die *formae* der Chorstühle in den Cistercienser Kirchen, von J. CLAUSE, Ibid., XII, 332-334. — Die Kirchen des Cistercienser ordens in Deutschland während des Mittelalters, von R. DOHME, Leipzig, 1869, in-8. — Étude sur les églises de l'ordre de Citeaux, par A. de Dion, Tours, 1889, in-4. — Introduction de l'architecture gothique en Italie par les Cisterciens Français, par A. de Dion, dans Bullet. monum., 404 (1890), 295-325; analyse d'une étude de M. Frothingham paru dans The american Journal of archaeology and of the history of the fines arts, VI (1890), 10-46. — The architecture of the Cistercians by E. Scharpe, London, 1874. — Bulletin monumental, table générale, XI-XXI, par l'abbé Auber, Paris, 1868, in-8, p. 156; XXI-XXXI, par l'abbé Renault, Paris, 1868, in-8, p. 180. — Dictionnaire raisonné de l'architecture, par Viollet-le-Duc, I, 263 et s. — Architecture monastique, par Lenoir, II, 45-47.

Studien über das General Capitel, von D. Gregor Müller, dans Cistercienser Chronik, XII (1900), XIII, XIV, XV, XVI et s.

Statuta selecta capitulorum generalium ordinis Cisterciensis ab anno 1134 ad annum 1547, dans Novus Thesaurus anecd. de Martène, IV, 1243-1647. Brockie les a réédités dans Codex regularum, II, 385-428 avec les Statuts des chapitres généraux de 1124 à 1199. — Statuta et definitiones capitulorum generalium Ordinis Cisterciensis (1322-1342), publiés par Dom Philibert Pauhölze, dans Studien und Mit... de Raigern, VI (1885), pars II, 244-264. — Clementis Papae IV epistola ad Capitulum generale Cisterciense (1345), dans Amplissima collectio de Martène, I, 1455. — Epistola Capituli generalis ordinis Cisterciensis ad universos episcopos (1423), dans Novus Thesaurus, I, 1761. — Capitulum generale Cisterciense, Divione, 1490, in-4. — Statuta capitulorum generalium ordinis Cisterciensis ab anno 1180 usque ad annum 1628 habita. Bib. Troyes, ms. 1285. — Variae ordinationes seu decreta capitulorum generalium ordinis Cisterciensis (1221-1699). Ibid., ms. 1796.

Descriptio itineris cisterciensis, quod ad comitia generalia ejusdem sacri ordinis, faventibus superis feliciter expedivit frater Joseph Meglinger, religiosus sacerdos monasterii B. Mariae de Maris Stella, vulgo Wettingen, mense maio, anno 1667, Lucerne, in-32, reproduit dans Pat. lat., CLXXXV, 1565-1620. Voyage d'un délégué suisse au chapitre général de Citeaux en 1667, par H. Chabeuf, Dijon, 1885. in-8. — Capitulum generale apud Cistercium celebratum anno Domini 1667, die nona maii et sequentibus a SS. DD. NN. Clemente papa IX approbatum et confirmatum, Paris, 1669, in-4. — Indictio capituli generalis ordinis Cisterciensis, celebrandum apud Cistercium, Paris, 1683, 1689, 1734, in-4. — Capitulum generale ordinis Cisterciensis apud Cistercium celebratum anno Domini 1683, die 17 maii et sequentibus. Lutetiae Paris, 1683, in-4. — Beitrage zur Geschichte des Generalcapitels vom 1771, dans Cistercienser Chronik, X (1898). — Neuer Beitrag zar Geschichte des Generalkapitels vom 1771. Blätter aus dem Diarium des Abtes Sebastian Steinegger von Wettingen. Ibid. XVII (1905) 65-71, 114-118, 137. — Décrets délibérés du chapitre général de 1771 et réponse aux observations des quatre premiers pères, Paris, 1775, 2 vol. in-4.

La manière de tenir le chapitre général de l'ordre de Citeaux, par Dom Louis Meschet, Paris, 1683, in-4. — Traité historique du chapitre général de l'ordre de Citeaux, par lequel on fait voir quelle est son autorité et sa véritable discipline, par Dom Jean Ant. Macusson, s. l., 1737, in-4.

Brefs du pape Innocent XI, 5 mai 1683 et 10 mai 1685. Lettres patentes du Roi, 18 juillet 1685, et arrêt d'enregistrement au Grand-Conseil, 13 août 1685, pour la confirmation des chapitres généraux de l'ordre de Citeaux des années 1672 et 1683, s. l. n. d. in-4. — Factum pour l'abbé de la Charité, au nom et comme procureur général de l'ordre de Citeaux, défendeur et intimé. Contre les religieux, abbé et convent de l'abbaye de Clairvaux, demandeurs et appelants, comme d'abus, de deux décrets des deux derniers chapitres généraux de 1683 et 1686, s. l. n. d. in-4.

Discours prononcé par M. de la Briffe, conseiller d'État, intendant de Bourgogne, à l'ouverture du chapitre général de Citeaux, le 5 mai 1738, avec la traduction latine, Dijon, 1738, in-4.

Mémoire contenant des questions et réponses sur différents décrets du chapitre général tenu à Citeaux en 1738, s. l. n. d., in-4. — Recueil de tout ce que contiennent les lois et règlements de l'ordre de Citeaux relativement aux chapitres généraux, avec quelques observations nécessaires pour en bien prendre le sens. On y a joint le relevé des procès-verbaux des chapitres généraux déposés au greffe en exécution de l'arrêt du 2 déc. 1768, pour constater quelle a été la manière de les tenir, Dijon, 1766, in-4. — Arrêt du Conseil d'État du Roi, concernant les délibérations du chapitre de l'ordre de Citeaux, dont l'assemblée sera tenue au lieu et en la manière accoutumée, le 2 sept. 1771. Du 4 avril 1771, s. l. n. d., in-4.

PRIVILÈGES DE L'ORDRE DE CITEAUX.

Bullaire de Citeaux, Bib. Dijon, ms. 598. Ce recueil renferme les copies de 138 bulles. Bib. nat. ms. lat. 9003-9005, 9749-9751. — Collectio privilegiorum ordinis Cisterciensis opera et impensa Johannis abbatis Cistercii, Divione, 1491, in-4. C'est le premier livre imprimé à Dijon. Voir catalogue de la bibliothèque de M. Mallard, Dijon, 1903, in-8, n. 411, et Guignard, CII-CXII. — Liber quorumdam privilegiorum sacro ordini cisterciensi per summos Pontifices concessorum necnon per quosdam Galliæ reges, novissime per Ludovicum decimum tertium, Franciæ et Navarræ regem, confirmatorum, Parisiis, 1620, in-8. — Liber privilegiorum sacro ordini cisterciensi per summos Pontifices concessorum et per christianissimos nostros Franciæ et Navarræ reges, Parisiis, 1666, in-4. — Privilèges de l'ordre de Citeaux, recueillis et compilés de l'autorité du chapitre général et par son ordre exprès, divisés en deux parties contenant les bulles des papes et les lettres patentes des Rois et leurs règlements, par Dom Louis Méchel, abbé de la Charité, Paris, 1713, in-4. — Éclaircissement des Privilèges de l'ordre de Citeaux, sur la compilation imprimée à Paris, en 1713, par les soins de Dom Louis Méchel, qui n'a pas été examinée, approuvée, confirmée ni autorisée par le chapitre général, Liége, 1714, in-4. — Elenchus privilegiorum tam mendicantium quam non mendicantium, maxime Cistercciensium, a Raphael Kondig, Coloniæ, 1729, in-8. — Arrêt du Grand-Conseil du Roi qui ordonne la suppression d'un livre intitulé : Elenchus privilegiorum etc., imprimé à Lyon en 1729. Du 17 mars 1733, s. l. n. d., in-4.

De usu Pontificalium pro abbatibus ordinis Cisterciensis, a Doct. Roberto Trille, dans Studienund Mit.., de Raigern, xxiii, 3-16, 260-277. — De bulla Innocentiana sive de potestate Papæ committendi simplici presbytero subdiaconatus et diaconatus collationem, auct. P. Pio de Langogne, dans Analecta ecclesiastica (1901), 311 et s. — Bulle d'Innocent VIII aux abbés de Citeaux pour les ordinations *in sacris* par le P. Pie de Langogne, dans Études franciscaines (1901) 119 et s.

Traité des droicts des religieux et monastères, par René Chopin, Paris, 1662, in-fol., 163-170. — Abrégé des mémoires du clergé de France, IV, 19, 70, 914, 1095-1100, 1269-1271; VI, 992; VII, 802-809; XII, 769 et table générale, partie II, 61-64.

Traduction d'une excellente lettre d'Étienne d'Orléans, évêque de Tournay, écrite à Robert, prieur de Pontigny pour justifier et encourager quelques religieux de l'ordre de Grandmont entrés dans l'ordre de Citeaux, avec une édition de la lettre latine plus exacte et plus correcte, Paris, 1652, in-4.

Mémoire pour MM. les évêques de la province de Bourgogne, contre M. l'abbé de Citeaux, s. l. n. d., in-4. — Mémoire pour M. l'abbé général de l'ordre de Citeaux, touchant sa séance aux États de Bourgogne, contre M. l'évêque d'Autun et autres lui adhérant, Paris, s. d. in-4. — Mémoire contre la prétendue possession où M. de Citeaux dit être d'avoir aux États un siège pareil à celui des évêques, Paris, s. d., in-fol. — Mémoire par lequel on justifie que M. l'abbé de Citeaux n'est pas fondé en droit d'avoir aux États un siège pareil à celui des évêques, Paris, s. d., in-fol. — Mémoire des pièces justificatives de la manière que les abbés de Citeaux ont siégé aux Etats de la province de Bourgogne, s. l. n. d., in-4. — Abrégé de l'instance pendante au Conseil d'État pour MM. les évêques de la province de Bourgogne, défendeurs, contre M. l'abbé de Citeaux, demandeur, s. l. n. d., in-4. — Pièce produite par les abbés de la province de Bourgogne, dans la contestation entre l'abbé de Citeaux et les évêques de la province, s. l. n. d., in-fol. — Au Roi. Requête des évêques de Bourgogne, s. l. n. d., in-fol. — Factum pour MM. les évêques qui ont entrée aux États de la province de Bourgogne, défendeurs, contre M. l'abbé de Citeaux, demandeur, s. l. n. d., in-fol. — Réponse au factum de M. l'évêque d'Autun pour y servir de contredits. Sur ce même sujet, s. l. n. d., in-4. — Mémoire sur l'enquête de M. l'abbé de Citeaux, s. l. n. d., in-fol. — Réponse à la déposition de chacun des témoins oüis en l'enquête de M. l'abbé de Citeaux, s. l. n. d., in-fol. — Preuves du droit qu'a l'évêque de Chalon d'exiger de l'abbé de Citeaux le serment d'obéissance, lors de sa bénédiction, s. l., 1692, in-4. — Propositions avancées, par M. l'abbé de Citeaux dans l'acte qu'il a fait signifier à M. l'évêque de Châlon-sur-Saône, le 7 d'avril 1696, et dans les écritures, s. l. n. d., in-4. — Mémoire pour M. l'abbé, chef-général de l'ordre de Citeaux, appelant comme d'abus et défendeur, contre M. Félix, évêque de Châlon-sur-Saone, intimé et demandeur, s. l. n. d., in-fol. — Arrêt du Grand-Conseil du roi, qui déclare abusives les ordonnances rendues par M. l'év. de Chalon, et maintient l'ordre de Citeaux dans ses privilèges concernant l'administration des sacrements, 25 janvier 1706, s. l. n. d., in-4.

Éclaircissement sur l'origine et la fondation de l'ordre de Citeaux et sur deux des principaux points de son origine, Paris, 1710, in-4. — Preuves de l'usage et de la possession où sont les abbés de Citeaux depuis le commencement de l'ordre, en conformité avec les statuts, d'en visiter tous les monastères, de juger et connaître de tous leurs procès et différends, même, selon les cas, en première instance, s. l. n. d., in-4. — Réponse au mémoire qui porte pour titre : Preuves de l'usage, etc., s. l. n. d., in-4.

Lettres patentes du Roi en confirmation des privilèges de l'ordre de Citeaux, avec attribution de juridiction au Grand-Conseil, déc. 1711, s. l. n. d. in-4. — Nouvelles lettres patentes du Roi, mars 1719, s. l. n. d. in-4. — Mémoire au Roi pour l'abbé de Citeaux et les abbés de la Ferté, etc., contre les députés et procureur-général, syndic des États de Bretagne, demandeurs. Servant de réponse à la requête des députés des États du 26 août 1724. Paris, 1724, in-fol. — Mémoire signifié pour M. l'abbé général de Citeaux, contre M. le procureur-syndic des États de Bourgogne, et encore contre M. Le Bault, conseiller au Parlement de Dijon, et consorts; en présence des abbé, prieur et religieux de Mézières et M. le marquis de Clermont, — Mortoison, Paris, 1734, in-fol.

Mémoire pour les agents généraux du clergé de France contre M. l'abbé général de l'ordre de Citeaux, Paris, 1747, in-fol. — Arrêt du Conseil d'État du Roi, rendu entre le clergé et l'ordre de Citeaux, sur la prétention des religieux dudit ordre, d'administrer les sacrements aux domestiques et fermiers dépendants de leurs monastères, du 19 mai 1747, s. l. n. d., in-4. — Abrégé des mémoires du Clergé de France, tables, partie II, 62-64.

Bref de Benoit XIII du 25 janv. 1729, dans Bullarium romanum, XII, 347-350; de Clément XIII, du 8 août 1760, dans Bullar. rom. continuatio IV, pars I, 391-402.

Mémoire pour la conservation des abbayes de l'ordre des Citeaux en règle, s. l. n. d., in-fol. — Un religieux de l'ordre de Citeaux est-il apte à posséder un bénéfice de l'ordre de Saint-Benoit, par l'abbé TARBISSE, s. l., 1753-1755, in-4.

Arrêt célèbre de la cour du Parlement, du 2 juin 1674, au profit de l'abbaye de Clairvaux, chef d'ordre et de tous les religieux Bernardins, portant exemption de toutes sortes de dimes pour les terres à eux appartenantes, soit qu'ils les cultivent par leurs propres mains, soit qu'ils les donnent à ferme, s. l. n. d., in-4.

AUTORITÉ DE L'ABBÉ DE CÎTEAUX.

Des droits et prérogatives des supérieurs de l'ordre de Citeaux, s. l. n. d., in-8. En faveur des quatre premiers pères contre l'abbé de Citeaux. — Sommaire des remarques chronologiques touchant la supériorité, prééminence et autorité du révérendissime abbé de Citeaux, chef et supérieur général de son ordre, s. l. n. d., in-4.

Pièces et emblèmes divers des affaires qui se sont passées au sujet de la généralité de l'ordre de Citeaux et particulièrement de la joie que tous les religieux dudit ordre ont de la jouissance paisible de Mgr Dom Cl. Vaussin, leur révérendissime général, par un religieux dudit ordre, Paris, 1646, in-fol. — Preuves sommaires des abus qui se rencontrent dans la prétendue élection et confirmation du R. P. Dom Claude Vaussin à l'abbaye de Citeaux, s. l. n. d., in-4.

Au Roi et à Nosseigneurs les commissaires députés par Sa Majesté, par arrêt du 20 nov. 1671, requête de l'abbé de Citeaux, contre Dom Louvel, procureur du collège des Bernardins, s. l. n. d., in-4. — Factum pour Dom Charles Louvel, docteur en théologie de la Faculté de Paris, visiteur et vicaire général de l'ordre de Citeaux en l'Ile de France, proviseur de l'ordre des Bernardins, contre M. le Révérendissime abbé de Citeaux, s. l. n. d., in-4.

Sommaire des moyens d'abus de Dom Pierre Henry, abbé de Clairvaux, l'un des premiers pères et supérieurs majeurs de l'ordre de Citeaux, visiteur et réformateur de l'abbaye de Citeaux, contre Dom Jean Petit, abbé de Citeaux, intimé, s. l. n. d., in-4. C'est un appel comme d'abus de deux ordonnances des 14 juil. et 24 déc. 1674. — Arrêt du Conseil d'État du Roi, Sa Majesté y étant, pour le maintien de l'autorité de l'abbé, chef et supérieur général de l'ordre de Citeaux, rendu contradictoirement contre les réformés et autres abbés et religieux dudit ordre, 19 avril 1675, s. l. n. d., in-4.

Transaction sur les différends d'entre l'abbé général et les quatre premiers abbés de l'ordre de Citeaux, 4 sept. 1675, Paris, 1675, in-4. -- Le véritable gouvernement de l'ordre de Citeaux, pour servir de réponse à plusieurs libelles et factums qui ont été donnés au public contre la vérité du régime de cet ordre et au préjudice de la juridiction de l'abbé de Citeaux, qui en est le père, le chef et le supérieur général, par Dom L. MESCHET, Paris, 1678, in-4. — Réponse au livre qui porte pour titre : Le véritable gouvernement..., s. l. n. d., in-4. — L'autorité de l'abbé de Citeaux et des quatre premiers pères de l'ordre sur les monastères de leur dépendance, s. l. n. d., in-4. — L'autorité de l'abbé de Citeaux et des quatre premiers pères de l'ordre sur les monastères de leur dépendance, s. l. n. d., in-4. — Observations sommaires sur les droits des abbés de la Ferté, Pontigny, Clairvaux et Morimond, premiers pères et supérieurs majeurs de l'ordre de Citeaux, contre Dom J. Petit, abbé de Citeaux, s. l. n. d., in-4.

Principes de décision, pour servir en l'instance, qui est à juger par Sa Majesté au rapport de M. de Fieubet, conseiller d'État, par l'avis de Mgr l'archev. de Paris, et de MM. Poncet, de Marillac, Voisin, Bénard-de-Rézé, conseillers d'État ordinaires, commissaires députés, entre les quatre premiers Pères, supérieurs majeurs de l'ordre de Citeaux et l'abbé de Citeaux, Paris, 1679, in-4. — La charte de charité, avec son prologue, conforme à l'extrait authentique et collationné sur l'original de Citeaux en l'an 1522, et produite en l'instance pendante devant Sa Majesté, s. l. n. d., in-4. — Réponse aux dernières objections des premiers abbés de l'ordre de Citeaux, s. l. n. d., in-4.

Lettre écrite à un abbé de Liége sur le différend des affaires de l'ordre de Citeaux, s. l. n. d., in-4. — Seconde lettre écrite à un abbé de Liége ... où l'on montre que l'abbé de Citeaux n'est pas d'accord avec lui-même dans les propositions qu'il a avancées, et qu'il n'est pas vrai que l'abbaye de Citeaux et celles qui ont été fondées avant l'an 1119 ont été exemptes de la juridiction épiscopale et dans la dépendance de l'abbé de Citeaux, Paris, 1681, in-4.

Arrêt du Conseil d'État du roi, par lequel l'abbé de Citeaux est maintenu dans ses droits et dans ses prérogatives de chef et de supérieur général de l'ordre de Citeaux, contre les prétentions des quatre premiers et de quelques autres abbés dudit ordre, 19 sept. 1681, s. l. n. d., in-4. — Sommations aux quatre premiers abbés de l'ordre de Citeaux d'avoir à choisir des arbitres pour prononcer sur leur différend avec l'abbé général de l'ordre, signifiées les 4 mars et 9 mai 1682, s. l. n. d., in-4. — Sentence arbitrale de Mgr l'éminentissime cardinal d'Estrées, rendue sur les différends de l'ordre de Citeaux, à Rome, le 2 déc. 1684, s. l. n. d., in-4.

Mémoire signifié servant de réponse à celui de M. l'abbé général de Citeaux intitulé « État de la contestation pendante au Grand-Conseil, » au sujet d'une ordonnance que l'abbé de Citeaux a faite en faveur du collége de Saint-Bernard de Toulouse, et dont les abbés de la Ferté, Pontigny et Clairvaux se sont rendus appelants comme d'abus, Paris, 1732, in-4. — Analyse du Conseil d'État du Roi du 19 sept. 1681, Paris, 1682, in-4. — Sommaire du gouvernement de l'ordre de Citeaux, Paris, 1732, in-4. — Examen du factum intitulé : « Sommaire du gouvernement, etc. », distribué par les trois abbés de la Ferté, Pontigny et Clairvaux dans l'instance, actuellement pendante au Grand-Conseil, entre eux et l'abbé général de Citeaux, Paris, 1732, in-4. — Réfutation d'un écrit qui a pour titre : Examen du sommaire du gouvernement de l'ordre de Citeaux, Paris, 1732, in-4. — Mémoire pour les abbés de la Ferté, Pontigny et Clairvaux, trois des quatre premiers Pères de l'ordre de Citeaux, appelants comme d'abus contre M. l'abbé de Citeaux, intimé, Paris, 1733, in-fol. — Mémoire pour M. l'abbé général de Citeaux, intimé et défendeur, contre les abbés de la Ferté, ... appelants comme d'abus et demandeurs, Paris, s. d. in-4. — Mémoire pour M. l'abbé général de Citeaux, intimé, contre les sieurs abbés de la Ferté, Pontigny et Clairvaux, appelants comme d'abus, Paris, 1733, in-4. — Sommaire pour M. l'abbé général de Citeaux, contre les sieurs abbés de la Ferté, Pontigny et Clairvaux, appelants comme d'abus, Paris, 1733, in-4. — Observations pour les premiers Pères de l'ordre de Citeaux contre M. l'abbé général, Paris, 1733, in-fol.

Mémoire à consulter pour les quatre premiers Pères ou abbés de l'ordre de Citeaux, 3 mai 1760, Paris, 1760, in-4. — Au Roi et à Nosseigneurs de son Conseil. Requête pour l'abbé de Citeaux, Paris, 1761, in-4. — Réponse à la requête que l'abbé de Citeaux a présentée au Roi pour obtenir la cassation de l'arrêt du Grand-Conseil du 14 mars 1761, s. l. n. d., in-4. — Mémoire pour M. l'abbé de Citeaux, contre les abbés de la Ferté, Pontigny, Clairvaux et Morimond. On établira, en premier lieu, quelle est l'autorité de M. l'abbé de Citeaux, comme seul chef, supérieur général et père de tout l'ordre; que les quatre premiers Pères sont non recevables et mal fondés dans leurs appels comme d'abus; qu'ils doivent être déboutés de leurs différents chefs de demande, Paris, 1761, in-4. — Second mémoire de M. l'abbé général de Citeaux, intimé, défendeur et demandeur, contre Dom Couthaud, religieux profès de l'abbaye de Citeaux, abbé de Chaloché et autres abbés réguliers au nombre de dix; Dom François Le Clerc, prieur claustral de l'abbaye de Mont-Sainte-Marie, et autres prieurs claustraux; Dom Quartier, religieux profès de l'abbaye de Pré-Benoit, et autres religieux de l'ordre de Citeaux, intervenants, appelants comme d'abus, demandeurs et défendeurs; et contre les abbés de la Ferté, Pontigny, Clairvaux et Marimond, adhérents aux appels comme d'abus et demandes des intervenants, Paris, 1761, in-4. — Mémoire pour M. l'abbé général de Citeaux, intimé, défendeur et demandeur, contre les sieurs abbés de la Ferté, Pontigny, Clairvaux et Morimond, appelants comme d'abus, demandeurs et défendeurs, Paris, 1761, in-4.

Mémoire pour les abbés de la Ferté, Pontigny, Clairvaux et Morimond, contre Dom Pierre Trouvé, abbé général de l'ordre de Citeaux, en présence des abbés de Foucarmont, Beaubec, Chaloché et autres abbés ou prieurs, parties intervenantes, Paris, 1761, in-4. — Mémoire pour Charles du Sausset Dumas, abbé de Beaubec; Louis Dequesne, abbé de Foucarmont, de l'étroite observance, tous deux pères immédiats dans l'ordre de Citeaux; Bernard de Cauron, abbé de N.-D. de Barbery, et autres abbés réguliers du même ordre; Joseph Mayeur, prieur titulaire des Rosiers; Jean Claude de Clugny, prieur de l'abbaye des Trois-Fontaines, et autres prieurs claustraux, dont plusieurs procèdent avec les religieux des abbayes, intervenants, appelants comme d'abus et demandeurs. Contre M. l'abbé de Citeaux, intimé, défendeur et demandeur. En présence des abbés de la Ferté, Pontigny, Clairvaux et Morimond, Paris, 1761, in-4. — Consultation pour l'abbé de Citeaux, 1er sept. 1761, s. l. n. d., in-4. — Mémoire pour l'abbé général de Citeaux, sur sa demande en cassation, 24 février 1762, Paris, 1762, in-4. — Addition pour l'abbé de Citeaux, demandeur en cassation, 23 déc. 1763, Paris, 1763, in-4. — Observations pour l'abbé de Citeaux, 19 sept. 1764, Paris, 1764, in-4.

Mémoire contenant des questions et réponses sur différents décrets du chapitre général tenu à Citeaux en 1738, 14 février 1765, s. l. n. d., in-4. — Aveux de l'autorité exclusive du définitoire, comme tribunal unique du chapitre général. Extraits : 1° des livres composés sous les yeux et par les ordres des abbés de Citeaux; 2° des mémoires produits par M. l'abbé actuel de Citeaux et par son prédécesseur, Dijon, s. d., in-4. — Consultations pour les abbés de la Ferté, Pontigny, Clairvaux et Morimond, premiers Pères de l'ordre de Citeaux et définiteurs nécessaires du chapitre général, contre M. l'abbé général du même ordre, 25 août 1765, Dijon, 1765, in-4. — Au Roi et à Nosseigneurs du Conseil. Requête pour les quatre premiers Pères de l'ordre de Citeaux, Paris, 1766, in-4.

Plaidoyer prononcé par M. de Marveau, avocat général, à l'audience publique du parlement de Bourgogne, les 11, 13 et 17 mars 1766, dans la cause d'entre les abbés de la Ferté, etc., et autres abbés du même ordre ... appelants comme d'abus des décrets du chapitre général tenu à Citeaux, le 6 mai 1765, et M. l'abbé de Citeaux, chef et supérieur général de l'ordre, intimé, et les abbés de Salem, Hauterive et autres intervenants et adhérants, Paris, 1766, in-4. — Mémoire pour les abbés de la Ferté ..., appelants, comme d'abus des décrets formés dans l'assemblée générale tenue à Citeaux, en 1765; contre M. l'abbé, chef et supérieur de l'ordre de Citeaux..., Dijon, 1766, in-4. — Sommaire pour les quatre premiers Pères de l'ordre de Citeaux et les abbés qui se sont unis à eux, contre M. l'abbé général et ses adhérents, Dijon, s. d., in-4. — Observations sur les écrits de M. l'abbé général de Citeaux et des abbés qui lui sont joints, signifiés aux quatre premiers Pères, appelants comme d'abus, et aux abbés adhérents à cette appellation, Dijon, 1766, in-4.

Précis pour les premiers Pères et autres abbés de l'ordre de Citeaux, demandeurs en cassation d'un arrêt rendu par le Parlement de Bourgogne, le 18 mars 1766, Paris, 1767, in-4. — Arrêt du Conseil d'État du Roi, du 15 juillet 1768, ordonnant de remettre aux mains des commissaires royaux les motifs de l'arrêt du Parlement de Dijon, s. l. n. d., in-4. — Arrêt du Conseil d'État du Roi concernant l'ordre de Citeaux, 19 oct. 1771, s. l. n. d., in-4. — Mémoires à consulter, 30 nov. 1775, et consultations, 2 déc. 1775, pour les quatre premiers Pères de l'ordre de Citeaux, Paris, 1775, in-4. — Arrêt du Conseil d'État du Roi, concernant l'ordre de Citeaux, le 31 août 1781, s. l. n. d., in-4.

RÉFORMES.

Bulle de saint Pie V, mars 1570, dans Bullarium romanum, IV, III, 99-102. — Bulle de Grégoire XIII, 12 juillet 1574, Ibid., 273-278. — Articles particuliers pour l'ordre de Citeaux, 11 mars 1623, publiés par le card. DE LA ROCHEFOUCAULD, Paris, 1623, in-8. — Raisons et moyens proposés au Roi par les religieux de l'abbaye de Clervaux et autres convents de ce royaume dépendants de la filiation de l'abbaye de Clervaux. Contre les monopoles de quelques particuliers religieux directement contre l'autorité de Sa Majesté, qui vont à la ruine et subversion de l'ordre de Citeaux, s. l. n. d., in-8, au sujet de l'annulation par le chapitre général des articles précédents. — Remontrances très humbles au Roi par les religieux de l'abbaye de Clervaux contre l'élection de Dom Claude Largentier, s. l. n. d., in-8. — Remontrance très humble faite au Roi par Dom Cl. LARGENTIER, abbé désigné de Clairvaux, s. l. n. d., in-8.

Extrait des procès-verbaux des assemblées tenues en l'hôtel de Mgr le cardinal pour la réformation de l'ordre de Citeaux, 15 nov. 1633 — 5 mai 1634, s. l. n. d., in-4. — Ordonnance générale de Mgr le cardinal DE LA ROCHEFOUCAULT, commissaire apostolique pour la réformation de l'ordre de Citeaux en France, 27 juillet 1634, s. l. n. d. — Apologie pour l'abbé de Foucarmont ou brief état du gouvernement du collège des Bernardins à Paris, duquel il est proviseur, aux révérends abbés de l'ordre de Citeaux, gardant l'abstinence..., Paris, 1634, in-4. — Projet de sentence pour le rétablissement de l'observance régulière en l'ordre de Citeaux, et motifs pour le dit projet envoyés au Roi par François, card. DE LA ROCHEFOUCAULD, commis par bref du Pape et lettres patentes de Sa Majesté pour ce sujet, Paris, 1634, in-4. — Apologie pour l'ordre de Citeaux contre un « Projet de sentence... », 28 déc. 1634, Paris, 1635, in-4. — Réponse des abbés et religieux de l'étroite observance de l'ordre de Citeaux à la réponse du R. P. abbé de Foucarmont, proviseur du collège des Bernardins, Paris, 1635, in-4. — Réponse au « Projet de sentence » et articles y contenus, s. l. n. d., in-4.

Remontrances très humbles, par les religieux de l'ordre de Citeaux, au Roi. Requête de l'abbé de Citeaux et des abbés de La Ferté, Pontigny, Clervaux, Morimond, au Roi. Réponses aux motifs du projet de sentence. Articles présentés à M. le card. de la Rochefoucault, le 5 mai 1634, par l'abbé de Citeaux et les quatre premiers abbés de l'ordre. Acte d'appel à Sa Sainteté de l'exécution d'un Bref par elle adressé à M. le card. de la Rochefoucault, ensemble de la récusation faite de la personne du dit sieur pour les causes y contenues, 2 août 1634. Articles particuliers pour l'ordre de Citeaux, dressés le 11 mars 1623, et cassés au mois de mai suivant. Commission au R. abbé de la Charmoye pour la visite de quelques monastères de l'ordre de Citeaux. Décret du chapitre général de l'ordre de Citeaux tenu au mois de mai 1623. Extrait des registres de Parlement, 25 avril 1625. Confirmation des privilèges de l'ordre de Citeaux par nos rois François I, Henri II, Henri IV et Louis XIII, à présent régnant, 2 août 1556 — mai 1620, s. l. n. d., in-4. — Ordonnance particulière de Mgr le card. DE LA ROCHEFOUCAULD, commissaire apostolique pour la réformation de l'ordre de Citeaux en France, 20 août 1635, s. l. n. d., in-4.

Cisterciensium monachorum provocatio ad Sanctam Sedem apostolicam, contra Fratres qui se dicunt reformatos, 2 janv. 1643, s. l. n. d., in-4. — Griefs et moyens d'appel proposés par devant Nosseigneurs les illustrissimes archevêques de Sens, évêques d'Auxerre et d'Uzès, juges délégués de Sa Sainteté, et déduits que les religieux de l'abbaye de Citeaux distingués par la qualité d'anciens de ceux qui se sont donné celle de réformés, appelant tant du prétendu « Projet de sentence » dressé par Mgr le card. de la Rochefoucauld, l'année 1634, comme commis de Sa même Sainteté, que de tout le procédé fait, les années 1636, 37 et autres, sous l'autorité de M. le cardinal de Richelieu, concernant leur expulsion dudit Citeaux, l'introduction dedans la même abbaye desdits soi-disant réformés, intimés, la réception des novices et l'admission à la profession audit Citeaux, et appelants généralement de tout ce qui s'en est ensuivi, Dijon 1643, in-4. — Soutènement des griefs des religieux de Citeaux, tiré de l'évidente contrariété de leur institut avec le projet de la nouvelle réforme et du sentiment de quelques auteurs très célèbres, hors d'intérêt et de passion, lesquels ont défendu leur cause en des thèses ou hypothèses entièrement semblables. Dijon, 1643, in-4.

Défense de la sentence rendue pour la réformation de l'ordre de Citeaux par Mgr l'ém. card. de la Rochefoucauld ... contre les appellations des anciens religieux, Paris, 1643, in-4. — Réplique à la Défense du projet de sentence ... pour les religieux profès de l'abbaye de Citeaux, mère de l'ordre, appelants, contre les soi-disants réformés, intimés, par Nic. de Chevanes, s. l. n. d., in-4. — Éclaircissement des principales difficultés entre les religieux de Citeaux de la commune observance et les nouveaux qui se disent de l'étroite observance. Ensemble la réponse aux raisons de leur factum intitulé : Défense de la sentence ..., Paris, 1644, in-4.

Griefs et moyens d'appel que propose et déduit devant vous, Nosseigneurs... arch. et évêques de Sens, d'Auxerre et d'Uzès, juges délégués de Sa Sainteté, Frère PLACIDE PETIT, procureur général des abbés et religieux de l'étroite observance de l'ordre de Citeaux, et encore en cette cause procureur spécial des dits abbés et religieux que du R. abbé des Pierres, prieur de Citeaux, et en cette qualité vicaire général né de tout l'ordre pendant la vacance et des autres religieux réformés de ladite abbaye de Citeaux et composant la communauté d'icelle, appelant de la prétendue élection du R. P. D. Mathieu de Mesgrigny, abbé de Quincy, à la charge et dignité d'abbé de Pontigny, contre ledit abbé de Quincy, prétendu élu de Pontigny, s. l. n. d., in-4.

Réponse des religieux de l'étroite observance, profès du monastère de Citeaux aux « griefs et moyens d'appel » proposés par devant ... les juges délégués, par les anciens religieux dudit Citeaux, appelant de la sentence rendue par le card. de la Rochefoucault ... et des règlements faits par le card. de Richelieu, s. l. 1644, in-4. — Briève réfutation du livre intitulé : « La réponse aux griefs ... » pour les religieux de Citeaux, appelants contre les religieux de l'abstinence de l'ordre dudit Citeaux, intimés, s. l. n. d., in-4. — Cruautés exercées sur Dom Pierre Grumel, religieux de Citeaux, par les religieux prétendus réformés dudit ordre, s. l. n. d., in-4.

Factum sur les différends de l'ordre de Citeaux entre les réformés, soi-disant de l'étroite observance et ceux de l'observance commune. Savoir lesquels doivent être reconnus pour vrais cisterciens et vrais observateurs de la règle, s. l. n. d. in-4. — Quæritur utrum ritus vivendi abstinentium monachorum exactior et rigidior sit ritu antiquorum Cisterciensium professorum, s. l. n. d., in-4. — Quæritur utrum prætensa abstinentium reformatio cum divi Benedicti regula et primævis majorum Cisterciensium institutis per omnia consentiat, s. l. n. d., in-4. — Briève réponse à quelques raisons d'État mises en lumière par les abstinents de l'ordre de Citeaux, s. l. n. d., in-4.

Bref du pape Innocent X, décisif du procès pendant au Parlement entre le chapitre général de l'ordre de Citeaux et les particuliers abbés et religieux abstinents d'icelluy, s. l. n. d., in-4. — Défense des règlements faits par les cardinaux, archevêques et évêques pour la réformation de l'ordre de Citeaux, par commission des Papes, à l'instance du Roi, par les abbés et religieux de l'étroite observance du même ordre, Paris, 1656, in-4. — Factum pour les abbés, prieurs et religieux de l'étroite observance de l'ordre de Citeaux, contre Dom P. Viart et Dom Jean Tedenat, soi-disant commissaires du chapitre général du même ordre, appelants comme d'abus des règlements de réformation de Mgr le card. de la Rochefoucault, du 27 juillet 1634 et 20 août 1635, et de la sentence contradictoire de nosseigneurs l'archev. de Sens, et les év. d'Uzès et Auxerre, du 13 juin 1644. Et les R. R. abbés de Citeaux, La Ferté, Pontigny, Clervaux et Morimond, joints avec les dits appelants, s. l. 1658, in-4. — Le seul fait au vrai et en abrégé du procès. Pour le chapitre général de l'ordre de Cîteaux contre les abstinents du même ordre, s. l. n. d., in-4. — Requête des abbés et religieux de l'ordre de Cîteaux des pays étrangers à Nosseigneurs du Parlement, 9 février 1660, s. l. n. d., in-fol. — Bref du pape Alexandre VII au Parlement, 10 nov. 1657, s. l. n. d., in-4. — Déclaration des abbés et religieux de l'observance de l'ordre de Cîteaux contre les prétentions présentes des premiers abbés du même ordre, s. l. n. d., in-4. — Réponse à une prétendue raison d'État qu'on propose contre les règlements faits d'autorité apostolique pour la réformation des monastères de l'ordre de Cîteaux et confirmés par un arrêt solennel rendu contradictoirement au Parlement de Paris, 22 juin 1660, s. l. n. d., in-4. — Lettres patentes du Roi, adressées au Parlement de Paris, pour l'enregistrement des ordonnances de réformation rendues par le card. de la Rochefoucault, le 3 juillet 1660, s. l. n. d., in-4. — Arrêt de la cour du Parlement pour la confirmation des règlements faits par le card. de la Rochefoucault, 3 juillet 1660, s. l. n. d., in-4.

Brevia apostolica Urbani VIII et Innocentii X suscepta et registrata a capitulo generali ordinis cisterciensis, anno 1651, s. l. n. d., in-4. — Réflexions importantes pour les agents du chapitre général de l'ordre de Cîteaux contre les abstinents, s. l. n. d., in-4.

Ordre du Roi portant députation de commissaires pour ouïr les plaintes des procureurs généraux de l'ordre de Cîteaux contre un arrêt du Parlement de Paris du 3 juillet 1660, en faire le rapport à Sa Majesté, 12 nov. 1660, s. l. n. d., in-4. — Abrégé des sentences, rendues d'autorité apostolique, pour la réforme de l'ordre de Cîteaux et de tout le procès qui s'en est suivi, s. l. n. d., in-4. — Raisons pour lesquelles le R. abbé du Pin, visiteur et supérieur ordinaire de l'étroite observance de l'ordre de Cîteaux, demande d'être reçu partie intervenante dans les instances pendantes au Conseil, s. l. n. d., in-4. — A Nosseigneurs du Parlement. Requête des religieux de l'étroite observance contre l'arrêt du Conseil obtenu, le 30 déc. 1660, par D. Viart et D. Tedenat, commissaires du chapitre général, s. l. n. d., in-4. — Défense des règlements de réformation de l'ordre de Cîteaux, confirmés par l'arrêt contradictoire du Parlement du 3 juillet 1660, contre la surséance portée par l'arrêt du Conseil d'État du 30 décembre suivant, s. l. n. d., in-4. — Extrait des registres du Parlement, 26 janvier 1661, s. l. n. d., in-4. — Arrêt du Conseil d'État du Roi, prononcé de la bouche de Sa Majesté le 18 juin 1661, confirmatif de l'arrêt du Parlement de Paris, du 3 juillet 1660, rendu pour la réformation de l'ordre de Cîteaux, s. l. n. d., in-4.

Requête présentée au Roi par l'abbé général de Cîteaux pour la réformation de son ordre, sous l'autorité du Saint-Siège, conformément aux brefs apostoliques, contre les desseins particuliers de l'abbé de Prières, qui veut être auteur et supérieur d'une réforme sans avoir union, subordination et dépendance de Sa Sainteté, par Dom Cl. Vaussin, s. l. n. d., in-fol. — Bref du Pape Alexandre VII, du 16 janvier 1662, confirmant des réglements du chapitre général de l'ordre de Citeaux, et entre autres de l'article qui annule toutes les dispenses du vœu de pauvreté accordées auparavant, s. l. n. d., in-4. — Requête présentée au Roi par les abbés et religieux de l'étroite observance de l'ordre de Citeaux, au sujet d'un Bref subrepticement obtenu de Rome par le R. P. abbé de Citeaux, le 16 janvier 1662, contre les sentences rendues pour la réforme dudit ordre par le card. de la Rochefoucault, Paris, 1662, in-4. — Réflexions sur la requête présentée au Roi sous le nom des abbés et religieux de l'étroite observance contre le bref de Sa Sainteté, s. l. n. d., in-4. — Les nullités et abus contenus dans un prétendu bref obtenu subrepticement à Rome par le R. abbé de Citeaux, s. l. n. d., in-4. — Défense du Bref de N. S. P. le Pape, par lequel il a terminé le différend de l'ordre de Citeaux et ordonné que, par Sa Sainteté même, il sera procédé à la réformation générale, servant de réponse aux objections de l'écrivain des abstinents du même ordre. Faite au nom du chapitre général d'icelui, Paris, 1662, in-4.

Lettre du Révérendissime abbé de Citeaux, Dom Claude Vaussin, chef et supérieur général de tout son ordre, à tous les abbés, abbesses, supérieurs et communautés dudit ordre, sur ce qu'il a fait auprès de Sa Sainteté en son voyage de Rome, suivant les intentions du Roi très chrétien, pour la réformation du même ordre, 15 mai 1662, s. l. n. d., in-4. — Réflexions sur la lettre circulaire du révérend abbé de Citeaux, par Dom Jean Jouant, abbé de Prières, s. l. n. d., in-4. — Lettre circulaire du révérendissime abbé général de Citeaux ... pour déclarer la justice de sa conduite, la sincérité de ses intentions et l'équité de ses desseins, contre un libelle diffamatoire, composé par l'abbé de Prières, 21 août 1662, s. l. n. d., in-4.

Le fait et la question agitée présentement devant le Roi, touchant la réforme de Citeaux, s. l. n. d., in-4. — Réponse aux objections qui se font contre l'arrêt du Parlement de Paris, 3 juil. 1660, s. l. n. d., in-4. — Au Roi. Requête des religieux de l'étroite observance pour l'exécution du bref du 21 nov. 1661 et le renvoi des parties devant le Parlement, s. l. n. d., in-4. — Au Roi. Requête des religieux de l'étroite observance, contre le choix des commissaires nommés par arrêt du Conseil du 24 avril 1664, s. l. n. d., in-4. — Arrêt du Conseil d'État du Roi, le 3 juillet 1664, suspensif de l'exécution de l'arrêt du parlement de Paris, le 3 juillet 1660, de l'arrêt du Grand Conseil d'État, le 18 juin 1661, confirmatif du Bref de N. S. P. le pape, du 16 janvier 1662, donné sur les différends et la réformation générale de l'ordre de Citeaux, dans toutes les souverainetés chrétiennes, s. l. n. d., in-4. — Breve S. P. D. Alexandri VII, pro generali ordinis Cisterciensis reformation, 14 aprilis 1666, s. l. n. d., in-4, et dans Bullarium romanum, VI-VI, 119-125. — Les surprises faites à la religion de N. S. P. le pape Alexandre VII, contenues en son Bref du 19 avril 1666, s. l. n. d., in-4. — Arrêt du Conseil d'État du Roi, le 14 juillet 1666, par lequel, sans avoir égard aux arrêts du Parlement de Paris, du 13 juillet 1660, etc., l'exécution du bref de Sa Sainteté, du 19 avril 1666, contenant la décision des différends de l'ordre de Citeaux et les articles de la réformation générale d'icelui, est ordonnée, s. l. n. d., in-4. — Arrêt du Grand Conseil d'État et lettres patentes du Roi, du 14 juillet 1666, qui ont reçu et autorisé le bref du pape Alexandre VII. Ensemble l'arrêt d'enregistrement au Grand Conseil, 6 août 1666, s. l. n. d., in-4. — Indictio capituli generalis sacri Cisterciensis ordinis, anno Domini 1667, ex decreto Alexandri VII in Cistercio celebrandi, s. l., 1666, in-4. — Bref de Clément IX, du 20 déc. 1667, indiquant aux Cisterciens de la commune observance les monastères où ils peuvent envoyer leurs novices et jeunes profès, dans Bullarium romanum VI-VI, 227-229.

Bref de Clément X, du 3 oct. 1670. Ibid. VII, 63-64. Factum pour les quatre premiers Pères de l'Ordre de Citeaux, appelants comme d'abus du prétendu chapitre général de 1672, tenu à Citeaux contre le Révérend abbé de Citeaux, s. l. n. d., in-fol. — Factum pour Dom Pierre Bouchu, abbé de la Ferté, Dom Jacques de la Varendo', abbé de Pontigny, Dom Pierre Henry, abbé de Clairvaux, et Dom François Marchand, abbé de Morimond, premiers Pères et supérieurs majeurs de l'ordre de Citeaux, intimés et demandeurs, contre Dom Jean Petit, abbé de Citeaux, défendeur, et les abbés et religieux de l'étroite observance dudit ordre de Citeaux, appelant comme d'abus de l'exécution du bref de Clément X et de tout ce qui s'en est ensuivi dans le prétendu chapitre général tenu à Citeaux, au mois de mai dernier, s. l. n. d., in-fol. — Factum pour Dom J. Petit, abbé de Citeaux, défendeur et intimé, contre les abbés de Cadouin, de Foucarmont, du Pin, de Prières et autres demandeurs et appelants, comme d'abus, d'un bref du N. S. P. le pape Clément X, Paris, 1675, in-4. — Abrégé des principaux moyens d'appel comme d'abus contre le prétendu chapitre général de l'an 1672, pour servir de réponse au factum du R. abbé de Citeaux, s. l. n. d., in-4. — Examen du chapitre général tenu à l'abbaye de Citeaux, le 16 mai 1672, pour servir au procès, pendant au Grand Conseil. Paris, 1673, in-4. — Requête présentée au Roi par les abbés, prieurs et religieux de l'étroite observance de l'ordre de Citeaux. Extrait des registres du Conseil d'État, 27 sept. 1673, Paris, 1673, in-4. — Plaise à M.., conseiller au Grand Conseil, protéger en justice le bon droit des abbés, prieurs et religieux de l'étroite observance de l'ordre de Citeaux ..., s. l. n. d., in-fol. — Factum pour les abbés, prieurs et religieux de l'étroite observance de l'ordre de Citeaux, demandeurs en exécution du bref du pape Alexandre VII, du 19 avril 1666, contre les abbés de Citeaux, la Ferté, Pontigny et Morimond, Paris, 1674, in-4. — Éclaircissement sur l'état présent de l'ordre de Citeaux, mémoire pour les Pères de l'étroite observance, réclamant le droit. Paris, 1674, in-4. — Éclaircissement sur les différends qui concernent la réforme de Citeaux, avec les véritables moyens de la maintenir, s. l. n. d., in-fol.

Bref du pape Innocent XI, du 26 janvier 1685, confirmant un décret du chapitre général qui prescrivait la réforme des monastères de Pologne, Prusse et Lithuanie, dans Bullarium romanum VIII, 351. — Mémoire pour Constantin Howicky, abbé de Landa, vicaire général de la congrégation de Pologne et de Lithuanie, Florien Gotartoursky, abbé de Cirice en Pologne, et coadjuteur de Poplin; Joseph Harles, abbé du Val-Saint-Lambert, au pays de Liège ... tous étrangers et définiteurs ... avec l'adhésion du chapitre général de la congrégation de Pologne et Lithuanie, intervenants, appelants comme d'abus et demandeurs, contre M. l'abbé de Citeaux, intimé et défendeur, et contre les abbés de Vaucelles, Hauterive, Salem et autres intervenants, intimés et défendeurs, Dijon, 1766, in-4.

Brefs de Pie VI, supprimant la perpétuité des abbés dans les monastères cisterciens de Pologne, dans Bullarum romanum VI.

VARIÉTÉS.

Requête présentée au Roi et à Nosseigneurs les commissaires par l'abbé de l'Étoile, Jean Bernard, pour maintenir la liberté des Bernardins de Paris et les droits que tous les abbés de l'ordre y ont de prendre le rang et la place d'abbé. Contre les abbés de la Ferté, de Pontigny, de Clairvaux et de Morimond, communément appelés les quatre premiers abbés dudit ordre, 24 janvier 1679, Paris, 1679, in-4.

Mémoire pour l'abbé chef et supérieur général de l'ordre de Citeaux, demandeur en cassation d'arrêt du Grand Conseil du 25 juin 1698. Contre le sieur abbé de Morimond, défendeur, s. l. n. d., in-4. — Mémoire pour l'abbé de Morimond, défendeur contre le sieur abbé de Citeaux, demandeur, s. l. n. d., in-fol. — Mémoire sur l'affaire du procureur général de l'ordre de Citeaux en cour de Rome; pour M. l'abbé de Citeaux, défendeur, contre messieurs les quatre premiers abbés, défendeurs, s. l. n. d., in-4. — Mémoire pour M. l'abbé de Citeaux, touchant l'impression des livres de son ordre, s. l. n. d., in-fol.

Sur tous ces documents voir : Catalogue de l'histoire de France (Bib. nat.) V, 506-517. Catalogues des livres imprimés de la Bibliothèque du Roi, Paris, 1753, in-fol. Jurisprudence, I, 239-241.

Les Bénédictins français avant 1789, par Ch. Gérin, dans Rev. Quest. historiques XIV, 465-474.

FEUILLANTS.

La congrégation des Feuillants avait, en France, 24 maisons qui comptaient 162 religieux, dans les dernières années du XVIIIe siècle. En voici la liste : Saint-Bernard, les Anges Gardiens, Notre-Dame du Val et le Plessis-Piquet (diocèse de Paris); Saint-Mesmin de Micy (dioc. Orléans); Saint-Bernard de Soissons et Blérancourt (dioc. Soissons); Amiens; Chatillon-sur-Seine (dioc. Langres); Fontaine-lès-Dijon; Saint-Charles de Lyon; Notre-Dame d'Auville et Saint-Pierre (dioc. Rouen); Saint-Louis de Tours; Notre-Dame de Selles (dioc. Bourges); Saint-Martin de Limoges; Saint-Martial de Tulle; Saint-Antoine de Bordeaux; Saint-Bernard de Poitiers; Notre-Dame de Belle-Fontaine (dioc. La Rochelle); Saint-Benoît de Toulouse; Notre-Dame des Feuillants (dioc. Rieux); Aix et Marseilles.

Cette réforme de l'ordre de Cîteaux eut pour auteur Jean de la Barrière, abbé commendataire du monastère cistercien des Feuillants [1], depuis l'année 1561. Né à Saint-Ceré [2] (1544), il fit ses études à Bordeaux et à Toulouse sous la direction d'Arnaud d'Ossat, qui, devenu cardinal, fut son dévoué protecteur. Il résolut, en 1573, de prendre très au sérieux sa dignité abbatiale, en embrassant le premier toutes les austérités de la règle cistercienne, ne mangeant pas de viande, ne buvant pas de vin, couchant à terre et allant pieds nus,

[1] Com. La Bastide-Clermont, Haute-Garonne.
[2] Départ. du Lot.

se contentant d'herbes cuites sans sel et sans huile. Personne ne voulut d'abord se consacrer à une existence aussi rigoureuse. Les premiers disciples ne lui vinrent qu'au bout de quatre ans. Leur nombre s'accrut ensuite avec rapidité. Ils conservèrent ces austérités jusqu'en l'année 1595. Le Pape Clément VIII, ému par la mort de quatorze religieux arrivée au monastère de Rome dans le courant d'une semaine, leur imposa de nouvelles constitutions beaucoup moins sévères.

Le Père de la Barrière ne cherchait qu'à réformer son abbaye, sans songer à l'établissement d'une congrégation. Les circonstances lui en firent une nécessité. Sixte V garda les religieux envoyés à Rome pour obtenir l'approbation du genre de vie inauguré à Feuillant (1586). Ce fut le point de départ d'une première fondation. Le roi Henri III, après avoir vu le pieux réformateur, voulut établir ses disciples dans un monastère auprès du palais du Louvre, dans la rue Saint-Honoré. Il fallut au préalable obtenir l'érection de cette réforme en congrégation : ce qui eut lieu en 1587. L'abbé de Feuillant quitta son abbaye avec soixante moines, le 16 juin de la même année. Le Roi et la Cour l'accueillirent avec un religieux enthousiasme.

Les divisions que la Ligue provoqua parmi les Feuillants faillirent amener la ruine de cette congrégation. Les moines de Paris et leur prieur, Dom Bernard de Montgaillard, surnommé le Petit Feuillant, furent des ligueurs ardents, tandis que le Père de la Barrière affectait de se tenir en dehors. Son attitude politique mécontenta la plupart de ses religieux, qui cherchèrent à s'affranchir de son autorité. Tout devait se régler dans un chapitre général convoqué à Turin; mais on dut le tenir à Rome (1592). Ce fut le premier chapitre général de la congrégation. Les abbés de Citeaux et de Morimond, inquiets du succès de la nouvelle réforme, saisirent avec empressement une occasion d'intervenir qui leur fut offerte par Dom Bernard, et convoquèrent un chapitre général à Rome. Mais les choses n'allèrent point au gré de leurs désirs. Les deux abbés et le Père de Montgaillard furent contraints de se retirer; ce dernier reçut, dans la suite, l'abbaye d'Orval, qu'il réforma (1592). Dom Jean Gualteron, élu vicaire général [1] de la congrégation des Feuillants par les membres de cette assemblée, obtint du pape Clément VIII d'être soustrait, avec tous ses religieux, à l'autorité de l'abbé et du chapitre général de Citeaux. La congrégation put dès lors se gouverner elle-même. Le texte des constitutions, qui se rapproche le plus possible des observances primitives cisterciennes, fut adopté par le chapitre général de 1595 et ensuite approuvé par le Saint-Siège.

Dom Jean de la Barrière mourut à Rome (1600), entouré de la vénération universelle. Le roi supprima la commende de l'abbaye de Feuillant et en donna le titre à la congrégation, qui put le donner à des abbés triennaux, choisis par le chapitre général. Les abbés de Feuillant étaient en outre vicaires généraux de la congrégation.

La congrégation se propagea assez rapidement soit par la réforme d'anciens monastères, soit par la fondation de monastères nouveaux. Ce développement se termina, en 1658, par l'ouverture de la maison d'Aix. Il fallut distribuer en deux congrégations distinctes ces monastères situés en Italie et en France (1630); les premiers formèrent celle des Réformés de Saint-Bernard et les seconds, celle de Notre-Dame de Feuillant.

Les Feuillants n'excluaient point de parti pris les études. On trouvait dans leurs rangs un certain nombre de théolo-

[1] Les congrégations monastiques appartenant à l'ordre de Citeaux ont, pour les gouverner, un vicaire général; on ne lui donne point le titre de supérieur général par égard pour l'abbé de Citeaux.

giens, de liturgistes, d'écrivains ascétiques. Ils furent moins atteints que d'autres familles religieuses par le jansénisme. Quelques-uns parmi eux cultivèrent les sciences profanes; les frères Come et Philippe se sont fait connaître par d'heureuses découvertes chirurgicales.

Cette congrégation resta jusqu'à la fin fervente et compacte; de sorte que la commission des Réguliers eut peu de prise sur elle. Elle disparut, pendant la Révolution, avec les divers ordres religieux.

BIBLIOGRAPHIE.

Les archives du monastère de la rue Saint-Honoré conservaient des titres intéressant le gouvernement de la congrégation. Archives Nat. L. 943, LL. 988.

Privilegia congregationis beatæ Mariæ Fuliensis, ordinis cisterciensis, per diversos summos Pontifices concessa, Parisiis, 1628, in-8. — Compendium privilegiorum et gratiarum congregationi beatæ Mariæ Fuliensis, ex ordine cisterciensi, a summis Pontificibus concessorum, a R. P. Marcellino a S. Benedicto, ejusdem congregationis monacho, collectum, Parisiis, 1628, in-8. — Bref de Sixte V, 5 mai 1586, confirmant la congrégation, dans Bullarium romanum, IV, iv, 211; autre, nov. 1587, accordant des faveurs, ibid. 366. — Bref de Paul V, juillet 1606, ibid., V, iii, 213; du 21 nov. 1607, ibid., 216; 14 août 1608, ibid., 344. — Bref pontifical pour la prolongation des pouvoirs et la réelection des anciens supérieurs de la congrégation des Feuillants de France, 4 janvier 1731, du pape Clément XII. — Au Roi et à Nosseigneurs les commissaires députés par arrêt du conseil d'État, du 1 sept. 1731, pour les Feuillants de la province de Bourgogne opposant à l'exécution du bref du 4 janvier 1731, Paris, 1732, in-fol. — Mémoire signifié pour l'abbé et supérieur général des Feuillants, contre les Feuillants de Bourgogne et de Guienne, Paris, 1732, in-fol. — Addition du mémoire pour l'abbé et général des Feuillants contre les religieux opposants, Paris, 1732, in-fol. — Abrégé des mémoires du clergé de France, IV, 81, 191 et s.; V, 286 et s.

Constitutiones congregationis sanctæ Mariæ Fuliensis, ordinis cisterciensis, ad regulam sancti Benedicti accommodatæ, in capitulo generali Romæ, anno 1595 celebrato, Romæ, 1595, in-8. — Constitutiones ... ad usum præsentem accommodatæ in capitulo generali Biturigum, anno 1634, celebrato, Parisiis, 1634, in-12. — On trouve une traduction des premières constitutions à la Bibl. Nat., ms. fr. 11,763, et des secondes, ibid., ms. fr. 13.861, et Bib. Mazarine, ms. 1759 et 1760. — Règlements et exercices des postulants et novices de l'ordre des Feuillants, à l'usage du noviciat du monastère de Saint-Bernard de Paris, XVIIe s. Bib. Nat., ms. fr. 14.479. — Response faicte par un religieux des Feuillants à la lettre que son frère lui avait écrite pour le retirer de la religion, s. l. 1588, in-16. Diurnum cisterciense ad usum congregationis B. Mariæ Fuliensis. Lutetiæ Parisiorum, 1666, in-24.

Cistercii reflorescentis seu congregationum cistercio-monasticarum beatæ Mariæ Fuliensis in Gallia et Reformatorum sancti Bernardi in Italia, auct. Jos. Montius, Augustæ Taurinorum, 1690, in-fol. — Vie du vén. Jean de la Barrière réformateur et abbé de l'abbaye des Feuillants et des Feuillantines, par l'abbé Bazy, Toulouse, 1885, in-8, XXIV-436. Voir Bib. Nat., ms. fr. 11.564 et 11.565. — La conduite de Dom de la Barrière, premier abbé et instituteur des Feuillants, durant les troubles de la Ligue, par un religieux feuillant (le P. Pradillon), Paris, 1699, in-12. — Charles d'Angennes de Rambouillet, cardinal, évêque du Mans, et le vén. Jean de la Barrière, abbé des Feuillants, au diocèse de Rieux (1559-1587), par Dom Piolin, Le Mans, 1886, in-8. — Éloge du R. P. Dom Jean de S. François, religieux de la congrégation des Pères Fulliens, Paris, 1629, in-4. — Vie du R. P. Dom Eustache de S. Paul Asseline, religieux de la congrégation de N.-D. de Feuillens, par un religieux de la même congrégation, Dom Antoine de S. Pierre Lejeune, Paris, 1646, in-8. — Éloge historique de Jean Baseilhac, dit frère Come, religieux feuillant et chirurgien lithotomiste, avec des détails sur les instruments qu'il a inventés, perfectionnés ou appropriés pour la taille. Pour servir à l'histoire de la chirurgie, par M. de Chambon, Paris, 1781, in-8. — Détails inédits sur la vie des chirurgiens RR. FF. Feuillants Baseilhac, dit frère Côme, et Philippe dit Bernard, célèbres lithotomistes, par le dr B. Charvet, Voiron, 1884, in-8. — Bernard de Montgaillard, abbé d'Orval, par Roger Graffin, Dole 1896, in-8. Ext. Rev. hist. ardennaise (mars-avril 1896).

Hélyot, V, 401-411. — Heimbucher, I, 241-244. — Hermant, III, 184-212. — Les Bénédictins français avant 1789, par Ch. Gérin, dans Rev. quest. historiques, XIX, 474-478. — Lecestre, 29-30.

CISTERCIENNES.

Le premier monastère de Cisterciennes fut établi au Tart [1] par saint Étienne Harding, qui les soumit aux observances générales de l'ordre (1120). D'autres fondations suivirent bientôt. On ne peut toutefois rien dire de précis sur les origines de ces communautés de femmes ni sur la situation qui leur fut faite dans l'ordre cistercien [2]. Il paraîtrait que le Tart jouit d'une situation privilégiée à la tête de ses abbayes, qui finirent par se multiplier; les abbesses y tenaient un chapitre général annuel sous la présidence de l'abbesse du lieu qui exerçait sur leur maison le droit de visite. Cette organisation particulière n'a laissé aucune trace dans l'histoire; ce qui porte à penser qu'elle a duré fort peu de temps.

Les cisterciennes faisaient partie de l'ordre sous la dépendance de l'abbé de Citeaux et du chapitre général. Chacun de leurs monastères se rattachait par voie de filiation à une abbaye d'hommes, et reconnaissait à son abbé une certaine supériorité, dont les religieuses ne pouvaient s'affranchir.

Les moniales cisterciennes passèrent par les mêmes alternatives de décadence et de réforme que les cisterciens. Quelques-unes de leurs communautés se signalèrent au

[1] Tart-l'Abbaye, cant. Genlis; arr. Dijon, Côte-d'Or.

[2] M. l'abbé Vacandard et le P. Janauschk sont unanimes à déclarer impénétrable « le chaos des origines des couvents cisterciens de femmes. » VACANDARD, *Vie de saint Bernard*, II, 357.

XVIIe siècle par un retour sérieux à la ferveur primitive. L'abbaye du Tart fut de ce nombre. Jeanne de Courcelle de Pourlan, qui la reçut à gouverner, en 1617, travailla de toutes ses forces au rétablissement de la discipline régulière, avec la protection de l'évêque de Langres et de l'abbé de Citeaux, Dom Nicolas Boucherat. Comme le successeur de ce dernier se montrait hostile à la réforme, la pieuse abbesse dut faire arracher, par le Souverain Pontife, son abbaye à la juridiction de l'ordre de Citeaux, pour la soumettre à l'autorité épiscopale (1626-1627). Elle avait transféré ses religieuses dans la ville de Dijon, dès l'année 1624. Aucun autre monastère n'embrassa cette réforme.

Quelques années auparavant, une cistercienne savoyarde, Louise de Ballon, entreprit, sous la direction de saint François de Sales, la réforme du monastère de Sainte-Catherine d'Annecy avec l'autorisation de Dom Boucherat. On dut, pour réussir, grouper les religieuses décidées à un changement de vie dans le monastère de Rumilly [1], fondé exprès pour elles (1622). Quatre religieuses de l'abbaye des Ayes [2] les rejoignirent bientôt; des novices ne tardèrent pas à se présenter. De la sorte, les Cisterciennes réformées ou Bernardines purent entreprendre des fondations à Grenoble d'abord (1624), puis à Saint-Jean de Maurienne, à Vienne, à Lyon, à Toulon, à Marseille, à Seyssel, à Cavaillon, à Aix et à Paris.

Ces religieuses, soustraites par Urbain VIII à la juridiction de l'ordre de Citeaux (1628) et placées sous celle de l'Ordinaire, suivaient des observances qui rappellent les règles des Visitandines. Elles avaient remplacé le bréviaire monastique par le bréviaire romain. Leurs monastères étaient de

[1] Arr. Annecy, Haute-Savoie.
[2] Com. Crolles, cant. Le Touvet, arr. Grenoble, Isère.

simples prieurés gouvernés par des prieures triennales. Une division, qui troubla profondément les esprits, les obligea de se séparer en deux congrégations indépendantes : celle de la Providence, qui conserva les monastères savoyards et quelques-uns de ceux qui étaient situés en France; les autres formèrent celle de Saint-Bernard. La maison de Paris finit par n'appartenir ni à l'une ni à l'autre; elle changea ses constitutions pour se conformer aux pratiques primitives des religieuses cisterciennes. On les connaît sous le nom de Bernardines du Précieux-Sang.

BIBLIOGRAPHIE.

La règle et les constitutions des religieuses bernardines réformées de la congrégation de la divine Providence, Paris, 1636, in-24. — La règle et les constitutions pour les religieuses bernardines de la Congrégation de Saint-Bernard, Paris, 1637, in-24. — Les constitutions du monastère de Notre-Dame du Tart, de l'étroite observance, par PIERRE MAGNIEN, Dijon, 1695, in-12.

Origine, décadence et réforme de la maison-mère des religieuses bernardines cisterciennes, par MIGNARD, dans Mémoires lus à la Sorbonne (1863), 332-352. Voir la notice de l'abbaye du Tart. — Les statuts de l'ordre de Cîteaux pour le gouvernement des religieuses qui en suivent l'institut (XVIIIe s.), Bib. Dijon, ms. 615.

Vie de Madame de Courcelle de Pourlan, dite de Sainte-Anne, dernière abbesse titulaire et réformatrice de l'abbaye de N.-D. du Tart, par BERNARD BOURÉE, Lyon, 1693, in-8. — Vie de Louise-Thérèse-Blanche de Ballon, fondatrice et première supérieure de la congrégation des Bernardines réformées de France et en Savoie, par JEAN CROSSÉ, Annecy, 1695, in-8. — Vie de la B^se Louise-Cécile de Ponzenas, institutrice de la congrégation des Bénédictines réformées du Dauphiné, Lyon, 1675, in-8. — HÉLYOT, V, 367-375; 429-444; 460-472.

MONASTÈRES DE CISTERCIENNES.

Province ecclésiastique de Paris.

Dans le diocèse de Paris : Saint-Antoine des Champs, Abbaye-au-Bois, Panthémont et Bernardines du Précieux-Sang, à Paris; Port-Royal, Maubuisson, Bernardines d'Argenteuil.

Dans le diocèse de Chartres : Notre-Dame de l'Eau-lez-Chartres, Notre-Dame des Clairets et le prieuré de Saint-Bernard de Courville.

Dans le diocèse de Meaux : Pont-aux-Dames.

Dans le diocèse d'Orléans : Notre-Dame de Voisins et Lieu-Notre-Dame.

Province ecclésiastique de Sens.

Dans le diocèse de Sens : La Cour-Notre-Dame, la Joye-lès-Nemours, le Lys-lès-Melun, Mont-Notre-Dame-lès-Provins, Villiers-aux-Nonnains.

Dans le diocèse d'Auxerre : Notre-Dame des Isles près Auxerre, le Réconfort.

Dans le diocèse de Troyes : Notre-Dame-des-Prés-lès-Troyes et Notre-Dame de la Pitié près Ramerupt.

Province ecclésiastique de Reims [1].

Dans le diocèse de Châlons : Saint-Jacques-lès-Vitry et Notre-Dame-lès-Saint-Dizier.

Dans le diocèse de Soissons : L'Amour-Dieu et Notre-Dame d'Argensoles.

Dans le diocèse de Laon : Montreuil-les-Dames et le Sauvoir.

Dans le diocèse de Noyon : Fervacques, à Saint-Quentin.

Dans le diocèse de Senlis : Biaches-lès-Péronne et le Parc-aux-Dames.

Dans le diocèse de Beauvais : Monchy-Humières.

Dans le diocèse d'Amiens : Le Paraclet à Amiens, Epagne et Villancourt, à Abbeville.

Province ecclésiastique de Cambrai.

Dans le diocèse de Cambrai : Fontenelles, les Prés à Douai, Marquette et le Verger.

Dans le diocèse d'Arras : Flines, le Vivier, à Arras, et la Brayelle-lès-Annay.

Dans le diocèse de Saint-Omer : Beaupré, Sainte-Colombe de Blendecques, Wastyne et Ravershberghe.

Province ecclésiastique de Rouen.

Dans le diocèse de Rouen : Sainte-Madeleine de Bival, Notre-Dame de Bondeville, Fontaine-Guérard, Gomer-Fontaine, Notre-Dame du Trésor, Saint-Saens, Neufchâtel et Clairruissel, Yvetot.

[1] L'abbaye de Félix-Pré, comm. Givet, Ardennes, se trouvait dans le diocèse de Liége.

Dans le diocèse de Bayeux : Torigny.
Dans le diocèse d'Avranches : Abbaye Blanche, à Mortain.
Dans le diocèse d'Évreux : L'Estrée.
Dans le diocèse de Séez : Maison-Dieu d'Essai et Villers-Canivet.

Province ecclésiastique de Tours.

Dans le diocèse de Tours : Moncé.
Dans le diocèse du Mans : Bonlieu, la Perrigne et la Virginité.
Dans le diocèse d'Angers : Le Perray-aux-Nonnains.
Dans le diocèse de Vannes : La Joye-lès-Hennebont.
Dans le diocèse de Quimper : Notre-Dame de Kerlot.

Province ecclésiastique de Bourges.

Dans le diocèse de Bourges : Beauvoir et Notre-Dame de Bussière, Bernardines de Montluçon.
Dans le diocèse de Clermont : L'Eclache.
Dans le diocèse de Puy : Bellecombe, Clavas et la Séauve.
Dans le diocèse de Limoges : Coyroux.
Dans le diocèse de Tulle : Prieuré des Bernardines de Tulle.

Provinces ecclésiastiques d'Auch et d'Albi.

Dans le diocèse d'Albi : Candeil.
Dans le diocèse de Cahors : Leyme, Vic-lès-Capdenac et le prieuré de Lissac.
Dans le diocèse de Vabres : Nonenque.
Dans le diocèse de Mende : Mercoire.
Dans le diocèse de Bayonne : Bernardines de Bayonne.
Dans le diocèse de Lescar : Saint-Sigismond, près Orthèz.

Provinces ecclésiastiques de Toulouse et Narbonne.

Dans le diocèse de Toulouse : Fabas et Salenques, à Toulouse.

Dans le diocèse de Rieux : La Grâce-Dieu.

Dans le diocèse de Lombez : Saint-Bernard de Lombez.

Dans le diocèse de Narbonne : Les Olives, à Narbonne.

Dans le diocèse de Carcassonne : Rieunette.

Dans le diocèse de Montpellier : Vignogoul.

Dans le diocèse de Nîmes : Saint-Sauveur de la Font, à Nîmes.

Dans le diocèse de Perpignan : L'Eule.

Dans le diocèse d'Uzès : Valsauve de Bagnols et les Fontaines d'Alais.

Provinces ecclésiastiques d'Aix et Arles.

Dans le diocèse d'Apt : Sainte-Croix d'Apt.

Dans le diocèse de Carpentras : Bernardines de Carpentras.

Dans le diocèse de Cavaillon : Bernardines de Cavaillon.

Dans le diocèse d'Aix : Bernardines d'Aix.

Dans le diocèse de Marseille : Notre-Dame de Sion et prieuré des Bernardines à Marseille.

Dans le diocèse de Toulon : Hyères et Bernardines de Toulon.

Dans le diocèse de Grasse : Bernardines d'Antibes.

Dans le diocèse de Nice : Bernardines de Nice.

Province ecclésiastique de Vienne.

Dans le diocèse de Vienne : Saint-Just de Romans, Saint-Paul de Beaurepaire, La Côte-Saint-André, Bernardines de Vienne et de Voiron.

Dans le diocèse de Grenoble : Les Ayes, Bernardines de Grenoble et de Tullins.

Dans le diocèse de Valence : Vernaison, à Valence.

Il y avait, en Savoie, Sainte-Catherine d'Annecy et, *dans ce même diocèse,* les prieurés de Rumilly et de la Roche; le prieuré de Saint-Jean de Maurienne et celui de Coutlans.

Province ecclésiastique de Lyon.

Dans le diocèse de Lyon : La Bénissons-Dieu, Bonlieu, Chazeaux et le prieuré des Bernardines de Lyon.

Dans le diocèse d'Autun : Lieu-Dieu, à Beaune, Bernardines de Moulins.

Dans le diocèse de Chalon : Molaise.

Dans le diocèse de Dijon : Notre-Dame de Tart, à Dijon.

Dans le diocèse de Langres : Collonge et Belmont.

Province ecclésiastique de Besançon.

Dans le diocèse de Besançon : Notre-Dame de Battant, Corcelles, Ounans à Dole, Bernardines de Pontarlier.

Dans le diocèse de Saint-Claude : Le prieuré d'Orgelet.

Dans le diocèse de Belley : Bons, à Belley, et le prieuré de Seyssel.

On trouvait dans les diocèses d'Alsace et de Lorraine : Benoite-Vaux et Sainte-Hoilde, au diocèse de Toul; Kenigsbruck, dans celui de Strasbourg, et Clairvaux, dans celui de Metz.

FEUILLANTINES.

Les Feuillantines n'eurent que deux maisons en France : Montesquieu de Volvestre [1], au diocèse de Rieux, fondée en 1588 par Dom Jean de la Barrière pour les premières religieuses et transférée à Toulouse, en 1599, et Paris. Les religieux ne voulurent accepter aucune autre fondation. La mère Antoinette d'Orléans, fondatrice des Calvairiennes, avait fait profession au monastère de Toulouse. Les Feuillantines se conforment aux constitutions des Feuillants.

BIBLIOGRAPHIE.

Histoire de la fondation du monastère des religieuses Feuillantines de Toulouse, avec les éloges de plusieurs religieuses de cette maison, remarquables par leurs vertus, par Dom J.-B. DE SAINTE-ANNE, abbé et général des Feuillants, Bordeaux, 1696 et Paris, 1699, in-12. — HÉLYOT, V, 405-413.

[1] Ar. Muret, Haute-Garonne.

GRANDMONTAINS.

Saint Étienne, fondateur de l'ordre de Grandmont, établit son premier monastère à Muret, diocèse de Limoges, où il menait la vie érémitique depuis l'année 1076. Des disciples ne tardèrent pas à se réunir autour de sa cellule. Le genre de vie, qu'il leur proposa, dérivait de la règle bénédictine, bien qu'il fût caractérisé par un grand nombre de pratiques spéciales. Étienne mourut au mois de juin 1125. Son ordre comptait alors un bon nombre de maisons. Sa règle avait reçu toute la fixité désirable, sans qu'il eût cru devoir cependant la rédiger; elle était maintenue et transmise par l'expérience et la tradition. Ses religieux, qui se faisaient remarquer par une austérité peu commune et une grande humilité, reçurent le nom de *pauvres frères;* on les connut, dans la suite, sous celui de *Bons Hommes.* Le fondateur ne voulut ni pour lui ni pour ses successeurs du titre d'abbé; ils adoptèrent celui de prieur; les supérieurs de chaque maison se nommaient correcteurs.

Ses religieux durent se transporter à Grandmont peu de temps après la mort d'Étienne. Ils continuèrent à se propager. Leur développement fut surtout rapide sous le gouvernement du quatrième Supérieur général, Étienne de Liciac. Il se fit alors plus de soixante fondations. Pierre Bernard de Boschiac, qui fut après lui prieur de Grandmont, en vit plus de quatre-vingts autres. On trouvait les monastères de Grandmontains dans la plupart des diocèses de France. Les

Papes les comblaient de faveurs. Les rois de France et d'Angleterre leur prodiguaient les témoignages de leur sympathie généreuse. Ils devinrent très populaires dans tout le royaume, où ils exercèrent pendant le XIIe siècle une influence considérable. Leurs monastères étaient répartis de la manière suivante : 22 dans le diocèse de Limoges, 19 dans celui de Poitiers, 9 dans celui de Bourges, 7 dans celui de Saintes, 7 dans celui de Périgueux, 7 dans celui de Tours, 6 dans celui de Chartres, 5 dans celui de Cahors et autant dans celui d'Angers, 4 dans celui d'Autun, et autant dans celui d'Agen; les diocèses de Sens, du Mans, de Soissons, de Bordeaux, de Clermont, d'Orléans et de Beauvais en avaient chacun 3; il y en avait 2 dans chacun des diocèses de Troyes, de Séez, de Nevers, de Rodez, de Langres, de Rouen, d'Auxerre et de Toulouse, et 1 dans ceux de Paris, d'Évreux, de Lyon, de Chalon-sur-Saône, Châlons-sur-Marne, Besançon, le Puy, Angoulême, Avignon, Maguelone, Lodève, Lectoure et Meaux. Il y en avait 3 en Angleterre et 2 en Espagne.

On dut, pour en faciliter le gouvernement, distribuer ces maisons en provinces. Il y en eut 9 : celles de France, de Bourgogne, de Normandie, d'Anjou, de Poitou, de Saintonge, de Gascogne, de Provence et d'Auvergne. Le nombre des religieux, qui les habitaient vers la fin du XIIIe siècle, s'élevait à 900. Il diminua considérablement avec celui des monastères eux-mêmes. Les calamités du XIVe et du XVe siècle furent pour beaucoup dans cette décadence. Il n'y avait plus, à la veille de la Révolution, que 31 monastères occupés par 107 religieux.

Les Grandmontains de l'ancienne observance étaient au nombre de 68, répartis en 23 maisons : Grandmont, Badeix, Bonneval-de-Montusclat (dioc. Limoges); collège de Grandmont (dioc. Paris); Boulogne (dioc. Blois); Bois-Rabier, Pommier-Aigre et Villiers (dioc. Tours); La-Haye-des-Bons-Hommes, la Primaudière et Breuil-Bellay (dioc. Angers); Bercey (dioc. du Mans); Beaumont-le-Roger (dioc. Évreux); Grandmont-lès-Rouen (dioc. Lisieux); Chêne-Galon (dioc. Séez); le Mesnel (dioc. Beauvais); Francour (dioc. Cahors); la Faye-Jumilhac (dioc. Périgueux); Viaye (dioc. le Puy); le Sauvage (dioc. Rodez).

Les Réformés avaient 8 maisons avec 39 religieux : Louye (dioc. Chartres); Macheret (dioc. Troyes); Époisses (dioc. Chalon-sur-Saône); Chavanon et Thiers (dioc. Clermont); Vieuxpou (dioc. Sens); La Faye (dioc. Nevers) et Lodève.

Étienne de Liciac compléta l'œuvre du fondateur en donnant à la règle la fixité d'une rédaction officielle. Il réunit (1154 ou 1156) un chapitre général et, en coordonnant les témoignages des disciples immédiats de saint Étienne, il forma un recueil qui contenait sa vie, ses maximes et ses observances. Ce fut la première règle de Grandmont; elle reçut l'approbation du pape Adrien IV et de plusieurs de ses successeurs. Les chapitres généraux complétèrent et modifièrent, par leurs statuts, quelques-unes de ses dispositions. On réunit en un seul corps de lois ces décisions et la règle elle-même, en 1314.

Chaque monastère avait des religieux de chœur et des convers, chargés des travaux matériels. Les attributions de ces derniers étaient mal délimitées. Le développement de l'ordre leur servit de prétexte pour s'emparer de la direction générale. On dut recourir à des mesures rigoureuses. Ce fut le commencement de discordes pénibles, qui durèrent au moins un siècle et se manifestèrent parfois avec une violence scandaleuse. Elles étaient envenimées par les factions politiques dans lesquelles les événements jetaient ces pauvres religieux; les uns se déclaraient partisans du roi d'Angleterre et les autres, du roi de France. Le calme était revenu pour quelque temps, lorsque le chapitre général de 1295 fit dresser l'état des maisons, qui a été donné plus haut. De nouveaux troubles nécessitèrent l'intervention de Jean XXII. Le Pape, par une bulle de l'année 1317, revisa les règles et l'organisation de l'ordre, en mitigeant les observances, dont la rigueur finissait par légitimer les dispenses générales et le relâchement, et en faisant disparaître par une sage réorganisation du gouvernement tout ce qui pourrait ramener de nouvelles divisions. Il est à noter que le supérieur de Grandmont porta depuis cette époque le titre d'abbé.

Ces mesures ramenèrent dans l'ordre le sérieux de la vie religieuse. Mais, au XIVe siècle, le relâchement prit de nouveau le dessus. La transformation des supériorités en bénéfices, conférés directement soit par les papes, soit par les princes, le rendait inévitable. La suppression de la commende pour la maison-mère (1579) ne put arrêter une décadence que les guerres de religion précipitèrent encore. Les finances n'étaient pas en meilleur état que la discipline. On ne pouvait, au milieu de ces désordres, réunir les chapitres généraux. Après une interruption de cent trente-quatre années, Dom Georges Barny en convoqua un (1643), où les constitutions furent de nouveau confirmées. Dom Charles Frémon, prieur de l'abbaye, y fut autorisé à entreprendre une réforme qu'il introduisit en premier lieu dans le monastère d'Epoisses et ensuite dans celui de Thiers. Les réformés portèrent le nom de Grandmontains de l'étroite observance. Ils restèrent unis à l'ordre et soumis à son supérieur général. Leur influence fut très limitée. Ils ne purent, malgré leur ferveur religieuse, rendre à l'ordre la vitalité qu'il avait perdue. Il fut l'une des premières victimes de la commission des Réguliers.

Bibliographie.

Une page de l'histoire du clergé français au XVIIIe siècle. Destruction de l'ordre et de l'abbaye de Grandmont, par L. GUIBERT, Limoges, 1877, in-8. Ext. Bul. Soc. arch. du Limousin. — Annales ordinis Grandimontis nunc primum editi et in hanc epitomen redacti, auctore et collectore utrorumque fr. JOHANNE LEVESQUE, Trecensi. Trecis, 1662, in-8. — Lettre critique d'un religieux de Grandmont à un de ses confrères, sur le livre intitulé : Les moines empruntés, 1er juillet 1696 (par Dom H. DE LA MARCHE DE PARNAC, s. l. 1697, in-8. — On conservait dans la Bibliothèque de Grandmont plusieurs manuscrits intéressant l'histoire de cet ordre. Quelques-uns ont disparu, les autres se trouvent dans la Bibliothèque du Grand Séminaire de Limoges. Voir : Les manuscrits du Grand Séminaire de Limoges, notice et catalogue, par L. GUIBERT, Limoges, 1892, in-8, 42-58, et Destruction de ... Grandmont, 111-113. — Histoire de la réforme de Grandmont, contenant la vie du T. R. P. Frémon et tout ce qui s'est passé dans la réforme depuis son établissement jusqu'à la mort du vén. réformateur, par P. LEGEAY, religieux de la réforme (1718). Bib. nat. ms. fr. 19.682. Bib. Sainte-Geneviève, ms. 1878 et 2555. — Les prieurés de l'ordre de Grandmont, par DE DION, dans Bul. monum. XL (1874), 566 et s. — Seconde note sur l'architecture de l'ordre de Grandmont, suivie d'une liste générale des maisons de l'ordre, par DE DION et L. GUIBERT, Ibid., XLII, 247-265, 310-320. — Troisième note, par DE DION, Ibid., XLIII, 653-663; XLIV, 125-137. — Prieurés de l'ordre de Grandmont en Saintonge, par L. AUDIAT, Ibid., XLI, 288 et s. — Prieurés de l'ordre de Grandmont en Périgord, par GOYHENÈCHE, dans Bul. soc. hist. Périgord, VI (1879), 243 et s.

HÉLYOT, VI, 406-426. — Hermant, I, 264-314. — HEIMBUCHER, I, 212-214. — Gallia christiana, II, 645-660. — LECESTRE, 56-58. — Glossarium infimæ et mediæ latinitatis de DUCANGE, au mot *Boni homines*.

CONSTITUTIONS ET PRIVILÈGES.

Regula S. Stephani, ordinis Grandimontensis institutoris, dans De antiquis monachorum ritibus, de MARTÈNE, Antverpiæ, 1738, in-fol. 873-922. — Collectio statutorum ad usum ordinis Grandimontensis editorum. Ibid. 923-954. — Statuta pro reformatione ordinis Grandimontensis, edita ab abbatibus de Masceriis et de Saviniaco, ord. Cisterciensis, et prioribus de Ligeto et de Glanderiis, ord. Carthus. Ibid. 955-966. — Statuta edita ab abbate Moyssiaci et Priore Fratrum Prædicatorum, Ibid., 967-980. — Statutum factum in capitulo generali, tempore Guillelmi I, abbatis Grandimontensis, Ibid., 981-984. — Confirmatio Domini CLEMENTIS VI cujusdam concordiæ initæ inter Dnos abbatem et priores ordinis Grandimontensis. Ibid. 993-1004.

URBANI papæ V epistola encyclica ad Grandimontenses (1362), dans Novus Thesaurus de MARTÈNE I, 1489. — Antiqua statuta ordinis Grandimontensis ante annos 400 in variis capitulis generalibus edita, Ibid., IV, 1231-1237 et dans Codex regularum de BROCKIE, II, 303-309. — Statuta capitulorum generalium ordinis Grandimontis, dans De Ant. monach. ritibus, 1003-1017. — Statuta Priorum et Diffinitorum capitulorum generalium ordinis Grandimontensis collecta a Guillelmo Pellicerii, abbate Grandimontensi, Ibid., 971-980. — Liber de doctrina novitiorum ordinis Grandimontensis, dans Novus thesaurus de MARTÈNE, V, 1823-1845. — Voir : Sources de l'histoire du Limousin, par LEROUX, 149-150, 243 et 254. — Bib. nat. ms. lat. 12.705-12.706, 12.798. Bib. Mazarine, ms. 1694; Bib. Charleville. ms. 54; Bib. Clermont, ms. 151; Bib. Laon, ms. 431.

Regula S. Stephani, confessoris, auctoris et fundatoris ordinis Grandimontensis, Divione, 1645, in-8 et Rothomagi, 1671, in-12. Pat. lat. CCIV, 1135-1162. — Capitulum generale ordinis Grandimontensis in abbatia Grandimontis anno Domini 1643 celebratum. Jussu reverendissimi abbatis et opera R. P. Patris FREMON, superioris de Haya a Bonorum Hominum et definitoris capituli, impressum (26 apriiis-3 maii). Parisiis, 1643, in-18. — L'esprit de l'ordre de Grandmont, tiré de la doctrine de S.-Etienne, son premier instituteur, et de la règle donnée au dit ordre par le Souverain Pontife Clément III. Paris, 1666. — Statuta fratrum Grandimontensium strictioris observantiæ. Lugduni, 1692, in-48.

Proprium festorum ordinis Grandimontensis de novo typis excussum, ex decreto capituli generalis 23 nov. 1755. Parisiis, 1756. — Exemptionis privilegia, dans De antiquis monachorum ritibus, 985-992. — Bullarium Grandimontense, ms. Bib. sém. Limoges. Bib. Tours, ms. 633. — Le ms. 362 de la Bib. de Chartres contient avec les Annales ordinis Grandimontis de JEAN LEVESQUE, un Index bullarum summorum Pontificum necnon statutorum ... juxta temporum successionem et le Bullarium ordinis Grandimontensis a R. P. PATRE BERNARDO ARNAUD ex codicibus originalibus excerptum et inscriptum. — Essai de reconstitution du bullaire de Grandmont, dans Destruction ..., par L. GUIBERT, 639-720. — Bulle de GRÉGOIRE VII. Ibid. 721-723. Bulle de JEAN XXII, Ibid. 909-927. — Extrait des privilèges accordés à tout l'ordre de Grandmont avec les confirmations de nos rois de France, sentences et arrêts en conséquence. Paris, 1731. — Inventaire de plusieurs arrêts du Conseil privé, du Grand Conseil et autres Cours souveraines en faveur de l'ordre de Grandmont. ms. arch. de la Haute-Vienne.

ORIGINES DE L'ORDRE.

Vita S. Stephani Muretensis, auct. GERARDO ITHERIO, priore Grandimontensi, dans Acta Sanctorum, Februar, II, 205-213, Amplissima collectio de MARTÈNE, VI, 1065-1134 et Pat. lat. CCIV, 1005-1046. — S. Stephani dicta et facta, auct. STEPHANO DE LICIACO, dans Amplissima collectio, VI, 1118-1130 et Pat. lat. CCIV, 1071-1084. Ce recueil est de Hugues de Lacerta. — Liber sententiarum seu rationum S. Stephani, dans Pat. lat. CCIV, 1035-1136. — Maximes de S. Étienne, instituteur de l'ordre de Grandmont, dit des Bons-Hommes, traduites par BAILLET. Paris, 1707, in-12. — La vie et les miracles de S. Étienne, fondateur de l'ordre de Grandmont, par Ch. FRÉMONT, Dijon, 1647, in-8. — Vie de S. Étienne, par H. DE LA MARCHE DE PARNAC, abbé général de cet ordre, Paris, 1704, in-12. — Histoire littéraire, X, 413-419; XV, 136-142, — Vita B. Hugonis de Lacerta, discipuli S. Stephani, auct. GUILLELMO DANDINA, cognomento de S. Sabino (1157), dans Amplissima collectio de MARTÈNE, VI, 1143-1186 et Pat. lat. CCIV, 1181-1222; Hist. litter. XV, 144-146. — Epistolæ PETRI BERNARDI, prioris Grandimontensis quinti et GUILLELMI DE TRAHINACO prioris sexti, dans Pat. lat. CCIV, 1177-1179.

Historia brevis priorum Grandimontensium, dans Amplissima collectio de MARTÈNE, VI, 113-124. — Historia prolixior priorum Grandimontensium. Ibid, 123-148. — Priores Grandimontis, dans Bibliot, nova ms., de LABBE, II, 275; BOUQUET, XXI, 751 et Notices et extraits des ms. XXVII, part. II, 263-265. — De ordinibus Grandimontensi atque Artigia par BERNARD GUY, dans LABBE, II, 275-279. — Index domorum Grandimontensis ordinis et Generales ordinis Grandimontensis, dans de Antiquis monachorum ritibus de MARTÈNE, 905-910. Voir : Les sources de l'histoire de France par MOLINIER, II, 256-257. — Pouillé des maisons de l'ordre de Grandmont. Bib. nat. col. Moreau, ms. 786. Rôle des bénéfices de l'ordre (XVI s.). Bib. nat. ms. fr. 15.777.

Sur quelques écrivains de l'ordre de Grandmont d'après le ms. 17.187 de la Bibliothèque nationale, par HAURÉAU, Paris, 1875, in-4, ext. Notices et extraits des ms. XXIV (1876) part. II, 247-267. — Examen de treize chartes de l'ordre de Grandmont, par L. DELISLE, Caen, 1854, in-4, ext. Mém. soc. antiq. Normandie. — Les manuscrits de l'abbaye de Grandmont, par COUDERC, dans Bib. éc. chartes, LXII (1901), 362-373.

Oraison funèbre du R. P. F. Thomas, vicaire général de la réforme de l'ordre de Grandmont, par le R. P. SERVIN, Chartres, 1705, in-4.

Factum pour Dom Georges Barny, abbé, chef général de l'ordre de Grandmont, demandeur en intervention contre frère Jean Le Maigre et frère Étienne Talin, s. l. n. d. in-4 (au sujet de la collation des bénéfices de l'ordre); voir : Bib. nat. Recueil Thoisy, II, 99. — Factum du procès pendant au Grand Conseil entre Dom Georges Barny, abbé de Grandmont, chef et général de l'ordre et frère Jean du Chiron et autres religieux de la Primaudière, du même ordre, s. l. n. d. in-4. — Sommaire du procès d'entre frère Pierre Roze, religieux profès de l'ordre de Grandmont, et Dom Antoine de Chaveroche, abbé et général, s. l. n. d. in-4. — Mémoire pour messire Pierre de la Guérinière, abbé de Grandmont, contre messire Jean Pernost, prieur commendataire d'Époisses-lez-Dijon, reforme de Grandmont, en présence des prieurs claustral et religieux du même prieuré. Paris, 1720, in-fol.

Au Roi et à Nosseigneurs de son conseil. Pour trois prieurs de l'ordre de Grandmont, prenant fait et cause pour le P. Ligoudèz, transféré par l'abbé de Grandmont du prieuré de Notre-Dame-du-Parc-lez-Rouen, dans une autre maison, et réclamant la convocation d'un chapitre général. Paris, 1733, in-fol. — Au Roi, Réponse de René-Pierre de la Guérinière, abbé de Grandmont, à la requête des trois prieurs. Paris, s. d., in-fol. — Mémoire pour les prieurs et religieux de l'ordre de Grandmont, servant de réponse à la requête présentée au Roi par R. de la Guérinière, abbé général dudit ordre. Paris. 1733, in-fol. — Au Roi, Réponse pour R. de la Guérinière, au mémoire précédent. Paris, 1733, in-fol. — Sommaire de la contestation pendante devant le Co. entre Dom Fr. L. Aleaume, prieur de Beaumont-le-Roger, J. Al. Dalmas, prieur de Viaye, L. Dalmas de Boissy, prieur claustral de N.-D.-du-Parc-lez-Rouen, et D. de la Guéririnière, abbé de Grandmont. Paris, 1733, in-fol. — Arrêt du Grand Conseil, en forme de règlement qui décharge M. l'abbé de Grandmont de faire célébrer le service dans la chapelle de la Meilleraye et dans toutes les annexes tant de de l'abbaye de Grandmont que des trente-neuf prieurés mentionnés dans la bulle de Jean XXII (6 mars 1736), s. l. n. d., in-4.

Mémoire pour Dom Fr. X. Mondain de la Maison-Rouge, abbé général de l'ordre de Grandmont, contre J. B. Fr. Vitecocq, religieux du même ordre, ci-devant supérieur du collège de Grandmont, et l'Université de Paris, sur l'indispensable nécessité d'évoquer au conseil du Roi les contestations mues entre les parties. Paris, 1754, in fol. — Addition au mémoire de Dom Fr. X. Mondain de la Maison-Rouge, abbé général de l'ordre de Grandmont, servant de réponse à la requête contenant production nouvelle, qui lui a été signifiée, le 8 juillet 1754, de la part de l'Université de Paris, en l'instance dans laquelle est aussi partie J.-B. Fr. Vitecocq. Paris, s. d., in-fol. — Mémoire signifié pour D. J.-B. Vitecocq, contre l'abbé de Grandmont. Paris, 1754, in-4. — Réponse de l'abbé général de l'ordre de Grandmont à la production nouvelle qui lui a été signifiée, le 2 septembre 1754, de la part de Vitecocq, ci-devant prieur du collège de Grandmont, sous le nom de l'Université de Paris. Paris, 1754, in-fol. — Extrait chronologique des pièces et titres produites en l'instance en règlement de juges d'entre l'abbé général de l'ordre de Grandmont, demandeur, d'une part, Dom Vitecocq, et l'Université de Paris, reçue partie intervenante,

Paris, 1754, in-fol. — Addition à l'extrait chronologique. Pour l'abbé de Grandmont, contre Dom Vitecocq, destitué de ses fonctions de supérieur du collège de Grandmont. Paris, 1754, in-fol.

Lettres patentes du roi, qui dispensent les religieux de l'ancienne observance de l'ordre de Grandmont de l'exécution des articles 5, 6 et 10 de l'édit du mois de mars 1768, concernant les ordres religieux (24 février 1769), s. l. n. d., in-4. — Arrêt du conseil d'État concernant l'ordre de Grandmont (22 juin 1771), s. l. n. d., in-4. — Mémoire à consulter et consultation pour l'abbé général de Grandmont, au sujet de la suppression de son abbaye et de son union au siège épiscopal de Limoges. Paris, 1773, in-4. — Pièces justificatives, produites par l'abbé de Grandmont au sujet de la suppression de son ordre. Paris, s. d. in-4.

Abrégé des mémoires du clergé de France, IX, 654; XI, 106 et s. — Pièces relatives à l'ordre de Grandmont. Bib. nat., ms. lat., 13,895, 15,721, 15,777, et col. Moreau, 786.

Religieuses de Grandmont.

Saint Étienne, le fondateur de cet ordre, avait expressément défendu d'admettre des monastères de femmes. Quatre maisons du diocèse de Limoges lui furent néanmoins affiliées : Aubepierre, la Drouilhe noire, la Drouilhe blanche et le Chatenet.

Destruction de l'ordre de Grandmont, par L. Guibert, 900-908.

LES CÉLESTINS.

L'ordre des Célestins, fondé en Italie, au Mont Mourron (1250), par celui qui devait être saint Pierre Célestin, comptait seize monastères lors de l'élection de son fondateur au Souverain Pontificat (1294). Il se répandit surtout dans le royaume de Naples, où les princes de la maison d'Anjou le protégeaient ouvertement. Ses membres suivaient la règle de saint Benoît et des constitutions particulières.

Philippe le Bel, que ses différends avec Boniface VIII portaient à admirer son prédécesseur, Célestin V, ne se borna point à hâter sa canonisation. Il porta de bonne heure un vif intérêt à la famille religieuse, qui le vénérait comme son fondateur. Les douze premiers Célestins, appelés par ce roi, arrivèrent en France, en 1300. Ils prirent possession, quatre ans plus tard, du monastère qu'il fonda et dota richement pour eux à Ambert, dans la forêt d'Orléans. Clément V le félicita, en 1307, de cette bonne œuvre. Le second monastère fut fondé par le même prince dans un ancien prieuré de saint Crépin de Soissons, près de Compiègne (1308). Il y eut après cette fondation un long arrêt de trente années. Le Bienheureux Roger le Fort, successivement évêque d'Orléans, de Limoges et archevêque de Bourges, établit les religieux de cet ordre dans sa maison paternelle, à Ternes, diocèse de Limoges (1338). Il avait connu dans sa jeunesse saint Pierre Célestin. Mais pour que l'Ordre prît en France son développement, il fallut attendre le règne de Charles V. Ce roi le prit sous sa protection. Il voulut avoir un de ses monastères dans la capitale. Son précepteur, Robert Jussy, ancien novice à Saint-Pierre de Chartres, lui avait communiqué son dévouement aux Célestins. Il n'était encore que Dauphin, lorsqu'il fonda la maison de Paris. Ce fut, pendant tout son règne, son monastère de prédilection. Ses religieux furent, en maintes circonstances, ses conseillers. Philippe de Maizières, à qui il avait confié l'éducation du Dauphin, Charles VI, prit lui-même l'habit de célestin. Pierre Pocquet, qui gouvernait alors la maison, jouissait d'un grand crédit; le chancelier Gerson l'honorait de son amitié; saint Pierre de Luxembourg et Philippe de Maizières le choisirent pour confesseur; Louis, duc d'Orléans, frère de Charles VI, le désigna comme son exécuteur testamentaire. Ce prince avait hérité de l'affection paternelle pour les Célestins. Ce furent aussi les dispositions du roi Charles VI. Il fonda le monastère de Saint-Martin et de Saint-Antoine d'Amiens (1401), en souvenir de son mariage avec Isabeau de Bavière, célébré dans cette ville.

D'autres fondations avaient précédé celle d'Amiens. Le monastère de Notre-Dame de Sens fut donné à l'ordre en 1366. Celui de la Sainte-Trinité de Limay-lès-Mantes est dû à la générosité du roi Charles V (1376). La maison de Metz, fondée par Bertrand le Hongrois, en 1370, fut érigée canoniquement trente-deux ans plus tard; Philippe de Maizières, qui était l'ardent propagateur de la fête de la Présentation de Notre-Dame, instituée grâce à lui, la fit placer sous le vocable de ce mystère. Le monastère de la Trinité à Villeneuve-lès-Soissons vénère pour ses fondateurs Enguerand de Coucy et Louis, duc d'Orléans. Son érection canonique se fit, en 1404. L'année suivante, fut érigé celui de Sainte-Croix-sous-Offémont, qui voit dans le duc d'Orléans l'un de ses principaux bienfaiteurs. Jean de Montaigu, secrétaire et conseiller de Charles VI, fonda le monastère de Marcoussis (1408) pour obtenir de Dieu la guérison du roi, son maître. C'est à un membre de la famille royale, Louis II, duc de Bourbon, beau-frère de Charles V, qu'est dû l'établissement des Célestins à Vichy (1410). Le duc de Savoie, Amédée VIII, les introduisit dans la maison des Templiers à Lyon (1421); ce monastère prit le titre de Notre-Dame de Bonne-Nouvelle. Le roi Charles VII, en action de grâces pour la conquête de la Normandie, fit terminer le monastère de Notre-Dame de l'Assomption à Rouen, commencé par Jean, duc de Bedfort.

Les papes d'Avignon ne furent pas moins favorables aux Célestins que les rois de France. Innocent VI autorisa François de Apt, surnommé le cardinal de Florence, à remplacer par des religieux de cet ordre les chanoines établis par le cardinal Annibal de Ceccano, dans son château de Gentilly, à Pont-de-Sorgues (1356). Pierre du Colombier, cardinal-évêque d'Ostie, leur légua par testament (1361) son château du Colombier en Vivarais, où ils fondèrent une maison sous le vocable de Notre-Dame de l'Annonciade (1363). Le monastère de Saint-Pierre Célestin d'Avignon fut fondé par l'antipape Clément VII, sur le tombeau de saint Pierre de Luxembourg.

C'est donc sous le gouvernement des derniers Valois et pendant le séjour des papes à Avignon, que les Célestins eurent en France leur plus grande prospérité. Ils étaient l'ordre religieux en vue, grâce à la faveur royale. Ce fut aussi pour eux une période de ferveur exceptionnelle. Ils réussirent à se donner une organisation forte, capable de maintenir l'observance régulière. Les monastères italiens, qui suivaient la décadence générale des institutions dans leur pays, reçurent d'eux le bienfait de la réforme.

Les Célestins français faisaient toujours partie de l'ordre et vivaient sous l'autorité du supérieur général, qui résidait au Mont-Mourron. Mais l'éloignement des lieux et les troubles qui agitaient l'Italie rendaient cette situation précaire. Il importait d'y apporter un remède efficace en constituant, avec les monastères de France, une province fortement organisée et capable de se suffire à elle-même. Charles V intervint en leur faveur auprès du pape d'Avignon, Clément VII, qui les autorisa à réunir un chapitre provincial et à choisir un provincial, chargé de faire la visite des monastères. Jusque-là, ils avaient été gouvernés par un vicaire ou délégué du supérieur général. La province de France jouit désormais d'une véritable autonomie. Le célèbre Pierre Pocquet remplit, à diverses reprises, les fonctions de provincial. Sa grande autorité et le zèle qu'il mit à s'acquitter de cette charge contribuèrent au développement matériel et moral de l'ordre.

La province française fournit à l'ordre plusieurs supérieurs généraux; André de Biencourt et Pierre de Guéroud (1399) sont les plus connus. Le B. Jean Bassand, que Martin V aurait voulu nommer général de l'ordre pour toute sa vie, conclut avec les religieux Italiens un concordat qui rendait plus stable encore l'autonomie des monastères français. On voit, à cette époque, des Célestins français travailler à la réforme des Italiens et fonder des monastères à l'étranger. C'est par ce moyen qu'ils agrégèrent à leur province les maisons de Surrey, en Angleterre, fondée par le roi Henri V (vers 1408); de la Sainte-Chapelle de Barcelone, donnée par Martin V, roi d'Aragon, aux Célestins français; du Mont-Paraclet, en Bohême, fondée en 1376, par le roi Charles de Luxembourg; de Saint-Pierre de Collemaggio, de Saint-Eusèbe de Rome et de Saint-Benoît de Nursie, où ils avaient introduit la réforme. Mais leurs confrères d'Italie ne purent se résigner à voir des monastères de la Péninsule sous l'autorité de supérieurs étrangers. Il en résulta des conflits incessants. Pour en supprimer la cause, Dom Pierre Barbo, qui était alors provincial, abandonna ces maisons, malgré les instances des chrétiens du pays.

Le XVIe siècle fut marqué par la fondation du monastère de Notre-Dame d'Esclimont, au diocèse de Chartres, et le XVIIe, par celle de Notre-Dame de Verdelais, au diocèse de Bordeaux. La province de France conserva jusqu'à la fin le monastère de Notre-Dame Annonciade d'Héverlé, près de Louvain, en Belgique.

Les Célestins ne revirent plus en France les jours glorieux qu'ils avaient connus, du règne de Charles V à celui de François I et de Louis XII. Les guerres de religion leur portèrent un coup terrible. Le monastère de Marcoussis fut pillé à trois reprises différentes; celui d'Ambert le fut deux fois. Lyon, le Colombier, Gentilly, Rouen, Vichy, Soissons eurent beaucoup à souffrir. Esclimont fut saccagé, quelques années seulement après sa fondation. Les Calvinistes tuèrent plusieurs religieux et dévalisèrent églises, bibliothèques et archives. De pareils malheurs furent pour cet ordre une grande cause d'affaiblissement. Il partageait en cela le sort des communautés religieuses, qui existaient en France. Comme elles, il obéit au mouvement de réforme qui se faisait sentir partout au début du XVIIe siècle.

Dom Claude Champigny, élu provincial en 1613, après avoir gouverné le monastère de Paris, essaya de ramener les religieux aux observances traditionnelles. La tâche était difficile. Le provincial, qui possédait à un haut degré les vertus monastiques, avait moins l'art de manier les hommes. Il trouva des résistances ouvertes, qu'il crut devoir briser. Les troubles que cette tentative provoqua aboutirent à sa déposition (1615). Le père Champigny, ne croyant pouvoir demeurer dans un ordre relâché, sollicita son admission dans la Congrégation de Saint-Maur, où il mourut (1633).

Dom Nicolas Caveron, qui lui succéda dans la dignité de provincial, réussit à calmer les esprits. Le général, pour assurer le maintien de la paix, obtint du pape Paul V un bref, qui le maintint dans l'exercice de cette charge pendant six années (1616-1622).

Les Célestins furent supprimés par la fameuse commission des Réguliers. Le retour aux observances primitives servit de prétexte. On accusa ces religieux de relâchement. Ces griefs étaient exagérés. On leur interdit au chapitre général de 1770, tenu à Limay le 2 octobre, de recevoir des novices. Les évêques reçurent l'ordre de Rome de visiter les monastères de leurs diocèses respectifs (1773). Clément XIV finit par accepter leur suppression. Le père de Saint-Pierre, prieur du monastère de Lyon, joua dans toute cette affaire un vilain rôle. Dès 1767, il travaillait à répandre dans les monastères un projet de sécularisation. Or ce fut lui qu'on nomma provincial au chapitre de Limay.

Bibliographie.

Gallicæ Cœlestinorum congregationis monasteriorum fundationes virorumque vita et scriptis illustrium catalogus chronologico-historicus, auctore Antonio Becquet, sacerdote parisino, bibliothecæ domus parisiensis præfecto, Paris, 1719, in-4. On conserve parmi les manuscrits de la Bibliothèque de l'Arsenal, ms. 6586, un exemplaire de cet ouvrage annoté de la propre main de l'auteur. — La vie admirable de notre glorieux père Saint Pierre Célestin, pape, cinquième du nom, fondateur de l'ordre des Célestins, suivie d'une notice et de divers documents historiques sur cet ordre, par Dom Aurélien, Bar-le-Duc, 1873, in-8. — Histoire des ordres monastiques, par le R. P. Hélyot, VI, 180-191. — Supplément et remarques critiques sur le vingt-troisième chapitre du tome sixième de l' « Histoire des ordres monastiques, » où il est traité de l'ordre des Célestins, par Ant. Becquet, s. l. 1726, in-4. Voir : Mémoires de Trévoux, 1721, mai, 858-880.

Histoire abrégée de la congrégation des Célestins de France, divisée en trois parties, par le général de la congrégation de France, Bib. Arsenal, ms. 5143. — Historia generalis ordinis Cœlestinorum ab eorum origine deducta, cum ejusdem ordinis progressu in Galliis, chronographico modo descripta a PATRE NICOLAO MALET, molinensi, Bib. Avignon, ms. 1363. — Historia monasteriorum Cœlestinorum franco-gallorum, secundum dictorum monasteriorum ordinem chronologice scripta, cum rebus majori memoria dignis iisdem annis per multas orbis partes actis, et historia fundatorum et benefactorum præcipuorum, a P. MALET, Ibid. ms. 1438. — Vitæ provincialium et priorum congregationis Cœlestinorum provinciæ gallicæ, a FR. NICOLAS DE LA VILLE, Ibid. ms. 1439. La bibliothèque de l'Arsenal et les bibliothèques d'Amiens et d'Avignon contiennent de nombreux documents sur l'ordre des Célestins. On peut consulter la table générale des catalogues de ces bibliothèques au mot *Célestins*.

Les Célestins de France, par Ch. SUSTRAC, dans Positions des thèses de l'école des chartes (1899), 137-148.

Catalogus chronologicus et historicus scriptorum ordinis Cœlestinorum congregationis gallicanæ, Bib. nat., ms. lat. 18.342-18.343 et Arch. nat. ms. 220. — La vérité pour les Pères Célestins, par Dom NICOLAS BERNARD, Paris, 1615, in-12.

CONSTITUTIONS ET PRIVILÈGES.

Constitutiones fratrum Cœlestinorum, s. l. 1590, in-4 et Paris, 1630, in-12. — Les ms. 789, 790, 959, 960, 961, 968 de la bibliothèque de l'Arsenal, les ms. lat. 13.797 de la Bib. nat., 2978 de la Bibliothèque Sainte-Geneviève, 711 et 712 de celle d'Avignon contiennent des constitutions rédigées au XVe et au XVIe siècle. — Constitutiones Cœlestinorum monachorum ordinis sancti Benedicti, confirmées par Urbain VIII, le 8 juillet 1626, dans Codex regularum de BROCKIE, IV, 476-596.

Chapitres généraux et provinciaux des Célestins de France (XVIe et XVIIe s.), Bib. Avignon, ms. 1449. — Nomina R. P. Provincialium diversis temporibus per capitula provincialia electorum (1381-1563), Ibid. ms. 712.

Privilèges des Célestins, Bib. nat., ms. fr. 24.865; Bib. Avignon, ms. 141. Bib. Arsenal, 961. — Indulgences accordées aux Célestins, Bib. Arsenal, ms. 962. — On trouve dans la collection des bulles aux archives nationales, série L, cinq bulles de l'antipape Clément VII, une de Benoit XIII, une de Martin V, une d'Eugène IV, une de Sixte IV, une de Léon X, une de Clément VII, une de Paul III.

Factum pour les Célestins sur la requête présentée au roi, le 26 novembre 1668, s. l. n. d. in-4. Au sujet des réformes à introduire dans le gouvernement de l'ordre. — O ambitio, ambitiosorum crux. Lettre à MM. les commissaires nommés par le roy pour réformer les supérieurs des religieux célestins qui se perpétuent et qui se transmettent successivement les uns aux autres les premières dignités par la confidence (27 avril 1669), s. l. n. d. in-4. — Le provincial de la congrégation des Célestins de France ayant envoyé à Mgr le duc d'Estrées, ambassadeur de France à Rome, un mémorial contenant en peu de mots les raisons de l'exemption de cette congrégation, en France, des visites du Rme Général de l'ordre, et ce mémorial ayant été communiqué au dit général, il y a répondu. Sa réponse ayant été donnée à Mgr le cardinal duc d'Estrées, Son Éminence a eu la bonté de l'envoyer aux Célestins de France, et l'un d'eux y a répliqué comme s'ensuit, s. l. n. d. in-4.

Déclaration de Charles IX exemptant les Célestins d'oblats, 12 septembre 1563, dans Abrégé des Mémoires du clergé de France, IV, 2010. — Arrêt du conseil d'État du 15 novembre 1669, qui contient un règlement pour l'ordre des Célestins, Ibid., 846 et s.

SUPPRESSION.

Les Célestins, dans Les Bénédictins français avant 1789, par Ch. Gérin, Revue des questions historiques, XIX (1876), 509-512. — Arrêt du Conseil d'État du Roy, concernant l'ordre des Célestins, donné à Versailles le 21 mai 1771. — Lettres patentes du Roy, concernant l'ordre des Célestins, données à Versailles le 3 avril 1773. — Lettres patentes du Roy, concernant l'ordre des Célestins, données à Versailles le 5 avril 1778. — Arrêt du Conseil d'État du Roy, qui assigne le monastère de Marcoussis pour retraite à ceux des religieux célestins de son royaume qui voudraient continuer de vivre dans une maison du dit ordre, du 4 juillet 1778. — Bref de Pie VI autorisant les évêques d'Orléans et de Limoges à supprimer les monastères de Célestins de leurs diocèses, 21 mai 1776, dans Bullarium romanum, VI, I, 240-242. — Bref à l'évêque de Clermont, 8 janvier 1777, ibid., 304. — A l'archevêque de Reims, 1er février 1779, ibid., 645. — Lettres du Roy confirmatives des brefs de suppression des maisons de Célestins, données à Marly, le 13 mai 1779. — Arrêt du Conseil d'État du Roy, qui ordonne que les biens des maisons des Célestins du diocèse de Paris seront administrés à l'avenir sous l'inspection de l'archevêque de Paris, 5 mars 1785. Voir : Catalogue de l'histoire de France, V, 480-481, Arch. nat., O, 538-541. — Bref de Pie VI à l'archevêque de Paris, 10 nov. 1789, Bullarium romanum VI, II, 2125-2127.

LES CAMALDULES.

Quelques écrivains ont voulu rattacher à l'histoire des Camaldules la venue de saint Pierre Orséolo et de saint Romuald au monastère de Saint-Michel de Cuxa, dans le Roussillon. Mais cette opinion ne repose sur aucun fondement. Cet ordre n'était pas encore établi. Saint Romuald, son fondateur, ne l'institua qu'en 1012, après son retour en Italie, dans une solitude des Apennins, nommée Camaldoli. Les premiers religieux menaient la vie érémitique. Plus tard, des monastères de cénobites prirent leur nom, leur costume, en adoptant les principales dispositions de leur règle. Ermites et cénobites se rattachent à la grande famille bénédictine.

Cet ordre fut exclusivement italien jusqu'à la fin du XVIe siècle. Il comprenait alors la congrégation de Camaldoli avec six ermitages; celle de Monte-Corona, qui était beaucoup plus nombreuse; celle de Turin, qui avait quelques ermitages dans le Piémont, et celle de Saint-Michel de Murano, dont les monastères de cénobites atteignaient le chiffre de trente-cinq. Les ermites commencèrent à se répandre hors de l'Italie durant les premières années du XVIIe siècle. Il y en eut six groupes en Pologne, un à Vienne et deux en Allemagne. On essaya de les introduire en Espagne; mais cette tentative n'eut aucun succès.

Les relations entre la France et l'Italie étaient trop fréquentes pour qu'il ne fût pas question un jour ou l'autre de fonder dans ce premier pays quelques maisons d'un ordre religieux aussi prospère. Peiresc, abbé de Guitres, fut le premier qui en eut l'idée. Son séjour à Padoue l'avait mis à même de connaître et d'admirer les fils de saint Romuald. Quelque temps après, un Camaldule de la congrégation de Monte-Corona, nommé Hélie, fut envoyé par ses supérieurs en Provence pour traiter des affaires relatives à une vocation. C'était le pays d'origine de Peiresc, qui habitait alors la ville d'Aix.

Il se mit en relations avec le moine étranger, dont les entretiens lui causaient un plaisir extrême. Il réussit à le garder plusieurs mois dans le pays et à lui ménager une solitude auprès du sanctuaire de Notre-Dame des Anges, où il aimait à passer de bonnes journées en sa compagnie. C'était un acheminement vers une fondation. La vie pieuse de Dom Hélie et les instances de son ami disposaient les populations religieuses d'Aix et de Marseille à en manifester le désir. Peiresc usait, en attendant, de son crédit auprès de l'évêque de Padoue et d'autres personnages influents pour déterminer les supérieurs de la congrégation de Monte-Corona à entrer dans ses vues. Ils n'auraient qu'à laisser Dom Hélie en Provence et à lui envoyer un groupe de confrères. Mais, à cette époque, la congrégation avait accepté de fonder un ermitage en Pologne. Des établissements italiens, créés depuis peu, prenaient déjà la meilleure partie de son personnel disponible. Les démarches de Peiresc arrivaient donc à un moment très inopportun. Elles n'eurent aucun résultat (1605). Dom Hélie, rappelé par ses supérieurs, dut prendre le chemin de la Pologne.

Sur divers points de la France, des hommes, que sollicitait le besoin de la vie érémitique, se rapprochaient les uns des autres et menaient dans un isolement relatif une existence analogue à celle des Camaldules. Un prêtre du diocèse de Lyon, nommé Boniface Antoine, avait groupé quelques-uns de ces solitaires. Ils eurent de bonne heure des rapports avec les Calmadules italiens. Ils connaissaient plus particulièrement ceux de Turin. Leur présence est signalée aux obsèques du vénérable Alexandre Ceva (1612), fondateur de cet ermitage. Neuf ans plus tard, Boniface demanda au majeur ou supérieur général de la congrégation de Turin de vouloir agréger ses ermites à l'ordre des Camaldules (1621). Celui-ci l'engagea à présenter sa requête au majeur de Monte-Corona; l'union sollicitée, disait-il, se conclurait plus facilement avec cette congrégation. Les choses en restèrent là vraisemblablement.

Boniface crut résoudre les difficultés, en allant demander lui-même au majeur de Turin son admission personnelle dans l'Ermitage. La congrégation de Turin avait alors pour chef Dom Benoît de Saint-Loup, originaire du diocèse de Besançon. Il comprit la pensée de Boniface Antoine, qui fut incorporé par lui au monastère de Turin et, de ce fait, à la congrégation et à l'ordre des Camaldules, le 21 novembre 1625. Le majeur et Boniface agirent avec une précipitation qui leur fit négliger des précautions sérieuses. Nous verrons dans la suite quels inconvénients en résultèrent. Boniface reçut de son supérieur la mission d'aller en France travailler à la diffusion de l'ordre et obtenir du Roi Louis XIII les autorisations nécessaires (15 février 1626) [1].

La vie très austère, qu'il menait depuis longtemps, ses vertus, sa piété, — on parlait même de faveurs extraordinaires obtenues par son intercession, — lui donnaient un grand prestige. Les archevêques de Lyon et de Vienne le tenaient en haute estime. Ce dernier, Pierre de Villars, le lui témoigna en l'autorisant à fonder l'ermitage de Notre-Dame de Grâce à

[1] Mittarelli, *Annales Camaldulenses*, t. VIII, 276-277, donne le texte des lettres d'obédience du majeur Benoît de Saint-Loup.

Sapet. Le procureur syndic des États du Dauphiné, Busenant de Marines, prit à sa charge les frais de cette fondation (1629). Le cardinal Denis de Marquemont, archevêque de Lyon, confirma très volontiers la fondation d'un ermitage dans son diocèse, qui était antérieure au dernier voyage de Boniface en Italie. Il avait installé ses ermites (1621) autour d'une chapelle, sous le vocable de Notre-Dame de Consolation, dans une solitude du Forez, qui se nommait Bothéon. Le fondateur, Baltasar de Gadaigne, marquis de la Baume, avait assuré l'entretien de huit religieux. Ces installations ne purent subsister longtemps. Il en fut de même de Notre-Dame des Anges, au diocèse d'Aix, où l'on plaça quelques ermites camaldules.

L'archevêque de Lyon et les Oratoriens procurèrent aux Camaldules une seconde fondation dans le Forez, au mont Peuchant. L'un des Oratoriens, qui s'intéressait le plus à ces ermites, le Père Vital de Saint-Paul, conçut bientôt pour Dom Boniface une sainte amitié. Il travaillait avec ses confrères à l'évangélisation du pays. Les fils de saint Romuald lui apparurent comme des auxiliaires précieux, dont les prières et les pénitences attireraient sur son ministère les bénédictions divines. Il possédait avec sa sœur, dans une vallée peu distante, un domaine où il avait fait construire deux oratoires, le premier en l'honneur de l'Enfance de Jésus et le second sous le vocable de Saint-Roch. C'était un site très bien disposé pour un groupe érémitique. Le Père Vital de Saint-Paul l'offrit à Dom Boniface Antoine, qui s'empressa de l'accepter. Cet ermitage, qui prit le nom de Val-Jésus, devint l'un des plus florissants de l'ordre en France (1633).

Les Camaldules n'avaient pas encore obtenu du Roi l'autorisation nécessaire pour établir des maisons dans le royaume. Louis XIII la leur accorda, par ses lettres patentes de février 1634, qui furent enregistrées au parlement de Grenoble l'année suivante et à celui de Paris, en 1644. Les premiers ermitages français suivaient les constitution de la congrégation de Turin, dont ils continuaient de faire partie. Mais cette union finit par leur peser. Peut-être les observances leur semblaient-elles trop rigoureuses. On serait tenté de le croire, puisqu'ils obtinrent dans la suite la dispense d'aller pieds nus. Toujours est-il que la congrégation de Monte Corona parut mieux répondre à leurs besoins. Ils ne pouvaient cependant lui être incorporés; car on n'acceptait guère en France les fondations monastiques, appartenant à une congrégation étrangère. Le pape Urbain VIII, sur la demande des ermites et à la recommandation du Roi, leur permit, par bref du 19 avril 1635, d'ériger leurs monastères en une congrégation distincte, sous le titre de Notre-Dame-de-Consolation, avec son majeur ou supérieur général à elle; elle suivrait les constitutions de la congrégation de Monte-Corona, à laquelle le Souverain Pontife la déclarait affiliée, en lui communiquant tous ses privilèges.

L'entreprise de Dom Boniface Antoine avait reçu du Roi et du Pape le bienfait de l'existence légale et canonique. Des doutes graves furent néanmoins soulevés dans la suite. Dom Boniface n'avait pas fait profession à Turin. Le Père Benoit de Saint-Loup s'était contenté de l'incorporer à l'ordre, sans se demander s'il était profès. Or l'engagement, contracté par lui au début de sa vie érémitique, ne pouvait passer pour une véritable profession religieuse. Son incorporation à l'ordre devenait, dès lors, plus que douteuse. Que penser des professions reçues par lui et des fondations qu'il avait établies? Toute son œuvre péchait donc par la base. Innocent X leva tous les doutes, en publiant ses bulles du 26 février 1650, qui régularisaient cette situation.

La nouvelle congrégation, après le bref d'Urbain VIII, n'avait plus qu'à s'organiser et à se donner un majeur. Les quatre ermitages de Notre-Dame-de-Consolation, de Notre-Dame-de-Grâce, de Notre-Dame-des-Anges et du Val-Jésus, qui la composaient, envoyèrent leurs délégués au chapitre général. Dom Boniface, qui remplissait depuis l'origine les fonctions de supérieur, demanda instamment à ne pas être maintenu dans cette charge. Dom Paul de Solmes fut élu. Le majeur de Monte-Corona confirma son élection, le 15 février 1636.

La vie que menaient les Camaldules ne semblait guère convenir aux Français. Malgré la sainteté de leur règle et les éminentes vertus de Boniface et de ses premiers compagnons, le recrutement fut très faible. Les nouvelles fondations devenaient difficiles; d'autant plus que les ermitages existant avaient grand'peine à se maintenir. De fait, pour voir un autre établissement se constituer, il fallut attendre l'année 1642; ce qui est extraordinaire dans un pays et à une époque, où tous les ordres religieux prospéraient.

Charles de Valois, aumônier du duc d'Angoulême, s'était vu condamner par le Saint-Siège à fonder et à doter un monastère d'hommes, pour réparer une usurpation sacrilège commise par lui au détriment de la paroisse et de l'église de Grosbois, diocèse de Paris. Il fit appel aux Camaldules dont il appréciait fort la vertu et les observances. Ce fut l'origine de l'ermitage de Grosbois (1642). L'archevêque de Paris approuva cette fondation l'année suivante et le Roi Louis XIV, en 1644. Les ermites du Mont-Valérien, qui n'appartenaient à aucun ordre religieux et ne suivaient aucune règle déterminée, offrirent leur solitude aux Camaldules, qui avaient su mériter l'estime universelle (1669). L'archevêque de Paris, de Péréfixe, les autorisa à accepter. La prise de possession ne put avoir lieu que sous son successeur, François de Harlay, le 3 juillet 1671. Mais cet ermitage n'avait pas une dotation suffisante; les religieux furent contraints de l'abandonner. Il y avait dans la forêt de Senart, toujours au diocèse de Paris, un autre groupe d'ermites, qui ne se rattachaient à aucun ordre monastique. Ils sollicitèrent leur union aux Camaldules de Grosbois. Le chapitre général de 1695 agréa cette demande, qui était présentée et appuyée par l'abbé de Caumartin.

Six ans après la fondation de Grosbois, Catherine Le Voyer, dame d'honneur de la reine Anne d'Autriche et veuve de René du Bellay, établit et dota l'ermitage de la Flotte, dans le Vendomois, au diocèse du Mans. Le chapitre général l'agréa la même année (1648). Gilles Renard, qui avait fait bâtir une église à La Gavolerie, paroisse de Bessé, toujours au diocèse du Mans, proposa aux Camaldules de les y installer. Comme il pouvait construire six cellules pour autant de religieux et assurer par une dotation leur entretien, le chapitre de 1661 accepta son offre. Louis XIV confirma cette fondation par lettres patentes (1676).

Le comte de Guénéguaud et son épouse Élisabeth de Choiseul du Plessis-Praslin établirent sur leur domaine de Rogat, paroisse de Saint-Congard, au comté de Rieux, un nouvel ermitage, qui fut agréé par le chapitre général de 1674. L'abbaye de l'Ile-Chauvet, diocèse de Luçon, fut mise à la disposition des Camaldules, quelques années plus tard; ils y entrèrent en 1679.

On fit aux supérieurs de l'ordre d'autres propositions. Quelques-unes furent écartées après un premier examen. Les ressources offertes par les fondateurs n'auraient jamais permis aux religieux de pourvoir à leurs besoins. Tel fut le cas des projets d'établissement à Montoire [1], diocèse du Mans (1659), et en un lieu désigné sous le nom de Notre-Dame-des-

[1] Ar. Vendôme, Loir-et-Cher.

Victoires (1681). Quelques maisons, fondées imprudemment, durent être abandonnées après quelques années d'essai infructueux. C'est ce qui advint à l'ermitage établi sur la paroisse de Sainte-Sigolène[1], dans le diocèse du Puy. La grande dévotion de Boniface et de ses premiers disciples les poussait à s'installer dans un pays placé d'une manière aussi directe sous la protection de la Reine du Ciel. Quelques familles chrétiennes désiraient avoir un monastère de leur ordre. L'évêque du Puy, Henri de Maupas, donna volontiers la permission (1661). Les religieux prirent possession de leur nouvel ermitage en 1666. Mais il leur fallut bientôt le quitter pour les raisons données plus haut.

Les Camaldules ne furent donc pas nombreux. Les privilèges de leur ordre, qui leur permettaient de recevoir au noviciat et à la profession des membres de la plupart des familles monastiques, excitèrent néanmoins les susceptibilités des Bénédictins de la congrégation de Saint-Maur. Leur supérieur général obtint du Saint-Siège un Bref interdisant au majeur des Camaldules d'admettre dans ses monastères des Bénédictins mauristes, sans sa permission écrite. Il cherchait donc moins à empêcher les migrations légitimes de ses moines vers la vie érémitique qu'à les soumettre à un contrôle sérieux. L'abbé de Sept-Fons, les prieurs de Perrecy et du Val-des-Choux se montrèrent plus conciliants. Ils conclurent avec les fils de saint Romuald une union fraternelle, en vertu de laquelle leurs religieux pouvaient passer d'une maison à l'autre, avec autant de facilité que si elles appartenaient au même ordre.

Quelques Camaldules ont laissé parmi les leurs un nom vénéré. Dom Boniface Antoine est au premier rang de ces hommes de Dieu. Il n'aimait rien tant que la solitude. La

[1] Cant. de Monistrol-sur-Loire, Haute-Loire.

supériorité lui était une croix insupportable, parce qu'elle lui ravissait un temps qu'il aurait voulu consacrer à l'oraison. Dès que la congrégation fut organisée, il se ménagea une retraite profonde dans un petit ermitage, situé sur la paroisse de Saint-Just, près d'une chapelle dédiée à Notre-Dame. Ce fut sa demeure pendant les seize dernières années de sa vie. Rien ne le troublait, sinon la visite des personnes éprouvées qui venaient réclamer le secours de ses prières ou une consolation spirituelle. Ses infirmités le contraignirent d'entreprendre le voyage de Lyon. Il mourut en revenant à Saint-Étienne, le 12 juin 1673. Les ermites du Val-Jésus eurent beaucoup de peine à transporter son cadavre au monastère; car les habitants de la ville voulaient absolument le garder, comme une relique précieuse. Il fut enterré dans l'église de l'ermitage.

Dom Paul de Solmes, disciple et compagnon de Boniface Antoine, était originaire d'Auvergne. Il fit profession à Notre-Dame-de-Consolation. Il fut le premier majeur de France. Il mourut à Grosbois, le 26 septembre 1668, après avoir rempli sept fois cette charge importante.

Dom Joseph Royer, prêtre, né d'une famille bourbonnaise, était d'abord entré dans la Compagnie de Jésus. Il unissait à une science étendue la piété et la simplicité d'un enfant. On lui confia la dignité de majeur en 1648. Il était prieur à La Flotte, l'année de sa mort (28 février 1668).

Dom Louis de Grandis, ancien religieux de l'ordre de Saint-François et confesseur de Charles de Valois, remplit les fonctions de supérieur général en 1655, 1656 et 1662. On lui doit deux ouvrages ascétiques : *l'Union spirituelle de la nature divine et de la nature humaine* et *le Triomphe de la Croix*. Il mourut en 1673.

Dom Jérôme de la Grave, savoyard par sa naissance et parent de saint François de Sales, profès en 1621, mourut le 7 janvier 1676, laissant après lui la mémoire d'un saint. Dom Michel Gary, originaire du Velay, prononça ses vœux, le 13 février 1635. Il mourut, le 20 mai 1677, à Bessé, après avoir rempli huit fois les fonctions de supérieur général. C'était un homme d'une vie très sainte. On trouva son corps en parfait état de conservation, dix ans après sa sépulture. Dom Placide Aubert, premier prieur de l'Ile Chauvet, et Dom Maur Champion moururent la même année (1681). Dom Siméon Doumel mourut le 6 juillet 1684 et Dom Arsène Schamps, le 23 septembre 1684. Ce dernier, qui avait été général, laissa parmi ses confrères un nom vénéré. Longtemps après sa mort, on le nommait toujours le grand Arsène.

Dom Gaspard de Fieubet, ancien conseiller du Roy, vécut très saintement à l'ermitage de Gros-Bois. Il mourut en 1689. On peut encore citer Dom Ange Martinet († 1689), qui avait pris part aux fondations du Val-Jésus et de Bessé; Dom Paul Picquelin († 1689), ancien lazariste.

Les Camaldules français passèrent très inaperçus. Il fallut les querelles du Jansénisme pour attirer sur eux l'attention du public. Cette hérésie compta parmi eux des adeptes obstinés. L'ermitage de Grosbois était, plus que nul autre, bien placé pour recevoir l'influence de la secte. La moitié de la congrégation se déclarait ouvertement en sa faveur : dix-neuf religieux sur trente-huit ou quarante. Le chapitre général d'octobre 1727 avait pris des mesures rigoureuses contre les appelants, les privant de voix active et passive, s'ils ne signaient pas le formulaire d'Alexandre VII et n'adhéraient pas à la constitution *Unigenitus*. Les rebelles furent envoyés dans les ermitages éloignés de Paris. Comme le nombre des religieux était restreint, on se trouva fort embarrassé pour la nomination des supérieurs et le choix des officiers. Il fallut, malgré les constitutions, maintenir en charge ceux qui n'étaient pas suspects d'hérésie. D'autres irrégularités furent commises. On eut, dans la suite, recours au Saint-Siège pour régulariser cette situation.

Les appelants protestèrent contre ces mesures et lancèrent dans le public un opuscule, où leur conduite était exposée tout au long (1728). *Le Témoignage*, tel était le titre de la brochure, était publié au nom des dix-neuf opposants. Le cardinal de Bissy, qui avait pris à cœur de rétablir l'orthodoxie chez les Camaldules, fut très ému par cette publication. Il ordonna au majeur d'exercer des poursuites contre les auteurs. Les Jansénistes, lecteurs des *Nouvelles Ecclésiastiques*, étaient tenus au courant de tout ce qui se passait dans les ermitages. Le fait le plus curieux est relatif à Dom Jérome Grandjean, alors prieur de Bessé. Il s'était, au début, montré hostile au Jansénisme. Non content de souscrire à la constitution *Unigenitus*, il avait publié une *Lettre sur l'unité de la communion ecclésiastique* (un vol. in-12) contre les appelants de la Bulle au futur concile. Il changea brusquement d'avis dans le courant de l'année 1728, rétracta son adhésion et lia publiquement partie avec ses confrères opposants. On dut sévir. Le Père Grandjean fut relégué au Val-Jésus. Les *Nouvelles* publièrent une lettre adressée par lui aux ermites de Bessé [1]. Les supérieurs, ajoutaient-elles, se voient dans la nécessité de faire appel à des religieux italiens, s'ils veulent pourvoir aux charges de la congrégation. Ces troubles durèrent un quart de siècle. Dom Placide Babel, élu majeur de la congrégation en 1755, parvint à rétablir la paix, sans toutefois extirper l'erreur qui l'avait compromise. La congrégation resta très affaiblie. Elle ne réussit même pas à se relever de cette décadence.

1 *Nouvelles ecclésiastiques*, an. 1729, 25-27.

La pauvreté des maisons ne permettait point de faire face aux dépenses occasionnées par les voyages des délégués au chapitre général. On supprima cette institution, ou plutôt on la remplaça par un échange de lettres. Un dernier chapitre se réunit en 1769, à la requête de la commission des Réguliers. Il précéda de peu la suppression de l'ordre en France (1770). Loménie de Brienne, qui dirigeait les travaux de la fameuse commission, fut obligé de reconnaître que ces religieux observaient leur règle, menaient une vie pauvre et austère et qu'ils avaient de l'aversion pour les charges.

BIBLIOGRAPHIE.

Pour la Bibliographie générale de l'ordre des Camaldules, on peut consulter Ulysse Chevalier, Répertoire des sources historiques du moyen âge. Topo-Bibliographie, col. 553-554, et Heimbucher, Die Orden und Kongregationen, t. I, 203-208. — Annales Camaldulenses, ordinis sancti Benedicti, opera et studio D. Johannis-Benedicti Mittarelli et D. Anselmi Costadoni, abbatum Camaldulensium, VIII. Venetiis, 1764, in-folio, *passim*, IX, 1773, qui contient les documents suivants : Lettres patentes de Louis XIII approuvant l'érection de la congrégation des Camaldules dans son royaume, 1634 (325-326); approbatio superioris Congregationis gallicanæ, 15 februarii 1636 (328-329); approbatio Congregationis eremitarum gallicanorum ab Innocentio X, 16 Januarii 1650 (356-357); Cardinalis Ludovici de Vendome legati decretum pro capitulis Congregationis gallicanæ eremi Camaldulensis, 1668 (379-382). — Histoire des ordres religieux et militaires, par le R. P. Helyot, V, 271-276, d'après les mémoires communiqués par Dom J.-B. Carbonnier, majeur.

Forma vivendi Eremitarum ordinis Camaldulensis a sancto Romualdo instituti, Parisiis, 1671, in-8. — Ceremoniale ad usum congregationis Eremitarum Camaldulensium, in-8, suivi d'Extraits des chapitres généraux de la congrégation des Hermites Camaldules en France, passés et arrêtés dans l'hermitage de S. J.-B. de Grosbois ... depuis l'année 1672.

Témoignage des révérends Pères Camaldules de la congrégation de France, contre la constitution *Unigenitus* et la signature pure et simple du formulaire, où sont contenus divers actes par lesquels ces RR. PP. forment opposition à la réception de la constitution *Unigenitus* et à la signature en fait du formulaire et s'unissent en cause avec nosseigneurs les évêques de Senez, de Montpellier, et les autres qui ont été ou seront inquiétés sur ce sujet, s. l., 1727, in-4. — Relation des quatre derniers chapitres généraux des religieux Camaldules de la congrégation de France, avec les remontrances des appelants de cette même congrégation, juridiquement signifiées au dernier chapitre général (1725-15 sept. 1738), s. l., 1739, in-4, dans Nouvelles Ecclésiastiques, 1740, 151-152. — Relation abrégée de la vie et de la mort édifiantes du R. P. Arnoul, prêtre et religieux camaldule, arrivée le 5 décembre 1733, y compris la copie du renouvellement d'appel de ce religieux, s. l., 1734, in-4 de 6 p. dans Nouvelles Ecclésiastiques, 1734, p. 32. — Abrégé de la vie de Maur Boucault, religieux camaldule, † 1741, dans Les appelans célèbres, par P. Barral, Paris, 1753, in-12, 371-384. — Mémoire sur l'état présent de la congrégation des Camaldules de France (v. 1737). Correspondance du P. Maurice Pene, majeur de la congrégation, avec le lieutenant de police (1737-1747), dans Archives de la Bastille, 10,477.

Les Camaldules, dans Les Bénédictins français avant 1789, d'après les papiers inédits de la commission des Réguliers, par Ch. Gérin, dans Revue des Questions historiques, XIX (1876), 507-509. — Archives nationales, O, 525. — Situation topographique des couvents de Camaldules, dans l'Intermédiaire des chercheurs, XXXIII, 642; XXXIV, 173, 365.

L'ORDRE DE FONTEVRAULT.

Cet ordre religieux eut pour berceau le monastère de Fontevrault [1], dans l'ancien diocèse de Poitiers, fondé par le B. Robert d'Arbrissel. Cet illustre personnage, après avoir suivi l'enseignement des maîtres qui professaient à Paris, remplit les fonctions d'archidiacre du diocèse de Rennes, son pays d'origine. Son zèle pour la réforme du clergé souleva contre lui des haines implacables, qui le contraignirent à se retirer. Il séjourna quelque temps auprès des écoles d'Angers; puis il s'enfonça dans la forêt de Craon. Des compagnons le suivirent, ce qui lui permit de fonder l'abbaye de la Roe. Ils y menèrent la vie des chanoines réguliers. Urbain II, lors de son séjour à Angers (1096), le fit prêcher en sa présence et lui donna plein pouvoir d'annoncer en tous lieux la parole divine. Deux de ses compagnons de solitude, Bernard de Ponthieu et Vital de Mortain, le suivirent dans ses courses apostoliques avant d'aller fonder, l'un le monastère de Tiron au diocèse de Chartres, l'autre, celui de Savigny au diocèse d'Avranches, destinés à devenir des chefs de congrégation.

Robert parcourut d'abord l'Anjou, la Touraine et le Poitou. Sa prédication soulevait l'enthousiasme des foules; parmi ceux qui l'avaient entendu, beaucoup abandonnaient leurs familles et s'attachaient à ses pas. Ce cortège se composait d'hommes et de femmes; on y voyait un grand nombre de pénitents et de

[1] Cant. Saumur, Maine-et-Loire.

pénitentes. Cette foule menait une sorte de vie religieuse, dont les conditions étaient prescrites au jour le jour par Robert. Cette communauté nomade excitait la curiosité publique. Elle finit bientôt par éprouver le besoin de se fixer. Bernard et Vital emmenèrent les hommes avec eux. Robert conserva les femmes. Il s'établit avec elles à Fontevrault. Elles étaient fort nombreuses. Quelques frères se fixèrent auprès d'elles et se chargèrent de leur service temporel et religieux. Cela se passait vers 1099.

La première communauté de Fontevrault se composait ainsi d'hommes et de femmes. Le pieux fondateur lui donna une organisation très originale. Avec la recherche du symbolisme évangélique, commune à la plupart de ses contemporains, il vit surtout dans les femmes le sexe auquel appartenait la Vierge Marie. Voulant l'honorer en elles, il leur donna la supériorité sur les religieux; la soumission des moines à l'abbesse devait rappeler celle que les apôtres témoignaient à Notre-Dame. Cette pensée et les usages par lesquels il la fit passer dans la pratique donnent à l'ordre de Fontevrault sa physionomie propre. Moines et moniales habitaient des monastères séparés et suivaient dans ses grandes lignes la règle de Saint-Benoît, modifiée et complétée par les prescriptions de Robert d'Arbrissel. Il confia à deux femmes, les plus fidèles de ses disciples, Hersende de Champagne et Pétronille de Chemillé, qui fut plus tard la première abbesse de Fontevrault, le soin de veiller à la construction et à l'organisation du monastère, pendant qu'il poursuivrait lui-même ses courses apostoliques. Il parcourut ainsi les diocèses de l'ouest et du centre, remuant partout les foules, opérant des conversions extraordinaires et entraînant vers les solitudes des femmes de toutes conditions. Les évêques, les princes et les rois comptaient avec lui. Il obtint de Philippe I le renvoi de Bertrade de Montfort, son épouse illégitime; ce que personne n'avait pu obtenir.

Robert interrompait de temps en temps ses prédications pour revenir à Fontevrault et pour fonder de nouveaux monastères, qu'il peuplait de ses religieuses. Ces fondations recevaient le titre de prieurés et restaient sous l'entière dépendance de Fontevrault, ne formant avec lui qu'une seule congrégation, dont l'abbesse était le chef unique. Partout une communauté d'hommes s'attachait au service des moniales. Il y en eut dans les diocèses de Poitiers, de Bourges, d'Orléans, de Limoges, de Chartres.

Robert d'Arbrissel mourut, le 24 février 1117. Pétronille de Chemillé gouvernait depuis bientôt deux ans, de par sa volonté, l'abbaye et l'ordre de Fontevrault. Les soupçons, que le caractère de sa mission et de son œuvre avait fait naître, tombèrent d'eux-mêmes. Il avait du reste pris ses mesures, en sollicitant l'approbation formelle du Souverain Pontife. Paschal II confirma sa fondation le 25 avril 1106 et le 5 avril des années 1112 et 1117. Calixte II fit mieux encore, puisqu'il alla personnellement consacrer l'église de l'abbaye, en 1159.

Sous le gouvernement de Pétronille et des abbesses qui lui succédèrent, on continua à fonder de nouveaux prieurés. Il y en eut en France et en Angleterre. La domination anglaise sur l'Anjou et les provinces voisines établit des relations étroites entre Fontevrault et les souverains. Henri II, roi d'Angleterre, Éléonore d'Aquitaine et Richard Cœur de Lion, y furent enterrés. Dans la suite, la famille royale de France fournit à cet ordre plusieurs abbesses et un certain nombre de religieuses. Il se recruta longtemps parmi les filles de la plus haute noblesse française. Nul autre monastère ne présente une pareille liste de noms illustres.

Le onzième siècle fut l'âge d'or de Fontevrault. Mais la décadence ne se fit pas attendre. On la voit poindre dans les dernières années du siècle. Elle ne se manifeste point par des désordres scandaleux. On remarque seulement une diminution dans la ferveur religieuse et dans les ressources matérielles. En somme, l'ordre conserve, avec sa renommée, une situation unique. Il connut cependant des heures de détresse pendant le douzième siècle. Elles s'aggravèrent singulièrement plus tard, quand les rois d'Angleterre et de France furent aux prises. La désolation sévit alors sur Fontevrault comme sur toutes les maisons religieuses. Lorsque la guerre de Cent ans fut terminée, on s'aperçut de l'état lamentable dans lequel se trouvaient la discipline régulière et l'administration temporelle.

L'abbesse Marie de Bretagne (1457-1477) s'attaqua aux abus les plus criants, deux ans après son élection. Les prieures qui résistèrent à ses projets de réforme furent par elle déposées de leur charge. Pour mener à terme cette réforme, devenue d'autant plus nécessaire qu'elle rencontrait des résistances plus tenaces, elle dut la commencer, avec quelques moniales fidèles, au prieuré de la Madeleine d'Orléans (1471). Les Souverains Pontifes l'encourageaient; et une commission, qui se composait de saints évêques et de prêtres éminents, l'assistait de ses lumières. Les nouveaux statuts préparés par elle reçurent l'approbation de Sixte IV, le 6 mars 1475. Marie de Bretagne mourut à la peine. Sa cousine, Anne d'Orléans, qui lui succéda (1477-1491), continua son entreprise, en révisant les statuts et en étendant la réforme à plusieurs prieurés. Renée de Bourbon travailla sans relâche à la même œuvre (1491-1534). Pendant cette période de rénovation, les rapports entre l'ordre de Fontevrault et la famille royale devinrent plus intimes que par le passé. Charles VIII, Louis XII et François Ier, parents des abbesses et de plusieurs religieuses, mirent leur autorité au service de la réforme. On choisit parmi les moniales réformées des abbesses pour quelques monastères de bénédictines les plus renommés. Dans d'autres maisons du même ordre, qui avaient besoin d'une réforme sérieuse, on subit l'influence de Fontevrault. Les religieuses avaient adopté depuis quelque temps, avec les coutumes des chanoinesses, leur robe blanche et un élégant surplis. Au lieu de revenir à leurs antiques traditions, elles se contentèrent du costume, du bréviaire et des constitutions fontevristes. C'est ce qui se passa dans les abbayes de Sainte-Croix de Poitiers, de Chelles, de Jouarre et de Faremoutier, où cet état de choses dura jusqu'aux réformes du XVIIe siècle.

Le protestantisme et la guerre civile qu'il déchaîna compromirent cette restauration morale. Malgré la résistance de Louise de Bourbon (1535-1575), il y eut dans l'ordre des défections scandaleuses; vingt-quatre religieuses de la Madeleine d'Orléans passèrent à l'hérésie. La vaillante abbesse tint tête à l'orage. Éléonore de Bourbon, qui lui succéda (1575-1611), vit la fin de ces douloureuses épreuves et elle prépara une rénovation morale et matérielle, en s'aidant des conseils des Pères Capucins Ange de Joyeuse et Joseph du Tremblay. Elle eut pour la seconder, pendant quelques années, sa coadjutrice Antoinette d'Orléans, qui fonda avec le père Joseph la congrégation du Calvaire.

Les religieux ne rendaient plus aux religieuses les mêmes services que par le passé. Ils étaient peu nombreux; l'esprit de leur état leur faisait souvent défaut. Ils suscitèrent aux abbesses réformatrices de grands obstacles. Le Père Joseph crut un instant pouvoir les remplacer par des Bénédictins anglais, appartenant à la congrégation espagnole de Valladolid. Ce projet ne put aboutir. Les moines de l'ordre tentèrent de s'organiser indépendamment de l'autorité de l'abbesse. Mais Louis XIII les mit à la raison, par un arrêt du 8 octobre 1641 que Clément VIII confirma. On put dès lors remettre en vigueur les statuts de l'ordre, approuvés au siècle précédent par le pape Sixte IV. Ce fut le point de départ d'une nouvelle réforme qui assura la paix et la prospérité de Fontevrault pour longtemps. Sous le gouvernement de Gabrielle de Rochechouart de Mortemart (1670-1704), surnommée avec raison la reine des abbesses, l'abbaye et l'ordre traversèrent l'une des périodes les plus fécondes et les plus glorieuses de leur histoire.

A la suite de la réforme du XVIIe siècle, les prieurés furent distribués en quatre provinces. Les moniales, qui avaient atteint le chiffre de cinq mille au douzième siècle, restèrent encore nombreuses jusqu'à la fin. Il y en avait deux cent trente dans l'abbaye, vers 1670; le nombre des moines s'élevait à soixante. Les religieuses étaient encore au nombre de deux cents au moment de leur suppression (1790). Les moines alors ne formaient une communauté véritable qu'à Fontevrault. Ils étaient ailleurs isolés et remplissaient les fonctions de confesseurs et de chapelains des divers prieurés.

Voici la liste des maisons, qui subsistaient au XVIIIe siècle :

Province de France. — Les Filles-Dieu de Paris; la Madeleine-lez-Orléans; Belhomer et Hautes-Bruyères, au diocèse de Chartres; Colinance et Fontaine-en-France, au diocèse de Meaux; Poicy, au diocèse de Troyes; Varriville, au diocèse de Beauvais; Charmes-aux-Nonnains et Longpré, au diocèse de Soissons; Longueau, transféré du diocèse de Soissons dans la ville de Reims; Morcaucourt, transféré dans la ville d'Amiens; Clairuissel, au diocèse de Rouen; La Chaise-Dieu, au diocèse d'Evreux; le Petit Fontevrault, à la Flèche, diocèse d'Angers.

Province de Bretagne. — L'Encloître-en-Gironde, La Puye, Guesne, Bonneuil-aux-Monges, la Font-Saint-Martin, Villesalem, au diocèse de Poitiers; la Regrippière, Val-de-Morière, Saint-Sauveur de Montaigu, au diocèse de Nantes; les Ceriziers et la Lande-en-Beauchesne, au diocèse de Luçon; Rives, au diocèse de Tours; Longefont, au diocèse de Bourges; Boubon, au diocèse de Limoges.

Province de Gascogne. — Tusson, au diocèse de Poitiers; Fontaine-en-Périgord, au diocèse de Périgueux; Saint-Aignan, au diocèse de Montauban; Boulaur, le Breuil et Vaupillon, au diocèse d'Auch; le Paravis, au diocèse de Condom; Momères, au diocèse de Tarbes; Lespinasse, au diocèse de Toulouse; la Grâce-Dieu, Sainte-Croix et Longages, au diocèse de Rieux; Saint-Laurent, au diocèse de Comminges.

Province d'Auvergne. — Les Loges, au diocèse d'Angers; Lencloître-en-Chaufournois et Belay, au diocèse de Tours; Glatigny, Jarzay et Orsan, au diocèse de Bourges; Blessac, au diocèse de Limoges; Esteil, Pontratier et Vic-le-Comte, au diocèse de Clermont; la Mothe, Brioude et Sainte-Florine, au diocèse de Saint-Flour; Beaulieu et Joursay, au diocèse de Lyon.

Bibliographie [1].

HISTOIRE DU FONDATEUR.

Vita I B. Roberti de Arbrissello, auctore BALDRICO, episcopo Dolensi. Vita II sive extrema conversatio et transitus ejus, auctore monacho Fontis-Ebraldi, ANDREA, ipsius discipulo et confessario, dans Acta Sanctorum, Febr. III, 598-621, et Pat. lat. CLXII, 1017-1118. Migne fait suivre ces deux vies des œuvres qui nous restent du Bienheureux et de quelques diplômes. — La gloire ou les éminentes vertus du B. Robert d'Arbrissel, par SÉB. GANOT, La Flèche, 1648, in-8. — Baston de défence et mirouer des professeurs de la vie régulière de l'abbaye et de l'ordre de Fontevrault, dont l'érection et propagation sera récitée au présent volume avec la très-sainte conversation du législateur d'iceluy, par YVES MAGISTER, Angers, 1586, in-4. — Beati Roberti Arbressellensis vitæ, transitus, epitome, elogia, miracula, auct. HENR. LUD.

[1] Comme l'histoire de l'ordre de Fontevrault se confond avec celle de l'abbaye-mère, il sera nécessaire, pour compléter sa bibliographie de recourir à celle de cette maison, au diocèse de Poitiers, province ecclésiastique de Bordeaux.

CHASTAIGNIER DE LA ROCHEPOSAI, publié par J. B. DE BOURBON, abbesse de Fontevrault, Rouen, 1668, in-8. — De vita et gestis B. Roberti Arbrissellensis, ord. Fontis Ebraldi sub regula S. Benedicti fundatoris, compendiosa disquisitio, auct. D. FR. PLAINE, dans Studien und Mit. de RAIGERN IV (1885), II, 64-78.

La vie du B. Robert d'Arbrissel divisée en deux parties et justifiée par titres rares, tirés de divers monastères de France, d'Angleterre et d'Espagne, par B. PAVILLON, Saumur, 1666, in-4. — Dissertationes in epistolam contra B. Robertum de Arbrisselo scelerate confictam a Roxelino heretico, sub nomine Goffridi, abbatis Vindocinensis, auct. P. JOAN. DE MANUFIRMA, Salmurii, 1682, in-8. — Brevis confutatio epistolæ a Roxelino in B. Robertum de Arbrisello nequiter confictæ, Salmurii, 1682, in-8, — Clypeus nascentis Fontebraldensis ordinis contra priscos et novos ejus calumniatores, auct. J. DE MANUFIRMA, Parisiis, 1684, 2 vol. in-8 et 1692, 3 vol. — IGNATIUS BAILLY, presbyter arbrissellensis, domino Cousin, s. l. n. d. in-8. Réponse à un article du Journal des savants du 6 juin 1689. — Dictionnaire historique et critique de BAYLE (1740), II, 479-483. — Dissertation apologétique pour le B. Robert d'Arbrissel sur ce qu'en a dit BAYLE dans son dictionnaire, par MATHURIN SORIS, Anvers, 1701, in-8. Eclaircissements, notes critiques ou additions, Anvers, 1702, in-8. — Essai historique sur Robert d'Arbrissel, par DE FEYDEL, Londres, 1788, in-8. — Le B. Robert d'Arbrissel partageait-il, par excès de piété, le lit des plus jeunes religieuses de Fontevrault, par SALGUES, dans Préjugés et réfutations, Paris, 1830, in 8, pp. 61-85.

Robert d'Arbrissel et Geoffroy de Vendôme, par DE PÉTIGNY, dans Bib. éc., Chartes XV (1854), 1-30. — Lettre inédite de Robert d'Arbrissel à la comtesse Ermengarde, par DE PÉTIGNY, Ibid, 209-235. — Das Leben Roberts von Arbrissel, par VON WALTER, Göttingen, 1901, in-8. — Die erster Wanderprediger Frankreichs. Studien zur Geschichte der Mönchtums, I. Robert von Arbrissel, par JOH. VON WALTER, Leipzig, 1903, in-8. — Étude hagiographique sur Robert d'Arbrissel, fondateur de l'ordre de Fontevrault, par Mgr BARBIER DE MONTAULT, Angers, 1863, in-8. — Reliques du B. Robert d'Arbrissel, par LE MÊME, Angers, 1860, in-8. Voir : Œuvres complètes, XI, 530-580. — Rapport sur des documents manuscrits envoyés par M. BARBIER DE MONTAULT, par F. BOURQUELOT, dans Revue des sociétés savantes, XXI (1866), 71-76.

DOCUMENTS DISCIPLINAIRES.

Regula sanctimonialium Fontis Ebraldi, dans Pat. lat., CLXII, 1079-1086, et Die ersten Wanderp. de WALTER, 189-195. — Règle et constitutions de Fontevrault, comprenant les constitutions approuvées par le Grand Conseil, 18 mars 1501; réforme du couvent de Paris, cérémonial. Bib. Mazarine, ms. 1762. — Statut de la réforme de Fontevrault par Jean Cœur, archevêque de Bourges, et Louis Pot, abbé de Saint-Lomer de Blois. Règle des sœurs et des frères; bulle de Clément VII (11 janvier 1523). Ibid. ms. 1763. — Règle de Fontevrault, Bib. Poitiers, ms. 96; Bib. Rouen, ms. 770. — Statuts de la réforme des religieuses de Fontevrault (XVIe s.). Bib. nat. ms. lat. 11,077. — Règle, constitutions et cérémonial des religieuses de l'ordre de Fontevrault, à l'usage des monastères de Chelles, Montmartre et Malnoue (XVIe s.). Bib. nat. ms. fr. 14,435. — Voir : Bib. Ste Geneviève, ms. 2738, 2739, 2977, 2990. Ordo visitandi monasteria Fontis-Ebraldi, Andegavis, 1586.

Regula ordinis Fontis-Ebraldi. La règle de l'ordre de Fontevrault, imprimée par l'ordonnance de très-illustre et religieuse princesse Madame J.-B. de Bourbon, Paris, 1642, in-18. — Règle et constitutions de l'ordre de Fontevrault, Paris, 1726, in-16. — Bulle d'Urbain VIII du 13 août 1642, dans Bullarium romanum, VI, II, 338-339. — Voir : Bib. nat. ms. lat. 10.123, 13.865; Bib. Mazarine, ms. 3426; Bib. Ste Geneviève, ms. 3240, 3249.

Missale secundum usum inviolatæ reformationis Fontisebraudi, Parisiis, 1515, in-4, et 1534, in-4. — Missale ad usum ordinis Fontisebraldensis, Parisiis, 1606, in-fol. — Psalterium ordinatum per ferias secundum usum Fontisbraldi. Psalterium B. Mariæ, Parisiis, 1546, in-8. — Breviarium deodicatarum virginum ordinis Fontebraldensis ad vera priorum exemplaria debite restitutum, revisum ac diligentissime repurgatum nec non quibusdam additamentis auctum et illustratum, Parisiis, 1545, 2 vol. in-8. — Diurnum officium ad usum sacri ordinis Fontebraldensis, Parisiis, 1595, in-12. — Hore beatissime Marie secundum usum ordinis Fontebraldensis, Parisiis, 1546, in-8. — Commendationes defunctorum. Officium singulare et devotum, cum orationibus superadditis, Parisiis, 1546. — Devote orationes, partim selecte et emendate, partim recens composite pro sanctimonialibus et feminis devotis, Parisiis, 1546, in-8. Voir la description de ces livres dans Alès, Description des livres liturgiques imprimés aux XVe et XVIe siècles, 467-476. — Brief traicté de l'ordre du divin office des religieuses servantes de Dieu sous la réforme de Fontevrault, par Nic. Bacquenois, Reims, 1558, in-16.

HISTOIRE DE L'ORDRE.

Les archives départementales de Maine-et-Loire possèdent un fonds très riche sur l'histoire de cet ordre. Voir : État général par fonds des archives, 437-439. — Bib. nat. 10.123.

Fontisbraldi exordium complectens opuscula duo, cum notationibus de vita B. Roberti de Arbrisello, et quæstionibus aliquot de potestate abbatissæ, auctore Cosnier, Flexiæ, 1641, in-4. — Apologie pour l'ordre de Fontevrault par le P. Honorat Nicquet, Paris, 1641, in-8. — Histoire de l'ordre de

Fontevrault, contenant la vie et les merveilles de la sainteté de Robert d'Arbrissel et l'histoire chronologique des abbesses, par LE MÊME, Paris, 1642, in-4. Voir : Bib. Poitiers, ms., 256. — La Sainte-Famille de Fontevrault, contenant l'histoire généalogique des personnes illustres, tant religieuses que fondatrices et bienfaitrices, dont les noms sont inscrits au martyrologe de Font-Evraud, par le P., LARDIER, 1650. Bib. Chateau-Gonthier, ms., 12. — Necrologium Fontebraldense, dans PAVILLON, ouv. cité p. 577. — Catalogue des abbesses de l'abbaye de Fontevrault, et dames illustres y enterrées, Angers, 1586, in-4.

L'abbesse Marie de Bretagne et la réforme de l'ordre de Fontevrault, par JULIEN, Paris, 1872, in-18. — L'abbesse Anne d'Orléans et la réforme de l'ordre de Fontevrault, par PALUSTRE, dans Revue Quest. histor. LXVI (1899) 210-217. Voir : Positions des thèses de l'école des chartes (1897). — Fontevrault and the english Benedictines at the beginning of the seventeenth century, by Dom BESSE, dans Ampleforth Journal II (1896), 23-38. — Une tentative de réforme monastique à l'abbaye de Fontevrault, par le R. P. Dom BESSE, dans Bul. de la soc. des antiq. de l'ouest, 1898.

Lettre de la Grande-Prieure et du convent de Fontevrault, écrite à toutes les maisons du même ordre, sur la mort de Jeanne-Baptiste de Bourbon, fille du roi Louis-le-Grand, légitimée de France, abbesse, chef et générale de l'ordre de Fontevrault, Paris, 1670, in-4. — Une abbesse de Fontevrault, au XVIIe siècle, Gabrielle de Rochechouart de Mortemart, par PIERRE CLÉMENT, Paris, 1869, in-8. — Ordonnances de l'abbesse, chef et générale de l'abbaye et ordre de Fontevrault, G. DE ROCHECHOUART, lues et publiées au chapitre général de l'ordre, le 2 juin 1687.

Fontevrault et ses monuments ou histoire de cette royale abbaye, depuis sa fondation jusqu'à sa suppression, par l'abbé ÉDOUARD, Paris, 1873, 2 vol. in-8. On trouve dans cet ouvrage une histoire incomplète de l'ordre. — L'abbaye de Fontevrault et Robert d'Arbrissel, par OSCAR HAVARD, dans Revue du monde catholique XXXV (1872), 459-489. — HÉLYOT VI, 83-108. — HERMANT II, 1-38. — HEIMBUCHER I, 214-217. — Dictionnaire historique, géographique et biographique de Maine-et-Loire, par CÉLESTIN PORT, II, 167-173.

DOCUMENTS DIVERS.

Concilium Castri-Radulfi sub Geraldi episcopo Engolismensi, dans Novus thesaurus de MARTÈNE VI, 133. — Choix de lettres missives du XIIIe au XVIe siècle par A. MARCHEGAY, dans Revue des soc. sav. VII (1859), 375-381. — Collection de lettres circulaires émanant des divers monastères de religieuses bénédictines de la congrégation de Fontevrauld, en France, in-8. Bib. nat. Ld[14] 1. —

Arrêt du Grand Conseil, du 11 août 1610, concernant l'exemption des dîmes de Fontevrault, s. l. n. d., in-4.

Mémoires touchant l'institution de l'ordre de Fontevrault, présentés au Roi, par JEANNE DE BOURBON, abbesse, Paris, 1640, in-4. — Factum pour les religieux de Fontevrault, touchant les différends dudit ordre. Ensuite sont rapportées les raisons pour les religieux, par JACQUES PIGNARD, s. l., 1641, in-4. — Réponse d'un ecclésiastique à la lettre d'une dame religieuse de Fontevrault, sur un libelle imprimé sous ce titre : Factum pour les religieux, etc., par le P. JEAN CHEVALIER, jésuite, Paris, 1641, in-4. — Arrêt du Conseil d'État du Roi, sur les troubles et différends mûs et excités en l'ordre de Fontevrault, suivant l'avis des commissaires députés par Sa Majesté pour en connaître, Paris, 1641, in-4. — Avis donné au roi par MM. les commissaires députés par Sa Majesté pour connaître les différends mûs depuis quelque temps en l'ordre de Fontevrault, sur les appellations comme d'abus interjetées par les religieuses, prieures et convents dudit ordre et d'un bref de N. S. P. le Pape Urbain VIII, du 25 juin 1636, pour l'attribution des convents et prieurés de La Puye, Orsan et Lencloistre, aux religieux dudit ordre et translation des religieuses d'iceux en autres monastères. Arrêt du Conseil privé de Sa Majesté donné sur ledit avis (6 sept. et 8 oct. 1641), s. l. n. d., in-4. — A Nosseigneurs du Grand Conseil. Pour les prieures et convents de Fontaine-en-France, Collinence, Variville, Hautes-Bruyères, La Chaume et Longueau de l'ordre de Fontevrault, intervenantes, appelant comme d'abus contre Mme J.-B. de Bourbon, abbesse, chef et générale de l'abbaye et ordre de Fontevrault, intimée et défenderesse, s. l. n. d., in-8. — Sommaire de ce procès, s. l. n. d., 1643, in-4.

Arrêt contradictoire du Conseil privé du 27 août 1635, qui maintient les évêques au droit de visite sur les monastères de l'ordre de Fontevrault et qui confirme les ordonnances par eux faites en conséquence pour la clôture des religieuses du même ordre, sauf à se pourvoir contre par devant le juge métropolitain, s. l. n. d., in-fol. — Mémoire pour Madame l'abbesse de Fontevrault, touchant les sorties des religieuses et l'examen des novices de son ordre, contre les prétentions de messieurs les évêques, s. l., 1695, in-fol. — Réponse aux mémoires de M. l'abbé de Citeaux et de Mme l'abbesse de Fontevrault, concernant l'obligation des évêques de veiller sur la clôture des monastères des religieuses et leur pouvoir de juger des causes légitimes de permettre aux religieuses d'en sortir, s. l. n. d., in-fol. — Réponse pour Mme l'abbesse de Fontevrault contre la prétention de messieurs les évêques, touchant la sortie des religieuses et l'examen des novices, s. l. n. d., in-fol. — Réponse pour Mme l'abbesse de Fontevrault au nouveau mémoire des évêques, touchant les sorties des religieuses, s. l. n. d. — Arrêt du Parlement qui déclare abusive la permission donnée par l'abbesse de Fontevrault à sa sœur de sortir de la clôture de son prieuré, Paris, 1700, in-4.

Au Roi. Pour l'abbesse de Fontevrault contre plusieurs religieuses de la communauté des Filles-Dieu de Paris, appelant comme d'abus de la nomination d'une prieure à la tête de leur monastère, Paris, 1737, in-fol. — Mémoire pour les dames religieuses de la communauté des Filles-Dieu, appelantes comme d'abus contre l'abbesse de Fontevrault, Paris, 1737, in-fol. — Au Roi. Pour les religieuses du monastère des Filles-Dieu de Paris contre l'abbesse de Fontevrault, Paris, 1738, in-fol. — Au Roi. Réponse de l'abbesse de Fontevrault aux religieuses du monastère des Filles-Dieu, au sujet de sa prétendue ingérence dans l'élection d'une prieure, Paris, 1738, in-fol.

Abrégé des mémoires du Clergé, Table raisonnée, II, 85-86. — Nouvelles ecclésiastiques, Table raisonnée, I, 488.

CALVAIRIENNES.

Éléonore de Bourbon, abbesse de Fontevrault, qui travaillait de son mieux à la réforme de cet ordre, obtint du pape et du roi Henri IV, pour aide et coadjutrice, sa nièce, la princesse Antoinette d'Orléans, veuve de Charles de Gondi (1604), marquis de Belle-Isle, qui avait récemment embrassé la vie austère des Feuillantines. Le Père Joseph du Tremblay prêta son concours aux deux nobles religieuses et contribua pour sa part à réformer les moniales de Hautes-Bruyères. Celles de Fontevrault améliorèrent elles-mêmes leur observance. La Mère Antoinette se rendit au prieuré de Lencloitre, après avoir renoncé à la coadjutorerie et vu l'élection d'une nouvelle abbesse, Louise de Lavedan de Bourbon (1611). Les religieuses de ce monastère se mirent à pratiquer la règle de saint Benoît dans sa rigueur. Cette austérité attira les âmes généreuses. Le Père Joseph et la Mère Antoinette purent fonder une nouvelle maison à Poitiers (1614). Il n'était pas question d'établir une congrégation nouvelle. Les religieuses qui n'appartenaient plus à Fontevrault songeaient, semble-t-il, à s'unir aux Feuillants. Ce projet, qui devait plaire à la Fondatrice, échoua. Après sa mort, arrivée à Poitiers le 25 avril 1618, le Père Joseph fut amené à faire de son œuvre une congrégation distincte sous le nom de Filles de Notre-Dame du Calvaire. Il rédigea lui-même les constitutions.

Les vocations ne tardèrent pas à affluer. La vie sainte

des premières religieuses leur méritait l'estime générale. Le nom du Père Joseph leur valut les plus hautes protections. Le couvent de Poitiers fut donc bientôt à même d'essaimer. Il commença par fonder un monastère à Angers. Vinrent ensuite les deux fondations de Paris, au Petit-Luxembourg (1620) et au Marais (1637), celles de Nantes (1623), de Loudun et de Mayenne (1624), de Vendôme, de Saint-Brieux et de Morlaix (1625), de Chinon (1626), de Rennes (1631), de Quimper (1634), de Tours et d'Orléans (1636), de Saint-Malo (1639); un second monastère fut établi à Rennes après 1656; il se fit dans la suite une fondation à Machecoul, au diocèse de Nantes. Les moniales de l'abbaye de la Trinité de Poitiers et du prieuré de Bedon, qui en dépendait, sollicitèrent leur admission dans la congrégation.

Le Père Joseph ne se borna point à unir les religieuses par la communauté d'observances monastiques; il donna à leurs monastères une organisation compatible avec les exigences de la clôture. La congrégation fut gouvernée par un supérieur ecclésiastique, qui était d'ordinaire un cardinal ou un évêque, par un visiteur ecclésiastique et par la directrice ou supérieure générale, qui résidait au monastère du Marais, à Paris. Celle-ci, élue pour trois ans, pouvait être renouvelée quatre fois dans cette charge. Le chapitre général se réunissait tous les trois ans; les prieures et une déléguée de chaque monastère envoyaient par écrit leurs suffrages et leurs vœux à cette assemblée, composée de la supérieure et de ses assistantes.

La congrégation était exempte de la juridiction de l'ordinaire. Son fondateur obtint de Grégoire XV (1622) deux bulles, qui lui conféraient l'existence canonique.

Les Calvairiennes restèrent fidèles à leurs pratiques religieuses. Mais leur austérité ne les protégea point contre l'influence des docteurs jansénistes. Supprimées violemment par la Révolution, elles ont pu rétablir au commencement du XIXe siècle quelques-uns de leurs monastères.

BIBLIOGRAPHIE.

Vie de la mère Antoinette d'Orléans, fondatrice de la congrégation de Notre-Dame du Calvaire, par un RELIGIEUX FEUILLANT, publiée avec une introduction et des notes par l'abbé PETIT, Paris, 1880, in-8. — Éloge de madame Antoinette d'Orléans, dans Éloges de plusieurs personnes illustres de l'ordre de Saint-Benoît, par Madame DE BLÉMUR I, 130-143. — Vie du R. P. Joseph de Paris, prédicateur de l'ordre des Pères Capucins, commissaire apostolique des missions étrangères, fondateur des religieuses réformées de Saint-Benoît sous le titre de la congrégation de Notre-Dame sur le Calvaire, par CLAUDE LEPRI-BALAIN, ms. couvent des capucins de Paris. — Histoire de la vie du P. Joseph par l'abbé RICHARD, Paris, 1702, 2 vol. in-12. Voir : Journal des savants, 21 août 1702, 565-573. — Le P. Joseph du Tremblay; notice biographique d'après le sieur de Hautebresche. Essai bibliographique, par l'abbé DEDOUVRES, Angers, 1889, in-8. — Le Père Joseph et Richelieu. L'avènement de Richelieu au pouvoir et la fondation du Calvaire, par FAGNIEZ, Paris, 1889, in-8. Fondation de l'ordre des Bénédictines réformées de Notre-Dame du Calvaire; Madame Antoinette d'Orléans et le P. Joseph, par BOUCHER, Orléans. Mém. acad. Sainte-Croix, IV. — Annales du Calvaire, ms. des archives de la congrégation.

Le P. Joseph. Conférence donnée à l'université catholique de l'ouest, par l'abbé DEDOUVRES. Angers, 1896, in-8 de 41 p. — Le P. Joseph. Étude critique sur ses œuvres spirituelles, par le MÊME. Paris, 1903, in-8 de 194 p. — Un précurseur de la B. Marguerite-Marie. Le P. Joseph et le Sacré-Cœur par le MÊME, Angers, 1899, in-12, 204 p. — Quatre opuscules du P. JOSEPH DU TREMBLAY, I. La fondation de l'ordre des Bénédictines du Calvaire, II. La vocation des Bénédictines du Calvaire, III. Mémoires sur son enfance et son adolescence, IV. L'exercice des bienheureux pratiquable en terre, publiés par le P. APOLLINAIRE DE VALENCE, Nîmes, 1895, in-8, XIII-395. — Constitutions des religieuses bénédictines de la congrégation du Calvaire vivant sous la première et exacte règle de S. Benoît, par le P. JOSEPH DU TREMBLAY, Paris, 1634, in-12 et Paris, 1902, in-18. — Considérations sur la règle de Saint-Benoît, sur lesquelles sont fondées les constitutions établies par l'autorité apostolique pour les religieuses Calvairiennes, par le MÊME, Paris, 1634, in-16. — Cérémonial des religieuses bénédictines du Calvaire, Paris, 1635, in-8. — Exhortations pour les religieuses du Calvaire (1637-1648).

Bib. nat. ms. fr. 19.689-19.690. — Les exhortations du T. R. P. Joseph de Paris, d'heureuse mémoire, zélé prédicateur capucin, fondateur de la congrégation du Calvaire, 3 vol. (1629-1637); Bib. Mazarine, ms. 1203-1205. — Les épitres du R. P. Joseph de Paris ... contenant de grands enseignements de la vie intérieure ..., Ibid., ms. 1206. — D'après l'abbé Dedouvres, on ne conserve pas moins de 1100 lettres de direction et quatre cents exhortations du Père Joseph. — Lettres générales écrites à la congrégation du Calvaire aux principales fêtes de l'année, avec des discours et des lettres particulières, par la très sainte et illustre révérende Mère Marie-Catherine-Antoinette de Ste Scholastique de Gondy, petite fille de Mme d'Orléans, fondatrice de cet ordre, décédée au calvaire de Saint-Germain, le 3 juillet 1701. Ibid., ms. 13.878.

Les premières Mères de la congrégation bénédictine de N.-D. du Calvaire, par une religieuse du même ordre. Poitiers, 1865, in-12, XXII-286. — Abrégé de la vie de Marie-Antoinette de Gondy, supérieure générale du Calvaire, par Ambroise Lallouette. Paris, 1717, in-12. — La vie de sœur Em. de Tourny, religieuse calvairienne, en forme de lettres, s. l., 1760, in-12.

Bref d'Alexandre VII confirmant les constitutions des Calvairiennes (31 mars 1656) dans Bullarium romanum, VI, vi, 90-94. — Histoire de l'établissement de la congrégation du Calvaire, ou recueil historique des bulles et brefs des Papes, lettres patentes des Rois, arrêts des Parlements, consentement des évêques, seigneurs, villes et communautés des lieux, où les vingt monastères de cette congrégation sont situés (1617-1672), Bib. nat. ms. fr. 10.571. — Voir : Bib. Ste Geneviève, ms. 709.

Bref de N. S. P. le pape Clément XII qui établit et délègue l'archevêque de Paris, visiteur et commissaire apostolique des monastères des religieuses de la congrégation du Calvaire (1 août 1738). — Lettre à une religieuse de la congrégation du Calvaire au sujet du bref de N. S. P. le pape Clément XII, s. l. n. d., in-4. — Lettre de S. E. le card. de Fleury aux dames religieuses du Calvaire; à Versailles, le 24 déc. 1738, s. l. n. d., in-4. — Pièces concernant le bref de Clément XII, qui établit et délègue l'archevêque de Paris visiteur etc., s. l., 1739, in-4. — Suite du recueil concernant l'affaire des religieuses du Calvaire, s. l. n. d., in-4. — Mémoire pour les religieuses de la congrégation du Calvaire (2 sept. 1740), s. l. n. d., in-4. — Mémoire et consultations d'avocats pour les religieuses de la congrégation du Calvaire (7 sept. 1740), s. l., 1740, in-12.

Helyot, VI, 359-374. — Les Bénédictines de Notre-Dame du Calvaire, par Dom Gérard van Caloen, dans Revue bénédictine, X (1893), 1-9. — Table raisonnée des Nouvelles Ecclésiastiques, I, 133-136.

CHANOINES RÉGULIERS.

Les chanoines réguliers, tels qu'ils ont existé en France, doivent leur origine aux anciennes communautés de clercs, qui ont cherché à modeler leur existence sur celle des moines. L'évolution, causée par le désir de donner aux travaux apostoliques et à la dignité des prêtres, chargés du service des églises, la consécration des vœux monastiques, se fit avec une certaine lenteur. Elle commença au VIIIe siècle pour avoir son terme au XIe. La première manifestation connue se rattache au travail intense de réforme ecclésiastique, dont Charlemagne fut le protecteur éclairé. Saint-Chrodegang, évêque de Metz (753-766), imposa la vie commune aux membres du clergé de son église cathédrale. Mais, pour rendre sa décision plus efficace, il leur donna une règle, composée par lui et en bonne partie tirée de la règle de Saint-Benoît [1]. Rien ne permet de dire si l'exemple de l'Église de Metz fut imité ailleurs [2]. Mais le besoin de la vie commune

[1] *S. Chrodegangi episcopi metensis, Regula canonicorum*, dans D'ACHERY, *Spicilegium.* I, 565-583, éd. in-fol. et Pat. lat., LXXXIX, 1057-1096. Le texte, publié par d'Achery, est l'œuvre, non de Chrodregang, mais d'un anonyme qui a combiné sa règle et celle du concile d'Aix-la-Chapelle. La règle de l'évêque de Metz a été éditée par LABBE dans ses *Sacrosancta concilia*, VII, 1444-1464, par LE COINTE, dans ses *Annales ecclesiastici Francorum*, V, 38-70 et dans *Pat. lat.*, LXXXIX, 1097-1120. *S. Chrodegangi regula canonicorum*, éd. SCHMITZ, Hannovre, 1889, in-4 de 26 p. Voir *Histoire littéraire de la France*, IV, 128-134. HAUCK, *Kirchengeschichte Deutschlands*, II, 62-68.

[2] Mabillon, sur le témoignage de Guillaume de Malmesbury, affirme que Lefric, évêque d'Exester en Angleterre, prescrivit au clergé de sa cathédrale la pratique de la règle de Saint-Chrodegang. *Annales benedictini*, II, 183.

pour les clercs se faisait sentir un peu partout dans les pays soumis aux carolingiens [1]. Charlemagne, qui promulgua en 802 des capitulaires fort importants sur la vie des clercs, leur recommande de vivre conformément aux prescriptions canoniques [2]; c'est l'avis qui leur est donné par le concile d'Aix-la-Chapelle (802). Pendant que les abbés délibéraient ensemble sur les moyens de restaurer parmi les moines la discipline régulière, les évêques, les prêtres et les diacre méditaient les enseignements des Pères et les décisions canoniques pour y mieux conformer leur vie [3]. Les termes, dont se servait le grand empereur, laissent entendre que déjà de nombreux clercs habitaient ensemble sous l'autorité de l'évêque ou d'un abbé [4]. On leur donnait le nom de chanoines ou *canonici*. Ils étaient ainsi réunis soit autour d'une église cathédrale soit auprès d'une église particulière, élevée en l'honneur de quelque Saint. Les moines dégénérés de certaines abbayes, qui ne se sentaient ni la force ni le courage de revenir à la pratique des observances religieuses, se contentaient de cette existence plus douce. Ces sécularisations ne furent point rares au VIIIe et au IXe siècle. On peut citer Saint-Martin de Tours, Saint-Hilaire de Poitiers et Saint-Maurice d'Agaune. Quelques maisons de femmes s'abandonnèrent aussi au relâchement et se transformèrent, par une sécularisation analogue, en chanoinesses. Charlemagne, dans le même capitulaire, leur enjoignit

[1] Leidrad, archevêque de Lyon, annonce à Charlemagne qu'il a fait construire une maison commune pour le clergé de son église. *Claustrum quoque clericorum construxi in quo omnes nunc sub uno conclavi manere noscuntur.* LEIDRADI, *epistola*, I, Pat. lat., XCIX, 872.

[2] Ut episcopi et presbyteri secundum canones vivant et itaque cæteros doceant. *Capitulare missorum generale* (802) 10, dans *Capitularia regum francorum*, ed. BORETIUS, I, 93. Canonici autem pleniter vitam observent canonicam, 22, Ibid., 45.

[3] *Concilia carolini ævi*, II, pars prior, 230.

[4] Ceux-ci par exemple : Ut abbates canonici canones intelligant et canones observent, et clerici canonici secundum canones vivant. *Capitulare missorum*, 32, dans *Capitularia regum Francorum*, I, 103.

de suivre les prescriptions canoniques, qui désormais remplaçaient chez elles la règle de saint Benoît [1]. Il leur ordonnait, en d'autres termes, de modeler leur vie sur celle des chanoines. C'est la première apparition dans l'histoire des chapitres de femmes, qui furent nombreux en Belgique, dans le nord et l'est de la France [2].

Les règles canoniques *(canones)*, auxquelles ces communautés étaient soumises, manquaient de précision. On avait besoin d'en faire un corps, répondant aux besoins d'un groupe d'hommes vivant ensemble. La *Regula canonicorum* de saint Chrodegang, faite pour cela, semblait ignorée au commencement du règne de Louis le Débonnaire. Aussi le concile, assemblé par ce prince à Aix-la-Chapelle (816) pour compléter l'œuvre de réforme inaugurée par Charlemagne, voulut-il leur en proposer une, dont les éléments seraient empruntés aux écrits des Pères et aux canons des conciles. On a cru longtemps, sur la foi du seul Adhémard de Chabanes, que le diacre Amalaire, disciple d'Alcuin, avait été chargé de cette compilation. Le nouvel éditeur des conciles de la période carolingienne y voit plutôt l'œuvre d'Anségise [3]. Cette règle, qui reçut le nom d'*Institutio canonicorum Aquisgranensis*, fut obligatoire pour toutes les communautés cléricales de l'Empire [4]. Les chanoines des églises collégiales et cathédrales de France l'observèrent autant que les troubles.

[1] Ut abbatissæ canonicæ et sanctimoniales canonice secundum canones vivant et claustra earum ordinabiliter composita sint. *Capitulare missorum*, 31. Ibid. 103.

[2] MABILLON, *Acta sanctorum*, II, præf. XVII-XIX.

[3] ALBERT WERMINGHOFF, *Die Beschlüsse des Aachener Concils im Jahre* 816, dans *Neues Archiv der Gesellschaft für ältere deutsche Geschichtskunde*, XXVII (1902), 607-651.

[4] Goldast l'a publiée dans sa *Collectio constitutionum imperialium* (Offenbach, 1610), III, 164-220. On la retrouve dans SIRMOND, *Concil. Galliæ*, 1307 ; LABBE, *op. id.*, VII, 1313-1405 ; MIRÆUS, *Codex regularum et constitutionum clericalium*, I, 1-118, Pat. lat., CV, 805-954. *Concilia ævi carolini*, éd. WERMINGHOFF, 309-421.

occasionnés par les invasions normandes et les rivalités des princes carolingiens, le permirent. Quelques-uns la suivaient encore au XIe siècle, et en particulier ceux de Notre-Dame de Reims [1].

Le concile d'Aix-la-Chapelle ne négligea point les chanoinesses. Il leur prescrivit une règle spéciale, *Institutio sanctimonialium*, due au même compilateur que la précédente [2].

Mais ni Chrodegang ni Anségise ne font la moindre allusion aux vœux des chanoines et des chanoinesses. Par le fait, ils n'en émettaient ni les uns ni les autres. Les chanoines appartenaient au clergé séculier. La pauvreté religieuse, qui caractérisait les moines, leur était absolument étrangère. Il n'en fallut pas davantage pour les faire abandonner par les promoteurs de la réforme ecclésiastique au XIe siècle. Saint Grégoire VII, saint Pierre Damien, les évêques de France et les moines de Cluny, leurs émules, avaient affaire à un clergé simoniaque. Ils ne virent qu'un moyen de les sauver de cette course sacrilège aux bénéfices, la pratique de la pauvreté religieuse. Les règles de l'évêque de Metz et du concile d'Aix-la-Chapelle, qui pouvaient arracher les clercs aux séductions de l'immoralité, grâce à l'organisation de la vie commune, ne leur fournissaient pas ce remède, jugé avec raison le seul efficace. Aussi le concile romain de 1059, que présidait le pape Nicolas II, résolut-il de les abandonner définitivement [3]. Sous l'influence d'Hildebrand, les clercs des églises romaines donnèrent l'exemple d'une désappropriation, qui rappelait celle des moines. Mais nulle action ne fut aussi efficace que celle de saint Pierre Damien, pour étendre en Italie et par delà

1 MABILLON, *Annales benedictini*, IV, 586-587.
2 P. L. lat., LV, 935-952. *Concilia ævi carolini*, 121-156.
3 MABILLON, *loc. cit.*

les Alpes cette adaptation de la vie religieuse aux communautés de clercs. C'est lui qui le premier leur proposa les deux sermons de saint Augustin sur l'organisation des clercs qui habitaient avec lui [1]. Le pape Alexandre II, dans le concile romain de 1063, insista de nouveau sur cette réforme du clergé par la vie commune et la pauvreté [2]. Les clercs ne suivirent pas tous les prescriptions pontificales, avec la même ardeur; il y en eut qui se contentèrent de la vie commune, sans renoncer à leurs biens. Ce furent les chanoines sans épithète. D'autres allèrent plus loin et reçurent le nom de chanoines réguliers; leur vie fut celle des religieux; ils étaient soumis en tout à leurs supérieurs et ils ne possédaient pas même les revenus attachés aux fonctions qu'ils pouvaient remplir. Leurs communautés s'organisèrent d'après le type que leur présentaient les monastères bénédictins.

Saint Bernard, qui ne fut étranger à aucun des grands mouvements religieux de son époque, encouragea par ses lettres et sa parole cette introduction de la vie religieuse dans les communautés cléricales [3]. Yves, chanoine de Mont-Saint-Quentin, au diocèse de Beauvais, avant de monter sur le siège épiscopal de Chartres, se fit en France le propagateur de cette organisation religieuse de la vie cléricale, en commençant par le chapitre qu'il gouvernait (v. 1079). L'épiscopat ne fit que donner plus de force à son zèle pour la réforme du clergé. Les évêques entrèrent dans ses vues. Grâce à eux et à l'initiative personnelle de saints prêtres, on vit se fonder en France des communautés cléricales régu-

[1] Dom Besse, *Le monachisme africain*, 9-18. On peut lire en particulier les lettres 24, 27, 29 de saint Pierre Damien, dans lesquelles il s'exprime avec sa franchise ordinaire. Pat. lat., CXLV, 479, 503, 641.

[2] Jaffé, *Regesta Pontificum rom.* (4501), I, 570.

[3] Vacandard, *Vie de saint Bernard*, I, 186-199.

lières. Ces fondations devinrent surtout nombreuses à partir du XIIe siècle. On ne leur proposa d'abord aucune règle particulière. Mais elles vinrent d'elles-mêmes aux deux sermons de saint Augustin et à sa règle, qu'il leur fut aisé de compléter par des constitutions et des coutumes répondant à leurs besoins. Les principaux organisateurs des chapitres s'inspirèrent des nécessités locales et de ce qu'ils avaient sous les yeux. Ils firent, en particulier, de fréquents emprunts aux coutumes des monastères bénédictins, qui étaient alors dans toute leur ferveur. Les conditions, qu'impose la communauté de vie, étaient les mêmes de part et d'autre. Cela suffit pour expliquer cette influence des moines sur les chanoines. Leurs institutions eurent désormais un développement parallèle. Il ne faudrait pas en conclure qu'il régna toujours parmi eux une entente cordiale. Des rivalités, souvent mesquines, les excitèrent fréquemment les uns contre les autres. Elles commencèrent dès le XIIe siècle pour durer jusqu'au XVIIIe. De vulgaires questions de préséance leur servirent parfois de prétexte. Les chanoines réguliers en prenaient occasion de se donner une ancienneté, à laquelle ils n'avaient aucun droit, en prétendant remonter à saint Augustin, voire même aux saints Apôtres.

Les fondateurs des monastères de chanoines réguliers n'éprouvèrent pas le besoin de se concerter pour codifier les usages auxquels ils les soumettaient. Chacun suivit son inspiration. Mais on vit se reproduire parmi eux ce qui était précédemment arrivé chez les moines. Les communautés, gouvernées par un homme éminent et réputées à cause de la sainteté et de la valeur des religieux qui les formaient, exercèrent sur les autres une influence irrésistible. On les prit pour modèles. Leur manière de mener pratiquement la vie canoniale se propagea ainsi et finit par se communiquer à un certain nombre de monastères. Ces maisons, qui suivaient une même règle ou ordre de vie, constituèrent un ordre. Cette unité d'observances ne suppose pas forcément une subordination hiérarchique ou une organisation semblable à celles de Cluny et de Citeaux. Cependant les fondations de saint Norbert et de ses disciples restèrent unies entre elles et soumises à l'abbaye de Prémontré; il y eut ainsi l'ordre canonial de Prémontré, comme il y avait l'ordre de Citeaux et l'ordre de Cluny. C'était un ordre véritable, nous aurons bientôt occasion de le dire.

De toutes les maisons qui transmirent à d'autres leurs observances, sans néanmoins se les agréger hiérarchiquement, les plus connues sont celles de Saint-Victor de Paris, de Marbach en Alsace, de la Réau en Poitou et d'Arrouaise en Artois. Les monastères de Saint-Ruf, d'abord au diocèse d'Avignon, puis dans celui de Valence, de Saint-Antoine, au diocèse de Vienne, du Val-des-Écoliers, dans celui de Langres, du Val-des-Choux, furent des chefs d'ordre; ils conservèrent ce titre et ce rôle jusqu'au moment de leur suppression au XVIIIe siècle. La plupart de ces collégiales restèrent isolées, sous la juridiction immédiate des évêques. Elles avaient généralement le nom et la dignité d'abbayes et leurs supérieurs avaient les mêmes prérogatives que les abbés de moines. Les unes voyaient tous leurs membres réunis dans une seule maison; les autres, et c'étaient les plus nombreuses, possédaient des prieurés-cures, dans lesquels les abbés envoyaient un ou plusieurs chanoines chargés de les desservir.

Les chanoines réguliers mirent en grand honneur au XIIe et au XIIIe siècle la règle de saint Augustin. Aussi fut-elle adoptée par les ordres nouveaux établis à cette époque, tels que les Dominicains et les Trinitaires, et par les communautés de clercs qui se vouaient au soin des malades dans les hôpitaux. Les religieuses hospitalières suivirent cet exemple.

Il se fonda, en outre, des communautés régulières de chanoinesses, ayant une abbesse à leur tête, et qui suivaient les observances des chanoines réguliers, les travaux de la cléricature en moins.

Pendant la période de leur ferveur, les chanoines réguliers rendirent d'éminents services. Il y eut parmi eux des saints. Ils fournirent aux diocèses de pieux évêques. Quelques-uns de leurs monastères furent des foyers intenses de vie intellectuelle. Mais le relâchement de la discipline, dont souffrirent les moines du XIIIe siècle, les envahit à leur tour; il ne fit que s'accentuer durant les deux siècles suivants; d'assez nombreuses sécularisations de communautés, tant d'hommes que de femmes, en furent l'inévitable conséquence. Les abbés ne semblent pas avoir cherché dans les chapitres généraux, à l'exemple des Bénédictins, un moyen de conjurer ce mal. On ne trouve ces réunions que dans les groupements formés autour d'Arrouaise, de Marbach ou de Saint-Ruf. Le Pape Benoît XII, qui avait pris à cœur la réforme monastique, s'occupa des chanoines réguliers. Sa bulle *Ad decorem Ecclesiæ*, du 13 mai 1339 [1], leur enjoignit de revenir à la discipline régulière, qui avait fait la force de leurs communautés. Elle en renouvelle les principales dispositions, complétées par des règlements très utiles sur les études. Le Souverain Pontife demanda aux abbés de se réunir en chapitre général tous les quatre ans. Pour rendre plus faciles ces assemblées, il groupa les maisons en provinces; une distribution analogue avait été précédemment faite pour les monastères bénédictins. Il y eut en France six provinces : Embrun, Vienne et Aix; Lyon, Tarentaise et Besançon; Reims et Sens; Rouen et Tours; Bourges et

1 *Bullarium romanum* (Rome, 1741), III, II, 264-286.

Bordeaux; Auch, Narbonne et Toulouse. La constitution de Benoît XII s'adressait aux chanoines du monde entier.

Quels en furent les résultats pratiques? On ne saurait trop le dire. Il y eut cependant quelques chapitres provinciaux durant les années qui suivirent. Les chanoines de Languedoc se réunirent à Narbonne, le 28 novembre 1339; ceux de la province de Reims-Sens, à Saint-Vincent de Senlis, le 13 avril 1340, et à Notre-Dame de Chaage de Meaux, en 1355. Ce ne furent sans doute pas les seules réunions de ce genre. L'état des diocèses, désolés par la guerre étrangère, par la guerre civile, par la peste, les rendit bientôt impossibles et dans tous les cas impuissantes. Le relâchement s'accrut avec la désolation.

La congrégation de Windesheim, nombreuse et prospère dans la Prusse rhénane et les Pays-Bas, fut au xve siècle une école de théologie mystique très renommée. Jacques d'Aubusson de la Feuillade, abbé commendataire de Saint-Séverin de Château-Landon, au diocèse de Sens, recourut à elle pour la réforme de son abbaye; il y introduisit six religieux de cette congrégation et leur prieur Jean Mauburne. Les chapitres de Livry, de Cysoing, de Saint-Victor de Paris, de Saint-Martin de Nevers, de Chaage, d'Epernay, de Saint-Acheul d'Amiens et quelques autres encore adoptèrent leurs observances. Ils formèrent dès lors un groupement, qui eut ses chapitres généraux, réunis d'abord à Château-Landon, puis à Saint-Victor.

Les guerres de religion compromirent le succès de cette réforme et jetèrent, pour plus d'un demi-siècle, les monastères des chanoines réguliers dans le trouble et la désolation. Ils ne sortirent de cet état lamentable que durant la période de renaissance religieuse par laquelle débuta le xviie siècle.

Bibliographie.

DOCUMENTS DISCIPLINAIRES.

S. CHRODEGANGI regula canonicorum. Voir p. 223. — Institutio canonicorum aquisgranensis. Voir p. 225. — Constitutio sanctimonialium. Voir p. 226. — Die Beschlüsse des Aachener Concils im Jahre 816, von ALBERT VERMINGHOFF dans Neues Archiv des Gesellschaft für ältere deutsche Geschichtskunde, XXVII (1902) 607-651. — Règlements inédits du pape S. Grégoire VII pour les chanoines réguliers, par D. G. MORIN dans Revue bénédictine XVIII (1901), 177-183.

Antiquæ consuetudines canonicorum regularium insignis monasterii Sancti Victoris Parisiensis ad usum monasterii S. Evrutii accommodatæ, dans De antiquis Ecclesiæ ritibus, par MARTÈNE (éd. 1738) III, 699-814. — Voir : Histoire de l'abbaye de Saint-Victor et de l'ordre des chanoines réguliers de Saint-Victor de Paris, par FOURIER BONNARD, Paris, s. d. in-8. — Expositio in regulam Beati Augustini, auct. HUGONE A SANCTO-VICTORE, dans Pat. lat. CLXXVI, 881-924. De institutione novitiorum liber. EODEM. auct. Ibid., 925-952. — Regula canonicorum regularium per HUGONEM DE SANCTO VICTORE declarata, Parisiis, s. d., in-8 (ed. Goth.). — Antiqua statuta canonicorum regularium metrice cum glossulis optimis edidit HERSCHIUS, dans les Miscellanea de DUELLIUS (1723) I, 74-104. — Formula professionis canonicorum regularium, dans Annales benedictini de MABILLON, IV, 685-686.

Antiquæ constitutiones et quædam decreta capitulorum generalium ordinis Vallis-Caulium, dans Novus Thesaurus de MARTÈNE, IV, 1651-1661. — Statuta capitulorum generalium ejusdem ordinis. Ibid, 1661-1669. — Constitutiones ordinis Vallis-Scholarium, dans Voyage littéraire de deux religieux bénédictins, 114-134. — Constitutions du Val-des-Écoliers (XIIIe s.). Bib. nat. ms. lat. 9754. — Consuetudines canonicorum regularium subjunctæ regulæ sancti Augustini, nunc primum editæ ex ms. Morbacensi, dans De antiquis Ecclesiæ ritibus de MARTÈNE, III, 847-888. — Statuta capitulorum generalium ordinis Artigiæ, dans Fragmenta historiæ Aquitaniæ d'ESTIENNOT I, Bib. nat. ms. lat. 12.763, ff. 309-362.

Constitutio totius ordinis canonicorum regularium ordinis sancti Augustini, seu Bulla *Ad decorem Ecclesiæ* Benedicti P. XII, dans Bullarium romanum, III, II, 264-286. — Procès-verbal d'une assemblée de délégués des chapitres de Languedoc (28 nov. 1339), touchant de nouvelles constitutions de chanoines réguliers, promulguées par le Pape Benoit XII, Bib. Ste Geneviève, ms. 206. — Notification à tous les abbés, prévots et prieurs, chanoines réguliers des provinces de Reims et de Sens, des décisions prises dans le chapitre provincial tenu à Senlis (13 avril 1340). Ibid. — Actes du chapitre général de l'ordre tenu en 1355 à N.-D. de Chaage, au diocèse de Meaux. Ibid., ms. 3274, ff. 621-641.

Statuta canonicorum regularium in hoc regno Franciæ reformatorum sub regula pii Patris et eximii Ecclesiæ doctoris Augustini militantium, auctoritate Sedis Apostolicæ confirmata ac roborata (Statuts de la réforme de Chateau-Landon, 1503-1508). Bib. Ste Geneviève, ms. 2967. Voir ms. 1641, 2966, 2968. — Liber de origine congregationis canonicorum regularium reformatorum in regno Franciæ. Ibid., ms. 574 et 2963. Recueil de pièces. Ibid., ms. 615-639.

Tractatus de ordine canonicorum regularium, editus per R. in Christo Dominum Anselmum, Havelbergensis Ecclesiæ episcopum, dans Thesaurus anecdotorum novissimus de Bern. Pez, IV, II, 74-110. — De canonicis regularibus eorumque ordine et disciplina, auct. Joanne Trullo, Bononiæ, 1505. — Canonicorum ordinis S. Augustini instituta et progressus. Venetiis, 1648, in-4. — Codex regularum canonicorum regularium, auct. Miræo, Antverpiis, 1638, in-fol. — Vetus disciplina canonicorum regularium et secularium, auct. Amort. Venetiis, 1747, 2 vol. in-4.

HISTOIRE GÉNÉRALE [1].

Chronica sancti Augustini ordinis per seriem digesta a S. Augustino usque ad annum 1540, auct. Onuphrio Panvinio, Roma, 1540. — Ordo canonicorum regularium IV libris elucidatus, auct. Trullo, Saragossæ, 1571, in-4, et Bononiæ, 1605, in-4. — De antiquitate et dignitate ordinis canonici ejusque progressu et propagatione, auct. Augustino de Novis, Mediolani, 1603, in-4. — Origines canonicorum regularium ordinis sancti Augustini, auct. Miræo, Coloniæ, 1615, in-8. — De collegiis canonicorum per Germaniam, Belgiam, Galliam, Hispaniam, Italiam aliasque orbis christiani provincias liber singularis, eodem auctore. Ibid., 1615, in-8. — De clericis regularibus historia, auct. Petro Grisio, Parisiis, 1620, in-4. — Monasticon augustinianum, in quo omnium ordinum sub regula sancti Augustini militantium ... origines atque incrementa tribus partibus explicantur, auct. Crusenio, Monachii, 1623. — Generalis totius ordinis clericorum canonicorum historia tripartita, cujus in

[1] Les ouvrages que nous signalons ici n'ont, en général, qu'un simple intérêt bibliographique. L'histoire des chanoines réguliers est encore à faire. Nous sommes mieux partagés pour l'histoire des congrégations particulières. Nous renvoyons le lecteur à la bibliographie des monastères, dont elles portaient le nom, sauf pour ce qui concerne l'ordre des Prémontrés et la congrégation de France.

prima parte de clericali S. Augustini instituto et habitu, in secunda de origine procursuque totius ordinis canonicorum Salvatoris Lateranensis disseritur, auct. PENNOTO, Romae, 1624, in-fol. et Coloniae, 1645, in-fol. — Institutio et progressus canonicorum regularium ordinis, auct. MALEGARO, Venetiis, 1648, in-4. — Figures des différents habits de chanoines réguliers, par Dom CL. DU MOLINET, Paris, 1666, in-4. — Réflexions historiques sur les antiquités des chanoines, par LE MÊME, Paris, 1674, in-4. — De canonico ordine disquisitiones, Paris, 1697, in-4. — Histoire des chanoines ou recherches historiques et critiques sur l'ordre canonique, par RAYMOND CHAPONNEL, Paris, 1699, in-18. — Critique de cet ouvrage, par le P. HUGO, Luxembourg, 1700, in-8. — Examen d'une apologie pour les chanoines réguliers de l'ordre de S. Augustin, imprimée à Reims, chez Nicolas Constant, 1623, sans le nom de l'auteur. Fait par un de l'ordre de S. Augustin, Paris, 1624, in-8. — De vita et communitate clericorum, auct. BENVENUTO DE CREMA, Constantiae, 1730. — Historia generalis et specialis de ordine canonicorum regularium S. Augustini, auct. ZUNGGO, Monachii, 1749, 2 vol. in-fol. — Notice historique sur l'ordre des chanoines réguliers de saint Augustin, par Dom H.D. PISANI, Poitiers, 1874, in-8, 83 p. — Étude sur l'ordre canonial ou l'ordre des chanoines réguliers, par le P. PAULIN, Avignon, 1885, in-8.

Natalis sanctorum canonicorum regularium, a CONST. GHINIO, Venetiis, 1621, in-4. — Vie de S. Augustin et des autres hommes illustres de son ordre, par de St MARTIN, Toulouse, 1641. — Le chandelier d'or ou chronologie des prélats et religieux qui suivent la règle de S. Augustin, par le P. ATHANASE DES ANGES, Lyon, 1643. — Bibliotheca augustiniana historica, critica, chronologica, auct. OSSINGER, Ingolstad, 1776. — Elenchus onomasticus scriptorum sacri et apostolici ordinis canonicorum regularium S. Augustini, auct. TOPST, Pollingae, 1762.

Histoire des ordres religieux et militaires, par le P. HÉLYOT, Paris, 1792, in-4, II. — Die Orden und Kongregationen der katholischen Kirche, von HEIMBUCHER, Parderborn, 1896, I, 386-398. — S. Augustin (règle et ordre), par Dom BESSE, dans Dictionnaire de théologie. — Ueber den Ursprung des Orden der regulierten Chorherren vom hl. Augustinus, von D. LUDGER LEONARD, dans Studien de Raigern, XI, II, 407-413.

POLÉMIQUES ENTRE MOINES ET CHANOINES.

PETRI ABELARDI epistola XII, contra quemdam canonicum regularem qui monasticum ordinem deprimebat et suum illi anteferebat, dans Pat. lat. CLXXVIII, 343-352. — De vita vere apostolica Dialogorum libri V, auct. RUPERTO TUITIENSI, Ibid. CLXX, 609-664. — ROBERTI ALBATI epistola, qua ratione monachorum ordo praecellit ordinem clericorum ad Liegelinum canonicum, Ibid. 664-668. — Mélanges d'histoire monastique par D. Berlière, dans Revue Bénédictine, VII (1890), 449-457.

Idea ordinis hierarchico-benedictini seu brevis delineatio exhibens principatum, clericatum, scientiam, actionem, antiquitatem ordinis sancti Benedicti dissertationibus juridico-historiciso illustrata, auct. D. Felle Egger, Coloniæ, 1715-1720, 3 vol. in-8. — Hierarchia Augustana tripartita, auct. D. Corbiniano Khamn, Augsbourg, 1719, in-4.

Requête à Nosseigneurs les commissaires nommés par Sa Majesté pour examiner les affaires des États de Bourgogne présentée par les religieux Bénédictins de la même province, s. l. n. d., in-4. — Au Roi et à Nosseigneurs les commissaires nommés par Sa Majesté. Requête des chanoines réguliers pour la préséance dans les États, s. l. n. d., in-4. — Au Roi et à Nosseigneurs les commissaires..., Requête des religieux de la congrégation de Saint-Maur, s. l. n. d., in-4. — Précis de la défense des religieux Bénédictins de la province de Bourgogne contre les chanoines réguliers de la même province, touchant la préséance dans les États, par Dom J. Mabillon, s. l. n. d., in-4, et dans ses Ouvrages posthumes, II, 174-177. — Exposition sommaire du droit des chanoines réguliers de la province de Bourgogne, s. l. n. d., in-4. — Réponse des religieux Bénédictins de la province de Bourgogne à un écrit des chanoines réguliers de la même province, touchant la préséance dans les États, par Dom J. Mabillon, s. l. n. d., in-4 et dans Ouvrages posthumes de Dom J. Mabillon, Paris, 1724, in-4, II. 96-173. — Réponse des chanoines réguliers de la province de Bourgogne à un écrit des religieux Bénédictins de la même province, touchant la préséance aux États, par J.-B. d'Antecourt, s. l. n. d., in-4. — Réplique des religieux Bénédictins de la province de Bourgogne au second écrit des chanoines réguliers de la même province, par Dom J. Mabillon, s. l. n. d., in-4 et dans Ouvrages posthumes. II, 178-269. — Gemina apologia Benedictinorum congregationis S. Mauri, pro defendenda possessione praecedentiæ in comitiis Statuum Burgundiæ contra canonicos regulares S. Augustini ejusdem provinciæ, gallice edita anno 1688. D. J. Mabillon, Constantiæ, 1708, in-4. — Réponse des chanoines réguliers de la province de Bourgogne à un écrit des religieux Bénédictins de la même province, touchant la préséance dans les États. Liège, 1733, in-4, 172 p.

Mémoires pour les abbés et religieux Bénédictins des monastères de Lorraine contre les prétentions des abbés et religieux chanoines réguliers du même pays, touchant la préséance dans les cérémonies publiques, tant ecclésiastiques que civiles, sur les dits abbés et religieux Bénédictins, par Dom Mathieu Petit-Didier, s. l. n. d., in-4. — Réponse des chanoines réguliers de Lorraine au mémoire des abbés et religieux Bénédictins des mêmes États, touchant la préséance dans les cérémonies publiques, par le P. HUGO, s. l., 1699, in-8. — Réplique des abbés et religieux Bénédictins de Lorraine et Barrois aux chanoines réguliers des mêmes pays, par Dom M. PETIT-DIDIER, s. l. n. d., in-4. — Réponse des chanoines réguliers de Lorraine à la réplique des RR. PP. Bénédictins, par le P. HUGO, s. l. n. d., in-fol. — Apostilles sur la dernière réponse des chanoines réguliers à la réponse des RR. PP. Bénédictins, par Dom M. PETIT-DIDIER, s. l. n. d. — Réponse des chanoines réguliers de Lorraine aux apostilles des RR. PP. Bénédictins, par le P. HUGO, s. l. n. d., in-4 (15 oct. 1700).

CONGRÉGATION DE FRANCE.

Les chapitres réguliers se trouvèrent, après la Ligue, dans la même situation que les monastères de Bénédictins et de Cisterciens. Le besoin d'une réforme se faisait partout sentir. Les religieux étaient néanmoins peu résolus à l'embrasser. Il y en eut cependant quelques-uns, à Saint-Vincent de Senlis, qui, profondément humiliés par le spectacle du relâchement général, résolurent de revenir à la pratique de la règle. Le Père Charles Faure, qui fit profession le 1 mars 1615, fut de ce nombre. Personne ne contribua plus que lui au succès de cette entreprise. François de la Rochefoucauld, évêque de Senlis, qui devait être le grand promoteur des réformes monastiques au commencement du dix-septième siècle, le seconda de tout son pouvoir. Les réformés n'étaient que trois au début. Mais la Providence allait se mettre de la partie et offrir à leur zèle une voie inespérée.

Vers ce temps (1619), le cardinal de la Rochefoucauld reçut de Louis XIII le titre d'abbé de Sainte-Geneviève, avec la mission de réformer cette abbaye. Il prit cette tâche à cœur. Une première tentative, commencée en 1621, n'eut aucun résultat. Sur ces entrefaites, le pape Grégoire XV, répondant aux sollicitations pressantes des évêques et du roi, chargea le cardinal de réformer les ordres de Saint-Augustin, de Saint-Benoît, de Cluny et de Citeaux (8 avril 1622) et il lui donna pour six ans les pouvoirs les plus étendus. François de Rochefoucauld réunit, avant la fin de l'année, les supérieurs ou les délégués d'un certain nombre de chapitres et conféra avec eux sur les moyens d'exécuter sa mission.

Les bases d'une congrégation, dans laquelle entreraient tous les chapitres réguliers du royaume furent posées, le 11 mars 1623. Les Pères Baudouin et Faure, chanoines réformés de Senlis, reçurent la charge de les visiter canoniquement. La réforme fut introduite à Sainte-Geneviève (avril 1624). Le Père Faure fut nommé prieur, l'année suivante. On peut considérer ce saint religieux, comme le véritable auteur de la réforme et le fondateur de la congrégation de Sainte-Geneviève, Saint-Vincent de Senlis, Sainte-Catherine de la Couture, Saint-Jean en Vallée, Saint-Chéron, Saint-Jean de Jard, etc., étaient déjà entrés dans les vues du cardinal. Le nombre de ces monastères s'éleva bientôt jusqu'à douze. On décida que l'abbé de Sainte-Geneviève serait en même temps supérieur général de la congrégation et que cette double fonction serait triennale. Le P. Faure en fut investi le premier. Comme le cardinal de la Rochefoucauld conservait l'abbaye, il prit seulement le titre de coadjuteur.

Les chanoines de Toussaint d'Angers et de Chancelade, au diocèse de Périgueux, qui avaient eux-mêmes entrepris de se réformer, ne voulaient point entrer dans ce groupement. Les premiers finirent par se rendre; les seconds restèrent à part, avec cinq chapitres qui leur étaient unis. L'ordre du Val-des-Écoliers et les maisons qu'il possédait en France et dans les Pays-Bas, s'aggrégèrent à la nouvelle congrégation (1637). On vit, chaque année, plusieurs monastères embrasser la réforme. Ce furent les plus importants du royaume. Il y en eut quatre-vingt-dix-sept, vers 1667. Ce chiffre ne fut guère dépassé. Ces communautés possédaient pour la plupart des cures desservies par leurs religieux, sous la juridiction des évêques et le contrôle des supérieurs. Quelques-unes avaient auprès d'elles un grand ou un petit séminaire, voire même un hôpital, dont le service était fait par leurs chanoines. Elles étaient distribuées en quatre provinces : France, Bretagne, Champagne et Bourgogne.

Cette congrégation, connue sous le nom de congrégation de France, était gouvernée par son supérieur général, élu pour trois ans, et par ses chapitres généraux. Les provinces avaient leurs chapitres provinciaux. Il y avait, pour les divers monastères, des noviciats et des scholasticats communs. Les supérieurs de chaque communauté (abbés ou prieurs) étaient triennaux et nommés par le chapitre général. La congrégation suivait des constitutions qui, dans leur rédaction première, étaient l'œuvre du Père Faure.

Le ministère paroissial occupait un grand nombre de ses membres. D'autres se livraient à l'enseignement et à la prédication. La célébration de l'office divin restait cependant à la base de leur vie conventuelle. Il y en eut qui s'adonnèrent avec grand succès aux études et se signalèrent par leurs doctes publications. Le jansénisme eut des adeptes parmi eux, malgré la vigilance qu'exerçaient les chapitres et les supérieurs généraux. La commission des Réguliers troubla fort ces communautés de chanoines, destinées à disparaître pendant la Révolution française.

Voici la liste des abbés de Sainte-Geneviève qui ont rempli les fonctions de supérieur général de la congrégation de France : Faure (1634-1637, 1637-1640, 1643-1645), Boulart (1640-1643, 1665-1667), Blanchart (1645-1647-1650, 1653-1655, 1667-1675), Sconin (1650-1653), Beurrier (1675-1681), Floriot (1681-1685), Watric (1685), Morin (1685-1691), De Montenay (1691-1697, 1703-1706), Chaubert (1697-1703), Claude Paris (1706-1709), Polinier (1709-1715, 1721-1727), de Riberolles (1715-1721, 1727-1733), Sutaine (1733-1739),

Patot (1739-1751), Duchêne (1751-1754), Chaubert (1754-1760), Delorme (1760-1766), Viallet (1766-1772), de Géry (1772-1784), Rousselet (1784-1790).

La congrégation possédait au moment de sa suppression 106 monastères, habités par 662 religieux.

Province de France.

Dans le diocèse de Paris : Sainte-Geneviève de Paris, Notre-Dame d'Hérivaux, Livry, les prieurés de Sainte-Catherine de la Couture, de Longjumeau et de Nanterre.

Dans le diocèse de Chartres : Saint-Chéron et Saint-Jean-en-Vallée à Chartres, La Madeleine de Chateaudun, Saint-Vincent-des-Bois et le prieuré d'Hennemont, près de Saint-Germain-en-Laye.

Dans le diocèse de Meaux : Notre-Dame de Chaage et l'Hôpital Jean-Rose à Meaux.

Dans le diocèse d'Amiens : Saint-Acheul et Saint-Martin d'Amiens.

Dans le diocèse de Beauvais : Saint-Quentin-lès-Beauvais et le prieuré de Saint-Martin-aux-Bois.

Dans le diocèse d'Orléans : Saint-Euverte d'Orléans et Notre-Dame de Beaugency.

Dans le diocèse de Rouen : Notre-Dame d'Eu.

Dans le diocèse de Senlis : Saint-Vincent et le prieuré Saint-Maurice de Senlis.

Dans le diocèse de Sens : Château-Landon et Saint-Jean du Jard.

Province de Bretagne.

Dans le diocèse de Rouen : Graville-Sainte-Honorine, l'Hôtel-Dieu de Rouen, les prieurés de Saint-Lo de Rouen, de Mont-aux-Malades, des Deux-Amants et de Corneville-sur-Rille.

Dans le diocèse d'Évreux : prieuré de Notre-Dame du Parc.

Dans le diocèse de Lisieux : prieurés de Sainte-Barbe-en-Auge et de Pont-Audemer.

Dans le diocèse de Bayeux : prieuré de Plessis-Grimoult.

Dans le diocèse de Coutances : Saint-Lo.

Dans le diocèse d'Avranches : Notre-Dame de Montmorel.

Dans le diocèse de Séez : prieuré de Chartrage.

Dans le diocèse de Saint-Malo : Montfort-sur-Meu, Saint-Jean-des-Prés, Paimpont et le prieuré de Beaulieu à Dinan.

Dans le diocèse de Nantes : Genestou.

Dans le diocèse de Rennes : Rillé et le prieuré de Saint-Denis de Rennes.

Dans le diocèse du Mans : Notre-Dame de Beaulieu et les prieurés de Sainte-Catherine de Laval, de Château-l'Hermitage et de Port-Ringeard.

Dans le diocèse d'Angers : Toussaint d'Angers, Saint-Georges-sur-Loire, Mélinais et Notre-Dame de la Roe.

Dans le diocèse de Poitiers : Saint-Laon de Thouars.

Dans le diocèse de Rochelle : Chatillon-sur-Sèvre.

Province d'Aquitaine.

Dans le diocèse de Poitiers : Saint-Hilaire de la Celle, à Poitiers, Notre-Dame de Fontaine-le-Comte, Notre-Dame de Celles et Notre-Dame de la Réau.

Dans le diocèse de Tours : Aigues-vives et Gatines.

Dans le diocèse de Blois : Notre-Dame de Bourgmoyen et le prieuré de Saint-Lazare, à Blois.

Dans le diocèse de Bourges : Saint-Ambroise de Bourges, les prieurés d'Aubigny et de Chantelle.

Dans le diocèse de Nevers : Saint-Martin de Nevers.

Dans le diocèse de Clermont : prieuré Sainte-Geneviève de Riom.

Dans le diocèse de Saint-Flour : Pébrac et le prieuré de Vieille-Brioude.

Dans le diocèse de Limoges : L'Esterps, les prieurés de Saint-Gérard de Limoges et d'Evaux.

Dans le diocèse d'Angoulême : Notre-Dame de la Couronne et le prieuré de Notre-Dame de Lanville.

Dans le diocèse de Périgueux : Saint-Jean de Cole.

Dans le diocèse de Rodez : prieuré de Saint-Antonin.

Dans le diocèse de Pamiers : Saint-Volusien de Foix.

Dans le diocèse de Narbonne : Notre-Dame de Quarante.

Dans le diocèse de Béziers : Saint-Jacques de Béziers et le prieuré de Notre-Dame de Cassan.

Dans le diocèse d'Uzès : prieuré de Saint-Nicolas de Campagne.

Province de Champagne.

Dans le diocèse de Reims : Saint-Denis de Reims, Saint-Martin d'Epernay, Granpré et Landèves.

Dans le diocèse de Noyon : Collège de Saint-Barthélemy de Noyon, Saint-Éloi-aux-Fontaines et Notre-Dame de Ham.

Dans le diocèse de Chalons : Toussaint de Chalons, Sainte-Memmie et Chatrices.

Dans le diocèse de Soissons : Saint-Léger de Soissons, Saint-Crépin-en-Chaie et Essones.

Dans le diocèse de Sens : Saint-Jean de Sens et Saint-Jacques de Provins.

Dans le diocèse d'Auxerre : Saint-Pierre et le prieuré de Saint-Eusèbe d'Auxerre.

Dans le diocèse de Troyes : Saint-Loup, Saint-Martin de Troyes et Saint-Serain de Chantemerle.

Dans le diocèse de Verdun : prieuré de Beauchamp.

Dans le diocèse de Besançon : Notre-Dame de Pontarlier.

Dans le diocèse de Langres : Chatillon-sur-Seine et Notre-Dame du Val-des-Écoliers.

Dans le diocèse d'Autun : Oigny, prieurés de Saint-Symphorien d'Autun et de Saint-Jean de Semur.

La Congrégation de France possédait dans les Pays-Bas six maisons : Notre-Dame de Mons, diocèse de Tournai; Notre-Dame de Géronsart, au diocèse de Namur; le Val-des-Écoliers et Notre-Dame de Houffalize, au diocèse de Liége; Notre-Dame de Malines et Notre-Dame de Lièves, au diocèse de Malines.

CONGRÉGATION DE CHANCELADE.

L'abbaye de Chancelade, au diocèse de Périgueux, avait réuni dans la congrégation, dont elle était le centre, les maisons de Vertheuil, au diocèse de Bordeaux, d'Aubrac, au diocèse de Rodez, de Sablonceaux, au diocèse de Saintes, de Saint-Cyprien, au diocèse de Sarlat, et de Cahors. Il y avait, en 1768, 172 chanoines.

CHANOINES RÉGULIERS INDÉPENDANTS.

On comptait, en France, 46 monastères de chanoines réguliers, qui n'avaient accepté aucune réforme et par conséquent n'appartenaient point à une congrégation. Ils étaient sous la dépendance des évêques. Le nombre des religieux s'élevait, en 1768, à 509.

Dans le diocèse de Cambrai : Saint-Aubert de Cambrai, Cantimpré, Cysoing et Saint-Jean de Valenciennes.

Dans le diocèse d'Arras : Arrouaise, Eaucourt, Hénin-Liétard, Marœuil et Mont-Saint-Eloy.

Dans le diocèse de Boulogne : Notre-Dame de Ruisseauville, Saint-André-lès-Aire et Chocques.

Dans le diocèse de Tournai : Phalempin.

Dans le diocèse de Soissons : Saint-Jean des Vignes.

Dans le diocèse de Sens : Hôpital de Sens.

Dans le diocèse d'Auxerre : Saint-Laurent-lès-Cosne.

Dans le diocèse de Paris : Saint-Victor de Paris et Notre-Dame d'Hyverneaux.

Dans le diocèse de Rouen : Beaulieu, Saint-Laurent-en-Lyons, le Val-aux-Grés et Bourg-Achard.

Dans le diocèse de Lisieux : Friardel.

Dans le diocèse d'Evreux : Lierru.

Dans le diocèse de Bayeux : Hôtel-Dieu de Caen, Saint-Nicolas de la Chesnaye et Notre-Dame du Val.

Dans le diocèse de Coutances : Hôtel-Dieu de Coutances, Notre-Dame du Vœu, à Cherbourg, et la Bloutière.

Dans le diocèse de Tréguier : Sainte-Croix de Guinguamp.

Dans le diocèse de Nantes : Pornic.

Dans le diocèse de Poitiers : Angles, Parthenay et Saint-Séverin.

Dans le diocèse d'Angoulême : Cellefrouin.

Dans le diocèse de la Rochelle : Airvault.

Dans le diocèse de Bordeaux : Saint-Romain de Blaye et Saint-Vincent de Bourg-sur-Gironde.

Dans le diocèse de Gap : Chardavon.

Dans le diocèse de Besançon : Saint-Paul de Besançon, Gouailles, Laval, Lanthenas et Montbenoit.

Dans le diocèse de Bâle : Murbach.

Bibliographie.

CONSTITUTIONS ET CHAPITRES GÉNÉRAUX.

Regula beati Augustini, episcopi et ecclesiæ doctoris, Parisiis, 1676, in-8. — Constitutiones canonicorum regularium sancti Augustini congregationis gallicanæ, Parisiis, 1663, in-8. Il y eut d'autres éditions en 1676, in-12, et en 1772. — Regulæ canonicorum regularium congregationis gallicanæ de studiis philosophiæ et theologiæ, Parisiis, 1661, in-8, et 1676, in-8. — Regulæ canonicorum regularium congregationis gallicanæ de pastoribus animarum et beneficiatis, Parisiis, 1662, in-8. — Le directoire des novices, par le R. P. Faure, Paris, 1638, plusieurs fois réédité. — La Bib. Sainte-Geneviève possède plusieurs ms. intéressant les constitutions de la congrégation de France, ms. 348, 705, 1640, 1679, 1716, 2607, 2985, 2986, 2987, 2988. — Statuts des religieux de Sainte-Geneviève (1712), Bib. nat., ms. fr. 15.765, fol. 246. — Examen critique des constitutions des chanoines réguliers de saint Augustin, par le P. Regnard, Arch. nat., ms. 463. — Responses aux notes faictes en 1653 sur les constitutions de la congrégation en forme de doubtes et d'objections, Bib. Sainte-Geneviève, ms. 1680. — De la fin intérieure et extérieure de cette congrégation, Ibid., ms. 311. — Idée de choses qui serviront à conserver en sainteté la congrégation, Ibid., ms. 312. — De l'esprit de la congrégation de France, par le R. P. Caignet, Ibid., ms. 734. — Remarques sur les constitutions des chanoines réguliers de la congrégation de France et sur les exercices du mois, par le P. Gabriel de Boissy, Ibid., ms. 2989. Voir ms. 705.

Décrets des chapitres généraux des chanoines réguliers de la congrégation de France, tenus en l'abbaye de Sainte-Geneviève de Paris ès années 1637, 1644, 1647, 1650, 1653, 1656, 1659, Paris, 1660, in-8. — Décrets des chapitres généraux des chanoines réguliers de la congrégation de France. Revus et confirmés par le chapitre général tenu en l'année 1694, Paris, 1694, in-8. — Lettre commune à l'issue du chapitre général de 1637, Bib. Sainte-Geneviève, ms. 280. Relation de ce qui s'est passé au chapitre général de 1637, Ibid., ms. 726. — Lettres du chapitre général de 1640 à tous les monastères de la congrégation touchant l'élection du P. Boulart, Ibid., ms. 748. — État du temporel des abbayes et prieurés des chanoines réguliers, dressé au chapitre de 1650, Ibid., ms. 3239. — Extraits des chapitres généraux (1653-1709), Ibid., ms. 712. — Mémoire à consulter et sur lequel on demande advis pour l'exécution des statuts du chapitre général de 1667, Ibid., ms. 1920.

Avis du chapitre général de l'année 1697 pour être observés comme statuts et décrets dans la congrégation, s. l. n. d., in-8. — Avis du chapitre général de l'année 1706 ..., s. l. n. d., in-8. — Décrets du chapitre général de 1706, s. l. n. d., in-8. — Décrets du chapitre général de 1709, s. l. n. d., in-8. Décrets du chapitre général de 1712, s. l. n. d., in-8. — Décrets du chapitre général de 1712 sur les règles des curés, s. l. n. d., in-8. — Règlement de la diète de l'année 1714, s. l. n. d., in-8. — Avis et décrets du chapitre général des chanoines réguliers de la congrégation de France tenu en l'année 1715, s. l. n. d., in-8. — Règlements de l'assemblée de la diète de l'abbaye de Sainte-Geneviève de Paris, 1716, s. l. n. d., in-8. — Extrait des résolutions de la diète de 1717, s. l. n. d., in-8. — Décret du chapitre général de l'année 1721. s. l. n. d., in-8. Toutes ces pièces se trouvent à la Bibliothèque nationale, Ld[15], 42-56. — Actes des chapitres généraux des chanoines réguliers de la congrégation de France, du 10 sept. 1703 au 18 sept. 1750. (Originaux) Bib. Sainte-Geneviève, ms. 682. — Remontrances présentées au général de la congrégation par le chapitre général de 1736, Ibid., ms. 748. — Réflexions à présenter au chapitre général des chanoines réguliers de la congrégation de France ..., année 1745, s. l. n. d., in-4. — Procès-verbaux des diètes de 1770 à 1776, Bib. Sainte-Geneviève, ms. 684. — Chapitres généraux de 1769 et 1778; diète de 1770, Arch. nat., O, 510-511.

Mémoire soumis au chapitre général de la congrégation de France, le 5 sept. 1673, touchant le mode d'élection du supérieur général, Bib. Sainte-Geneviève, ms. 1920. — Bulletins de liste ou catalogues pour l'élection des dignitaires de la congrégation de France (1636-1694), Ibid., ms. 291 et 707. — Liste générale des supérieurs des chanoines réguliers élus et nommés dans le chapitre de 1718, s. l. n. d., in-fol. Même liste pour 1757, 1766, 1784. Voir : Ibid., 685 et 1975. — Résolutions données par le R[me] Père Beurrier, général des chanoines réguliers (1675-1676), Ibid., 1898.

Necrologium canonicorum regularium congregationis gallicanæ ac ejusdem benefactorum ab anno 1623 ad finem anni 1680, s. l. n. d., in-4. — Nomina canonicorum regularium ... qui obierunt anno 1680, s. l. n. d., in-4. — Nomina et cognomina canonicorum regularium congregationis gallicanæ qui vota emiserunt, s. l. n. d., in-4, pour les années 1713, 1718, 1722, 1724, 1725, 1726, 1729, 1730, Bib. nat., Ld[15], 40-41. — Nomina, cognomina, dies admissionis ad habitum religionis et professionis religiosorum reformatorum congregationis, Parisiensis, (1605-1636) Bib. Sainte-Geneviève, ms. 1899; (1615-1755) Ibid., ms. 671; (1704-1789) Ibid., ms. 685. — Obits de quelques religieux, (1624-1634) Ibid., ms. 1899. — Liste des religieux existant en 1757, Ibid., ms. 1843. — Religieux morts de 1635 à 1655, Ibid., ms. 773. — Listes des maisons de la congrégation avec les noms et fonctions de ceux qui les habitent (1657-1672), Ibid., ms. 1856-1869. — État des maisons de la congrégation (1676-1678), Ibid., ms. 1898. — État des maisons de la province de Champagne (1728), Ibid., ms. 765. — Catalogue des monastères des chanoines réguliers de la congrégation de France, dans Hermant, II, 269-277, et Lecestre, 35-39. — Abbayes et prieurés des chanoines réguliers de la congrégation de France en la province ou archevêché de Paris, par Pierre du Val, Paris, 1663, in-fol. — Carte des bénéfices des chanoines réguliers de Saint-Augustin dans l'archevêché de Reims, par le P. René le Bossu, chanoine régulier de la congrégation de France, Parisiis, 1664, in-fol. — Carte des bénéfices des chanoines réguliers dans l'archevêché de Sens, par le P. René le Bossu, Paris, 1665, in-fol. — Catalogue de tous les bénéfices, Bib. Sainte-Geneviève, ms. 595, et des prieurés-cures avec les noms des desservants, Ibid., ms. 1900.

HISTOIRE.

L'abbaye de Sainte-Geneviève et la congrégation de France, par l'abbé Féret, Paris, 1883, 2 vol. in-8, I, 183-210, et tout le tome II. C'est le meilleur travail que nous ayons sur les Génovéfains. Leur histoire littéraire, II, 241-384. — Histoire des chanoines réguliers de l'ordre de Saint-Augustin de la congrégation de France depuis l'origine jusqu'en 1670, par le P. Claude du Molinet, Bib. Sainte-Geneviève, ms. 611-614 et 602-606. — Précis historique sur les chanoines réguliers de la congrégation de France, Arch. nat., ms. 464. — Recueil de pièces relatives à l'histoire de cette congrégation, Bib. Ste-Geneviève, ms. 615-639. — Hélyot, II, 384-396. — Heimbucher, I, 413.

Les vertus du vrai prélat représentées en la vie de Mgr l'Éminentissime cardinal de La Rochefoucauld, par le R. P. de la Morinière, Paris, 1646, in-8. — La vie du R. P. Charles Faure, par le P. Lallemant, Paris, 1698, in-4. Sur le P. Faure, Bib. Sainte-Geneviève, ms. 309, 3232-3260. — Note du P. Lallemant sur les origines de la réforme (1622), Bib. Sainte-Geneviève, ms. 631. On trouve des mémoires sur cette réforme, Ibid., ms. 712, 717, 3241-3243. — La vie du R. P. Franc. Blanchart, où l'on voit l'histoire de la réforme de plus de 50 maisons, par le P. LE ROYER, Ibid., ms. 661. — Mémoires touchant l'union des monastères à la congrégation (1622-1642), Ibid., ms. 732; (1630-1666), Ibid., ms. 705. Voir ms. 595, 705, 773, 1152. — Mémoires des choses arrivées en la réforme de la congrégation, exemples de vertu, ordonnances et autres choses mémorables, par le P. BOULART (1633-1637), Ibid., ms. 1899. — Relation de ce qui s'est passé en 1687 à l'égard des monastères de Chancelade, Ibid., ms. 726. — Recueil de pièces sur la réforme et sur son extension, Ibid., ms. 496, 595, 621, 663, 703, 707, 709, 712, 720, 748, 773, 1682, 1701, 1916, 1918, 1919, 1920, 1951, 1963, 2572, 3241-3243, 3337; Bib. nat., ms. fr. 15.714, 15.721. — Des choses les plus remarquables qui se sont passées en 22 ans que j'ai été curé de Saint-Étienne-du-Mont, par le P. BLURRIER, Bib. Sainte-Geneviève, ms. 1886. — Des choses les plus remarquables qui se sont passées depuis que j'ai quitté la paroisse de Saint-Étienne et que j'ai été élu abbé de Sainte-Geneviève (1675-1691), par le MÊME, Ibid., ms. 1887.

Rapport de l'abbé de Sainte-Geneviève, concernant les affaires de la congrégation (28 janvier 1661), s. l. n. d., in-4. — Relation de ce qui s'est passé en la congrégation des chanoines réguliers, 1686, 1687, s. l. n. d., in-4. — Arrêt du Conseil d'État du Roi, concernant la congrégation de France, 2 juillet 1769. Arrêt du Conseil d'État du Roi pour la liquidation des dettes des chanoines réguliers, 27 avril 1779. — Lettre du Révérendissime abbé de Sainte-Geneviève (DE GÉRY) aux chanoines réguliers de la congrégation (1er mai 1782), Paris, 1782, in-4.

Vies de divers chanoines réguliers, par le P. DU MOLINET, Bib. Sainte-Geneviève, ms. 744. — Les vies des personnages considérables en piété et en doctrine des chanoines réguliers, Ibid., ms. 601. Autres biographies, dans ms. 603, 712, 1871, 1938, 1951.

Correspondance du P. CH. FAURE, Ibid., ms. 3250. — Correspondance de divers Génovéfains (1624-1649), Ibid., ms. 3265-3337; (1657-1672), Ibid., ms. 1856-1869. Voir ms. 658, 720, 1602, 1855-1869, 2552 et 3245.

SUR LES CHANOINES CURÉS.

Factum du procès des religieux, abbé et convent de Sainte-Geneviève, demandeurs, contre Fr. Martin Citolle, curé de Saint-Étienne-du-Mont et les marguilliers; et aussi des dits religieux contre Mgr l'archevêque de Paris, s. l. n. d., in-fol. — Sommaire du procès pendant au Conseil du Roi, Paris, 1641, in-4.

Arrêt du Conseil d'État du Roi et lettres patentes de Sa Majesté, portant que les chanoines réguliers, pourvus de bénéfices, pourront être révoqués par leur supérieur général, du consentement des évêques, et qu'aucun chanoine de la même congrégation ne pourra accepter de bénéfices, sans l'attestation de vie et mœurs et le consentement par écrit du supérieur général (5 6 déc. 1679). — Bref d'INNOCENT XI confirmant les articles des statuts des chapitres généraux de la congrégation de France, *de non acceptandis beneficiis et dimittendis ad libitum superioris generalis* (15 mai 1680). — Lettre de l'abbé de Sainte-Geneviève à l'un des membres de la congrégation pour l'autoriser à accepter un prieuré-cure, s. l. 1700, in-4. C'est une formule dont on se servait en pareil cas. — Lettres patentes du Roi touchant les cures de la congrégation, Bib. Sainte-Geneviève, ms. 1704. Voir ms. 1917, 1921. — Si les chanoines réguliers de la congrégation de France, pourvus de bénéfices, peuvent être révoqués par leur supérieur général, Bib. nat. Recueil Thoisy, II, 3 et 14. — Titres concernant la révocabilité des chanoines réguliers de la congrégation de France de leurs bénéfices, Paris, 1731, in-4. — Au sujet de la révocation du P. Blondel, Bib. Sainte-Geneviève, ms. 1726. — Arrêts du Grand Conseil, qui jugent qu'un chanoine régulier ne peut accepter ni prendre possession d'un bénéfice à charge d'âmes, sans avoir obtenu auparavant le consentement par écrit de son supérieur général, soit qu'il soit nommé ou présenté par un patron ecclésiastique, soit qu'il soit nommé par un patron laïc, 8 mars 1703 et 19 juin 1731. — Déclaration du Roi qui enjoint aux chanoines réguliers, qui seront a l'avenir pourvus de bénéfices, de satisfaire aux formalités prescrites par l'édit du mois de novembre 1719 et par la déclaration du 1er février 1720 (25 avril 1752). — Sur ces sujets, Bib. Sainte-Geneviève, ms. 1539, 1719, 1921, 1966, 2527, 3252. — Sur le pécule des chanoines curés, Ibid., ms. 318, 382. — Consultation pour les prêtres séculiers pourvus des cures de Saint-Étienne-du-Mont et de Saint-Médard ... sur la question de savoir : 1° si les religieux de Sainte-Geneviève sont ou ne sont point chanoines réguliers; 2° s'ils sont ou ne sont pas capables de posséder des cures; 3° par qui doivent être possédées les cures des maisons qui forment leur congrégation, nouv. édition augmentée de notes intéressantes, Paris, 1772, in-4.

Mémoire sur la manualité et révocabilité des prieurs-curés de l'ordre et congrégation des chanoines réguliers de Saint-Augustin (pour Isaac Pinson et Jean Daneau, chanoines ... contre leur supérieur général), s. l., 1686, in-fol. — Réponse au mémoire publié par les frères Is. R. et J. D. sur la manualité des prieurs-curés ... de la congrégation de France, servant de contredits à toutes les requêtes par eux présentées au Roi et à son conseil, s. l. n. d., in-fol. — Mémoire servant de réponse au dernier factum des frères P. et D. pour le supérieur général ... de la congrégation de France, s. l. n. d. in-fol. — Mémoire pour le procureur général des chanoines réguliers de la congrégation de France, demandeur en intervention, contre le fr. Gabriel Le Cœur, religieux de Ste Croix ... se qualifiant chanoine régulier, sur la question de savoir si les religieux de Sainte-Croix sont chanoines réguliers, Paris, 1723, in-fol. — Second mémoire servant de réponse à différentes requêtes employées pour contredits et salvations pour les chanoines réguliers ... contre le fr. Le Cœur, religieux de Sainte-Croix, Paris, 1724, in-fol.

A Nosseigneurs du conseil de conscience. Requête de religieux Augustins de province, députés à Paris pour terminer leurs différends avec les pères de Sainte-Geneviève, s. l. n. d., in-4. — Mémoire pour les abbés de Sainte-Geneviève et autres supérieurs majeurs et le procureur général de la congrégation de France, sur leur demande en suppression des mémoires imprimés et requête du frère Lelièvre, comme injurieux, calomnieux et diffamatoires, Paris, 1764, in-4, concernant la validité de la profession de ce religieux.

CONGRÉGATION DE NOTRE SAUVEUR.

Les huit monastères lorrains de chanoines réguliers, Saint-Léon de Toul, Saint-Nicolas de Verdun, Saint-Pierremont, Saint-Remy de Lunéville, Saint-Sauveur de Domèvre, Belchamp, Autrey et Chaumouzey étaient, au commencement du XVIIe siècle, aussi déchus de leur antique ferveur que les collégiales régulières de France. Le cardinal légat, Charles de Lorraine, essaya vainement de les réformer. Les réunions de supérieurs, provoquées par lui, en 1595 et en 1604, n'eurent aucun résultat appréciable. Les visiteurs, qu'il chargea de parcourir les maisons afin de réprimer les abus et de ranimer l'esprit religieux, perdirent leur temps. L'évêque de Toul, Jean de Maillane, qui avait résolu d'entreprendre une réforme toujours plus nécessaire, se fit nommer par Rome visiteur des chanoines réguliers de Lorraine (1621). C'était à l'époque où le cardinal de la Rochefoucauld travaillait à la réforme de Sainte-Geneviève. L'évêque de Toul fit appel à Pierre Fourrier, chanoine de Chaumouzey et alors curé de Mattaincourt; le saint homme s'était fait connaître par la fondation d'une congrégation de Notre-Dame, dont les religieuses se vouaient à l'éducation des jeunes filles [1]. Il trouva six de ses confrères, qui résolurent d'accepter la réforme. Le premier noviciat fut installé

[1] La congrégation de Notre-Dame n'entre pas dans le cadre de ce travail. Elle eut, avant la révolution, près de 80 monastères. Elle s'est conservée jusqu'à notre époque.

à Saint-Remy de Lunéville et les premières professions eurent lieu le 25 mars 1624. Les communautés canoniales lorraines s'ouvrirent promptement aux réformés. Ils s'installèrent, en outre, dans le prieuré bénédictin de Viviers. Le prieuré canonial d'Hérival n'accepta la réforme qu'en 1747. Ils créèrent une station de missionnaires au Tholy, dans les Vosges, et un collège pour les jeunes religieux à Pont-à-Mousson. On les établit dans la suite au collège de Saint-Mihiel, au séminaire de Verdun, au petit séminaire de Dommartin-lès-Ville-sur-Illon et dans un hospice fondé pour eux à Nancy. Ils eurent des collèges à Metz, à Strasbourg et à Aoste. L'abbaye de Saint-Maurice en Valais, qui adopta leur genre de vie, appartint quelque temps à leur congrégation.

Aussitôt après l'admission des premiers profès, le saint réformateur se mit à rédiger pour eux des constitutions *(Summarium constitutionum congregationis Salvatoris nostri)*. Rome érigea par bref les monastères réformés en congrégation (1625); une bulle du 2 novembre 1628 donna à l'œuvre du B. Fourrier, avec l'existence canonique, les droits qui la consacraient. L'autorisation de se vouer à l'enseignement ne leur fut point accordée, au grand regret du fondateur. La congrégation était gouvernée par un supérieur général, par un chapitre général, qui se réunissait tous les trois ans, et par les diètes annuelles. La charge de supérieur général était à vie. Le P. Nicolas Guinet en fut le premier investi; il eut pour successeur (1632) le P. Fourrier, qui gouverna la congrégation jusqu'à sa mort (9 décembre 1640). Guy Lemulier lui succéda (1641-1642); Jean Terrel, qui vint après lui, eut un gouvernement plus long (1642-1667).

Les chanoines réguliers de Lorraine administraient une centaine de paroisses, qui dépendaient de leurs abbayes. Après la suppression de la Compagnie Jésus, ils eurent à la remplacer dans les missions, fondées par le roi Stanislas, et dans la direction des collèges de Bouquemont, d'Epinal et de Nancy. L'école militaire de Pont-à-Mousson leur fut confiée, en 1776.

Le jansénisme avait trouvé des adeptes parmi eux. La commission des Réguliers fut pour leurs maisons une occasion de troubles. Le naturalisme des encyclopédistes séduisit quelques-uns de leurs membres. Leur dernier supérieur général, le père de Saintignon (1769-1789), laissa le relâchement de la discipline envahir les communautés. Ils étaient encore au nombre de 300, lorsque éclata la Révolution française.

BIBLIOGRAPHIE.

La vie du T. R. P. Fourrier, dit vulgairement le Père de Mattaincourt, par BÉDEL, Pont-à-Mousson, 1656, in-4. — Histoire du B. P. Fourrier et désastre de la Lorraine, par l'abbé CHAPIA, Paris, 1861, 2 vol. in-12. — Histoire du B. Pierre Fourrier, par ROGIE, Verdun, 1887, 3 vol. in-4. — La vie de S. Pierre Fourrier, par Dom Wuillemin, Paris, 1897, in-4. — Saint Pierre Fourrier, par Pingaud, Paris, Lecoffre, 1898, in-12.

Lettres du B. Pierre Fourrier, autographiées par le R. P. Rogie, Verdun, 6 vol. in-fol. — Extraits des mémoires du P. GILLES DROUIN, annotés par le R. P. ROGIE et l'abbé EUG. MARTIN, dans Mémoires de l'académie de Stanislas, CLV (1904-1905), 111-200.

HÉLYOT, II, 421-430. — HEIMBUCHER, I, 414. — Histoire des diocèses de Toul, de Nancy et de S. Dié, par l'abbé MARTIN, Nancy, 1901, in-8, 119-140, III, 570, table.

Mémoire pour M. l'Évêque de Toul et le clergé séculier de Lorraine contre les chanoines réguliers de la congrégation de Notre-Sauveur ou dissertation historique, théologique et canonique sur la capacité prétendue par les chanoines réguliers aux bénéfices séculiers, par un prêtre séculier du diocèse de Toul, Nancy, 1765, in-4, 388 p. — Mémoire pour M. E. Drouas, évêque de Toul, à lui joints les curés séculiers de son diocèse, partie au procès principal, le chapitre de sa cathédrale premier intervenant et M. Ant. Clériade de Choiseul-Beaupré. ... archevêque de Besançon et primat de l'église primatiale de Lorraine, et les grand doyen, chanoines et chapitre de la dite église, seconds intervenants, contre fr. Jacques Simon Pierre, chanoine régulier du Sauveur et les autres chanoines réguliers de la même congrégation, demandeurs, Nancy, 1768, in-4, 220 p. — Plaidoyer sur la capacité des chanoines réguliers de la congrégation de Notre-Sauveur, en Lorraine, à posséder des cures régulières, contre M. l'évêque de Toul, les curés séculiers du diocèse et les autres parties en cause, Nancy, 1765, in-4.

CHANOINESSES RÉGULIÈRES.

Il y avait en France quelques abbayes et prieurés de chanoinesses régulières, suivant la règle de saint Augustin, qui n'appartenaient à aucune congrégation. En voici la liste : Sainte Perrine à Paris, Notre-Dame de Meaux, le prieuré de la Ferté-Gaucher, au diocèse de Meaux; celui de Dannemarie, au diocèse de Sens; de Saint-Michel de Crépy, au diocèse de Senlis; Saint-Paul-lés-Soissons, Saint-Étienne-lés-Nonnes, à Reims; les prieurés de Lançon, au diocèse de Reims; de Prémy à Cambray, de Saint-Élisabeth du Quesnoy, de Notre-Dame de Sin à Douai; de Saint-Jacques des Andelys et de Saint-Nicolas de Pontoise, au diocèse de Rouen; de Saint-Louis de Vernon, au diocèse d'Evreux; d'Essay, au diocèse de Séez; de Nioiseau, au diocèse d'Angers; de Soyons à Valence; de Saint-Géry à Cahors; du Saint-Esprit de Béziers; de Sainte-Catherine d'Apt et d'Aubagne, au diocèse de Marseille.

LES PRÉMONTRÉS.

Les chanoines réguliers, qui adoptèrent le genre de vie inauguré par saint Norbert dans l'abbaye de Prémontré, au diocèse de Laon, formèrent un ordre particulier ou congrégation, connu sous le nom de la maison-mère. L'évêque de Laon, Barthélemy de Vir, installa le saint dans une vallée déserte (1120), où il créa en quelques années une florissante abbaye. Norbert venait d'éprouver un échec à Saint-Martin de Laon. L'évêque l'avait chargé d'introduire une réforme sérieuse parmi les chanoines de cette église. Tout son zèle n'aboutit à rien. C'est alors qu'il résolut de former une famille canoniale nouvelle. Il n'appartenait jusque-là à aucun ordre religieux. Aussitôt après son ordination sacerdotale par l'archevêque de Cologne, Frédéric, il avait mené une vie pauvre et austère, qui lui valut les ressentiments des clercs et des chanoines de la contrée. Le pape Calixte II, qu'il alla trouver à Saint-Gilles dans le Languedoc, l'envoya, avec les pouvoirs les plus étendus, prêcher où bon lui semblerait. Il commença par évangéliser le midi, puis il se dirigea vers le nord, en annonçant partout sur son chemin la parole de Dieu (1118-1119). Il parcourait les diocèses de Cambrai et de Liége, lorsque l'évêque de Laon l'attira chez lui, avec l'autorisation de Calixte II.

Quelques disciples l'accompagnaient. Leur nombre s'accrut, dès qu'il se fut fixé à Prémontré. Les premiers n'avaient d'autre règle que ses exemples et ses enseignements.

Il dut, pour donner une base régulière à sa communauté naissante, adopter une des règles en usage dans l'Église. Ce fut celle de Saint-Augustin qu'il choisit, telle que les chanoines réguliers l'interprétaient. Le fondateur et ses premiers chanoines s'engagèrent à l'observer le jour de leur profession, en la fête de Noël 1121. Ils n'eurent d'abord aucune constitution ou coutume écrite. La doctrine orale du Saint, transmise par la tradition, leur suffisait. Le genre de vie qu'ils menaient rappelle l'existence des premiers Cisterciens. Lorsque Norbert dut organiser les maisons soumises à sa règle, il s'inspira, en effet, de ce qui se faisait à Citeaux. Il fit ainsi pour les chanoines ce que son contemporain et ami saint Bernard et les premiers abbés de Citeaux avaient fait et faisaient pour les moines. L'influence cistercienne ne détourna pas saint Norbert et ses disciples de leur vocation canoniale. Malgré la part très large faite à la célébration de l'office divin et aux austérités, ils donnèrent un temps considérable à l'étude, à la prédication et au ministère pastoral.

Saint Norbert donnait l'exemple à tous. Les hérétiques du temps eurent en lui un adversaire puissant et redouté. Ce fut lui qui eut raison de l'hérésiarque Tancelin. Les progrès de son ordre, le succès de ses prédications et l'éclat de ses vertus fixèrent sur sa personne l'attention publique. Le clergé de Magdebourg le demanda pour archevêque. Il gouverna saintement ce diocèse jusqu'à sa mort (1126-1134). Sa dignité nouvelle et les services qu'il rendit contribuèrent pour une part très large au développement de sa famille religieuse, qui s'étendit avec une rapidité surprenante en Allemagne, dans les Pays scandinaves, dans les Pays-Bas, en Angleterre et en Irlande. Elle eut des fondations en Espagne, en Italie et jusqu'en Palestine. Nous n'avons pas à la suivre dans cette diffusion, qui rappelle encore Citeaux. Il faut nous borner à la France.

Un besoin intense de rénovation religieuse se faisait sentir partout. La parole et les exemples de saint Bernard contribuaient puissamment à le propager. Les évêques et les seigneurs laïques ne purent pas rester étrangers au mouvement réformateur, qui en fut la conséquence. Il ne leur suffit pas de ramener à la ferveur ecclésiastique les groupements qui existaient déjà; ils multiplièrent les établissements nouveaux. La réputation que se firent les premiers chanoines de Prémontré les désignait au choix des Pontifes et des grands propriétaires. On leur demanda de fonder de nouveaux monastères dans les diocèses du nord. Les vides formés dans leurs rangs par les essaims qui se multipliaient étaient vite comblés par les recrues, qui affluaient de toutes parts. Plus d'un seigneur sollicita son admission dans le monastère, qu'il venait de fonder sur ses domaines. Ce fut le cas de Godefroid, comte de Namur, fondateur de l'abbaye de Floreffe. Le nouvel ordre comptait déjà huit maisons, en 1126; il ne lui fallut pas vingt années pour en posséder une centaine. Ce développement continua durant la plus grande partie du XIIe siècle. Les historiens prémontrés ne craignent point d'affirmer que le nombre de ces monastères dépassait mille. Mais il est fort difficile de contrôler cette assertion.

Saint Norbert, qui avait obtenu de Pierre de Léon et de Grégoire de Saint-Ange, légats en France du pape Calixte II, l'approbation de sa famille religieuse (1124), reçut à Rome même du pape Honorius II une confirmation plus solennelle (1126), qui fut renouvelée dans la suite par d'autres Souverains Pontifes. Il lui donna une organisation stable. L'abbaye de Prémontré fut, comme de raison, le centre de l'ordre; son abbé en fut le supérieur général. Il avait, pour l'assister, en qualité de premiers pères de l'ordre les abbés de Saint-Martin de Laon, de Floreffe et de Cuissy. Il leur appartenait de visiter canoniquement l'abbaye mère. L'abbé de Prémontré, assisté de l'abbé de Saint-Martin, et plus tard du prieur, visitait les diverses maisons. Le gouvernement de l'ordre était exercé par le chapitre général, composé de tous les abbés réunis à Prémontré. Afin de rendre plus faciles l'administration et la surveillance de tant de monastères, on les distribua en provinces ou *circaries*, ayant chacune à sa tête un circateur, dont les fonctions ressemblent assez à celles des provinciaux dans les divers ordres religieux. La plupart des monastères étaient chargés du service des paroisses qui leur appartenaient.

Il y avait à l'origine, près de la majeure partie des abbayes d'hommes, une communauté de femmes; on avait ainsi des monastères doubles soumis à une réglementation des plus sévères. Le successeur de Norbert, Hugues de Fosse, voyant les inconvénients que ne pouvait manquer de provoquer cette situation anormale, fit décréter sa suppression par le chapitre de 1137. Les religieuses furent transférées dans des monastères éloignés; les abbés étaient tenus de pourvoir à leurs besoins. Leur nombre diminua promptement à la suite de cette mesure; elles finirent même par disparaître complètement en France.

Le régime primitif des Prémontrés était d'une austérité extrême. Le saint Fondateur se vit dans la nécessité d'atténuer sa rigueur peu de temps après son élévation à l'épiscopat. Hugues II, devenu abbé de Prémontré en 1171, dut introduire de nouveaux adoucissements et, en particulier, tempérer le jeûne perpétuel prescrit par saint Norbert. Mais le temps fit son œuvre et, environ un siècle après la fondation de l'ordre, le relâchement se fit sentir un peu partout. En somme, les Prémontrés suivaient le courant qui entraînait les Cisterciens et les Bénédictins. Innocent IV leur prescrivit, au concile de Lyon, une réforme devenue nécessaire; l'abbé Conon se chargea de l'appliquer, vers 1245. Jean de Rockignies (1247) continua son œuvre. Sachant que l'étude est la sauvegarde de la régularité, il fonda un collège auprès de l'Université de Paris, en faveur des religieux, qui seraient jugés capables d'en suivre les cours. Cette réaction finit par céder devant la décadence générale. De nouveaux adoucissements s'imposèrent. Au lieu de leur opposer une résistance jugée inutile, les abbés se bornèrent à solliciter du Saint-Siège des dispenses, qui mettaient les consciences en paix. Les désordres de la guerre de Cent ans rendaient alors difficile la pratique des vertus religieuses.

Le pape Eugène IV prescrivit à l'abbé de Prémontré de travailler à une réforme de son ordre, qui chaque jour devenait plus urgente. Jean de la Fère (1436-1449) prit à cœur cette tâche, qui fut poursuivie par ses successeurs Pierre de Rodières et Jean Agnet. Une nouvelle réforme fut nécessaire à la fin du quinzième siècle; l'abbé Jean de l'Écluse (1497-1512) l'entreprit sur les instances du roi Charles VIII. Le maintien de la discipline régulière fut le grand souci de son successeur, Jacques de Bachimont (1512 - 1531). Le chapitre général de 1530 approuva les statuts ou constitutions qu'il avait préparées. L'abbatiat séculier des cardinaux François de Pise et Hippolyte d'Est fut d'autant plus nuisible, qu'il coïncida avec les guerres de religion. Mais Jean Despruets, nommé par Grégoire XIII (1572), travailla avec le plus grand succès à la restauration morale et matérielle des monastères de son ordre en France, en Lorraine et dans les Pays-Bas. Cette grande œuvre, qui continua sous le gouvernement de Pierre Gosset, fut confirmée au chapitre général de 1618. Il y avait, dans les abbayes lorraines, des chanoines qui menaient une vie exemplaire. Daniel Picart, élu abbé de Sainte-Marie-aux-Bois (1595), avait été le promoteur de cette réforme, que son coadjuteur, Servais de Lairuels, propagea dans la plupart des maisons de la contrée. Elle eut pour foyer l'abbaye de Sainte-Marie, transférée à Pont-à-Mousson (1612). Les statuts de la réforme, qui se rapprochaient autant que possible des observances primitives, reçurent, en 1616, l'approbation de l'abbé de Prémontré et, en 1617, la confirmation du Siège apostolique. Les maisons qui les adoptaient formèrent une congrégation distincte, sous le nom de Sainte-Marie-Majeure ou de l'antique rigueur, gouvernée par un chapitre général particulier annuel et par un vicaire général, élu tous les trois ans par le chapitre et agréé par l'abbé de Prémontré. La nouvelle congrégation avait la faculté de s'agréger des abbayes situées hors de la Lorraine. Elle finit par compter trente-huit maisons distribuées en trois circaries, de Lorraine, de Champagne et de Normandie.

Les Prémontrés, qui se contentaient d'une observance plus douce ou de l'ancienne observance, ne virent pas de très bon œil, au début, les réformés de leur ordre. Ils suivaient des statuts acceptés par le chapitre général de 1630. L'élection forcée de Richelieu comme abbé commendataire n'était point de nature à rétablir la paix. Son successeur Augustin Le Scellier parvint à ramener la discipline dans les abbayes non réformées et il put calmer les divisions qui régnaient entre les religieux de l'antique rigueur et les autres. Sous Michel Colbert, les abbayes de France et de Lorraine s'accordèrent pour restaurer à frais communs le collège de Paris.

Les fils de saint Norbert continuèrent leur vie religieuse sans trop se compromettre avec le jansénisme et la philosophie, jusqu'au moment où fut instituée la commission des Réguliers. Ils eurent alors à se donner de nouvelles constitutions (1772). Les abbés de Prémontré ne cessèrent pas de remplir leurs fonctions de supérieurs généraux. Le dernier, Jean-Baptiste L'Ecuy, s'efforçait, par tous les moyens en son pouvoir, de mettre les études en honneur. Il s'acquittait fidèlement de la visite des monastères. La Révolution supprima toutes les maisons qui existaient en France, au nombre de 92 [1]. En voici la liste :

ANCIENNE OBSERVANCE.

Circarie de Champagne.

Dans le diocèse de Sens : Saint-Paul-lès-Sens et Dillo.

Dans le diocèse d'Auxerre : Saint-Marien d'Auxerre.

Dans le diocèse de Troyes : Basse-Fontaine, Beaulieu et la Chapelle-aux-Planches.

Dans le diocèse de Nevers : Bellevaux.

Dans le diocèse de Châlons : Moncel.

Dans le diocèse de Besançon : Corneux.

Dans le diocèse de Trèves : Vadegasse.

Dans le diocèse de Clermont : Saint-André-lès-Clermont et Saint-Gilbert de Neuffonts.

Circarie de Flandre.

Dans le diocèse d'Amiens : Saint-Jean d'Amiens, la Sainte-Larme de Sélincourt, Saint-André-au-Bois et Dommartin.

Dans le diocèse de Noyon : Vermand.

Dans le diocèse de Saint-Omer : Saint-Augustin-lès-Thérouanne.

Dans le diocèse d'Arras : Château-l'Abbaye et Vicoigne.

Dans le diocèse de Boulogne : Licques.

Dans le diocèse de Cambrai : Mont-Saint-Martin.

[1] Le nombre des religieux, en 1770, était de 1298.

Circarie de Prémontré.

Dans le diocèse de Reims : le Val-Dieu et Septfontaines.

Dans le diocèse de Laon : Prémontré, Clairfontaine, Thenailles et Saint-Martin de Laon.

Dans le diocèse de Soissons : Saint-Yved de Braine, Chartreuve, Lieu-Restauré, Val-Chrétien, Val-Secret et Valsery.

Circarie de Normandie.

Dans le diocèse de Paris : Collège de Prémontré et Hermières.

Dans le diocèse de Meaux : Chambrefontaine.

Dans le diocèse de Chartres : Abbecourt et Joyenval.

Dans le diocèse de Beauvais : Saint-Just-en-Chaussée.

Dans le diocèse de Rouen : Bellozane.

Dans le diocèse de Coutances : Blanchelande.

Dans le diocèse de Saint-Brieux : Beauport.

Circarie de Gascogne.

Dans le diocèse de Toulouse : la Capelle.

Dans le diocèse de Conserans : Combelongue.

Dans le diocèse de Saint-Pons : Fontcaude.

Dans le diocèse du Puy : Doue.

Dans le diocèse d'Auch : la Caze-Dieu.

Dans le diocèse d'Aire : Saint-Jean de la Castelle.

Dans le diocèse de Bayonne : Lahonce.

Dans le diocèse de Dax : Arthous et Divielle.

CONGRÉGATION DE L'ANTIQUE RIGUEUR.

Circarie de Lorraine.

Dans le diocèse de Toul : Sainte-Marie-Majeure de Pont-à-Mousson, Bonfays, Flabemont, Jeandheurs, Jovilliers, Mureaux, Hospice Saint-Jean de Nancy, Parey-sous-Montfort, Rangeval et Riéval.

Dans le diocèse de Metz : Étival, Justemont et Salival.

Dans le diocèse d'Amiens : Sery.

Circarie de Normandie.

Dans le diocèse de Laon : Bucilly et Cuissy.

Dans le diocèse de Blois : l'Étoile.

Dans le diocèse du Mans : Saint-Georges-du-Bois et Vaas.

Dans le diocèse d'Angers : le Perray-Neuf.

Dans le diocèse de Séez : Saint-Jean de Falaise et Silly.

Dans le diocèse de Lisieux : Mondaye.

Dans le diocèse d'Avranches : la Luzerne.

Circarie de Champagne.

Dans le diocèse de Reims : Belval, Brieulles, le Calvaire de Charleville, Chaumont et Longwé.

Dans le diocèse de Verdun : Saint-Paul de Verdun et l'Étanche.

Dans le diocèse de Strasbourg : Sainte-Odile.

Dans le diocèse de Langres : Sept-Fontaines.

Dans le diocèse de Noyon : Genlis.

Dans le diocèse de Paris : le Saint-Sacrement de la Croix-Rouge.

Dans le diocèse de Rouen : Marcheroux, l'Isle-Dieu et Ressons.

Dans le diocèse de Bayeux : Ardennes et Belle-Étoile.

Bibliographie.

BIBLIOGRAPHIE GÉNÉRALE.

De sancto Norberto antistite, fundatore ordinis Præmonstratensis, auc. PAPEBROCH, dans Acta Sanct., jun. I, 809-981 et Pat. lat. CLXX, 1235-1365. — Vie de saint Norbert, contenant le progrès et l'avancement de l'ordre de Prémontré, par MAURICE DU PRÉ, Paris, 1627, in-8, et Namur, 1889. — Vie de saint Norbert avec plusieurs pièces concernant son ordre, Charleville, 1674, in-4. — La vie de saint Norbert avec des notes pour l'éclaircissement de son histoire et de celle du XIIe siècle, par le P. HUGO, Luxembourg, 1704, in-4., Prague, 1712, Rome, 1867. — Histoire de saint Norbert, fondateur de l'ordre des Prémontrés et archevêque de Magdebourg, d'après les ms. et les documents originaux, par le P. GOD. MADELAINE, Lille, 1876 et 1883, in-8, Paris, 1900, in-8. — Pour la bibliographie de saint Norbert, voir Répert. des sources hist. Bio-bibliographie, par UL. CHEVALIER, 1653-1654 et Bibliotheca historica medii ævi par POTHAST, 1494-1496.

Liber de ordine, habitu et professione canonici ordinis Præmonstratensis, ab ADAMO PRÆMONSTRATENSI, dans Pat. lat. CXCVIII, 440-610, et Vita auctoris, Ibid, 19-20. — Primaria instituta canonicorum Præmonstratensium ex ms. bibliothecæ S. Victoris, dans De antiquis Ecclesiæ ritibus de MARTÈNE (Anvers, 1737), III, 894-942. — De modo et ordine professionis Præmonstratensium, Ibid. II, 504-506. — Bibliotheca Præmonstratensis ordinis, omnibus religiosis, præsertim vero S. Augustini regulam profitentibus, utilis maximeque necessaria, auct. J. LE PAIGE, Parisiis, 1633, in-fol. On trouve dans ce recueil les règles, les constitutions, le cérémonial, les éloges des hommes illustres, des notices sur les monastères et les églises, etc. — Institutiones Patrum Præmonstratensium, Bib. nat. ms. lat. 9752. — Regula canonicorum Præmonstratensium, Bib. Laon, ms. 409.

Confirmationes statutorum et libertatum ordinis Præmonstratensis, dans les Manuscrits du château de Merville par Mgr. DOUAIS, Annales du Midi II (1890), 200-202. — Statuta ordinis Præmonstratensis de 1530, voir LELONG, n° 13.528, I, 832. — On trouve dans la bibliothèque du Grand Séminaire de Nancy une collection des chapitres généraux et un Ordinarius ord. Præmonstratensis. Ce dépôt conserve un certain nombre de manuscrits provenant de l'abbaye de Pont-à-Mousson, importants pour l'histoire de cet ordre. Les manuscrits de la bibliothèque du séminaire de Nancy, par l'abbé VACANT, 43-45.

— Statuta ordinis Præmonstratensis renovata ae anno 1630 a capitulo generali plene resoluta, acceptata et ad observandum imposita. Lovanii 1631, Parisiis. 1632, in-8. — Editio secunda, variis generalium et provincialium capitulorum decretis illustrata, notis et commentariis adornata, a C. SAULNIER. Accesserunt regula S. Augustini et articuli reformationis communitatis antiqui rigoris nuncupatæ, Stivagii, 1725, et Luxemburgi, 1776, in-4. — Capitulum generale ordinis præmonstratensis Præmonstrati celebratum, anno Domini 1686, præsidente R^mo D. Michaele Colbert, abbate Præmonstrati et totius ejusdem ordinis præmonstratensis generali. Parisiis, 1686, in-4. — R^mi D. Generalis Præmonstratensis in capitulo provinciali habito in ecclesia Gaudii-Vallis, die III Junii et sequentibus 1674, ordinationes et decreta circa regularem observantiam. — Circulaire du P. MICHEL COLBERT, abbé de Prémontré, chef et général du même ordre, pour la réforme des abus introduits dans l'ordre (25 février 1701). — Arrêt du conseil d'État du Roi pour la tenue du chapitre de l'ordre de Prémontré, du 25 mai 1770, Paris, 1770, in-4. — Réflexions sur le project de réduire le chapitre annuel de Prémontré en chapitre triennal, par FRANÇOIS. Bar-le-Duc, 1733, in-8. — Discours prononcé dans la salle capitulaire de l'abbaye de Prémontré, le 15 août 1779, à l'ouverture du chapitre national, par M. L'ÉCUY, prieur du collège de Paris. Soissons, 1779, in-4.

Optica regularium seu commentaria in regulam S. P. N. Augustini, auctore SERVATIO DE LAIRUELS. Mussiponti, 1603, in-4. — Meditationes ad vitæ religiosæ perfectionem cognoscendam utilissimæ, ex novo R. P. Lucæ Pinelli Gersone deprompta et gallico idiomate in latinum in monasterio novo Sanctæ-Mariæ-Majoris, Mussiponti, ord. Præmonst., translatæ. His accesserunt aliquot aliæ ab ejusdem monasterii abbate SERVATIO conscriptæ, Mussiponti, 1621, in-16. — Catechismi novitiorum et eorumdem magistri, omnibus quorumcumque ordinum religiosis utilissimi, auct. R. D. SERVATIO DE LAIRUELS, Mussiponti, 1623, 2 vol. in-fol. — Copie du décret extrait des actes du chapitre annuel de la congrégation des Prémontrés réformés, tenu en l'abbaye de Belval, les derniers jours du mois d'avril et premier du mois de mai 1727, s. l. r. d. in-fol. — Catéchisme de l'ordre de Prémontré, par le R^me Père Dom PAULON, Tours, 1889, in-8. — Manuel du Tiers-Ordre de saint Norbert, par Dom G. MADELAINE, Caen, 1876, in-18.

LITURGIE.

Missale secundum ritum et ordinem sacri ordinis Præmonstratensis, Basilæ, circa 1482, in-fol., Parisiis, 1508, 1530, 1578, 1622 et 1697. L'édition de 1578, faite sur l'ordre de l'abbé Jean de Pruets, est décrite par ALÈS dans Description des livres de liturgie faisant partie de la bibliothèque de S. A. R. Mgr Charles-Louis de Bourbon, 495-496. — Missale ad usum ordinis Præmonstratensis,

s. l., 1735, in-fol. — Missale ejusdem ordinis, DD. L'Ecuy, abbatis Præmonstrati et capituli generalis auctoritate editum, Nanceii, 1787, in-fol.

Breviarium candidi ordinis Præmonstratensis, Alostæ, 1488, in-8; s. l., 1490, in-8, décrit par HAIN, dans Repertorium bibliographicum, n° 3882, I, 539, Breviarium Præmonstratense, Paris, 1505, in-8; Paris, 1507, in-8, décrit par ALÈS, 496-497. — Psalterium Davidicum secundum ritum sacri et canonici ordinis Præmonstratensis per hebdomadam dispositum. Et nunc opera et labore F. PETRI DESBANS, Sanctæ Mariæ Majoris Mussipontanæ sub abbate Servatio, impressum, Mussiponti, 1619, in-fol. — Horæ Beatæ Mariæ virginis secundum usum Præmonstratensem, Paris, 1547, in-16. — Ordinarius Præmonstratensis, s. l. n. d., décrit par HAIN, n° 12060, III, 532. — Processionale secundum ritum ecclesiæ Præmonstratensis, Parisiis, 1574, in-8. — Processionale Præmonstratense, J.-B. L'Ecuy, Præmonstrati abbatis et capituli nationalis auctoritate editum, Nanceii, 1787, in-8. — Prosæ seu sequentiæ ex veteri missali ordinis Præmonstratentis desumptæ, editæ a D. TH. HEYLEN, Tongerloo, 1893, in-8.

HAGIOGRAPHIE ET HISTOIRE LITTÉRAIRE.

Præmonstratensis ordinis nonnullorum Patrum vitæ, ex variis auctoribus collectæ, auct. KOHEL, Lucens, 1608, in-4. — Epigrammata de viris vitæ sanctimonia illustribus ex ordine Præmonstratensi, auct. WICHMANS, Lovanii, 1615, in-8; 2e editio, cura VAN SPILBEECK, à laquelle on a joint De viris sanctitatis opinione illustribus ex ordine Præmonstratensi, auct. MIRÆUS, Taminæ, 1895, in-8. — Sanctorum confessorum Præmonstratensium vitæ, auct. LE PAIGE, Paris, 1620, in-8. — Natales Sanctorum ordinis Præmonstratensis, auct. VAN DER STERRE, Antverpiæ, 1625, et Namurci, 1887, in-8, sous le titre d'Hagiologium Norbertinum, in-4. — Ephemerides hagiologicæ ordinis Præmonstratensis seu quotidiana Sanctorum, Beatorum, opinione sanctitatis aut heroica virtute illustrium nivei instituti alumnorum memoria, acta et elogia in honorem Candidorum indigetum, ab GEORGIO LIENHART, Augustæ Vindelicorum, 1764, in-8; auctuarium, 1767, in-8.

Spiritus litterarius Norbertinus a scabiosis Casimiri Oudini calumniis vindicatus, seu sylloge viros ex ordine Præmonstratensi scriptis et doctrina celebres exhibens, à G. LIENHART, Augustæ Vindelicorum, 1771, in-8. — Les écrivains de l'ordre de Prémontré, précédés d'une étude sur l'histoire littéraire et les archives françaises de l'ordre (1120-1884), par le R. P. LOUIS DE GONZAGUE, prieur de Storrington, Toulouse, 1885, in-8. Sur ce travail et les travaux que l'auteur projetait, voir : l'ordre de Prémontré, son histoire littéraire, ses écrivains, par JEAN DE SERMAIZE, dans Revue du monde catholique, LXXIX (1884), 728-746. — Écrivains, artistes et savants de l'ordre de Prémontré. Dictionnaire bio-bibliographique, par LÉON GEOVAERTS, Bruxelles, in-8, en cours de publication.

Arbor genealogica ordinis Præmonstratensis ab ejus origine sub anno 1120 usque ad annum 1727, auct. Ars. Fasseau, Augustæ Vindelicorum, 1727. — Catalogus totius ordinis Præmonstratensis, auct. Danner, Inspruck, 1894, in-8. — Catalogue des abbayes des chanoines réguliers de Prémontré en France, dans Hermant, II, 37-64, Lecestre, 45-49.

HISTOIRE DE L'ORDRE.

Sacri et canonici ordinis Præmonstratensis annales, in duas partes divisi. Pars prima monasteriologiam sive singulorum ordinis monasteriorum singularem historiam amplectens, auct. Car. Lud. Hugone, Nanceii, 1734-1736, 2 vol. in-fol. Ce travail de l'abbé Hugo est ce que nous possédons de plus complet sur l'ordre de Prémontré. — Jugement des écrits de M. Hugo, abbé d'Étival, historiographe de l'ordre de Prémontré, par Jean Blampain, du même ordre, Nancy, 1736, in-8. — Lettre de M. l'abbé de Brisacier, docteur de Sorbonne, à M. l'abbé général de Prémontré, s. l. 1737, in-12, au sujet de Hugo. — Critique de l'histoire des chanoines ..., avec dissertation de la canonicité de l'ordre de Prémontré, par le P. Hugo, Luxembourg, 1700, in-8.

De fundatione novem abbatiarum ordinis Præmonstratensis in diœcesi Laudunensi, auct. Hermanno monacho, publié à la suite des œuvres de Lanfranc, Paris, 1668, in-fol. — De miraculis S. Mariæ Laudunensis, lib. III, à la suite des œuvres de Guibert de Nogent, Pat. lat., CLVI, 987-1018. — Ordinis Præmonstratensis chronicon, in quo cœnobiorum istius instituti per orbem christianum origines recensentur, auct. Miræo, Coloniæ Agrippinæ, 1613, in-18. — Annales breves ordinis Præmonstratensis, auct. Maurit. du Pré, Ambianis, 1645, in-8, rééditées par Van Spilbeeck, Namur, 1886, in-8. — Religio canonicorum ordinis Præmonstratensis, sive tractatus candidi et canonici ordinis Præmonst. institutum et excellentiam exponens, auct. Corn. de Hertoghe, Antverpiæ, 1663, in-12. — Manuale canonicorum Præmonstratensium, auct. Dion. Albrecht, Argentorati, 1742. — Brevis dissertatio de fine et instituto ordinis Præmonstratensis, auct. Timmermans, Bruges, 1892. — Prémontré. Étude sur l'abbaye de ce nom, sur l'ordre qui y a pris naissance, ses progrès, ses épreuves et sa décadence, par Ch. Taiée, Laon, 1873, in-8. — Études sur l'ordre canonial ou l'ordre des chanoines réguliers, par Dom Paulin, Avignon, 1885, in-8. — Die Prämonstratenses des XII Jahrh. und ihre Bedeutung für das nordostliche Deutschland, von Winter, Berlin, 1865. — Hélyot, II, 160-182. — Heimbucher, I, 416-427. — Monasticon anglicanum, par Dugdale (1846), VI, II, 837-863. — Gallia christiana, IX (1751), 642-663. — Fisquet, Métropole de Reims, Soissons et Laon, 359-371.

Mémoire instructif sur l'origine et les progrès de l'ordre de Prémontré, Arch. nat. ms. 465. — Documents sur l'origine de l'ordre, actes capitulaires, élections de généraux, état des diverses maisons, réformes et suppressions, Ibid., X,

510-511; Bib. nat. ms. fr. 15.702, 15.724, 15.765, 15.767, 15.777; Bib. Sainte-Geneviève, ms. 376, 3055.

Señor. Requête du P. Antoine de la Torre, général réformateur de l'ordre des Prémontrés de saint Norbert, en Espagne, au sujet du refus du P. Philippe Bernal de porter le nouveau costume de l'ordre, s. l. 1639, in-fol. — Traslado de una carta que el revendissimo padre maestro fray Antonio de la Torre, general del orden de canonigos reglares premonstratenses y calificador del consejo supremo de la Inquisicion, escrivio al padre maestro fray Felipe Bernal, depositado en el monasterio de San Bernardo de esta corte, por el consejo supremo de la general Inquisicion (26 mai 1639), suivie de la réponse du P. Bernal (3 juin), s. l. n. d. in-fol.

Copia litterarum RR. PP. abbatum provinciarum belgicarum ad Em. et Rev. cardinalem Spada, ordinis Præmonstratensis protectorem, quibus declarant se nolle nec posse patrem Simonem Raguet in abbatem generalem agnoscere (11 martii 1644), s. l. n. d., in-4. — Copia libelli supplicis a patrono romano, nomine archicœnobii Præmonstratensis, eminentissimo cardinali Spada oblati, contra Fr. Simonem Raguet, sua prætensa electione Roma nulla declarata, jus providendi eidem archicœnobii Sedi apostolicæ devolutum esse contra jura regni Franciæ sustinentem (9 aprilis 1664). Responsio facta ab agentibus Romæ P. Simonis Ragueti,... s. l. n. d., in-4.

Factum pour Fr.-Louis Soppite, abbé régulier de N.-D. d'Abbecourt et syndic général de tout l'ordre de Prémontré, intimé, contre Fr. Augustin Le Scellier, abbé de Prémontré, prétendu général dudit ordre, procédant sous le nom de Fr. Hierosme Firmin, son religieux profès, appelant, s. l. n. d., in-4. — Sentence contradictoire de M. l'official de Paris, comme commissaire de N. S. P. le Pape Innocent X, de l'avis de MM. Rousse et Bail, docteurs de Sorbonne, Cholet et Humbelot, anciens avocats au Parlement de Paris, pris pour assesseurs et collègues, qui infirme la sentence du sieur Augustin Le Scellier,... de destitution du sieur Soppite, en l'abbaye d'Abbecourt et au syndicat général dudit ordre, et celle du sieur David, ci-devant abbé de Marcheroux, comme pareillement plusieurs articles des relictums des dits sieurs général et abbé de Marcheroux, des visites qu'ils ont dans la dite abbaye d'Abbecourt (17 juillet 1654), s. l. n. d., in-4. — Consultation de MM. les docteurs en théologie et avocats célèbres (1-8 mars 1667). Lettre d'un ancien docteur de Sorbonne à M. le Général de Prémontré (9 mars 1667), s. l. n. d., in-4, au sujet de la démission du P. Le Scellier. — Dissertation sur le sujet de la démission faite par le R. P. Le Scellier... entre les mains des électeurs, les 23 juin 1665 et 1er février 1666, pour servir de réponse à un écrit intitulé : « Consultation de MM. les docteurs, » par D'AIGREVILLE, s. l. n. d., in 4. — Decretum S. Congregationis, quo declaratur, per cessionem Rmi P. Aug. Le Scellier, nec vacasse nec vacare potuisse

Præmonstratensem ecclesiam; secutam electionem nec validam esse nec confirmabilem; atque ideo eumdem R. Patrem integre restituendum esse (17 mai 1668). — Signification et déclaration d'appel (27 août 1668), s. l. n. d., in-4, au sujet de cette même démission.

CONGRÉGATION RÉFORMÉE DE L'ANTIQUE RIGUEUR.

De canonicis Præmonstratensibus in Lotharingia et de congregatione antiqui rigoris a Servatio de Lairuels instituta, thesim Facultati litterarum Nanceiensi proponebat Eug. Martin, Nancy, 1893, in-8. Servais de Lairuels et la réforme des Prémontrés en Lorraine au XVIIe siècle, par l'abbé Martin, Nancy, 1893, in-8. — L'ordre de Prémontré en Lorraine. Servais de Lairuels, par E. Martin, dans Annales religieuses des Pères Prémontrés, 1895, juillet. — Histoire des diocèses de Toul, Nancy et S. Dié, par l'abbé Martin, II, 110-117.

Inhibitio in favorem reformatorum ordinis Præmonstratensis, auct. R. P. Danozet, s. l., 1629, in-4. — Status strictioris reformationis in ordine Præmonstratensi instituta, auct. Petro Desbans, Mussiponti, 1630, in-4. — Litteræ executoriales trium sententiarum rotalium conformium in favorem communitatis antiqui rigoris ordinis Præmonstratensis concessæ, s. l. n. d., in-8. Vindiciæ communitatis Norbertinæ antiqui rigoris scriptæ ad Edictum Sylvium Elgardem, apud S. Stephanum de Venderiis, 1634, in-4. — Breves annotationes ad articulos prætensæ reformationis communitatis antiqui rigoris ordinis Præmonstratensis, quam quidam vocant congregationem antiqui rigoris S. Norberti, alii congregationem S. Norberti, nonnulli congregationem strictioris observantiæ, alii denique congregationem S. Mariæ Mussipontanæ, s. l. n. d., in-4.

Articuli propositi a R^me Patre Aug. Le Scellier, abbate Præmonstratensi et aliis infra scriptis dominis Prælatis a capitulo generali ejusdem ordinis, anno 1660, deputatis, et ex altera parte, a RR. PP. Prælatis et aliis Patribus a communitate antiqui rigoris ejusdem ordinis et infra scriptis, pro formanda unione et uniformitate totius ordinis et sopiendis isto unico principali medio omnibus litibus et difficultatibus, quæ a tot annis inter R^me D. Generalem, capitulum generale et dictam communitatem, cum magnis expensis et fraternæ charitatis lædendæ periculo deductæ sunt et adhucdum deducuntur et agitantur (14 julii 1661), s. l. n. d., in-4.

Très humbles remontrances, présentées par l'abbé de Sainte-Marie du Pont-à-Mousson (Nicolas Guinet), vicaire-général de la congrégation de l'étroite observance de l'ordre de Prémontré, pour l'établissement et le progrès de la réforme en quelques maisons de l'ordre où elle pourrait être facilement reçue, Nancy, 1672, in-4. — Réponses faites à certaines inhibitions sous peine d'excommunication *ipso facto* de la part du Rme Général de l'ordre de Prémontré, contre le vicaire-général de la congrégation de l'étroite observance dudit ordre et les religieux d'icelle. Pour servir de manifeste des nullités notoires de droit et de fait des dites inhibitions et censures et pour faire voir que l'on n'est pas obligé d'y déférer, par Nicolas Guinet (8 février 1672), s. l. n. d., in-4. — Sollicitation raccourcie envers MM. les commissaires nommés par le Roi (14 mars 1672), pour juger le différend qui est entre les Prémontrés réformés, complaignants, et M. l'abbé de Prémontré, général de l'ordre, qui a fait le trouble, s. l. n. d., in-4. — Actes d'opposition, appellation et récusation de la part du vicaire-général (Nicolas Guinet), joint le substitut du procureur syndic, abbés, définiteurs, supérieurs, religieux et convents de l'étroite observance de l'ordre de Prémontré, contre certaines ordonnances du Rme Général dudit ordre, entreprises et innovations, qui vont à la ruine de la dite observance et de tous ses droits établis du consentement de tous ses prédécesseurs, cimentés par les bulles et brefs des papes, par arrêts contradictoirement rendus et transactions solennelles, etc., et fortifiées d'une possession qui n'a jamais été interrompue (13 mai 1672), s. l. n. d., in-4. — Factum touchant le pouvoir du Rme général de l'ordre de Prémontré sur la congrégation de l'étroite observance, pour faire connaître les nullités des dispositions, changements et institutions que sa Rme Paternité aurait faits depuis peu au régime de la dite congrégation, s. l. n. d., in-4. — Lettre circulaire du général de l'ordre de Prémontré (Michel Colbert) à tous les religieux de la communauté de l'antique rigueur, pour servir de réponse au libelle intitulé : (factum précédent), s. l. n. d., in-4. — Réponse très-humble à la « Lettre circulaire » ci-jointe, par le vicaire général de l'étroite observance (Nicolas Guinet), au nom de tous les religieux qui en sont profès, s. l. n. d., in-4.

Mémoire premier, abrégé et instructif, touchant la célébration du chapitre, indiqué au monastère de Belval pour l'année 1672, s. l. n. d., in-4. — Mémoire second, abrégé instructif, pour faire voir que les séparations des provinces, prétendues faites par le Rme Général de l'ordre en l'étroite observance, ne sont aucunement soutenables, s. l., 1672, in-4. — Mémoire troisième, abrégé instructif, pour connaître les nullités de droit et de fait de l'interdit du vicaire général de la congrégation de l'étroite observance de l'ordre de Prémontré, par le Rme Général du dit ordre, s. l., 1672, in-4. — Mémoire quatrième, abrégé instructif, du pouvoir du Rme Général de l'ordre de Prémontré et de celui du chapitre annuel et du vicaire général en la congrégation de l'étroite observance du dit ordre, s. l. n. d., in-4. — Factum pour le R. P. Général de l'ordre de Prémontré. Contre son vicaire en la province de Lorraine, s. l. n. d., in-4. — Mémoire cinquième, pour montrer la continuation des surprises des conseillers du Rme Général de l'ordre de Prémontré dans le Factum qu'ils intitulent : (Factum précédent), s. l. n. d., in-4.

Le vicaire général de l'étroite observance de l'ordre de Prémontré à ses confrères, par un religieux de la province de Normandie, s. l. n. d., in-4. — Avis important aux religieux de la communauté de l'antique rigueur, ordre de Prémontré, en la province de Normandie, touchant la séparation de leur circarie d'avec les autres qui composent la dite communauté. Réponse à l'écrit précédent, s. l. n. d., in-4. — Réponse à l'avis important du R. P. X., religieux de Normandie, de l'étroite observance de l'ordre de Prémontré, par un religieux du même pays et de la même observance. s. l. n. d., in-4. — Mémoire sixième, avis salutaire pour servir de réponse à un certain quidam, soi-disant religieux de Normandie, auteur inconnu de l'avis prétendu important. s. l. n. d., in-4.

Actes de la conférence tenue en l'abbaye de Prémontré, le 18 oct. 1673, entre les abbés, supérieurs et religieux députés des provinces de France, Normandie et Lorraine, de la communauté de l'étroite observance de l'ordre de Prémontré, en présence du R^me^ P. Michel Colbert, abbé de la dite abbaye de Prémontré, s. l. n. d., in-4. — Mémoire sixième, Relation de l'abbé de Sainte-Marie (Nicolas Guinet) aux révérends abbés, supérieurs, religieux et convents de l'étroite observance de l'ordre de Prémontré, de ce qu'il a fait avec les Révérends abbés de Jovilliers, de Rangeval, d'Estival et Salival, et les Pères prieurs de Saint-Paul et de Belval en la conférence tenue à Prémontré, le 18 octobre et jours suivants 1673, s. l. n. d., in-4. — Mémoire huitième. s. l. n. d., in-4. — Réflexions sur les règlements qu'ont proposés et demandés à Mgr et R^me^ P. Michel Colbert, abbé de Prémontré..., les RR. PP. députés des provinces de France et de Normandie, pour terminer les différends qui se rencontrent dans les monastères de leur communauté de l'antique rigueur, adressées à MM. les religieux de la dite communauté des provinces de France et de Normandie, s. l. n. d., in-4. — Réponse aux Réflexions sur les règlements proposés dans la dernière assemblée de Prémontré, adressées à l'auteur de ces réflexions, s. l. n. d. in-4. — Mémoire dixième. Remarques de l'abbé de Sainte-Marie (Nicolas Guinet) sur la « Réponse aux réflexions, » s. l. n. d., in-4.

Homologation de la transaction passée entre messire Michel Colbert, abbé de Prémontré, chef et général de tout l'ordre, et le R. P. Guinet, son vicaire général dans la congrégation de l'étroite observance (2 juillet 1674), s. l. n. d., in-4. — A Mgr. et R^me^ P. Michel Colbert, abbé de Prémontré, chef et général de tout l'ordre, président au chapitre de la congrégation ou communauté de l'étroite observance, et aux RR. PP. abbés, supérieurs et conventuels représentant le dit chapitre assemblé dans l'abbaye de Cuissy, le 2 sept. 1674. s. l. n. d., in-4. — Très-humbles remontrances à Mgr et R^me^ Michel Colbert... et à tous les révérends abbés, prieurs, supérieurs et autres religieux, faisant le chapitre annuel de la communauté, dit de l'ancienne rigueur, par un religieux de la même communauté, pour obtenir qu'il soit mis en pratique qu'une même personne, autre que le R. P. vicaire général, ne puisse être continuée deux ans de suite dans le définitoire du chapitre annuel (1677), s. l. n. d., in-4.

La visite de l'abbaye de Sainte-Marie du Pont-à-Mousson ... faite par le vicaire général de l'étroite observance les 19, 20, 21 et 22 août 1683. Avec un éclaircissement des droits honoraires appartenant au dit vicaire général, qui lui ont été refusés pendant cette visite, s. l. n. d. in-4. — Mémoire seizième. Les droits d'appel. Pour les abbés de la congrégation de l'étroite observance de l'ordre de Prémontré, appelant de l'élection des prieurs définiteurs en plus grand nombre que d'abbés, et de l'élection d'un prieur pour vicaire général de la dite congrégation à leur exclusion, au chapitre dernier tenu au monastère d'Ardène en Normandie, le second et suivants jours de mai 1683, s. l. n. d., in-4. — Congregationis sive communitatis antiqui rigoris Præmonstratensis jus vindicatum, Parisiis, 1686, in-4. — Éclaircissements sur les contestations qui sont dans la réforme de Prémontré, s. l., 1688, in-4. — Copie du décret extrait des actes du chapitre annuel de la congrégation des Prémontrés réformés, tenu en l'abbaye de Belval les derniers jours du mois d'avril et premier du mois de mai 1727, s. l. n. d., in-fol.

Reverendis admodum in Christo Patribus ac Dominis Abbatibus Bonifageti, Justimontis, Rengis-Vallis et Stagni cæterisque reverendis Patribus prioribus ac superioribus monasteriorum congregationis antiqui riguoris, auct. Nic. Guinet, F. Louys, Hier. Jeannot (23 sept. 1675), s. l. n. d., in-4. Sur la conduite à à tenir dans la question du Jansénisme. — Nouvelles ecclésiastiques. Table raisonnée et alphabétique, II, 710.

PRIVILÈGES.

Inquisitio in privilegia Præmonstratensis ordinis, auct. Launoy, Parisiis, 1658, in-8. — Capituli Laudunensis Ecclesiæ jus apertum in monasteria Præmonstratensium diœcesis, auct. Launoy, Parisiis, 1659, in-8. — Responsio ad Inquisitionem Launoii, auct. Norb. Cailleu, Parisiis, 1661, in-8. — Censura dictæ Responsionis, auct. Launoy, Parisiis, 1663, 1670, in-8. — Factum pour les Prémontrés de S. Martin de Laon contre M. d'Estrées, évêque de Laon, s. l. n. d., in-4. — Examen du privilège d'Alexandre V pour le jugement du procès de M. de Laon et des Prémontrés de l'abbaye de S. Martin, par J. de Launoy, s. l. n. d., in-8.

Arrêt de la cour de parlement de Paris pour le maintien de la juridiction des évêques sur les prieurs-curés de l'ordre de Prémontré (7 mai 1646). — Au Roi et à Nosseigneurs de son Conseil, s. l. n. d., in-fol. Requête au sujet de la révocabilité des curés de l'ordre. — Arrests des Conseils du Roi portant révocation au cloître des prieurs-curés, grangiers et autres bénéficiers de l'ordre de Prémontré (8 mai 1669-24 mars 1677), s. l. n. d., in-fol. — Moyens par lesquels on justifie 1° que les supérieurs claustraux de l'ordre de Prémontré doivent être condamnés à rapporter les lettres patentes et arrests du Conseil qu'ils ont surpris au mois de mai 1669 et de mars 1677, pour la confirmation de nouveaux statuts; 2° que, ces statuts étant contraires aux saints conciles, l'exécution doit en être défendue, s. l. n. d., in-fol. — Arrêt du Conseil d'État, servant de règlement pour la révocation des curés de l'ordre de Prémontré (12 sept. 1678). — Mémoire pour M. l'évêque de Séez et ses archidiacres, défendeurs, contre les Prémontrés réformés de la province de Normandie, s. l. n. d., in-fol. — Addition au mémoire pour M. l'évêque de Séez, s. l. n. d., in-4. — Lettres patentes du Roi pour alléger les religieux Prémontrés de quitter leurs bénéfices pour fautes par eux commises, Versailles, 1700. — Arrest du 4 août 1730 en faveur de l'ordre de Prémontré, qui juge que, l'évêque diocésain ayant donné une cure à une abbaye de cet ordre, cette cure est devenue régulière par cette donation, Paris, 1730, in-4.

Dissertatio de regimine abbatiarum commendatarum ordinis Præmonstratensis. Altera pars : quæ gesta sunt in causa P. Hugonis Gallien, canonici regularis archicœnobii Præmonstrat., antehac prioris claustralis abbatiæ Viromandensis, s. l. n. d., in-4. — Mémoire pour Fr. Nicolas Le Juge, prêtre, chanoine régulier de S. Augustin, ordre de Prémontré, procureur général du même ordre, demandeur et défendeur, contre les marguilliers et les habitants de la paroisse de S. Germain de la ville d'Amiens, défendeurs et demandeurs, s. l. n. d., in-fol. Au sujet du privilège de l'ordre de ne pouvoir être jugé que par le Grand Conseil. — Arrêt du Grand Conseil du Roi, qui maintient les chanoines réguliers de l'ordre de Prémontré dans le droit et possession d'administrer les sacrements de pénitence, d'eucharistie et d'extrême-onction à toutes les personnes qui sont et demeurent dans les enclos des abbayes du dit ordre, et donner la sépulture à toutes les personnes qui décèdent dans les enclos des dites abbayes (23 mai 1730). Lettres patentes confirmatives des privilèges de l'ordre de Prémontré (décembre 1661). — Privilèges de l'ordre de Prémontré, Paris, 1730, in-4 [1]. — Abrégé du recueil des actes ... concernant le clergé de France, II, 169-171.

1 Pour les livres et pièces, mentionnés dans cette bibliographie, qui se trouvent à la bibliothèque nationale, voir : Catalogue de l'histoire de France (Paris, 1858, in-4), V, 173-178.

APPENDICE.

Chapitres provinciaux des moines noirs [1].

Benoît XII, par sa Bulle *Summi Magistri* du 20 Juin 1336, pour la réforme des monastères bénédictins, a distribué les abbayes et les prieurés des diocèses situés dans les limites de la France actuelle en six provinces. Ceux des provinces ecclésiastiques de Reims et Sens en formaient une; ceux des provinces de Rouen et Tours, une autre; de Bourges et Bordeaux, une troisième; de Narbonne, Toulouse et Auch, une quatrième; de Lyon, Besançon et Tarentaise, une cinquième; de Vienne, Arles, Aix et Embrun, une sixième.

La constitution bénédictine, c'est sous ce nom qu'est connue la Bulle de Benoît XII, avait indiqué comme principal moyen de réforme la tenue régulière des chapitres provinciaux. La distribution des monastères en province pour l'ordre entier n'avait pas d'autre but que de rendre ces réunions plus faciles. Les décisions, que les abbés y ont prises, sont le complément naturel de tout le plan de réforme élaboré par Benoît XII. Leur ensemble forme un monument de la discipline monastique, dont l'importance n'échappe à personne. Malheureusement elles sont encore peu connues. Dom Ursmer Berlière, pour me borner à la France, est le seul qui ait

1 Nous reproduisons ici les textes des chapitres provinciaux publiés par le R. P. Dom Besse dans le *Spicilegium Benedictinum*, 13 mars et 14 juin 1899.

pu donner une série des actes de ces chapitres provinciaux. On lui doit le texte des chapitres de la province de Reims et Sens tenus à Reims (1348), à Saint-Germain-des-Prés (1363), à Compiègne (1329), Saint-Germain-des-Prés (1408), à Saint-Faron-de-Meaux (1410) [1].

Nous avons trouvé dans la précieuse collection des manuscrits de Dom Étiennot les actes et statuts de plusieurs chapitres provinciaux. Viennent en première ligne ceux des provinces de Narbonne, Toulouse et Auch. Dom Étiennot les a recueillis dans les archives de divers monastères du midi de la France. Il n'a pas jugé à propos de transcrire en entier le procès verbal original. Il s'est contenté des statuts qui lui ont semblé les plus importants. La série commence en 1337, l'année même qui suivit la promulgation de la constitution bénédictine, et se poursuit assez régulièrement jusqu'en l'année 1499. Les quarante-deux monastères, qui prenaient part à ces assemblées, formaient une sorte de congrégation [2].

Dom Étiennot a trouvé dans les archives de l'abbaye de Savigny les statuts de deux chapitres de la province de Lyon, Besançon et Tarentaise. Le premier eut lieu, le 20 juillet 1337, à Saint-Vincent de Macon; c'est donc le premier après la promulgation de la Bulle *Summi Magistri*. La date et le lieu du second ne sont pas indiqués [3].

Nous les faisons suivre de quelques statuts de cinq chapitres de la même province, antérieurs à Benoît XII. Ils sont de 1258,

[1] Chapitres généraux des monastères bénédictins des provinces de Reims et Sens, *Documents inédits pour servir à l'histoire ecclésiastique de la Belgique*, 58-117.

[2] Dom Etiennot, *Fragmenta historiae Aquitaniae*, t. xi. Bib. nat. ms. lat., 12,773, f. 288-316. Les rédacteurs du t. vi. de la *Gallia Christiana* fournissent des renseignements sur ces chapitres.

[3] Dom Etiennot, *Fragmenta historiae Aquitaniae*, t. vii. Bib. nat. ms. lat., 12.769, f. 283-299. On trouve ces statuts dans le cod. 776 de la Bque de l'Arsenal, faisant suite à la constitution bénédictine.

1266, 1278, 1281, 1291, Dom Etiennot les a copiés sur un manuscrit de l'abbaye de Saint-Claude [1].

VARIA STATUTA CAPITULORUM GENERALIUM CONGREGATIONIS MONACHORUM NIGRORUM IN PROVINCIIS NARBONENSI, AUXITANA, ET TOLOSANA, ALIIS PLURIMIS MINORIS MOMENTIS STATUTIS OMISSIS.

I.

Anno 1337, die Dominico in octavis Pentecostes, Narbonae fuit celebratum capitulum, in quo haec statuta fuerunt :

Primo, quod capitulum proxime sequens celebretur Carcassonae, feria ii post iv Dominicam a festo Paschae proxime sequendam.

Secundo, fuit definitum quod liber ordinationum sanctissimi in Christo Patris et Domini Benedicti Papae XII, factus et compositus super reformatione ordinis nostri [2], ponatur et custodiatur in monasterio Crassensi, dioecesis Carcassonensis.

Tertio, item fuit definitum quod Domini Visitatores, qui in hoc praesenti capitulo fuerint deputati, non visitent primo anno, et secundo non visitent nisi simul, nisi casus specialis occurrerit.

Quarto, item fuit definitum quod Domnus Abbas Psalmodiensis et Domnus Abbas Sancti Salvatoris Lodovae diligenter videant et examinent omnia statuta capituli provincialis, et quod referant in proximo sequenti capitulo.

Quinto, quod singuli Abbates in provincia Narbonae et Priores Ecclesiarum Cathedralium in antiqua provincia Narbonae possint absolvere suos monachos, subditos et conversos

1 Bib. nat. ms. lat., 12,740, 181-184.
2 Il s'agit du texte de la Bulle *Summi Magistri*.

a quibuscumque sententiis excommunicationis, suspensionis et interdicti, si quas incurrerint, usque ad sequens capitulum. In hoc capitulo non exercebunt visitationis officium, consistentes in sua visitatione.

Sexto, quod in quolibet provinciali capitulo apportentur et legantur nomina monachorum et conversorum defunctorum ab uno capitulo ad aliud, et ibidem absolvantur.

Septimo, quod habeatur unus magnus liber in quo scribantur omnes definitiones in praesenti capitulo editae et in sequentibus faciendae, et quod custodiatur in monasterio Crassensi.

Octavo, quod modo et in sequentibus capitulis monachus ad hoc deputatus per Dominos Praesidentes aut saecularis scribat definitiones et ordinationes ipsius capituli et alia faciat quae pertinent et pertinere possunt ad officium lectoris et scriptoris.

Nono, quod nullus recedat sine copia dictarum ordinationum.

Decimo, quod compelli possint omnes administrationem habentes ad contribuendum communi collectae, quae facta fuit in praesenti capitulo.

II.

Anno 1339, celebratum fuit capitulum Carcassonae, feria ii post Dominicam *Cantate Domino*, in quo fuit statutum.

Primo, quod capitulum proxime sequens celebretur Carcassonae in domo Praedicatorum, feria ii post Dominicam *Cantate Domino*, anno 1341.

Secundo, quod, pro discordia seu guerra quae de praesenti est inter Dominum nostrum Regem Francorum et Regem Angliae, dicatur qualibet die oratio *pro pace* in una missa conventuali.

Tertio, quod in prioratibus conventualibus nullus monachus ad ibidem residendum deputatus audeat ducere feminas, sub poena excommunicationis absque licentia prioris conventualis praedicti.

III.

Anno 1341, feria ii post Dominicam *Cantate Domino*, celebratum fuit capitulum Carcassonae in domo Praedicatorum et statutum fuit.

Primo, quod capitulum sequens ibidem eadem die celebrabitur, anno 1343.

Secundo, quod, si contingat aliquos vel aliquem de futuris praesidentibus abesse, illi qui praesentes fuerint, possint alios eligere loco absentium. Si vero contingat omnes praesidentes abesse a capitulo, quod absit, fuit ordinatum quod tunc illi qui fuerunt definitores proximi capituli praecedentis possint eligere praesidentes, et quod illi praedicti praesidentes qui absentes fuerint, in quorum locum alii subrogati fuerint, nullam tanquam praesidentes habeant potestatem; sed illi solum qui succederint in locum ipsorum; et sic deinceps in perpetuum observentur.

Tertio, quod nullus Abbas, Prior Ecclesiae Cathedralis monachalis, vel Procurator, vel alius nuncius eorumdem recedant a praesenti capitulo sine copia novarum declarationum per Dominum Nostrum Summum Pontificem noviter editarum et per eum ad praesens capitulum missarum, et quod Bulla dictarum declarationum in monasterio Crassensi custodiatur.

Quarto, quod Visitatores diligenter inquirant in locis singulis quae visitabunt an ordinationes Domini Nostri Papae plene serventur.

Haec autem sunt nomina monasteriorum et ecclesiarum cathedralium.

In provincia Narbonensi :

Monasterium Sancti Aegidii [1], dioecesis Nemausensis.
Monasterium Psalmodii [2], » »
Monasterium Sendracense [3], » »
Monasterium de Salva [4], » »
Monasterium S. Guillelmi de Desertis [5], Lodovensis dioecesis.
Monasterium S. Salvatoris Lodovae [6].
Monasterium Anianae [7], dioecesis Magalonensis.
Monasterium S. Tyberii [8], dioecesis Agatensis.
Monasterium Villae Magnae [9], dioec. Biterrensis.
Monasterium Juncellense [10], » »
Monasterium S. Aniani [11], dioec. S. Pontii.
Monasterium Crassense [12], dioec. Carcassonensis.
Monasterium de Caunis [13], dioec. Narbonensis.
Monasterium Montis Olivi [14], dioec. Carcassonensis.
Monasterium S. Hilarii [15], » »
Monasterium S. Polycarpi [16], dioec. Narbonensis.
Monasterium S. Martini de Canigou [17], dioec. Eluensis.

1 S. Gilles, dioc. de Nîmes.
2 Psalmodi, ibid.
3 Sendras, ibid. plus tard, d'Alais.
4 S. Pierre de Salve, ibid.
5 S. Guilhelm du désert, dioc. de Lodève.
6 S. Sauveur de Lodève.
7 Aniane, dioc. de Montpellier.
8 S. Tiberi, dioc. d'Agde.
9 Villemagne, dioc. de Béziers.
10 Joncels, ibid.
11 S. Chinian, dioc. de S. Pons de Thomières.
12 La Grasse, dioc. de Carcassonne.
13 Caunes, dioc. de Narbonne.
14 Montolieu, dioc. de Carcassonne.
15 S. Hilaire.
16 S. Polycarpe, dioc. de Narbonne.
17 S. Martin du Canigou, dioc. de Perpignan.

Monasterium S. Michaelis de Coxano [1], dioec. Elnensis.
Monasterium S. Andreae [2], »
Monasterium Arularum [3], »
Monasterium S. Genesii [4], »
Capitulum Electense [5].
Capitulum S. Pontii [6].

In provincia Tolosana.

Monasterium de Soricinio [7], dioec. Vaurensis.
Monasterium Montis Azili [8], dioec. Rivensis.
Monasterium Lezatense [9], dioec. Tolosanae.
Monasterium Montis Garnerii [10].
Capitulum S. Papuli [11].
Capitulum Montis Albani [12].

In provincia Auxitanensi.

Monasterium S. Severi de Rustano [13], dioec. Tarbiensis.
Monasterium Regulae S. Orientis [14], dioec. Tarbiensis.
Monasterium S. Petri de Generosio [15].
Monasterium de Tasco [16], dioec. Tarbiensis.
Monasterium de Pessano [17], dioec. Auxitanae.
Monasterium Cellae-Medulfi [18].

1 S. Michel de Cuxa, Dioc. de Perpignan.
2 S. André de Sureda, »
3 N.-D. de Arles, »
4 S. Geniès, »
5 Alet. »
6 S. Pons. de Tomières, dioc. de Montpellier.
7 Sorèze, dioc. de Lavaur.
8 Mas d'Azil, dioc. de Rieux.
9 Lezat, dioc. de Toulouse.
10 Mas Garnier, »
11 S. Papoul.
12 Montauban.
13 S. Sever de Roustan, dioc. de Tarbes.
14 S. Oriens de la Reule, »
15 S. Pé de Génerès. »
16 S. Pierre de Tasque, »
17 Pessan, dioc. d'Auch.
18 Saramon, »

Monasterium S. Sabini in Lavitania [1], dioec. Tarbiensis.
Monasterium de Luca [2], dioec. Lascarrensis.
Monasterium de Regula Silvestri [3], »
Monasterium S. Severi de Vasconia [4], dioec. Adurensis.
Monasterium Sorduense [5], dioec. Aquensis.
Monasterium S. Fermerii [6], dioec. Vazatensis.
Monasterium Blasimontis [7].
Monasterium Simorae [8], dioec. Auxitanensis.
Capitulum S. Quiteriae, dioec. Adurensis.

IV.

Anno Domini 1343, feria ii post Dominicam *Cantate Domino*, celebratum fuit capitulum Carcassonae in domo Praedicatorum, in quo statutum fuit.

Primo, quod capitulum sequens fiet ibidem et eodem die anno 1345.

V.

Anno 1345, celebratum fuit capitulum Carcassonae in domo Fratrum Praedicatorum, feria ii post Dominicam *Cantate Domino*, in quo statutum fuit.

Primo, quod anno 1347 ibidem eadem die capitulum celebrabitur.

Secundo, quod in singulis ecclesiis cathedralibus et monachalibus fiant speciales orationes pro Domino Nostro Papa.

Tertio, quod statuta poenalia in capitulo apud Sanctum

1 S. Savin de Lavedan, dioc. de Tarbes.
2 Lucque, dioc. de Lescar.
3 La Reule, ibid.
4 S. Sever, dioc. d'Aix.
5 Sorde, dioc. de Dax.
6 S. Ferme, dioc. de Bazas.
7 Blasimont, ibid.
8 Simore, dioc. d'Auch.

Tyberium celebrato maneant suspensa cum omni effectu, donec examinata sint et approbata.

VI.

Anno 1347, fuit celebratum capitulum Carcassonae in domo Fratrum Praedicatorum, feria ii post Dominicam *Cantate Domino,* in quo statutum fuit.

Primo, quod sequens capitulum ibidem eodem die celebrabitur, anno 1349.

Secundo, quod Abbas de Regula inquirat super reformationem monasterii S. Severi, diœcesis Adurensis, et quod justum fuerit decernat, compellendo rebelles per censuram ecclesiasticam, invocato, si necesse fuerit, auxilio brachii saecularis.

VII.

Anno 1349, celebratum fuit capitulum in domo Fratrum Praedicatorum Carcassonae, feria ii post Dominicam *Cantate,* in quo statum fuit.

Primo, quod sequens capitulum ibidem celebrabitur eodem die anno 1351.

Secundo, quod quilibet Abbatum et Priorum maiorum ecclesiarum cathedralium habeant praecipere subditis suis monachis, in virtute sanctae obedientiae sub poena excommunicationis, quod in monasteriis et extra debeant portare vestes et habitus decentes et omnino dimittere indecentes.

Tertio, item pro omnibus beneficiis impensis et impendendis ordini nostro per Dominum Montis Olivi Cardinalem [1] mille

1 Il s'agit de Guillaume Court, neveu du Pape Benoit XII, Abbé de Montolieu, Cardinal Prêtre du titre des Quatre-Saints-Couronnés, puis Evêque de Frascati, Légat en Lombardie, mort en 1361.

missae celebrentur pro eo, orando specialiter pro eo in mille missis praedictis, et quod in qualibet congregatione subjecta nostro provinciali capitulo celebrentur viginti quinque missae, modo et forma praedictis, pro dicto Domino Cardinali.

Quarto, quod Domnus Abbas Villae Magnae provideat vel procuret cum effectu quod conventus sui monasterii recipiat pitantiam opportunam, cultus divinus ob defectum temporalium nihil perdat.

VIII.

Anno 1354, fuit celebratum capitulum Carcassonae in domo Fratrum Praedicatorum, feria vi ante Dominicam *Cantate Domino,* in quo statutum fuit.

Primo, quod ibidem anno 1357 feria v ante praedictam Dominicam celebretur capitulum.

Secundo, quod monachi qui veniunt ad provinciale capitulum de aliquo monasterio veniant in vestibus, tonsura et habitu regularibus et honestis; si non sic venerint, exuantur et amore Dei vestes dentur et mittentes eos non habeantur pro excusatis.

Tertio, quod Domnus Abbas de Soricinio eligat Priorem studentium in Studio Tolosano quolibet anno, et idem faciat Domnus Abbas S. Tyberii in Studio Montis Pessulani.

Quarto, quod Domnus Abbas de Soricinio diligenter perquirat et perquirere faciat tam per Priorem studentium dicti Studii Tolosani quam per alias personas monachos dissolutos vel portantes vestes, tonsuras et sotulares inhonestos in Studio praedicto, et quod tales monachos moneat, corrigat et, si necesse fuerit, a dicto Studio ad monasteria revocando, et quod idem faciat dictus Domnus Abbas dicti S. Tyberii in Studio Montis Pessulani.

Quinto, quod in monasterio monachi non portent chlamydes seu mantones maxime fissos et botonatos, cucullas manticatas et manicas botonatas, et quod, si excedant, per Abbates, Priores, Visitatores, vel Praesidentes effectualiter puniantur.

Sexto, in virtute sanctae obedientiae iniunctum et sub poena duplici contenta in constitutionibus Papalibus, quae remitti non possit nec aliqualiter mitigari, quod de cetero quicumque Abbas visitator Ecclesiarum Cathedralium vel aliquorum monasteriorum, per hoc sacrum concilium deputatus, personaliter visitet ecclesias, monasteria seu monasterium per ipsum capitulum ad visitandum assignata; in qua quidem visitatione corrigenda effectualiter corrigat, et reformanda reformet, omni appellatione cessante.

Septimo, item fuit definitum quod subtrahantur iura ecclesiastica et spiritualia monasteriorum, ecclesiarum seu locorum monachalium rebellium, monitione trina praemissa, et sint excommunicati monachi, a quo absolvi valeant per dictos Dominos Praesidentes vel eorum alterum, satisfactione praemissa.

Octavo, in virtute sanctae obedientiae et sub excommunicationis poena iniunctum fuit ne aliquis monachus contra Abbatem suum aut Priorem aut monachum recurrere habeat ad alium quam ad Abbatem suum, Priorem, Subpriorem, vel Visitatorem proprium, vel aliquem Praesidentium, pro factis regularibus.

Nono, quod Domini Praesidentes scribant Dominis Uticensi Episcopo et Abbati Psalmodiensi quod supplicent Domino Nostro Papae quantum Sanctitas declarare dignetur ut Dominus Abbas Coxanensis, qui in nostra provincia est inclusus et alias in isto consilio venire consuevit, teneatur in ipso provinciali capitulo mittere vel non jam nunc ad ipsum venire de facto contradicat.

Decimo, definitum fuit exhortando et alias salubriter invitando ut illi qui habebunt de catero recursum ad Dominos

Praesidentes seu eorum loca tenentes, pro litteris impetrandis aut alias justitia prosequenda, non gravent ipsos in eorum declinationibus ad sua monasteria seu loca faciendis.

Undecimo, quod Domini Praesidentes vel eorum alter seu eorum loca tenentes non recipiant, pro singulis litteris cum suis sigillis, nisi grossum cum dimidio.

IX.

Anno 1368, die ultima mensis Maii celebratum fuit capitulum in domo Fratrum Minorum Vaurensium, in quo sunt electi Praesidentes DD. Saxius, Abbas Montis Olivi, R. P. Abbas Iuncellensis, Dom. Ioannes, Abbas Montis Garnerii, et D. Bertrandus, Abbas S. Severi de Rustano, in quo statutum fuit.

Primo, quod capitulum celebrabitur, prout est alias fieri consuetum, in domo Fratrum Praedicatorum Carcassonae anno tertio sequenti, die Jovis post Dominicam *Cantate Domino*, si tantum fieri possint sine periculo hostium et viarum, et quod, si de multis annis propter pericula celebrari non possent, potestas Dominorum Praesidentium semper daret, et, si post triennium aliqui e Praesidentibus decesserint, definitores eis succedant et omni jure Praesidentium utantur.

Secundo, quod Domnus Philippus, Abbas de Soriciniis, faciet sermones tres, quod Domnus Petrus, Abbas Iuncellensis, librum Regulae et Constitutionum Domini Benedicti PP. XII. glossatum et cum apparatu bene dispositum per Domnum Petrum [1], olim Abbatem S. Aniani, dioecesis S. Pontii, eodemque Domno Abbati Iuncellensi per eumdem Domnum Petrum Abbatem traditum, cum publico instrumento

[1] Pierre Boyer, Abbé de S. Chinian, et évêque d'Orvieto en 1364, auteur d'un commentaire de la Règle de S. Benoit.

reddet et restituet dicto capitulo seu Dominis Praesidentibus et in eodem loco Carcassonae teneat et custodiat et diligenter conservet, usque ad capitulum aliud servandum.

Quarto, statutum fuit quod Domini Praesidentes possint visitare monasteria et Abbates de quibus eis videbitur, et querelas vel alia quae indigerent reformari, aut aliquem de Abbatibus vicinis visitatorem deputare, ne graventur monasteria in visitatione, nisi quando fuerit utile vel necesse.

Quinto, quod Praesidentes vel deputati ab eis caveant diligenter ne in causis seu negotiis agitandis coram eis admittant quolibet modo cessiones indebitas et injustas, seu fictitias et suspectas, seu etiam donationes similes, nisi constaret eis quod sine fictione monachis vel monasteriis pro obitu vel obitibus vel aliis causis legitime data essent.

Sexto, quod partes coram eis agentes super vacationibus seu actionibus faciendis non graventur seu opprimantur minis seu terroribus, violentiis vel injuriis, sed quod plenam habeant securitatem disserendi et jus suum libere allegandi.

Septimo, caveant propter honorem religionis ne privilegia nobis data impugnentur propter abusum ipsorum et ne partes graventur injustis et indebitis actionibus.

X.

Anno 1371, feria iv post Dominicam *Cantate Domino,* fuit celebratum capitulum in domo Fratrum Praedicatorum Carcassonae et electi sunt Praesidentes DD. Abbates Crassae, Soricinii, Caunarum et Pessani, et Definitores, DD. Abbates Montis Olivi, S. Hilarii, S. Polycarpi, S. Aniani, in quo statuerunt.

Primo, quod capitulum celebrabitur ibidem anno 1373, feria ii post festum Sanctae Crucis mensis Maii.

Secundo, quod Domnus Bertrandus Abbas faciat sermonem.

Tertio, quod propter cessiones bonorum quae fiunt quandoque [de] locis seu personis Ordinis nostri saepe scandalum oritur, statuerunt quod Praesidentes virtute talium donationum nullum convenire patiantur coram ipsis, et quod convenientes ad impensas condemnent debitas, et alias eis acriter corrigant et castigent.

Quarto, item statutum fuit quod Domini Praesidentes vel alter eorum seu loca tenentes non recipiant pro singulis litteris nisi duos crossos, videlicet unum pro sigillo, et unum pro papyro vel notario.

Quinto, item quod, quando aliquis monachus non interfuerit in matutinis, videlicet cum primo incipitur hymnus Ambrosianus, vel ante completum dictum officium absque legitima causa chorum seu ecclesiam [non] convenerit, media portione monachali vini sit illa die privatus, nisi obtenta licentia et ex causa rationabili absit.

Sexto, item fuit definitum quod Domnus Abbas Soricinii Philippus vadat ad Curiam Romanam pro aliquibus negotiis ipsius capituli dictam religionem tangentibus promovendis, et quod, si plus vel minus in promotione praedictorum negotiorum expendet, super hoc stabitur conscientiae suae.

XI.

Anno 1373, x mensis Maii celebratum fuit capitulum in domo Fratrum Praedicatorum villae Limosi [1], dioecesis Narbonensis, in quo statutum fuit.

Primo, quod ibidem celebrabitur capitulum, die ii Maii anno 1376.

Secundo, quod nullus amodo Praesidens ad suum mona-

[1] Limoux.

sterium visitandum locum tenentem generalem facere et deputare non possit, nisi alium Domnum Abbatem vel Priorem Maiorem Cathedralis ecclesiae eiusdem Ordinis et Religionis.

XII.

Anno 1376, vii mensis Maii, in conventu Fratrum Praedicatorum Carcassonae celebratum fuit capitulum, in quo fuerunt electi Praesidentes DD. Pontius, S. Tyberii Agatensis, Embrinus, de Caunis Carcassonensis, Bertrandus, S. Genesiis Elnensis, et Petrus, S. Polycarpi Narbonensis dioecesis, Abbates, in quo statutum fuit.

Primo, quod capitulum ibidem celebrabitur anno 1378, iv die mensis Maii.

Secundo, quod Domnus Guido, Abbas Crassensis, missam celebret et Petrus, Abbas S. Polycarpi Narbonensis dioecesis, sermonem faciat.

Tertio, quod Domnus Philippus, Abbas Soricinii, visitet monasteria et ecclesias Narbonensis et Carcassonensis dioecesis.

Quarto, quod Domnus Abbas monasterii Mansi Azilis visitet monasteria et ecclesias cathedrales Tolosanae provinciae.

Quinto, quia unum de substantialibus cujulibet regulae est omni iure quemlibet monachum proprium non habere, ad salutem animarum subiectorum huiusmodi religionis, definitum fuit quod quilibet monachus saltem in vigilia Natalis Domini et die Cœnae suo proprio Abbati et Priori Majori cathedralium ecclesiarum et per eosdem ad hoc specialiter deputatos, proprium si quod habet, pure et sine fraude revelare teneatur; alias, ad communionem nullatenus admittatur.

Sexto, quia aliquoties litteras impetrantes abutuntur eis quando sub generalitate conceduntur, definitum fuit quod deinceps non concedantur, nisi expressis nominibus propriis.

Septimo, quod quilibet Abbas aut feuda possidentes recognitionem dictorum feudorum in forma a dictis feudatoribus debita ad celebrationem futuri capituli afferant, nisi eam habuerint a quindecim annis et citra.

Octavo, quod nullus Praesidens aurum aut pecuniam ab excommunicato de cetero recipiat.

Nono, quod quilibet Visitator, si casus requirit, possit assumere unum alium convisitatorem, qui eum juvare teneatur et tantum habeat potestatem sicut visitator ad hoc deputatus; hoc tamen, quando indigebit, relinquetur arbitrio suae conscientiae.

XIII.

Anno 1379, feria iv post Dominicam *Iubilate*, celebratum fuit capitulum in domo Praedicatorum Carcassonae, in quo statutum fuit.

Primo, quod capitulum sequens celebretur in domo Praedicatorum Limosi, iii die mensis Maii, anno 1382.

Secundo, quod Domnus Philippus, Abbas Soricinii, faciat sermonem.

Tertio, quod Domnus Bertrandus, Abbas S. Hilarii, visitet monasteria et ecclesias cathedrales dicti Ordinis, dioecesis Electensis et Elnensis.

Quarto, quod Domnus Philippus, Abbas Soricinii, visitet ecclesias et monasteria Narbonensis et Carcassonensis dioecesis.

Quinto, quod Domnus Antonius, Abbas S. Polycarpi, visitet monasteria et ecclesias cathedrales Tolosanae provinciae.

Sexto, quod Domnus Embrinus, Abbas de Caunis, visitet monasterium S. Guillelmi de desertis et ecclesiam cathedralem S. Pontii Tomeriarum.

XIV.

Anno Domini 1393, die viii Maii, celebratum fuit capitulum in domo Fratrum Praedicatorum Carcassonae, in quo fuerunt electi Praesidentes DD. Abbates Guillelmus Crassensis, Pontius S. Tyberii, Guillelmus Lezatensis, et Raymundus Arnaudi S. Petri de Generosio. Et statutum fuit, cum consilio DD. Abbatum definitorum Vingonis Soricinii, Reginaldi S. Guillelmi, Roberti Villae Magnae, et Bernardi Iocundensis, necnon et Petri Abbatis de Tasca ac Iacobi Abbatis S. Hilarii.

Primo, quod sequens capitulum celebretur ibidem, die x Maii 1395.

Secundo, quod Domnus Thesaurarius possit concedere litteras opportunas denunciatorias et aggravatorias contra recusantes solvere summas per eos debitas.

Tertio, quod Domnus Abbas Crassensis custodiat librum datum capitulo per Domnum Petrum bonae memoriae episcopum Urbevetanum [1], videlicet regulam sancti Benedicti glossatam et constitutiones Domini Benedicti Papae etiam glossatas in illo volumine.

Quarto, quod missa pro Schismate designata noviter ordinata per Dominum Clementem Papam de cetero celebretur solemniter et devote in quolibet monasterio dictarum provinciarum semel in septimana, videlicet die Iovis, impedimento cessante, aut alia die, secundum quod magis opportune poterit celebrari.

Quinto, quod, ultra dictam de Schismate missam, celebretur qualibet septimana die Martis, aut alia magis opportuna, alia missa conventualis, in qua dicantur tres collectae, una pro bono statu Domini Papae et totius Ecclesiae, alia pro

1 Orvieto.

bono statu Domini Nostri Regis Franciae et filiorum suorum, tertia pro bono statu Domini Cardinalis Ambianensis, judicis et protectoris omnium monachorum universi orbis, et illa die, qua celebratibur dicta missa, fiat processio per ecclesiam et claustrum cujuslibet monasterii dictarum provinciarum.

XV.

Anno 1395, x Maii, celebratum fuit capitulum Carcassonae in domo Praedicatorum, in quo fuerunt Definitores DD. Abbates Guido Crassensis, Hugo Anianae, Antonius S. Polycarpi et Iacobus S. Hilarii, et statutum fuit.

Primo, quod anno 1399 celebrabitur capitulum Tolosae in monasterio beatae Mariae Deauratae, in Vigilia Ascensionis Domini.

Secundo, quod Domnus Elias, Abbas Montis Olivi, ecclesias et monasteria provinciae Tolosanae visitet.

Tertio, quod Domnus Reginaldus, Abbas S. Guillelmi, visitet monasteria Biterrensis, Lodovensis et Magalonensis dioecesium.

Quarto, quod Domnus Psalmodiensis Abbas visitet monasteria Nemausensis et Uticensis dioecesium.

Quinto, quod Priores non possint facere conventiones cum monachis sibi assignatis seu deputatis pro claustralibus de pensione nisi causa studiorum vel alia rationabili causa, et de licentia praelati sui et conventus, secundum formam juris, et laudabilem consuetudinem monasteriorum, et aliter non.

XVI.

Anno 1401, die Lunae x Maii, celebratum fuit capitulum Carcassonae in domo Fratrum Praedicatorum, in quo definitores fuere DD. Abbates Hugo de Soricinio, Elias Montis Olivi, Ioannis S. Aniani, et Antonius S. Polycarpi, cui interfuerunt Bernardus Iocundensis, Guido Crassensis, Philippus Ananae, Ioannes Sendracensis, et alii, in quo statutum fuit.

Primo, quod capitulum sequens celebrabitur anno 1403 in ecclesia cathedrali S. Pontii Tomeriarum, in vigilia Corporis Christi.

Secundo, quod Abbates et Priores ecclesiarum cathedralium moneant monachos suos quod habeant deferre vestes honestas et non opulentas more saecularium cum amplis manicis et inhonestis, et, si noluerint obedire, perdant ipsas vestes, quae dentur pro amore Dei pauperibus.

XVII.

Anno 1410, celebratum fuit capitulum in ecclesia cathedrali S. Pontii Tomeriarum, in quo fuerunt Definitores DD. Abbates Guido Crassensis, Philippus Anianae, Vitalis Pessani, et Bertrandus S. Hilarii, in quo statutum fuit.

Primo, quod sequens capitulum celebrabitur anno 1413 Tolosae, die XX mensis Maii.

Secundo, quod litterae citationis non valeant ultra quatuor menses.

Tertio, quod constituantur procuratores generales per Dominos Praesidentes et praelatos in curia cujuslibet Praesidentis, qui nomine totius religionis assumant et prosequantur causas contra quoscumque impedientes aut recusantes obedire et parere mandatis, praeceptis aut litteris Dominorum Praesidentium, nec non causas ecclesiarum cathedralium aut monasteriorum tangentes statum universalem dictarum ecclesiarum, primitus tamen habita deliberatione et maturitate cum ipsis Dominis Praesidentibus et Definitoribus an debeant assumere dictam causam vel causas, et etiam de licentia praedictorum vel majoris partis ut prosequantur expensis imponendis et indicendis.

Quarto, item fuit definitum quod omnes praelati prioribus seu praepositis religiosos pro sociis suis mansionariis teneantur assignare, cum nullus religiosus debeat morari solus.

Quinto, quod omnes jaceant in eodem dormitorio, et comedant in refectorio, ubi sunt ad hoc loca opportuna, cum haec praecipiantur in Regula et in constitutionibus Benedicti Papae XII et in jure.

Sexto, quod religiosi quicumque etiam administrationem habentes parebunt proprio Abbati vel cui ipse commiserit vel prioribus in monasteriis, ubi solum priores praesunt vel etiam cui ipsi commiserint.

XVIII.

Cum teste beato Apostolo Iacobo et Iuris authoritate liqueat quoniam omne datum optimum et omne donum perfectum desursum sit descendens a Patre luminum apud quem non est transmutatio vel vicissitudinis obumbratio, humanamque sciamus fragilitatem caliginosissimis irretitam turbinibus et densissimis obumbratam nebulis, nec solum saeculari, quinimo, proh dolor, et regulari religione quae sanctorum Patrum virtutibus a suis primis rudimentis jamdudum honestissime et sanctissime floruit et produxit palmites et multiplices Deo devotissimos et acceptos, nunc quoque, quod nunquam sine profluvio lacrymarum memorandum est, ager ille Dominicus, videlicet monachorum nigrorum religio, latebrosis nutat atque errat honestatis et morum obumbrationibus, adeo ut jam pene labatur in omnium inhonestatum coenosum volutabrum, propter quod nec via amplius redeundi ad coenobitarum vitam approbatissimam nec semita pateat, justum arbitrari et dignum quemque religiosum decet et catholicum ut in tam salutiferi operis prosecutione indeficientis luminis totis praecordiorum visceribus mentiumque affectibus nec siccis genis imploretur suffragio quatenus lumine quod lucet in tenebris irradiata fulgoribus coalescant ut cum Christo et sanctis omnibus juxta Apostolum possimus comprehendere quae sit longitudo, latitudo, sublimitas, et profundum, et ut Patrum spicula in juvenum pectoribus recondatur salutiferae Crucis insigniti signo atque protecti, sanctissimam Trinitatem plurimum invocare delectat sic dicendo : In nomine sanctae et individuae Trinitatis Patris, et Filii, et Spiritus Sancti, anno a Nativitate Domini 1433, et die XXVI mensis Ianuarii, fuit celebratum capitulum in monasterio Beatae Mariae Tolosae, in quo statutum fuit per Definitores DD. Abbates Hugonem Crassensem, Sancium Montis Olivi, Ioannem Iocundensem.

Primo, quod capitulum sequens celebrabitur Carcassonae in domo Fratrum Praedicatorum, anno 1436 die XVI post festum Paschae.

Secundo, quod omnes religiosi portent tonsuras suas honestas et rasas, celebrent missas frequenter secundum ordinationes antiquas, et faciant hebdomadas suas per se et non per alios, nisi fuerint legitime excusati, et, casu quo in praemissis defecerint, perdant medietatem praebendae.

Tertio, quod non portent zonas argenteas, nec caputia cum magnis cornetis, et, casu quo contrarium fecerint, dentur pauperibus dictae zonae et caputia amore Dei per superiores eorum.

Quarto, quod omnes monachi existentes et moram facientes in Studiis generalibus vel aliis locis seu villis insignibus causa studii vel alia rationabili vel justa, teneantur et debeant portare cucullas sive floccos, et non sicut ausi ire aut incedere per civitatem vel villas ubi moram trahent, nisi portent alium ex praedictis habitibus, et, si contrarium fecerint ii qui in Studiis generalibus fuerint, perdant privilegia

Studii generalis ipso facto; ceteri vero extra studia in praemissis delinquentes efficiantur inhabiles per duos menses ad quaelibet beneficia vel officia obtinenda, et a beneficiis vel officiis quae obtinent per dictum tempus sint suspensi etiam ipso facto.

XIX.

. . . . . pro cunctorum praefatae religionis communi reformatione . . . reverendi patres Ecclesiarum cathedralium Priores, post Antistites maiores in Narbonensi, Tolosana, et Auxitana provinciis pro una provincia ad hoc comprehensis, et alii subditi religiosi se ad hoc provinciale capitulum salubriter congregaverunt, anno videlicet Dominicae Incarnationis 1444, die XIV mensis Iulii, in domo Fratrum Praedicatorum Carcassonae, in quo per Praesidentes Dominos Abbates de Caunis, S. Aniani, S. Hilarii, et Soricinii, de consilio DD. Abbatum S. Guillelmi de desertis, S. Petri de Generosio, Sendracensis statutum fuit.

Primo, quod anno 1446 sequens capitulum celebretur Biterris in domo Fratrum Praedicatorum, die prima mensis Maii.

Secundo, statutum fuit quod monachi non portent capucia bordelata cum longis et amplis cornetis sive aguiletis ipsis capuciis curiose alligatis ad modum histrionum, contra statum religionis deformata, nec vestes francitas sive basrinatas cum longis et amplis manicis ac etiam ex longo, videlicet ab ore usque ad fimbrias, totaliter apertas et cum bachinatis sive bossivis adiunctas et astrictas etiam patulas cum aguilletis nimium dissolutis ad modum praedictorum histrionum; sed portent honesta et, si obedire noluerint, puniantur in pane et aqua et in carceribus, si meruerint.

Tertio, quod monachi portent tonsuras suas rasas et

honestas, non ad modum presbiterorum saecularium sed ad modum religionis monachorum, prout antiquitus more antiquorum patrum est portari solitum; non etiam portent zonas argenteas aut cultellos argenti globulatos.

Quarto, quod nullus religiosus in ecclesiis sive monasteriis teneat arma invasiva sine expressa sui superioris licentia petita etiam et obtenta, et hoc, sub poena in jure et constitutionibus contenta.

Quinto, quod nullus ejusdem religionis, cujuscunque status, dignitatis sive conditionis existat, vivere aut conversari cum mulierculis aliquali nota infamiae notatis, et hoc, sub poenis in jure et constitutionibus contentis.

Sexto, quod nullus religiosus avvendere seu ad firmam habere praesumat beneficia saecularia, neque etiam alii religiosi beneficiati sive administrationem habentes avvendere ultra annum beneficia aut administrationem habeant absque sui superioris petita licentia, et quod DD. Abbates et ecclesiarum cathedralium Priores Maiores super hoc subditos suos monere habeant, sub poenis quibus eis videbitur infligendis.

Septimo, quod nullus ad taxillos sive ad pilam nec ad cartas monachus cum laicis ludere habeat causa lucri, et hoc, sub poena inclaustrationis per mensem pro qualibet vice qua talia facere attentaverint, nec etiam permittant ullatenus dicti DD. Abbates seu dictarum ecclesiarum cathedralium Priores Maiores laicos intra septa monasterii praedictos ludos exercere permittant.

Octavo, cum ignorantia sit mater cunctorum errorum, ordinatum fuit quod in quibuscunque ecclesiis cathedralibus dicti ordinis sive monasteriis, in quibus suppetunt necessaria, habeant tenere idoneum magistrum, sufficientem et habilem qui juvenes monachos in primitivis scientiis, scilicet in grammatica et logica, diligenter instruere ac docere habeat, quem quidem magistrum habere procurent infra tres menses a die publicationis praesentium, sub poena suspensionis ab administrationibus quas habent per tres menses.

Nono, quod quando religiosi per villas in quibus sunt eorum monasteria incedunt, bini et bini, vel saltem cum decenti societate associati vadant, et non soli, et non cum cuculla.

Decimo, quod de cætero nullus religiosus dicti ordinis in monasteriis, ecclesiis seu villis portare habeat scapularia nodata ad latus sive transversata ad modum scripae in dedecus religionis et in signum superbiae et fastus, sed ipsa modo deferant prout hactenus per antiquos et probos patres est portari solitum.

XX.

... Et quamquam circa dictae religionis salubrem et felicem statum ejusque attinentias tam per regulares institutiones almorum patrum, qui de hoc saeculo feliciter transmigrarunt, quam per juridicas sanctiones provisum existere satis demonstratur, Dominus tamen Benedictus recolendae memoriae Papa duodecimus, ob zelum amplioris salutis et majoris prosperitatis praefatae religionis, quam plurimas pro reformatione Ordinis et observantia regulari edidit constitutiones, in quibus frugaliter ordinavit capitulum provinciale de triennio in triennium debere celebrari, provincias super hoc clare distinguendo. Ideo RR. Patres et Praelati infrascripti in unum super hoc legitime congregati in provinciis Narbonensi, Auxitanensi, et Tolosana comprehensi, anno 1448 die Mercurii prima mensis Maii, in civitate Biterrensi in domo Fratrum Praedicatorum statuerunt.

Primo, de consensu et voluntate DD. Abbatum Psalmodii, Caunarum, Anianae, Villae Magnae, S. Aniani, S. Martini, de Canigou, S. Hilarii, Sendracensis, Soricinii, S. Polycarpi, S. Tyberii, Juncellensis, quod sequens capitulum celebretur in civitate Electensi infra septa monasterii ecclesiae cathedralis beatae Mariae dictae civitatis, die prima mensis Maii anno 1450.

Secundo, quod nullus veniat ad dictum capitulum nisi expresse vocatus.

Tertio, quod sint Praesidentes in dicto capitulo DD. Abbates de Cuxano, de Generesio, de Lezato et de S. Tyberio.

XXI.

Anno 1478, die undecima mensis Novembris celebratum fuit capitulum in civitate Tolosana et monasterio Beatae Mariae, Guillelmus Montis Olivi, Giraldus Mansi Garnerii, Odo S. Polycarpi, et alii, qui dicti Abbates electi fuerunt Praesidentes, in quo statutum fuit.

Primo, quod, anno 1491 die prima Maii, celebrabitur sequens capitulum in monasterio Mansi Azilis, cui praesidebunt Abbates Iocundensis, Simorrae, Villae Magnae et S. Salvatoris Lodovae.

Secundo, quod nullus Abbas seu commendatarius possit aut debeat constituere vicarium nisi religiosum e gremio sui monasterii, praesertim in causis concernentibus regularem disciplinam et mores regulares.

Tertio, quod Domnus Thesaurarius possit capitulum monasterii convocare ad electionem Abbatis, consultis prius super hujusmodi convocatione duobus Abbatibus sibi vicinioribus.

Quarto, quod monachi non conferant camisias lineas, nisi prout jura volunt et constitutiones.

Quinto, quod in capitulo quilibet incedat cum cuculla seu flocco aut alio habitu congruo et religioni decenti.

XXII.

Anno 1495 die 6 Maii, celebratum fuit capitulum in quo Praesidentes fuerunt DD. Abbates Rogerius de Bartha,

Simorra; Oliverius de Monte Falcone, Iuncellarum; Florentius Galandi, Soricinii; Antonius de Narbona, Anianae, in quo statutum fuit.

Primo, quod sequens capitulum celebrabitur in monasterio Soricinii, dioecesis Vaurensis, prima Maii anno 1498.

Secundo, item statuerunt quod Abbates saeculares seu commendatarii ordinis praedicti constituere teneantur eorum vicarios in monasteriis suis religiosos et de gremio monasterii cuiuslibet ac de consensu capituli. Dabunt dictis vicariis stipendia et salaria moderata, et quod tales vicarii non possint neque valeant destitui nec revocari per dictos Abbates saeculares sine consensu capituli eorumdem; et casu quo Abbates praedicti saeculares non se possint cum dictis religiosis convenire de dictis vicariis instituendis, quod ipsi religiosi adeant Dominos Praesidentes praedictos aut alterum ipsorum, et quod dicti Domini Praesidentes vel alter ipsorum possint de dictis vicariis providere.

Tertio, quod saecularis aliquis domos proprias infra septa monasteriorum ordinis praedicti non habeat, nec religiosus possit stare vel habitare extra septa religionis ejusdem monasteriorum in locis ubi fuerint ipsa monasteria situata.

Quarto, quod quilibet prior teneatur in suo prioratu residere, nisi fuerit legitime impeditus aut licentiatus.

Quinto, quod religiosi in civitatibus seu villis residentes in quibus monasteria ipsa sunt sita non habeant incedere soli et sine cuculla, nisi alias fuerit per illorum Abbates dispensatum.

Sexto, quod quilibet religiosus reddat rationem quolibet anno de administratis Abbati suo.

XXIII.

Anno 1497, celebratum fuit capitulum in monasterio Soricinii, die 23 mensis Iunii, cui interfuerunt Augerius de Monte

Falcone, Abbas de Iuncellis, Florentius Galandi Soricinii, et alii, in quo statutum fuit.

Primo, quod singulis annis in quolibet monasterio capitulum celebretur generale ab omnibus religiosis dicti monasterii et ab eodem dependentibus, tam extra claustra viventibus quam claustratis vocatis.

Secundo, quod religiosi non habeant exire extra septa monasterii, nisi petita licentia et obtenta; alias regulariter puniantur.

Tertio, quod in choro, dormitorio, capitulo et refectorio silentium continuum habeant servare, et in claustro horis consuetis.

Quarto, quod nullus religiosus in villa aut civitate ubi monasteria sita sunt comedat, sub poena excommunicationis et carceris.

Quinto, quod religiosi sub poena regularis disciplinae commatres non faciant.

Sexto, quod juvenes religiosi non beneficiati vel officiarii dormiant in dormitorio; et officiarii, intra septa monasterii.

Septimo, quod religiosi comedant in refectorio saltem tempore adventus, quadragesimae et diebus quadragesimalibus; et omni tempore, hebdomadarii et servitores altaris.

Octavo, quod tempore adventus, quadragesimae, feria IV et sabbato carnes non comedant, neque reliquo tempore in refectorio.

Nono, quod religiosi infra septa monasterii pedisequos non habeant.

Decimo, quod religiosi ad argentum cum cartulis vel taxillis non ludant, sub poena regularis disciplinae.

Undecimo, ne religiosi, cujuscunque conditionis vel qualitatis existant, in negotiis regularibus se inmisceant.

Duodecimo, ne religiosi, cujuscunque qualitatis existant, comas ferre habeant, sub poena carceris.

Decimo tertio, quod Abbates commendatarii teneantur

ad expensas religiosorum et vicariorum suorum, quos mittunt et mittere tenentur ad capitulum, et ad expensas DD. Definitorum ad visitandum et alias.

XXIV.

Anno 1499 die 27 Iunii, in Monasterio Soricinii celebratum fuit capitulum, in quo statutum fuit quod sequens capitulum celebretur Tolosae, et facta fuit cotisatio abbatiarum, capitulorum et aliorum beneficiorum, in provinciis tribus Auxitana, Narbonensi et Tolosana.

STATUTA QUAEDAM CAPITULORUM GENERALIUM PRO REFORMATIONE COENOBIORUM ORDINIS BENEDICTINI

Anno 1258, habitum fuit capitulum generale et statutum fuit.

Primo, quod sub poena excommunicationis nullus monachus simplex, quando committitur sibi prioratus, adscriberet debitum suum, si quod ante fecerat, prioratui.

Secundo, ne monachus aliquis deferat de cetero porpoin nec manicas curtas, et quod omnes superius deferant manicas longiores. Et ut monachi de prioratibus deferant staminas.

Tertio, ut priores qui non sunt sacerdotes ad ordines accedant.

Anno 1266, habitum fuit capitulum generale et statuerunt Patres.

Primo, ut dentur monachis uno anno tunica, alio pellicia.

Secundo, ut singulis annis froccos habeant singuli de conventu.

Tertio, ut omnes staminas deferant praeter quam pueri, juniores, et ne alicui detur tela, nisi pro femoralibus faciendis.

Quarto, ut nullus noviter induatur, nisi secum prius attulerit omnia et singula supradicta.

Anno 1278, habitum fuit capitulum generale apud Sanctum Petrum Cabilonensem et, praesidentibus Guidone, abbate S. Augendi, et Hugone, abbate S. Benigni, statutum fuit.

Primo, ut monachi claustrales cameras proprias non habeant nec ronimos nec garciones.

Secundo, ut claves camerarum seu domorum Abbates requirant a monachis, si qui eas habuerint, intra mensem.

Tertio, ut Visitatores semel ad minus in refectorio comedant cum conventu.

Quarto, ut nullus Ordinum mendicantium recipiatur in monachum, nisi de licentia capituli.

Quinto, ne vestes regulares dentur ystrionibus vel goliardis.

Sexto, ut antequam Abbates visitentur, per mensem ante visitationem canonice moneantur.

Septimo, ut Insulae Barbarae et Athanaii Abbates monachos suos in Lugdunensi civitate studere non permittant, nisi in theologica facultate.

Anno 1281, habitum fuit capitulum generale apud S. Petrum Cabilonensem et Praesides fuere Hugo, abbas S. Benigni, et Stephanus, abbas Saviniaci. Et statuerunt ut Abbates singulis annis reciperent computum de prioribus et administratoribus suis per juramentum suum....

Anno 1291, habitum fuit capitulum generale apud S. Petrum Cabilonensem et Praesides fuerunt Iocerandus, abbas Athanaii, et Guillelmus, abbas S. Sequani, et statutum fuit in dicto capitulo.

Primo, ut nullus comedat nisi in refectorio, infirmaria aut camera domni Abbatis, sine licentia ipsius.

Secundo, ut id non fiat nisi de licentia ipsius speciali.

Tertio, ne monachi habeant domi aut deferant secum arma, sine licentia abbatis speciali.

Quarto, sub poena excommunicationis inhibemus ne aliquis monachus aves venaticas, falcones, accipitres vel nissos deferre praesumat.

STATUTA IN CAPITULO GENERALI MONACHORUM ORDINIS BENEDICTINI, IN REGNO BURGUNDIAE ANNO 1337 DIE 20 MENSIS IULII PRO REFORMATIONE ET BONO REGIMINE COENOBIORUM.

« Reverendo ac Venerabili in Xto Patri ac Domino, Domino Abbati monasterii Molismensis Ordinis Sancti Benedicti, Lingonensis Dioecesis, frater Guido, permissione divina humilis abbas monasterii Flaviniacensis eiusdem Ordinis, Aeduensis dioecesis, salutem in Domino sempiternam. Ad vos transmittimus copiam constitutionum et statutorum per Reverendos in Xto Patres Dominos Praesidentes, insuper et nos super status et Ordinis monachorum nigrorum reformatione nuper editas, vobis dictas constitutiones et statuta intimando, ut easdem etiam intimetis et publicetis omnibus subditis vestris quorum intererit, seu intimare et publicare faciatis, quarum institutionum seu statutorum tenor sequitur in haec verba. »

In nomine Domini. Amen. Notum sit omnibus praesentibus, praeteritis et futuris quod, anno Domini 1337 die 20 mensis iulii cum continuatione dierum sequentium ad hoc necessariorum, qua die citati fuerant omnes Abbates et Priores, superiores immediate non habentes, provinciarum Lugdunensis, Bisuntinensis, Tarantasiensis apud Masticonum coram Reverendis in Xto Patribus Dominis Abbatibus Cluniacensi et Trenorchiensi, commissariis a Sede Apostolica deputatis super publicatione et executione reformationum et constitutionum Domini Nostri Benedicti Papae XII super statu religionis monachorum nigrorum edictarum. Qui dicti Domini commissarii ut supra, missa Sancti Spiritus et sermone primitus celebratis in Ecclesia cathedrali et capitulo dictae sancti Vincentii Masticonensis, juxta tenorem commissionis sibi factae, nobis Abbatibus præsentibus in capitulo dictae Ecclesiae sancti Vincentii una cum procuratoribus Abbatum absentium dictas Constitutiones iuxta formam eorumden intimaverunt, promulgaverunt et publicaverunt, et eas de verbo ad verbum in nostrum omnium praesentia in capitulo dicto legi fecerunt et copiam unicuique habere volenti dari et fieri concesserunt. Quas constitutiones de puncto ad punctum juxta formam et tenorem earumdem nobis et nostris subditis authoritate qua supra praeceperunt firmiter et inviolabiliter observari. Quibus peractis, dicti Domini Abbates praesentes, videlicet Sancti Eugendi Iurensis [1], Saviniacensis [2], S. Regnoberti Iurensis [3], S. Petri Cabilonensis [4], S. Stephani, S. Petri Melundensis [5], Reomensis [6], S. Martini Viziliacensis [7], S. Leonardi de Corbiniaco [8] et S. Rigaudi [9], cum procuratoribus abbatum absentium, videlicet Insulae Barbarae [10], Ambroniacensis [11], S. Benigni Divinionensis [12], de Bessua [13],

1 Saint-Claude.
2 Savigny.
3 Saint-Rambert.
4 Saint-Pierre de Chalon.
5 Saint-Pierre de Molosme.
6 Moustier-Saint-Jean.
7 Vézelai.
8 Saint-Léonard de Corbigny.
9 Saint-Rigaud.
10 Ile-Barbe.
11 Ambournay.
12 Saint-Benigne de Dijon.
13 Béze.

S. Petri de Pultis [1], Molismensis [2], S. Michaelis Tornodorensis [3], S. Martini Aeduensis [4], Favernerii [5], Luxovii [6], praehabita inter se deliberatione matura, nos Trenorchiensem, Cabilonensem, Flaviniacensem, dioecesis Aeduensis, Athanatensem, Lugdunensis, et sancti Vincentii Bisuntinensis Abbates, in Praesidentes nostri provincialis capituli unanimiter elegerunt. Qua electione facta, virtute, authoritate et potestate nobis datis, nos Praesidentes memorati imprimis statuimus et ordinavimus nostrum provinciale concilium debere celebrari apud Cabilonum in monasterio S. Petri Cabilonensis, videlicet in Dominica post octavas festi Corporis Christi, quod erit anno Domini 1339, nisi per nos terminus prolixior aut brevior ex causa legitima fuerit assignatus.

Item, quod pro vita et prosperitate longæva ipsius Domini Nostri Papae Benedicti statuimus et ordinamus quod per quemlibet monachum sacerdotem ipsius Ordinis tres missas fore celebrandas, videlicet, unam de Sancto Spiritu, aliam de Beata Virgine et tertiam de mortuis. Et per quemlibet monachum non sacerdotem debere legi unum psalterium infra annum a data praesentium computandum. Et in singulis ecclesiis cathedralibus, monasteriis et aliis locis conventualibus dicti Ordinis seu Religionis unam missam solemniorem debere celebrari.

Item, statuimus Dominum Abbatem Cluniacensem, prima die nostri praesentis capituli, missam Sancti Spiritus solemniter debere celebrare; et, ipso absente tamen rationabiliter excusato, ordinamus dictam missam per Dominum Vizilia-

1 Saint-Pierre de Poultiers.
2 Molesme.
3 Saint-Michel de Tonnerre.
4 Saint-Martin d'Autun.
5 Faverney.
6 Luxeuil.

censem celebrandam, et per eumdem Dominum Viziliacensem sermonem dicta die faciendum.

Item, praecipiendo mandamus quatenus omnes et singuli quorum interest in singulis ecclesiis cathedralibus, monasteriis et aliis locis conventualibus ipsius Ordinis seu Religionis dictae nostrae provinciae praedictas constitutiones, ordinationes et statuta sub scriptura authentica perpetuo habeant et intendant, observent diligenter.

Item, statuimus quod, si aliquis monachus in suum Abbatem per se vel per alium manus injecerit temere violenter vel procuraverit, aut injectionem, captionem occasione sui factam, ratam habuerit, carceribus mancipetur, et sit perpetuo inhabilis ad omne beneficium adhibendum, et, si beneficiarius extiterit, quod sit suo beneficio vel officio privatus ipso facto; et nullus de sui genere usque ad quartum gradum in suo monasterio vel membris ipsius recipiatur. Illi vero qui abbatem vel alium cui hoc esset commissum impedirent ne dictus monachus incarceraretur, illi etiam qui non juvarunt, tamen prius requisiti, ad dictum monachum incarcerandum, excommunicationi subjaceant ipso facto. Hoc enim observari volumus in omnibus casibus, in quibus abbas cum consilio maioris partis sui conventus aliquem de suis monachis vel conversis incarcerandum judicaret. Incarcerandus pro injectione manuum in suum Abbatem, nisi de misericordia nostra Praesidentium praedictorum, de suo carcere aliquo modo non valeat liberari.

Item statuimus quod, si monachus qui in suum commonachum manus injecerit temere violentus, si prior aut obedientiarius existat qui violentiam intulerit, prioratu suo, officio aut administratione per annum, ipso facto, existat suspensus. Si vero claustralis fuerit injuriam irrogans, in aliquo de societatibus (Ecclesiae) mittatur per annum continuum vel amplius, prout suo superiori visum fuerit ibidem moraturus.

Si vero laycus in abbatem vel monachum, alicujus motu, manus injecerit temere violentus, nullus de suo genere usque ad quartum gradum in dicto monasterio vel loco alio eidem subjecto in monachum vel conversum recipiatur, quousque injuriam irrogans ex inde monasterio vel monacho injuriato emendam fecerit competentem.

Item inhibemus quod nullus monachus vel conversus alium monachum vel conversum de suo monasterio conveniat vel conveniri faciat coram aliquo judice ecclesiastico vel seculari, nisi de sui abbatis vel superioris licentia speciali, vel nisi abbas aut superior antea requisitus fuerat in negligentia aut defectu.

Item excommunicamus omnes monachos cessationem a divinis facientes, procurantes et consentientes, nisi de praelatorum suorum jussu aut voluntate.

Item statuimus quod, cum litterae aliquae in monasterio sigillo conventus fuerint sigillandae super aliquo concentu utili vel necessario, si abbas vel qui pro eo erit et maior pars conventus ut sigilletur consentiant, sine conditione qualibet sigillentur. Contradicentes vero sententiam excommunicationis incurrant ipso facto et sigillum dimittere teneantur, et alio ad custodiendum tradatur.

Item, quia infamibus portae dignitatum patere non debent, statuimus quod, si aliqui monachi de casu criminati convicti vel confessi fuerint, quod in contractibus capituli voces penitus non habeant, nec majorem missam vel aliam publicam celebrent in conventu, et semper ultimi in choro, capitulo et aliis locis maneant et existant, neque ad beneficia vel officia valeant promoveri, donec cum eis fuerit legitime dispensatum.

Item statuimus quod omnes monachi etiam obedientiarii, saltem semel in anno, Abbati suo sua peccata confiteantur, nisi abbas alio hoc decreverit committendum. Proprium vero si quid habeant priores, officiarii vel alii obedientiarii suo Abbati sine fraude revelare teneantur.

Item statuimus et in virtute sanctae obedientiae inhibemus quod nullus monachus de alieno monasterio in monachum recipiatur in aliquo monasterio sine nostra licentia Praesidentium praedictorum.

Item statuimus et ordinamus quod omnes Abbates et Priores, Abbates proprios immediate non habentes, teneantur aportare ad quodlibet nostrum provinciale capitulum omnes breves monachorum suorum defunctorum ab uno capitulo cummousque ad aliud, ut de suffragiis animarum eorumdem commodius in dicto capitulo valeat ordinari.

Item hospitiis et cameris in monasteriis dictae nostrae provincia interdicimus et inhibemus expresse ne comedatur nec pernoctetur in eisdem, nisi quibus competit juxta et secundum forman constitutionum Domini Nostri Papae Benedicti vel nisi cum eis ex causa legitima fuerit dispensatum.

Item, ex absentia beneficiatorum reperimus quam plura beneficia magnam pati jacturam, et eleemosynas in dictis beneficiis faciendas defraudari, hospitalitatem non teneri in eisdem. Hinc est quod nos omnes prioribus et aliis beneficiatis nostrae provinciae tenore praesentium monemus ut ipsi, infra unum mensem a tempore publicationis statutorum sibi factae, ad dictos suos prioratus seu alia beneficia quae obtinent vadant et in eis resideant assidue seu continuo ut tenentur, nisi licentiam sui superioris obtineant, vel alias legitime fuerit dispensatum cum eisdem, alioquin nos contrarium facientes a suis beneficiis suspendimus, donec paruerint cum effectu. Et, suspensione durante, regimen et administrationem dictorum beneficiorum committi volumus per superiores eorumdem, prout eis videbitur faciendum. Et si resistentiam aliquam per se vel per alium praestiterint, volumus et statuimus ipsos manere excommunicatos.

Item, omnes constitutiones, diffinitiones et statuta a praedecessoribus nostris seu a nobis sub quacumque forma verborum editae, exceptis his praesentibus statutis, tenore praesentium revocamus et penitus adnullamus, omnimodam autem jurisdictionem, potestatem, dispositionem seu absolutionem praedictorum penes quemlibet nostrum Praesidentium praedictorum totaliter et in solidum, de consensu Abbatum praesentium in dicto nostro capitulo notum remanere.

Item praecipimus quod ordinationes et statuta per nos Praesidentes facta in praesenti capitulo ab omnimemoratos Praesidentes facta in praesenti capitulo ab omnibus et singulis quorum interest recipiantur et diligenter observentur.

Item praecipimus et expresse injungimus quod praedictae constitutiones dicti Domini Nostri Papae Benedicti et ordinationes et statuta per nos facta, in singulis ecclesiis, monasteriis et locis aliis conventualibus ipsius Ordinis seu Religionis nostrae provinciae praefatae, bis anno quolibet legantur diligenter et de verbo ad verbum describantur.

Item statuimus et ordinamus librum dictarum constitutionum, ordinationum Domini Nostri Papae bullarum in monasterio Trenorchiensi debere fideliter conservari.

Item, quum, secundum constitutiones dicti Domini Nostri Papae Benedicti, conspiratoribus seu illicitis conjuratoribus certa poena (non) profligatur, nihilominus tales conjuratores et conspiratores publicos vel secretos necnon et eisdem consilium, auxilium vel favorem praestantes et tales ab illis excommunicatos in monasteriis et locis conventualibus volumus publice nuntiari.

Item, quia intelleximus, quod dolentes referimus, nonnullos monachos vel per alios nostrae provinciae damna et multiplicia gravamina monasteriis et aliis locis ejusdem monasteriis subjectorum et personarum eorumdem diversis modis procurare seu aliquibus procurantibus dare auxilium, consilium, juvamen vel assensum malitiose et scienter; hinc est quod nos, volentes quanto est nobis pro possibilitate huic morbo mederi, propterea fieri de caetero sub excommunicationis poena prohibemus expresse; quum excommunicationis sententiam contra vim facientes, consilium, auxilium, favorem vel assensum praestantes incurrere volumus ipso facto.

Item prohibemus quod nullus monachus vel conversus panem, vinum, vel pictanciam contra voluntatem administrantium capiat. Et si contrarium faciat vel aliquem ad hoc induxerit, consilium vel auxilium sibi dederit vel coadjutus fuerit, excommunicationis sententiam incurrat ipso facto.

Item excommunicamus et excommunicatos volumus publice nunciari, videlicet quibuslibet jejuniis Quatuor Temporum, omnes conspiratores et libellos diffamatorios facientes seu contici procurantes et in publico projicientes ac etiam latrocinia gravia in monasteriis et prioratibus nostrae provinciae facientes.

Item statuimus quod, si aliquis monachorum vel conversorum incarcerari contingit pro tali crimine pro quo, si esset laycus, mortem deberet incurrere corporalem, quod sine licentia praesidentium praedictorum a dicto carcere nullatenus distrahatur.

Item visitatores deputamus monasteriorum et aliorum locorum conventualium dictae nostrae provinciae Dominos inferius nominatos, et primo in Lugdunensi, Masticonensi et Cabilonensi dioccesibus duos Saviniacensem et Sancti Rigaudi Abbates aut alterum eorumdem, qui anno ultimo et in quadragesima, si sit eis possibile, visitabunt. Et monasteriorum dictorum dominorum Saviniacensis et Sancti Rigaudi ordinamus per Dominum Sancti Regnoberti Iurensis fore visitandum et per Dominum Abbatem Ambroniacensem volumus dictum monasterium Sancti Regnoberti Iurensis visitandum.

Item visitatores in Lingonensi et Eduensi dioccesibus

deputamus Dominos Viziliacensem et Sancti Leonardi de Corbigniaco Abbates, Eduensis dioecesis, aut alterum eorumdem. Et ipsorum duorum Viziliacensis et Sancti Leonardi monasteriorum dictus dominus Sancti Rigaudi visitabit.

Item in provincia Bisuntinensi visitatores ordinamus Dominos Luxoviensem et Lutrensem Abbates, dictae Bisuntinensis dioecesis, et eorum quemlibet in solidum. Quorum Dominorum Luxoviensis et Lutrensis Abbatum monasteria abbas Sancti Vincentii Bisuntinensis visitare, et ipsum monasterium praedictum per Dominum Abbatem Arslatensem (?) volumus visitari. Verum, quia relatione multorum intellexerimus nonnullos priores, officiarios et monachos bona Abbatum nostrae provinciae quomodocumque occupare et nonnullos dicta bona sibi appropriare, quod redundat in maximum praejudicium monachorum praedictorum, hinc est quod nos, volentes huic morbo celeri remedio providere, monemus, in virtute sanctae obedientiae, omnes et singulos occupatores praedictorum bonorum ut omnia bona per eos occupata infra quindecim dies post publicationem praesentium statutorum Abbatibus ipsorum monasteriorum integraliter restituant, et a talibus occupatoribus omnes et singuli abstineant; si qui vero fuerint qui nostrae monitioni minime paruerint, vel bona ipsorum Abbatum quaecumque fuerint de caetero occupaverint, excommunicationis sententiam incurrant ipso facto, a qua non possint, nisi facta primitus restitutione plenaria, beneficium absolutionis obtinere. Et tunc per aliquem nostrum Praesidentium absolutionem studeat impetrare.

Datum et actum cum nostrorum Praesidentium praedictorum appensione sigillorum, anno, diebus, loco et praesentibus quibus supra.

In robur et testimonium omnium praemissorum.

In silvis mirandae altitudinis habet hoc authoritatis arbor fixa per propagationes dilatari, filiis novellae plantationis fœcundari proleque exultare honoris progenie lætabunda. Ne seges dominicae sanctionis indecenter tribulis suffocetur, mitit pater operarios in vineam religionis, fodit torcular ut apprehendat tritura messorem, a finibus terrae clamans mulier Chananaea, scilicet illius Sisarae, quia salutis uberi refectione excludere cupit cunctos nequitia serpentina, suggerit in proclivum falso applaudere sui jugis et sacrilega praevaricatrix et obedentiae mandatorum. Igitur nobis cum profusis jam genis lacrimis sit necessarium profiteri quod Lucifer matutinus, apostolica sancta sedes, in vicem eripere contendebat lumen sub modio, jam non lucet nubes candida [1], sed sensu nubilo obscuratur, quibus possumus statutorum retinaculis talia amputamus districtius et expressius statuentes ut in habitu decentiae et honestatis tum in calceamentorum materia tum in factura incedere studeant monachi juxta statuta apostolica et mandata.

Et ut pastores vigilent sollicite circa gregem, cunctis abbatibus et prioribus in virtute sanctae obedientiae sub excommunicationis poena, quam illico secus facientes incurrant, mandantes praecipimus ut suis monachis et conversis sub praelibatis poenis praecipiant et injungant ut infra sexaginta dies post quam haec in eorum monasteriis fuerint publicata, vestes, capucia, sotulares errantes in praedictis colore, materia vel in forma ipsi Praelato vel Priori tradant, simpliciter reddant et libere dimittant. Qui praedicti habitus per jam dictos Abbatem vel priorem in praesentia omnium publice erogentur. Quod, si beneficiati intitulati aut alii obedientiae rebelles contradictorum aut alii inobedientes rebelles extiterint, ipso facto privatos suis beneficiis vel officiis et alios idoneos praecipimus ordinari. Quod, si dicti abbates circa hoc fuerint negligentes

1 D. Etiennot remarque que le texte de ces considérations préliminaires est corrompu. Par le fait, il est inintelligible.

Item statuimus et ordinamus pro statu venerabili Religionis unam centesimam tam a nobis quam a subditis nostris nec a subditis eorumdem beneficiatis ubicumque consistant levari, medietatem in proximo festo Sancti Michaelis et aliam medietatem in proximo festo Paschae.

Item statuimus et ordinamus pro statu venerabili Religionis unam centesimam tam a nobis quam a subditis nostris nec a subditis eorumdem beneficiatis ubicumque consistant levari, medietatem in proximo festo Sancti Michaelis et aliam medietatem in proximo festo Paschae.

TABLE ALPHABÉTIQUE DES NOMS DE MONASTÈRES.

TABLE DES MATIÈRES.

Namur, imprimerie de Ad. Wesmael-Charlier, rue de Fer, 53.

www.ingramcontent.com/pod-product-compliance
Ingram Content Group UK Ltd.
Pitfield, Milton Keynes, MK11 3LW, UK
UKHW021844190726
13855UKWH00001B/143